国家社科基金重点项目"太平洋岛国研究"（15AZD043）资助

"一带一路"视阈下的

国别和区域史研究

——山东省世界史专业委员会第九届研讨会论文集

陈德正　主编

中国社会科学出版社

图书在版编目（CIP）数据

"一带一路"视阈下的国别和区域史研究：山东省世界史专业委员会第九届研讨会论文集/陈德正主编 . —北京：中国社会科学出版社，2018.5
ISBN 978 - 7 - 5203 - 2294 - 2

Ⅰ.①一… Ⅱ.①陈… Ⅲ.①世界史—文集 Ⅳ.①K107 - 53

中国版本图书馆 CIP 数据核字（2018）第 065189 号

出 版 人	赵剑英
责任编辑	刘志兵
特约编辑	张翠萍等
责任校对	郝阳洋
责任印制	李寡寡

出 版	中国社会科学出版社
社 址	北京鼓楼西大街甲 158 号
邮 编	100720
网 址	http://www.csspw.cn
发 行 部	010 - 84083685
门 市 部	010 - 84029450
经 销	新华书店及其他书店

印刷装订	北京明恒达印务有限公司
版 次	2018 年 5 月第 1 版
印 次	2018 年 5 月第 1 次印刷

开 本	710×1000 1/16
印 张	22.25
插 页	2
字 数	342 千字
定 价	95.00 元

本书编委会

目　　录

古代中世纪史研究

世界历史专题和教学问题研究

附　录

主题报告

国别区域智库建设中的对策
研究与基础研究

王 玮[*]

摘要： 国别区域智库的研究工作包括对策研究和基础研究。对策研究和基础研究分属两种不同的研究套路与模式，智库工作如要顺利运转，就必须正确认识和处理好二者之间的关系。对策研究和基础研究虽有着完全不同的目的指向和专业旨趣，但同时具有互联制衡的依存关系。二者互为悖论，又互联并存。

关键词： 智库建设；对策研究；基础研究

进入 21 世纪以来，中国的国家实力和世界地位高速提升，对外交往持续扩大，承担的世界责任不断加强，因此，全方位地了解整个世界，打造国别区域研究智库，便成为我国面临的极为重要和紧迫的国家战略。

早在 21 世纪初，党中央多次强调关注世界、了解世界和参与世界的重要性，并决定建设一批国际问题的研究智库。根据这一精神，教育部于 2011 年 11 月下发了《关于培育区域和国别教育研究基地的通知》，启动了具有专业优势和重要影响的智囊团与思想智库的建设。2013 年 5 月 31 日，刘延东副总理发表重要讲话，要求"发挥高校学科齐全、人才密集的独特优势，为建设中国特色的新型智库贡献力量"。为落实这一讲话的精神，教育部于 2015 年 1 月 21 日颁发《国别和区域研究基地培育和建设暂行办法》（以下简称《办法》）。《办法》指出，

---
* 王玮，山东师范大学资深教授、博士生导师，聊城大学特聘教授。

"国别和区域研究基地，是指高校整合资源对某一国家或者区域的政治、经济、文化、社会等开展全方位综合研究的实体性平台"，以"为国家改革发展提供智力支持和人才保障"。《办法》强调，研究基地"要以咨询服务为首要宗旨，以政策研究咨询为主要任务，以完善组织形式和管理方式为重点，扎实做好人才培养工作，不断提高研究质量，着力推进成果利用，努力建成具有专业优势和重要影响的研究中心"，要发挥"教学科研中心、数据应用中心、咨询服务中心、国际交流中心的功能和作用"。《办法》要求中心所在高校"保障基地建立实体化组织架构，具有相关学术支撑和研究基础，提供必要和充分的学术资源"。上述文件和举措，都明确指向了高校国别区域智库的双重目标和功能，一是为国家的决策提供咨询服务，二是培养智力人才，组建专业队伍。下面主要从咨询服务的角度，着重论述如何处理好对策研究和基础研究的关系的问题。

智库是以公共政策为研究对象、以影响政府决策为研究目标、以公共利益为研究导向、以社会责任为研究准则的专业研究机构，它是由国家精英阶层组成的咨询团队，可以帮助国家在政治、军事、经济、外交领域提供发展方向和建议，对国家的决策层起着重要的影响和作用。为了更有效地行使这项职能，就必须在充分收集各种情报资料的基础上，运用自身的专业优势对这些资料进行专业性的研究，然后作出判断和评估，形成咨询报告，最后按一定的程序，提交给政府的有关部门，甚至送达国家的决策高层。因此，智库的咨询服务工作的核心环节在于研究和判断。根据智库的性质，这种研究主要是带有应用对策研究的特性，也就是对于某些出现的问题进行即时的对策分析和应对策略的研究。就国别区域智库而言，就是对世界上某一地区或者国家的政治、经济、社会、文化等进行研究，作出对策性的判断和意见。然而，为了使这种对策性的研判不致发生短视甚至失误，就必须在应用对策性研究的同时，加强必要的基础研究。

所谓基础研究，是指透过现象和可观察事实，寻求这些现象和可观察事实背后的基本原理而进行的实验性和理论性研究，它不以任何专门或特定的应用或使用为直接目的，它的研究工具主要不是观察和感性体验，而更多的是思维和逻辑，这就决定了它与对策研究的应用型不同，更具有学术性。

国别区域智库的研究工作具有两种既相互有别又并存兼容的分支：应用对策研究和基础学术研究。智库工作如要顺利运转，就必须正确认识和处理好二者之间的关系。

对策研究和基础研究这两种性质的研究有着完全不同的目的指向和专业旨趣。第一，前者具有即时性，要敏锐地发现和捕捉事件与情态现状和发展动态，作出判断和建言，它讲求的是及时和迅速；而后者则要求对事件和情态的来龙去脉，作长期性和历史性的观察、评判，它讲求的是准确和深刻。第二，前者注重实效，能对政府高层的决策发挥运筹谋划的作用；而后者突出的是理论性，它不是提供具体的办法，而是为可行的决策奠定理论基础，它要解答的不仅是"怎么办"的问题，而是更加关切"为什么这样办"的问题。第三，前者表现为动态性，即面对瞬息万变客观情事作出不断更新的分析判断；而后者所做出的结论在相当长的时期内保持相对的稳定性。第四，前者的研究趋向于对具体的某项决策作具体的咨询服务；而后者则具有一定的理论抽象性，表现出"形而上"的特点。第五，在价值取向方面，前者追求的是实用价值，它往往注重建言的有用性，体现的是经验和实证的哲学意境；而后者追求的是超越实用价值的精神和学术价值，体现的是先验和思辨的哲学意境。总之，对策研究和基础研究分属两种不同的研究套路和模式，处于智库研究体系的首尾两端。

对策研究和基础研究尽管有着根本性的区别，但是，它们之间还具有互联制衡的依存关系。第一，智库研究的最终目的是接受政府和企业有关部门的委托，为政策的制定和实施作出研判，提供咨询服务。然而，智库的对策研究必须以基础研究为先导和基础，必须通过理性思维和学术探索，提出决策的依据，实现理论上的升华。也就是说，基础研究保证了对策研究的科学性、连续性和原创性，拓宽了对策研究的研究视野，提升了对策研究的长期效应和历史意义。第二，对基础问题和学术问题的思考与探索，会提高咨询服务的水平和深度，它不仅仅为决策者提供了一种方法，更为这种方法构建了一种正确的思路、科学的理论和历史的逻辑。

国别和区域智库的良性健康发展，离不开正确处理好对策研究和基础研究的辩证关系。比如,对我国当前外交战略的制定出谋划策,离不开对 21 世纪的时代主题的判断,如果对时代主题判断失误,具体的政策就会出大问题,这就需要对我们所处的新时代作理论和学术的思考与探索,而这种思考与探索将有助于决策者从宏观上对世界的大格局进行布局谋划,其意义将远远超出对某项具体政策的考量和评估。再比如在南海问题的对策研究,如果我们对美国主张的海上自由权的历史进行探讨,将会为我国的对策提出从历史层面确定更加正确和深刻的依据。

对策研究和基础研究互为悖论,又互联并存,我们应当保持二者的均衡发展和协调运用,这是智库建设和运行过程中值得重视的一个问题。另外,就专业优势而言,一般来说,政府部门的专家往往长于对策和实用的研究,高校的学者们的长项往往是学术性的基础研究。为了互相沟通和取长补短,有必要在政府机构和高校之间建立一种良性互动的固定长效的机制,即所谓"旋转门"。高校智库要吸收在职或退职的政府机关的官员做专职或兼职研究员,高校的专家学者也要定期到政府部门担任一定的职务或者顾问。"旋转门"是美国提出的智库建设模式,可以供我们借鉴和参考。

从民间契约看古巴比伦时期的借贷利率[*]

——兼论《汉谟拉比法典》中借贷利率的非现实性

李海峰^{**}

摘要： 古巴比伦是一个商业较发达的社会，存在较多的动产借贷行为。大量民间借贷契约显示，古巴比伦时期存在多种多样、复杂多变的借贷利率。这些借贷利率大多与《汉谟拉比法典》中规定的借贷利率并不一致，法典中所规定的借贷利率并不能反映当时借贷活动的实际。古巴比伦时期不存在一个统一的借贷利率，而是多种借贷利率共同使用。在研究古巴比伦时期借贷活动时，不能盲从《汉谟拉比法典》的条文规定，而要结合更多的民间借贷契约进行综合研究，这样才能够更加准确地、更加深入地还原历史、认识历史。

关键词： 古巴比伦；借贷利率；《汉谟拉比法典》

经济活动是亚述学研究的一个重要选题，两河流域文明留下的经济文献也异常丰富。动产借贷是经济活动中的一个重要交易类型，而借贷利率无疑是动产借贷活动研究中的一个核心问题。借贷利率可以反映当时社会的商业发展状况、整体经济水平及人们的社会生活等诸多社会经济问题。对于古巴比伦时期的借贷活动，西方亚述学者很早就开始了相关研究，也取得了较多的研究成果。近东经济史专家莱孟斯较早对古巴比伦时期的借贷活动进行了研究，他根据当时所发表的借贷契约对古巴

---

* 基金项目：本文为以色列阿尔布莱特考古研究所 "The Noble Group Fellow" 资助成果及国家社科基金项目 "新亚述时期财产买卖与借贷活动研究（13CSS007）" 阶段性成果。

** 李海峰（1976— ），男，山东费县人，西南大学历史文化学院教授、博士生导师，历史学博士。

比伦时期集中重要的借贷利率进行了分析。[1] 哈佛大学教授斯町格勒对两河流域早期苏美尔时期利息的概念及发展演变进行了考察。[2] 胡德森则对利率的产生及发展变化进行了长时间段的梳理，从公元前 2500 年到公元 1000 年。他对古代两河流域多个王朝的利率进行了分析，并把这些利率与西方希腊、罗马文明中的借贷利率进行了对比研究。[3] 对古巴比伦时期借贷活动的研究比较深入的是以色列学者斯开斯特，他在 1994 年出版了一本专著《古巴比伦时期的借贷契约：它的发展历史和地区分布》。[4] 在这本书中，他较详细地考察了古代两河流域的借贷产生、发展的历史及地区分布。该著作有两个重点，一是重点分析了借贷契约本身的结构、类型及契约中各种动词、名词的使用，等等，二是考察了契约的地区分布。他在该书中对借贷利率也进行了分析，但他主要分析了具有精确利息数额的借贷利率，对其他利率的关注并不多。虽然国外学者对古巴比伦时期的借贷利率有所涉及，但这些研究并不全面。亚述学是一个比较特殊的学科，它是一个不断发展更新的学科。随着新的研究资料的整理和发布，对某些问题的研究需要不断地进行更新与进一步深入。斯开斯特著作发表于 1994 年，在此之后西方亚述学家又发表了大量的借贷契约，如希格瑞斯特的 AUCT Ⅳ、Ⅴ[5]，阿尔腊维和达雷的 É-DUD-BA-A-7[6]，等等，因此，古巴比伦时期借贷利率的研究还具有广阔的空间。由于此前原始借贷契约的缺乏及古代语言的障碍，中国学者在这方面的研究非常薄弱，对古巴比伦时期借贷利率的初步认识主要来自《汉谟拉比法典》中的相关规定。然而研究借贷利率这样一个较为复杂的问题，仅仅根据法典中的几个条款是远远不够的，难以达

---

[1] W. F. Leemens, "The Rates of Interest in Old Babylon Times", *Revue Internationale des Droits de l' Antiquite*, Vol. 5, 1950, pp. 7 – 34.

[2] P. Steinkeller, "The Renting of Fields in Early Mesopotamia and the Development of the Concept of Interest' in Sumirian", *JESHO*, Vol. 24 (1981), pp. 113 – 145.

[3] M. Hudson, "How Interest Rates Were Set, 2500 BC – 1000 AD", *JESHO*, Vol. 43, 2000, pp. 132 – 161.

[4] A. Skaist, *The Old Babylonian Loan Contracts*, Bar-Ilan University Press, 1994.

[5] M. Sigrist, *Old Babylonian Account Texts in the Horn Archaeological Museum*, AUCT Ⅳ, Ⅴ, Andrews University Press, 1990, 2003.

[6] F. N. H. Al-Rawi and Dalley, *Old Babylonian Texts from Private House at Abu Habbah Ancient Sippar*, EDUBBA 7, Nabu Publications, 2000.

到"窥一斑而知全貌"。本文拟在前人研究的基础上，根据最新发表的借贷契约，对古巴比伦时期的借贷利率进行较为全面的考察，并把这些在实际生活使用的借贷利率与《汉谟拉比法典》中规定的利率进行比对，从而验证《汉谟拉比法典》中规定的借贷利息是否是当时社会普遍执行的一个标准利率，是否真实地反映了当时借贷活动的历史实际，从而正确而深入地认识古巴比伦时期的借贷活动。

在 AUCT IV、V、É-DUD-BA-A-7 及 SLB I (3)[①] 等文献集中，约有 200 个借贷契约记录了大麦、银钱等动产的借贷活动。根据这 200 个借贷契约中所规定的借贷利率情况，我们大致可以把这些利率划分为四大类型：一是契约中的利率用明确的数字表示；二是用一些短语来描述借贷利率；三是契约中规定利率，但对利率的大小没有任何描述；四是契约中没有利息条款，但要根据约定俗成的利率归还利息。在实际生活中，借贷利率呈现出多种多样、复杂多变的状况。

一 具有明确数额的借贷利率

在一些契约中，明确规定了借贷活动中借贷利率的数额。古巴比伦时期的两部著名法典对借贷利率也作了明确的数额规定。《埃什奴那法典》第 18 条对借贷利率作了如下规定：

"1 舍凯勒[②]（180 舍）银子，36 舍[③]的利息应该加上；1 古尔[④]（300 升）大麦，100 升的利息应该加上。"[⑤]

根据该条款可知，《埃什奴那法典》中规定银子的借贷利率为 20%，大麦的借贷利率为 33.3%。该法典一般认为是埃什奴那国王达

---

① W. F. Leemans, *Legal and Administrative Document of the Time of Hammurabi and Samsu-il-una* (*Mainly form Lagaba*), Leiden, 1960.

② 古巴比伦时期的重量单位，阿卡德语为 šiqlum，1 šiqlum 等于 180 še，约等于 8.3 克。

③ 古巴比伦时期的重量单位，苏美尔语为 še，1 še 等于 1/180 šiqlum。

④ 古巴比伦时期的容量单位，苏美尔语为 gur，1 gur 约等于 300 升。

⑤ R. Yaron, *The Laws of Eshnunna*, Jerusalem, 1988, p. 55.

杜沙在位期间颁布的，时间大约在公元前 1770 年。①

另一部著名的《汉谟拉比法典》第 73 条对借贷利率的规定如下：

"如果一个商人把（他的）大麦或银钱给（某人）作为有息贷款，对于 1 古尔（1 古尔≈300 升）大麦，他应该拿取 100 升的利息；如果他给出银子作为有息贷款，对于每舍凯勒（1 舍凯勒=180 舍）银子，36 舍的利息，他应该拿取。"②

从这个条款中可以看出，法典规定的大麦的借贷利率为 33.3%，银子的借贷利率为 20%，这利率与《埃什奴那法典》中规定的利率完全相同。《汉谟拉比法典》颁布于国王汉穆拉比统治后期，约为公元前 1950 年③，时间上比《埃什奴那法典》约晚 20 年。这两部法典具有一定的连续性，具有前后相继的关系。在民间契约中，我们也发现了与法典规定的借贷利率完全相同的借贷比率。银子的借贷利率，在契约中一般用短语 máš 1 ma-na 12 gín-ta-àm 来表示。如：

"10 舍凯勒银子，máš 1 ma-na 12 gín-ta-àm（1 马那④银子 12 舍凯勒的利率，即 20%）被加上。从达达和辛乌采里手中，辛贝勒伊里借下了它。在 3 月，他将要归还银子（和利息）。证人：阿达德舍米，阿农皮辛。日期：12 月，汉谟拉比第 31 年。"⑤

在这个契约中，借贷的银子总数是 10 舍凯勒银子，利率明确表示为 máš 1 ma-na 12 gín-ta-àm，即 1 马那银子，12 舍凯勒银子将加上，借贷利率为 20%。借贷期限结束后，借贷人要归还银子和利息。

---

① 对于《埃什奴那法典》颁布的具体时间，学术界争议较大，一种观点认为该法典由埃什奴那早期的一位国王俾拉拉马颁布，因为法典中出现了该国王的名字。但从法典的内容与法典用语的构词法等方面来看，更多学者认为该法典颁布于国王达杜沙在位期间。参见 R. Yaron, *The Laws of Eshnunna*, Jerusalem, 1988, pp. 20 – 21。

② 吴宇虹等：《古代两河流域楔形文字经典举要》，黑龙江人民出版社 2006 年版，第 83 页。

③ 关于《汉谟拉比法典》的颁布时间，学术界也没有达成一致意见。有学者认为，该法典颁布于汉谟拉比国王第二年，主要依据是他第二年的年名为"在国内建立了正义"。但根据法典前言旨对汉谟拉比国王功绩的描述及法典内容分析，这部法典不可能是他第二年颁布的，而是在他统治的后期第 40 年或第 42 年颁布。参见 M. T. Roth, *Law Collections from Mesopotamia and Asia Minor*, Atlanta：Scholar Press, 1995, p. 71。

④ 古巴比伦时期的重量单位，苏美尔语为 mana，1 mana 等于 60 šiqlum。

⑤ M. Sigrist, *Old Babylonian Account Texts in the Horn Archaeological Museum*, AUCT IV, p. 54.

大麦的借贷利率，在契约中用短语 máš 1 gur 1 pi 4-bán 来表示。如：

"4 古尔有息大麦，máš 1 gur 1 pi 4-bán（1 古尔大麦 1 尼基达①4 班②的利率，即 33.3%）被加上。从沙马什乌沙伊里手中，马提伊拉马和穆塔尼舒借下了它。在收获的季节里，他们将归还大麦和利息。证人：乌图安杜勒，（残缺）日期：阿皮勒辛第 12 年。"③

在这个契约中，借贷的大麦总数为 4 古尔（300 升），利率明确表示为 máš 1 gur 1 pi 4-bán，即 300 升大麦缴纳（60＋40）升大麦利息，该利率为 33.3%。借贷到期后，借贷人要归还大麦和利息。除了法典规定的利率外，在契约中也出现了其他数额的借贷利率，如 30%、1/4、1/9 和 1/180 等。

通过以上分析，我们可能会得出一个当然的结论，古巴比伦时期的借贷利率银钱为 20%，大麦为 33.3%，因为法典的规定与契约中的利率条款得到了互相印证。但一个关键的问题是，这种与法典规定的利率相吻合的契约有多少呢？它们在借贷契约中所占的比例又是多少呢？在约 200 个动产借贷契约中，明确标明利率具体数额的契约只有 9 个，约占 5%，其中，银子借贷利率为 20% 的契约仅有 1 个，大麦借贷利率为 33.3% 的借贷契约也只有 4 个。当然，可能还有与法典规定的利率相一致的契约我们没有看到，但毫无疑问，这种与法典规定的比率相吻合的契约在借贷活动中并不是一种常见的借贷利率，甚至可以说是一种特例。法典规定的利率在实际生活中并不常用，并不是一种人们必须遵守的法典利率。

《汉谟拉比法典》中的借贷利率来源于何处呢？或许我们可以从乌尔第三王朝时期的借贷利率中找到一些线索。国内亚述学权威吴宇虹先生等人对乌尔第三王朝时期大麦和银子借贷利率的研究表明，该时期的借贷利率实行全国统一的标准，即大麦的借贷利率是 33.3%，银子的借贷利率是 20%，并且在发现的民间借贷契约中，几乎所有借贷契约

---

① 古巴比伦时期的容量单位，苏美尔语为 nigida，1 nigida 约等于 60 升。

② 古巴比伦时期的容量单位，苏美尔语为 bán，1 bán 约等于 10 升。

③ F. N. H. Al-Rawi and S. Dalley, *Old Babylonian Texts from Private House at Abu Habbah-Ancient Sippar*, EDUBBA 7, No. 107.

中的利率都是这个利率。① 这种固定的高利率甚至可以追溯到更早的古苏美尔城邦时代。《汉谟拉比法典》中规定的大麦 33.3%、银子 20% 的利率可能是来自乌尔第三王朝时期这一传统的借贷利率,但是这种高利率却与古巴比伦时期社会经济的发展不相适应。在人类历史的早期,商业经济不发达,借贷行为较少,这时的借贷利率比较单一,可以由国家规定。但古巴比伦时期,借贷行为逐渐成为一种常见的经济活动,借贷类型及借贷用途等都变得更加多元化,而这种多元化的借贷活动必然需要多元化的借贷利率相适应。《汉谟拉比法典》中所规定的高利率只是早期流行的借贷利率的一种记忆,不再适应社会的发展,慢慢地被人们所抛弃。

二 máš gi-na 公平利率

古巴比伦时期的借贷契约中,最常见的是使用一些约定俗成的短语来表示借贷的利率。在这些表示借贷利率的短语中,máš gi-na 使用范围较广,在西帕尔、拉尔萨、迪尔巴特以及拉巴旮等地区的借贷契约中都有使用。该短语使用的时间也较长,在西帕尔地区的使用期限从阿皮勒辛第 2 年(公元前 1829 年)开始至叁苏伊鲁那统治时期(公元前 1712 年)为止。古巴比伦南部地区,máš gi-na 短语的使用时间较晚,从汉谟拉比统一两河流域地区(公元前 1763 年)之后开始使用。máš gi-na 的确切含义是什么呢?西方学者有不同的观点。从词源学角度上说,术语 gi-na 的基本含义是"固定的,不变的,真正的"(permanent, constant, true)。兰德伯格倾向于 gi-na 是"正规的,标准的"(normal)的意思,并翻译为"标准利率"(normal interest)②;席格雷斯特在其著作 AUCT IV 和 AUCT V 中,翻译为"公平公正利率"(fair rate/right interest);莱门斯在著作 SLB I(3)中,翻译为"标准利率"(standard interest);阿尔腊维和戴雷则在其著作 EDUBBA 7 中翻译为"固定利

---

① 参见吴宇虹、吕冰《乌尔第三王朝时期的尼普尔银贷业商人档案研究(上)》,《古代文明》2008 年第 2 期,第 17 页。

② B. Landsberge, *Die Serie ana ittiš*, Materalien zum sumerischen Lexikon 1, Roma: Pontificium Institutum Biblicum, 1937, p. 115.

率"（regular rate）。虽然学者们对这一短语的精确含义有不同的理解，但这一短语的核心意义是正规、标准、公平等，因此我们把这一短语翻译为公平利率。

在约 200 个借贷契约中，有 53 个契约的借贷利率为 máš gi-na 公平利率，约占总数的 27%，该利率是古巴比伦时期动产借贷的一个主体利率。máš gi-na 公平利率虽然大多数使用于大麦借贷中，但在其他动产如银子、椰枣、芝麻和啤酒等借贷中也广泛使用，具体情况如下表所示。

表1 使用 máš gi-na 公平利率的借贷契约情况

借贷物品	大麦	银子	大麦和银子	银子和啤酒	椰枣	芝麻
契约个数	44	3	3	1	1	1

在 53 个 máš gi-na 公平利率的借贷契约中，大麦借贷有 44 个，约占 83%，无疑大麦借贷是使用这种比率的主体。这些契约大多属于汉谟拉比晚期和叁苏伊鲁那时期，主要发现于拉尔萨地区和西帕尔地区，此外还发现于两河流域北部地区和拉巴咅地区。试举一例：

"1 古尔 5 升优质大麦，máš gi-na 公平利率将被加上。从辛乌采里手中，鲁巴巴借下了它，在 3 月，他将归还大麦和利息。证人伊比阿达德和埃台勒皮辛，他们的印章被滚上了。日期：汉谟拉比第 41 年 10 月 10 日。伊比沙马什的印章。"[①]

在 3 个银子借贷契约中，使用的利率也为 máš gi-na 公平利率，与大麦借贷契约一样，也发现于拉尔萨地区和西帕尔地区，属于汉谟拉比晚期和叁苏伊鲁那时期。如：

"2/3 舍凯勒 15 舍银子，máš gi-na 公平利率将被加上。从辛伊姆古尔安尼手中，埃台勒皮里西借下了。在 11 月，他将归还银子和利息。证人：伊瑞波那那之子沙马什里维尔和塔瑞巴吞，他们的印章被滚上

---

① M. Sigrist, *Old Babylonian Account Texts in the Horn Archaeological Museum*, AUCT IV, p. 42.

了。日期：叁苏伊鲁那第 4 年 10 月。"①

 máš gi-na 公平利率的具体数值是多少呢？西方学者对此也无法达成一致意见。莱孟斯认为 máš gi-na 利率是《汉谟拉比法典》中规定的利率（银子 20%，大麦 33.3%）的另一种表达方式。他根据对西帕尔地区借贷契约的研究发现，在出自同一个人的大麦借贷契约中，有些大麦的借贷利率为 33.3%，有些则用 máš gi-na 短语来表示，因此他认为 máš gi-na 表达的数值仍是 33.3%。同样，在银子借贷契约中的 máš gi-na 表达的数值也是 20%。② 斯开斯特对此提出了反对意见，他认为借贷契约只是告诉我们一个借贷的事实，并没有显示任何关于借贷签订时的状况，所以一个契约的利率，无论是用 máš gi-na 还是用其他利率形式，都是由当时的实际状况决定的，在契约中随意使用利率并不足为奇，所以 máš gi-na 利率表达的是一种变化的利率，并非是一种固定的数值。③

 虽然 máš gi-na 利率的准确数值目前还不甚清楚，但我们认为，这种利率并不是《汉谟拉比法典》中规定的高利率。如果 máš gi-na 是银子 20%、大麦 33.3% 利率的另外一种表达形式，为什么不直接写出更精确的数额，而用另外的短语来表示呢？我们认为，这个利率可能是国家规定的一个较为公平的低利率或者是一种约定俗成的低利率。古代两河流域国家具有保护弱势公民群体主持社会公正的历史传统，国家的最重要职能是以法律维护社会公平和阶级和谐。乌尔、伊辛、拉尔萨、巴比伦和其他王朝的众多国王在其统治的第一年便宣布废除债务，解放债务奴隶，并把这一重大事件作为第二年的年名，称为"在国内建立了公正之年"。维护社会公正，使强不凌弱是两河流域君主的最高执政理念。④ 因此，在古巴比伦时期的动产借贷契约中，不用法典规定的高利

 ① M. Sigrist, *Old Babylonian Account Texts in the Horn Archaeological Museum*, AUCT V, p. 110.

 ② W. F. Leemens, "The Rates of Interest in Old Babylon Times", *Revue Internationale des Droits de l' Antiquite*, Vol. 5, pp. 12 - 16.

 ③ A. Skaist, *The Old Babylonian Loan Contracts*, Bar-Ilan University Press, 1994, pp. 125 - 126.

 ④ 参见吴宇虹《古代两河流域国家保护弱势公民群体主持社会公正的历史传统》，《东北师大学报》2007 年第 6 期，第 6 页。

率（大麦 33.3%，银子 20%），而用 máš gi-na 公平利率，正是这一悠久历史传统、最高执政理念的具体表现。因为在借贷活动中，一般普通自由民是借贷活动的主体，用一种公平的低利率更能够保护这一弱势群体的利益，维护社会的公平正义。

三 máš nu-tuk 无息利率

除了 máš gi-na 的低利率借贷之外，在古巴比伦时期同时存在数量较多的无息利率。苏美尔短语 máš nu-tuk 表示为无息利率，相应的阿卡德语为 hubuttatum。一些契约明确规定了借贷属于无息借贷。在约 200 个借贷契约中，共有 25 个契约明确标明了无息条款，此外有 8 个契约虽然没有明确标明属于无息借贷，但通过分析内容与契约的格式，它们也应属于无息借贷。无息借贷约占借贷总数的 17%。古巴比伦时期存在数量较多的无息借贷，也从一个侧面说明了这一时期的借贷实行的并非是高利率，而是较低的利率。无息利率主要用于银贷和大麦借贷，但在其他动产如椰枣、芦苇的借贷中也使用无息利率。试举两例：

"1/3 舍凯勒 8 舍银子，máš nu-tuk 无息。从达奇亚手中，阿里巴尼舒借下了它。在城门口，他将要归还银子。证人略，日期：6 月 11 日，叁苏伊鲁那第 7 年。"[1]

"1 舍凯勒银子，máš nu-tuk 无息。从杜穆埃尔采汀手中，伊里伊什美阿尼、伊汀埃什塔尔等 6 人借下了它。第 15 天，他们将要归还银子。日期：沙巴图月 25 日，叁苏伊鲁那 20 年。"[2]

在无息贷款中，一般借贷涉及的银钱或大麦的数量较少。在上述两个无息借贷中，借贷的银子数量都没有超过 1 舍凯勒。在第二个契约中，借贷人有 6 个之多，共同借贷了 1 舍凯勒银子，或许这 6 个人是债权人家里的雇工，非常贫困，所以债权人就无息借贷给他们，以渡过暂时的困境。

---

[1] M. Sigrist, *Old Babylonian Account Texts in the Horn Archaeological Museum*, AUCT V, p. 107.

[2] Ibid. , p. 61.

在无息借贷契约中，有 1 个银贷契约是以相等价值的椰枣来进行偿还。契约如下：

"1/3 舍凯勒银子，máš nu-tuk 无息。从采里伊拉布腊特手中，阿皮勒马尔图借下了。在椰枣收获的季节，用同等价值量，在仓库他将扣除椰枣。证人：沙马什神，马尔杜克神。日期：8 月 5 日，叁苏伊鲁那第 25 年。"①

枣椰树是古代两河流域主要的果树，在这个契约中，阿皮勒马尔图借银子也许是用来经营椰枣院，所以在收获的季节称出价值1/3 舍凯勒银子的椰枣作为偿还物。

在这些免息的借贷契约中，一般都规定了还款期限，借贷者要在规定的时间内偿还所借物品。如果到期仍没有归还，则会加收罚息。如：

"6 舍凯勒银子，无息。从达达亚手中，乌亚之子阿塔亚借下了它。在这个月的第30 天，他将要在迪尔城门口归还银子。如果他错过了最后还款期限，那么每 1 舍凯勒银子 1/3 舍凯勒银子的利息将被加上。……"②

这个契约属于无息借贷，借贷时间较短，在当月的第 30 天归还银子。但如果逾期不还，则加收罚息，罚息的比例为本金的 33.3%，属于一种高额罚息。

在少数银贷契约中，máš nu-tuk 无息利率出现在 šu-lá 借贷类型中。šu-lá 借贷本来是一种商业有息借贷，有"合伙经营"的含义，máš nu-tuk 出现在 šu-lá 之后，表示借贷者被赋予了免息的优惠权利，我们直接翻译为"无息"。如：

"3 舍凯勒 16 舍银子，无息，从达达和辛乌采里手中，鲁布鲁梯隆借下了。在 3 月，他将归还银子。证人：普朱尔沙马什，伊里那采瑞。他们的印章被盖上了。日期：11 月 6 日，瑞姆辛第 59 年。"③

在上述 šu-lá 商业借贷中，无息条款 máš nu-tuk 出现在契约中，借贷者则享有了免交利息的优惠。有学者根据商业借贷中出现无息

---

① M. Sigrist, *Old Babylonian Account Texts in the Horn Archaeological Museum*, AUCT V, p. 106.

② Ibid. , p. 111.

③ Ibid. , p. 297.

条款的现象认为，无息借贷是商业合作伙伴之间的资金拆借行为，但这并不符合实际。因为，无息条款 máš nu-tuk 只是偶尔出现在商业借贷契约中，而更多的是出现在其他借贷类型契约中，并且只有两河流域南部地区的商业借贷中出现 máš nu-tuk 无息条款，而在其他地区的商业贷款中则不适用该条款。① 在所有地区的其他类型契约中，都可以使用 máš nu-tuk 无息条款，因此 máš nu-tuk 无息借贷和商业借贷直接并没有什么必然的联系，更不是等同的关系。从无息借贷的契约可以看出，这些借贷的金额都较小，并且多是大麦、椰枣等生活用品的借贷。银钱的借贷数额一般都小于 1 "舍凯勒"银子，种种迹象表明无息借贷更多是一种对下层贫困人们的慈善借贷行为。无息借贷在两河流域文明早期就已经出现，在乌尔第三王朝时期，虽然实行的是大麦 33.3%、银子 20% 的高借贷利率，但同时也存在少量的无息借贷。在古巴比伦时期，无息借贷的情况则更多，无息借贷的契约数量要远远超过《汉谟拉比法典》中规定的高利率契约。众多证据显示，古巴比伦时期的借贷利率与前期相比呈下降趋势，体现了国家对弱势群体的进一步保护。

四 逾期罚息

逾期罚息是对债务人没有按期归还债务的惩罚，罚息既可以出现在有息借贷中，也可以出现在无息借贷中。有 15 个借贷契约明确规定了逾期要加以罚息。通常情况下，契约中只规定 ú-še-te-iq-ma sip-tam ú-sa-ap，即"如果时间消逝（延期），利息将被加上"，并没有说明罚息的具体数额。在少数契约中，明确写出了罚息的数额，如契约 EDUBBA 1 No. 15 和 AUCT V No. 34 中的罚息为 33.3%，契约 EDUBBA 7 No. 70 中为双倍罚息，契约 TIM 7 15 中罚息为 19.4%，契约 SLB I/3 No. 74 中罚 1 舍凯勒银子，契约 AUCT V No. 52 中罚一头牛，等等。这些契约表明，对逾期的惩罚多种多样，没有统一标准，

---

① A. Skaist, *The Old Babylonian Loan Contracts*, Bar-Ilan University Press, 1994, p. 133.

且惩罚较重。逾期体现了诚信的缺失，对契约精神的蔑视，理应加重处罚。如：

"30 捆芦苇，无息。从阿黑维邓手中，埃台勒皮那比温借下了。在 10 日内，他将归还芦苇。若 10 日内，他没有归还芦苇，他将称出 1 舍凯勒银子。证人：鲁宁希安那，辛阿黑伊丁楠。日期：6 月 12 日，叁苏伊鲁那第 28 年。"①

在这个契约中，埃台勒皮那比温从阿黑维邓手中借了 30 捆芦苇，属于无息借贷。借贷期限是 10 天，如果没有按期归还，则要处以重罚，罚金为 1 舍凯勒银子。1 舍凯勒银子要远高于 30 捆芦苇的价值。

我们再看一个借砖的契约：

"3 沙尔②4 舒希③砖，1 古尔 1 尼基达 4 班的大麦提前支付。从萨瑞群和辛伊奇闪手中，伊勒舒伊比舒、奴尔沙马什和辛基丁尼借下了。在 4 月，他们将归还砖。如果延期，利息将被加上。（证人略）日期：? 辛穆巴里忒第 17 年。"④

在这个契约中，400 升大麦应该属于利息，因为契约后面写明了借贷人需要归还所借的砖。利息提前支付属于较特殊的情况，在其他契约中还没用发现类似情况，属于贴息贷款。如果逾期不能归还砖，则要另外加收罚息，可惜的是契约中没有说明罚息的数额。

逾期罚息是对不履行契约规定、违反契约精神的一种惩罚，这种惩罚可以出现在各种借贷类型中。它既可以出现在商业借贷中，也可以出现在其他目的的借贷活动中，既可以出现在无息借贷中，也可以出现在有息的借贷活动中，所以它和商业伙伴中的拆借行为并没有什么特定的关系，并不是对违反拆借规则的一种惩罚，而是对一切违反契约精神的惩罚。

---

① W. F. Leemans, *Legal and Administrative Documents of the Time of Hammurabi and Sansuiluna* (*Mainly form Lagaba*), Leiden, 1960, p. 15.

② 古巴比伦时期的面积单位，苏美尔语为 sar。1sar 等于 1/100 iku，约等于 36 平方米。

③ 古巴比伦时期的长度单位，苏美尔语为 šu-si，1 šu-si 约等于 1.6 厘米。

④ F. N. H. Al-Rawi and S. Dalley, *Old Babylonian Texts from Private House at Abu Habbah-Ancient Sippar*, EDUBBA 7, No. 106.

五　神庙借贷及 máš dUtu 沙马什利率

两河流域地区还存在一种较为特殊的借贷，即神庙借贷。两河流域人是全民信教的民族，神庙在古代两河流域始终扮演着重要角色。古巴比伦时期，神庙不仅仅是一个宗教机构，也是一个很重要的经济实体。神庙掌握着巨大的经济财富，神庙祭司在各种经济活动中相当活跃，在借贷活动中更是积极的参与者。他们大规模地向外放贷大麦和银子，并且有自己所规定的借贷利率。早在乌尔第三王朝时期就有月神南那和医药神宁阿朱作为债权人出现在借贷活动中。① 在古巴比伦时期，神庙借贷更加活跃。以神作为债权人的借贷，一般称之为神庙借贷。有时在一些神庙借贷契约中，代理人出现在神之后与神共同充当债权人，这种情况被称为"联合借贷"。这些代理人可以是神庙神职人员，也可以是代表个人利益的商人（苏美尔语为 dam-gàr）。神庙借贷在古巴比伦时期占有较大比例，在约 200 个借贷契约中，有 31 个契约属于神庙借贷契约，约占 16%。神庙借贷大多数属于大麦和银子借贷，此外也有椰枣、油、金子等其他动产的借贷。具体情况如表 2 所示。

表 2　　　　　　　　神庙借贷契约情况

放贷物品	大麦	银子	椰枣	油	金子
契约个数	18	10	1	1	1

沙马什神庙是巴比伦时期最重要的一个神庙，其重要地位也表现在以沙马什神为债权人的借贷契约远远多于以其他神作债权人的契约上。在 31 个神庙借贷中，债权人是沙马什神的契约有 16 个（其中 7 个有代理人，如那比辛、舍里布姆和采里提什帕克等），占了总数的 50% 以上。试举两例：

① 参见吴宇虹、吕冰《乌尔第三王朝时期的尼普尔银贷业商人档案研究（上）》，《古代文明》2008 年第 2 期，第 16 页。

"1/2 马那银子，无息。沙马什的银子？从沙马什神的手中……之子布祖尔奴奴借下了它。……他要还给沙马神银子。（证人略）。"①

"13 升大麦和 40 升芝麻，属于神沙马什，乌巴润从神沙马什手中借下了。当他完全恢复健康时，他将归还神沙马什。证人：神辛，神涅旮勒，神沙马什。日期：6 月 15 日（叁苏伊鲁那第 1 年）。"②

在这两个契约中，债权人都是神，而并非是人。但神并不能亲自向外借贷，他只是作为一种象征，这类契约属于神庙借贷，神庙是债权人。在神庙借贷中的证人也往往是神来充当，这与一般的契约也不一样。一般的借贷契约，证人都是由人来充当。以神作为证人的契约有 15 个，一般有乌如杜神、库穆勒穆勒神、沙马什神、辛神、马尔杜克神、宁乌尔塔神和涅旮勒神等。一般而言，神作为债权人出现就不再充当证人，当然也有例外，如上述第二个契约，沙马什神也出现在证人之中。有时神证出现在人证后面，神证和人证共同出现。

古巴比伦时期，神庙借贷在动产借贷活动中占有重要位置，其利率也多种多样，有公平利率、无息利率等。在两个神庙借贷契约中，借贷者从沙马什神庙借贷银子，利息为向沙马什神提供食物贡品。利率用 mášmākalu 短语表示，其苏美尔语 máš. bi ì. kú. e，意即神将吃掉它的利息。美国学者哈瑞斯在其论文《古巴比伦神庙借贷》中认为，"当时有着这样的风俗，提供食物给发放借贷的神以代替利息……这种措施是为了减轻一些债务人的负担"。③ 从下面这个契约中也可感受到神庙借贷的慈善性质以及非商业性质。如：

"……舍凯勒银子，利息为提供食物，从神沙马什手中……日期：1 月 24 日，叁苏伊鲁那第 6 年。"④

在这个契约中，利息为提供某种食物。在大部分借贷活动中，借

---

① F. N. H. Al-Rawi and S. Dalley, *Old Babylonian Texts from Private House at Abu Habbah-Ancient Sippar*, EDUBBA 7, No. 59.

② M. Sigrist, *Old Babylonian Account Texts in the Horn Archaeological Museum*, AUCT V, p. 99.

③ R. Harris, *Old Babylonian Temple Loans*, JCS 14（1960）, p. 132.

④ F. N. H. Al-Rawi and S. Dalley, *Old Babylonian Texts from Private House at Abu Habbah-Ancient Sippar*, EDUBBA 7, No. 65.

贷者多是一般自由民，他们借贷的目的多是维持自己的生活消费。神庙借贷中的低利率甚至无息借贷，反映了神庙借贷的慈善性质，这也反映了古代两河流域保护弱势群体的历史传统。

在众多古巴比伦时期使用的利率中有一种利率为 máš dUtu，按照字面意思翻译为"沙马什神利率"。沙马什神利率的借贷属不属于神庙借贷呢？学者们有不同的观点。有学者认为沙马什神利率和神庙借贷并无关系，它只是众多利率中的一种，神庙借贷的债权人必须是神或神与人共同出现。① 但我们认为，这种利率既然用神的名字来命名则必定与神庙有着某种特定的关系，应属于神庙借贷，是神庙借贷特有的一种利率。在约 200 个借贷契约中，出现了少量的沙马什利率。如：

"1/2 舍凯勒银子，máš dUtu 沙马什利率将被加上。从舒［……］之女、贝莱吞手中，阿胡瓦喀尔和伊隆达米喀借下了。在收获的季节，他们将归还银子和利息。证人：舒阿亚？［……之子？］［……］"②

"……1 舍凯勒银子，máš dUtu 沙马什神利率将被加上。从拉马希手中、［……］之女达米喀吞［借下了］。［在收获的季节里］，大麦、银子和利息，她将归还。证人：马塔吞，贝勒苏奴，拉马萨吞，马娜？（女书吏）。"③

在上述两个契约中，利率都为沙马什利率（máš dUtu），债权人都不是神，而是两个女人。虽然契约中没有写明她们的身份，但她们应该是女祭司。因为在古巴比伦时期，一般世俗女性地位低下，不能单独进行各种商业活动，只有女祭司可以单独出现在各种经济活动中。第二个契约中的证人为 2 个女人和 1 个女书吏，这么多女人出现在一个契约中，她们一定不是一般的普通妇女，而是女祭司。这些具有女祭司身份的债权人或许可以证明沙马什神利率的借贷就属于神庙借贷。

沙马什利率与 máš gi-na 公平利率一样，在具体数值上存在较大

---

① R. Harris, *Old Babylonian Temple Loans*, *JCS* 14, pp. 127 – 128.

② F. N. H. Al-Rawi and S. Dalley, *Old Babylonian Texts from Private House at Abu Habbah-Ancient Sippar*, EDUBBA 7, No. 6.

③ Ibid. , No. 120.

争议，无法确定其具体数额。我们认为沙马什利率是神庙自己规定的一种数额较小的利率，以减轻债务人的负担。

六 其他形式的借贷利率

除上述介绍的一些常见利率外，古巴比伦时期还存在其他一些借贷利率。在一些契约中，明确规定了需要交纳利息，但没有说明利息的具体比率，因此无法知道利率的数额。还有一些契约，文件中没有利息条款，但这些契约也并不属于无息贷款。

一些契约中规定了有息，但没有说明利率是多少。在约 200 个契约中，这类契约有 10 个，约占 5%。7 个契约明确规定了有息。例如：

"1 古尔有息大麦，利息将被加上。（残缺）日期：叁苏伊鲁那第 6 年。"[1]

"1/2 舍凯勒银子，利息［将被加上］。从［……］手中，奴尔［……］借下了。在收获的季节，他将归还银子。（证人略）日期：9 月 3 日，叁苏伊鲁那第 7 年。"[2]

在 3 个契约中，没有直接写明有息，而是在还款条款中写明了要归还借贷物品和利息。如：

"1 古尔大麦，从辛埃拉苏手中，曼尼阿借下了。在收获的季节，大麦和利息他将归还。（证人略）日期：7 月 14 日，叁苏伊鲁那第 7 年。"[3]

在约 200 个借贷契约中，有 65 个契约中没有利息条款。古巴比伦时期的借贷契约在公元前 1712 年（叁苏伊鲁那第 38 年）之后，就不再有利息条款了，这种情况出现在古巴比伦王朝的所有地区。无利息条款往往给人一种没有利息的概念，但事实上情况复杂。一种观点

---

① F. N. H. Al-Rawi and S. Dalley, *Old Babylonian Texts from Private House at Abu Habbah-Ancient Sippar*, EDUBBA 7, No. 1.

② Ibid. , No. 47.

③ M. Sigrist, *Old Babylonian Account Texts in the Horn Archaeological Museum*, AUCT Ⅴ, p. 103.

认为，即使契约中没有提及利率，但仍会自动缴纳利息。基那斯特认为，人们会按照法规或习俗交息，是约定俗成的利息，无须在契约中写明。① 试举一例：

"3 尼基达 2 班大麦，从……鲁姆手中，达姆如鲁穆尔借下了它。在收获的季节里，他要归还大麦。证人：阿维勒伊拉波腊特。日期：叁苏伊鲁那第 39 年 11 月 21 日。"②

这个契约中没有说明要缴纳利息，但它并非是无息借贷，需要根据约定俗成的利率缴纳利息，只有在契约中明确表明无息的才属于无息借贷，无须缴纳利息。

在借贷契约中，还出现了一种较为特殊的利率，即根据"左邻右舍"的利率交息。阿卡德语短语 ki-ma á-zi-da ù á-ga-bi，直译为"他的左边和右边"，我们翻译为"左邻右舍"。在古巴比伦时期的经济活动中，经常会出现使用"左邻右舍"这一短语的情况。在土地租赁活动中，有一种情况就是根据"左邻右舍"的租金标准交纳租金。③ 在自由民雇用活动中也出现了根据"左邻右舍"的工资，给予佣金的情况。④ 在动产的借贷活动中，也出现了根据"左邻右舍"的借贷比率交纳利息的情况。契约如下：

"$1\frac{1}{6}$ 舍凯勒银子，为了获得丰收，从阿什迪亚之子、埃伊邓安那舍米手中，伊布尼沙孜之子、伊皮喀阿奴尼吞，借下了它。在收获的季节，他将根据'左邻右舍'的利率，交纳利息。如果他没有这样做，国王的法律（将会生效）。（证人略）日期：8 月 30 日，汉谟拉比第 26 年。"⑤

---

① A. Skaist, *The Old Babylonian Loan Contracts*, Bar-Ilan University Press, 1994, p. 132.

② M. Sigrist, *Old Babylonian Account Texts in the Horn Archaeological Museum*, AUCT IV, p. 51.

③ 参见李海峰《古巴比伦时期不动产经济活动研究》，社会科学文献出版社 2011 年版，第 148—149 页。

④ W. F. Leemans, *Legal and Economic Records from the Kingdom of Larsa*, SLB I/2, Leiden, 1954, p. 31.

⑤ F. N. H. Al-Rawi and S. Dalley, *Old Babylonian Texts from Private House at Abu Habbah-Ancient Sippar*, EDUBBA 7, No. 90.

余　论

通过对大量古巴比伦时期借贷契约的分析，我们可以得出两点认识：第一，古巴比伦时期并不存在统一的利率标准，而是多种多样的借贷利率并存。即便是现代社会，也很难实行全国统一的借贷利率，因此我们不能把《汉谟拉比法典》中规定的利率作为古巴比伦时期唯一存在的借贷利率，并把它上升为统治阶级意志的体现。第二，古巴比伦时期实行的借贷利率并非是一种高利率，而是一种公平合理的利率，甚至存在着较多的无息利率。《汉谟拉比法典》中大麦借贷利率33.3%、银钱20%的高利率在现实生活中并不常见，相反是一种基本废弃了、过时了的借贷利率。这种高利率无疑会限制借贷行为的发生，从而阻碍整个社会农业、商业的发展。这种高利率无疑也会造成阶级对立，促使阶级矛盾进一步激化，从而影响整个社会的稳定及国家的统治。因此，在现实生活中使用的借贷利率是一种借贷双方都能接受的"公平的、合理的"利率，甚至是无息利率，只有这样才能保证从事农业及商业的下层阶级的繁荣，从而促进整个社会经济的繁荣。"建立公平正义，保护弱势群体"是古代两河流域文明的一个优良传统，是历代国王施政的最高纲领，这种执政理想在借贷活动中也得到了较为充分的体现。此前，由于材料的缺乏，《汉谟拉比法典》是国内学者研究古巴比伦时期社会经济的重要史料，同时对该法典中的内容也深信不疑。但是，越来越多的证据显示，《汉谟拉比法典》并非是人们想象中的、一部在现实生活中人们都要遵循的社会规范。我们研究古巴比伦时期的社会经济不能仅仅依靠该部法典的内容，而要更多地依据出土的大量民间契约，只有这样才能更加准确地还原历史、认识历史。

国别区域史研究

试论英国殖民统治对斐济政治
现代化的影响

陈明燕[*]

摘要：英国长达百年的殖民统治对斐济历史产生了重大而深远的影响。受惠于英国殖民遗产中的现代民主政治成分，独立后的斐济才自然而然地走上了以议会民主制为特征的政治现代化之路；但同样也是因为英国的殖民统治，不仅使斐济因单一主体民族变为两大主体民族而产生了愈演愈烈的种族冲突，而且使得斐济人没有形成明确而强烈的国家认同，从而导致斐济的政治现代化之路异常曲折和艰难。

关键词：英国；斐济；殖民统治；政治现代化

1970 年 10 月 10 日，斐济脱离英国独立，正式成立斐济共和国，开始了政治现代化的进程。尽管英国殖民势力已经撤出，但英国近一个世纪的殖民统治已给斐济的政治环境打下了深深的烙印，并对斐济的政治体制产生持久的影响。本文拟从政治体制、种族冲突和国家认同三个方面对英国殖民统治之于斐济政治的影响进行尝试性解读，以期能加深对斐济政治现代化艰难性的认识。

一　预先规划的政治体制

有研究者指出，对于海外的众多殖民地，英国一直将其视为英帝国的重要组成部分和英帝国的海外延伸，因此会有意识地在殖民时期

---

* 陈明燕，聊城大学历史文化与旅游学院世界史专业 2014 级硕士研究生。

甚至是在非殖民化时期向殖民地移植宗主国的政治模式，以此来改造或规划殖民地的政治发展进程。[①] 作为英国在西南太平洋地区重要殖民地的斐济，自然也不例外，英国对斐济进行政治模式移植发生在非殖民化时期。

20 世纪 60 年代，南太平洋地区的非殖民化运动风起云涌，眼见斐济独立之势已经不可逆转，英国殖民政府于 1965 年 7 月在伦敦召开了"宪法会议"，此举意在及早着手草拟斐济宪法，以此来决定斐济独立后的政治体制。对于斐济的独立而言，本次会议的成果可谓丰富而意义重大，因为会议不仅确定了终止英国殖民统治的时间和方式，更重要的则是确定了立法议会（Legislative Council）议员的产生方式——以"交叉投票"（cross-voting）为特征的选举制，即每一个选民拥有 4 张选票，一张投给自己民族的候选人，另外 3 张投给不同族群的候选人。根据这一制度，斐济在 1966 年举行了宪法颁布前的"交叉投票"选举，结果见表 1。

表 1   1966 年宪法"交叉投票"选举结果

选举人	各民族当选席位	交叉投票当选席位	合计
斐济原住民	9	3	12
印度裔斐济人	9	3	12
一般选民	7	3	10
合计	25	9	34
大酋长会议选派			2
总督派任			4
总席位			40

资料来源：*Pacific News Bulletin*，Vol. 14，No. 4，April 1999，p. 6.

从表 1 可以看出，在立法议会总共 40 席议员中，除了 6 席是不经投票的"派任议员"，其余 34 席均为选举产生，足见选举制对于立

---

① O. H. K. Spate, *The Pacific as an Artifact*, in N. Gunson, *The Changing Pacific—Essays in Honour of H. E. Maude*, Oxford：Oxford University Press, 1978, p. 32.

法议会的重要性，这其实也就意味着斐济独立后将会实行像英国那样的、以选举制为基础的议会民主制。后来历史的发展也的确如此，独立后的斐济采用的是民主政体，在政治制度上沿袭了英国的议会制度，建立由参（上）、众（下）两院①组成的议会，再由此产生内阁。

斐济之所以会实行英国式的议会民主制，除了英国殖民政府出于自身利益考虑而进行的提前布局外，斐济独立后的现实情况也是重要原因。对于斐济的政治领导者而言，虽然在争取独立的过程中已经经历了洗礼，但在新的环境下如何保持自我民族国家的主体性、建设民族国家，却是个全新的课题。面对这种情况，"效仿其宗主国"就成了"一个必要步骤"②，于是，斐济选择了全面继承英国的殖民遗产，而这就"意味着英国的法律、社会准则、制度"③的引进。另外，由于高级行政和外交人员的匮乏，斐济新政府就地雇用了原殖民政府的行政官员和学校教师，而且英国也继续向斐济派遣各类专家协助。④

美国比较现代化学者 C. E. 布莱克曾经指出，西方资本主义国家"作为现代化的始作俑者，它们也担负起现代化的布道者的角色。它们也曾以入侵者的身份将现代的观念和体制传播到地球上的各个角落"。⑤ 显然，对于斐济的政治发展而言，英国殖民统治的作用就在于以"布道者""入侵者"的身份将自己的政治体制移植到斐济，使得斐济在独立之前就已经拥有了较为完善的宪法、选举制、议会制等现代政治制度的要素，为独立后的政治工作发展打下了基础，从而"在这块极原始的土地上发展了较先进的现代政治体系"，开启了斐

---

① 众议院由之前一直存在的立法议会转型而来。立法会议最初只是一个斐济族人的议会，由"酋长会议"从 11 个酋邦里提名 5 人并由总督任命的人员组成，以后则逐渐变成直接由酋长会议选举产生。

② G. D. Berreman, "Scale and Social Relations: Thoughts and Three Examples", in Fredrik Barth, *Scale and Social Organization*, Oslo: Universitetsförlaget, 1978, p. 53.

③ ［澳］格雷厄姆·哈索尔：《太平洋群岛的民族主义与民族冲突（上）》，李启欣、李研译，林致平校，《世界民族》1997 年第 2 期。

④ 参见 ［日］小林泉《太平洋岛屿诸国论》，东信堂 1994 年版，第 98—101 页。

⑤ ［美］布莱克：《现代化的动力》，段小光译，四川人民出版社 1988 年版，第 181 页。

济的"政治现代化历程"。①

二 从无到有的种族冲突

1800 年之前，属于美拉尼西亚人的原住民一直是斐济唯一的民族。进入 1800 年后，一些被称作"Beachcomber"的西方海员开始在斐济群岛落户，与土著人通婚，再到 1857 年越来越多的欧洲人移民来到斐济定居。这些欧洲人进入斐济之后，他们所带来的疾病和对斐济原住民过重的劳役，造成了斐济原住民的大量死亡。以英国百年的殖民统治为例，斐济原住民人口由 1880 年前后的 11 万人急剧减少到 1921 年的 8 万多人，再到 1946 年才恢复到 1880 年时的水平。② 尽管如此，这些外来人终归是少数，斐济原住民在数量上仍居于绝对优势地位，是唯一的主体民族。

到 1874 年，随着斐济沦为英国的殖民地，这种情况开始发生变化。英国殖民者进入斐济后，看到斐济拥有种植甘蔗的良好自然条件，就决定开发土地种植甘蔗，将斐济建成欧洲地区蔗糖的原料供应地。③ 英国殖民者本想在当地寻找劳动力，却发现斐济原住民天性浪漫，不想要钱，工作不勤奋且不愿脱离传统的部落劳动，于是，他们就决定从同是英国殖民地的印度大量引入劳工进行甘蔗种植。这项工作由英国驻斐济总督负责，印度劳工以签订劳动合同的形式被引入斐济，劳动合同为期 10 年。1879 年 5 月 14 日，第一批共 498 名印度合同劳工被英国驻澳大利亚殖民地制糖公司运抵斐济，此后每年约有 2000 个印度人被运到斐济种甘蔗，直到 1916 年，这一劳工引进项目才宣告结束。由于每一批印度劳工在合同期满后都会有绝大多数选择留下，加之 19 世纪 30 年代的自由移民和高出生率，因此 1916 年后

---

① 雷芳、张志兵：《南太平洋岛国现代化研究》，《当代教育理论与实践》2011 年第 9 期。

② 参见［日］石川栄吉、小林泉、越智重雄主编，百々佑利子监修《オセアニアを知る事典：新订增补》，平凡社 2000 年版，第 83 页。另可参见 *1996 Census of Fiji*，Bureau of Statistics，p. 29。

③ 时至今日，糖制品仍然是斐济出口到欧洲联盟并赚取外汇的重要商品。

虽然不再流入，但留下来的印度族人口经过不断繁衍生息，人口总量急速增加，成为斐济人口的重要组成部分。具体情况见表2。

表2 　　　　　　　1881—1996 年斐济各民族人口数量变化 　　　　（人;%）

年份 民族		斐济原住民	印度裔人	白人后裔	欧洲人	华人	罗图曼岛人	太平洋其他岛民	其他	合计
1881	人口数量	114748	588	771	2671		2452	6100	156	127486
	所占比例	90	0.4	0.6	2		1.9	5	0.1	100
1901	人口数量	94937	17105	1516	2459		2230	1950	467	120124
	所占比例	79	14.2	1.2	2		1.8	1.5	0.3	100
1921	人口数量	84475	60634	2781	3878	910	2235	1564	789	157266
	所占比例	53.7	38.6	1.8	2.5	0.5	1.4	1	0.5	100
1946	人口数量	118070	120414	6142	4594	2874	3313	3717	514	259638
	所占比例	45.5	46.4	2.4	1.8	1.1	1.3	1.4	0.1	100
1956	人口数量	148134	169403	7810	6402	4155	4422	5320	91	345737
	所占比例	42.8	49	2.2	1.9	1.3	1.3	1.5	0	100
1966	人口数量	202176	240960	9687	6590	5149	5797	6095	273	476727
	所占比例	42.4	50.5	2	1.4	1.1	1.2	1.3	0.1	100
1976	人口数量	259932	292896	10276	4929	4652	7291	6822	1270	588068
	所占比例	44.2	49.8	1.8	0.8	0.8	1.2	1.2	0.2	100
1986	人口数量	329305	348702	10297	4196	4784	8652	8627	810	715375
	所占比例	46	48.7	1.4	0.6	0.8	1.2	1.2	0.1	100
1996	人口数量	393575	338818	11685	3103	4939	9727	10463	2767	775077
	所占比例	50.8	43.7	1.5	0.4	0.6	1.3	1.3	0.4	100

资料来源：*1996 Census of Fiji*, Bureau of Statistics, p. 29.

由表2中的数据可以发现：第一，自进入 20 世纪后，在斐济的 8 个族别中，斐济原住民和印度族人均在万人以上，两个民族人口占全国总人口的比例 1881 年为 90.4%，1901 年为 93.2%，1921 年为 92.3%，1946 年为 91.9%，1956 年为 91.8%，1966 年为 92.9%，1976 年为 94%，1986 年为 94.7%，1996 年为 94.5%，在人口总量上始终居于前两位；第二，斐济的印度族人口从 1881 年的 588 人到

1946 年的 120414 人，短短 65 年的时间增长了 205 倍，在总人口中所占比重也由 0.4% 涨至 46.4%，足见其人口数量增长之迅速；第三，从 1946 年起，印度族人口的数量开始超过斐济原住民，此后直到 1986 年一直比斐济原住民多。所有这些都表明，斐济在进入 20 世纪后不再只有原住民这一个主体民族，印度族人成为另一个主体民族，而这恰恰就是英国殖民统治的后果。

这两大种族分别掌控着斐济的政治和经济命脉——印度族人通过勤奋劳动最终掌握了斐济的经济命脉，拥有 95% 的甘蔗农场和大多数商业；斐济人牢牢地掌握着政治权力，把持着国家政权和军队，同时他们还拥有大部分土地。[1] 看似各取所需，原本应该相安无事，但由于经济的发展在很大程度上会受政治的影响和制约，因此，斐济原住民与印度族人之间的矛盾和冲突也就不可避免。掌握政治命脉的斐济原住民原本就对印度族人入住他们的土地耿耿于怀[2]，随着印度族人经济力量的增强，他们又十分担心印度族人会掌握政权进而使斐济变成印度族人的国家，剥夺他们的土地[3]；掌握经济命脉的印度族人尽管已在斐济居住四代，但仍保留着自己的文化个性和宗教，很难融入斐济的文化生活，而且他们为了维护自己在经济上的利益，也开始追求政治上的权力。[4] 长期以来，斐济原住民和印度族两大种族之间的矛盾与冲突成了斐济社会的主要矛盾，导致斐济政局出现动荡的四次政变，无不与两大种族之间的冲突直接相关。[5]

---

[1] 参见吕桂霞《1987 年斐济政变及其深层原因探析》，《中国浦东干部学院学报》2013 年第 5 期。

[2] 关于土地之于斐济原住民的重要性，参见周会超《美拉尼西亚的土地共同体主义研究——以斐济为例》，《商》2013 年第 20 期。

[3] 参见蔡中涵《斐济大酋长会议在现代政治之角色》，《台湾原住民研究论丛》2007 年第 1 期。

[4] 参见许博渊《斐济政治危机的根源》，《瞭望新闻周刊》2000 年第 6 期。

[5] 关于这一点，学界已有较为丰富的研究成果，具体参见［澳］格雷厄姆·哈索尔《太平洋群岛的民族主义与民族冲突》，李启欣、李研译，林致平校，《世界民族》1997 年第 2、3 期；吕桂霞《1987 年斐济政变及其深层原因探析》，《中国浦东干部学院学报》2013 年第 5 期；雷芳《种族问题与斐济政治现代化》，《佛山科学技术学院学报》2003 年第 2 期；蔡中涵《斐济大酋长会议在现代政治之角色》，《台湾原住民研究论丛》2007 年第 1 期。

三　异常薄弱的国家认同

国家认同（national identity）是政治学上有关国家建设的重要概念和核心内容。关于"国家认同"的概念，目前较为一致的认识是指个体对自己所属国家的历史文化传统、道德价值取向、理想信仰信念、政治主权等的认同。① 从本质上来说，国家认同是一种政治认同，强调公民对国家的政治权力和统治权威的认可、接纳、服从、忠诚②；从政治实践上讲，国家认同是随着人出生时被赋予的公民身份而具备认同前提的，国家通过颁布法律和制定政策保证公民的权利，公民则履行相应的义务，因此它又是一种重要的公民意识，是维系个体和所属国家之间关系存在和发展的重要纽带。③ 只有当一个国家中的大部分国民在思想上理解自己归属于这个国家，确认自己的公民身份并且认同国家的政治制度和理念时，国家政治的稳定性才能得到保证。从这个意义上说，国家认同既是民族国家的心理基础，也是保障国家统一和稳定的重要条件。

有研究者指出，在目前的南太平洋地区，主要有两个因素决定着国家认同的强弱：一是岛屿国家原有民族认同与国家认同的契合程度，包括地理因素和殖民因素；二是岛屿国家国家能力的强弱，包括选举制度和政党文化等因素。④ 就斐济而言，由于政治制度的灵魂是根基于部落体制上的传统酋长制，因此以选举制和政党文化为基础的议会民主制只能是徒具形式⑤，而地理因素又无法选择，殖民因素就成了决定斐济国家认同强弱的关键。

---

① 参见贺金瑞、燕继荣《论从民族认同到国家认同》，《中央民族大学学报》2008 年第 3 期。另可参见林文勋《当前中国边疆治理研究中的几个问题》，载郑永年、林文勋主编《21 世纪的中国边疆治理与发展》，社会科学文献出版社 2013 年版，第 143 页。

② 参见陈茂荣《论"民族认同"与"国家认同"》，《学术界》2011 年第 4 期。

③ 参见张宝成《民族认同与国家认同》，人民出版社 2012 年版，第 272—273 页。

④ 参见庞琴等《太平洋岛国的民族认同与国家认同浅析》，载喻常森《大洋洲蓝皮书：大洋洲发展报告（2013—2014）》，社会科学文献出版社 2014 年版，第 78—82 页。

⑤ 参见汪诗明《论西南太平洋岛屿国家现代化进程及其特点》，《苏州科技学院学报》2012 年第 5 期。

英国在海外的殖民统治可以分为直接统治和间接统治两种形式，直接统治的主要特点是"废除或蔑视传统的统治者和社会制度，直接派员组成一个官僚机构。欧洲人在这个官僚机构中占有重要的地位，非欧洲人只能担任较低的职务。他们管理殖民地的方式与欧洲古代社会中官员们所采用的手段十分相似"①，间接统治的主要特点是"保留当地的政治与社会制度，与原来的统治者结成联盟，并通过它们来进行间接的统治"。②

斐济社会的鲜明特征之一就是存在一些主要以血缘为纽带的大的部落群体，这些部落群体在斐济的政治和社会生活中发挥着重要影响。在对斐济进行殖民统治的初期，英国殖民当局是想推行直接统治，即以超部落的国家或帝国联邦的形式去整合斐济国内各地分散的部落，但这些部落民众对各自首领的忠诚以及对自己生存土地的依赖，使得英国殖民者的种种努力难以奏效。1874 年 10 月 10 日，时任斐济联合王国国王的大酋长卡空鲍（Seru Epenisa Cakobau）和其他沿海部落的酋长们在《割让条约》（the Deed of Cession）上签字，标志着斐济就此沦为英国的殖民地。表面看来似乎是英国殖民当局利用殖民权威在管理制度层面整合了这些分散的部落，从而使得斐济成为英帝国的一部分，但实际上很多酋长并没有就此屈服。如 1876 年，斐济西部和中部的维提岛内陆部落就联合抵制过英国的殖民统治及其同盟者鲍-劳（Bau-Lau）部落酋长小集团。

这些部落联合反抗的行为虽然无法改变斐济成为英国殖民地的现实，但却触及了英国在殖民统治中的两大难题：一是如何在殖民地建立和巩固当地人们不愿接受的统治；二是如何使对殖民地的统治能在道德和法律上立足。而大约与此同时，英国著名殖民主义活动家和理论家卢加德在北尼日利亚推行的间接统治却大获成功，"似乎为解决这些问题找到了新途径"。③ 这不仅是因为间接统治不需要大批的官员和军队，统治的成本和开支不会太大，也不会同当地土著居民发生

---

① D. K. Fieldhouse, *Colonialism 1870—1945*, London, 1983, p. 31.

② Ibid.

③ 高岱：《英法殖民地行政管理体制特点评析（1850—1945）》，《历史研究》2000 年第 4 期。

直接的冲突，更重要的则是间接统治能在一定程度上"促使当地的土著首领逐步放弃令世人反感的风俗，如奴隶制等，并在政府税收和生产方面进行改造，建立起一套新的政治和经济体制"①，这样就能够"解决殖民主义进程中所遇到的现实问题与道德纠纷，在此基础之上使大英帝国保持长期的稳定"。②

于是，英国殖民当局转而对斐济推行"以夷制夷"的间接统治③，即利用斐济传统的精英势力——酋长来控制部落社会。英国对斐济间接统治的具体形式是由英国驻斐济总督将原来分治各部落的酋长整合起来成立"大酋长委员会"（Great Council of Chiefs）④，该机构最初只是一个顾问性质的团体，主要职能只是给英国殖民者的统治提一些建议，在政治上并无任何正式的职权，后来地位和作用逐渐提升，斐济的土著政治领袖就是通过大酋长委员会在殖民政府和管理机构中发挥了非常积极的作用。⑤ 也正是因此，英国对斐济的统治成为其在西南太平洋地区间接统治最具典型性、最成功的范例。⑥

对于英国殖民者而言，间接统治的影响是积极的，但对于斐济政治的发展而言，其影响却是极为消极的，甚至是致命的。这种消极影响主要就体现在间接统治对斐济民众国家认同观念的削弱上：一方面，由于间接统治既保留了土著首领的权力，又保留了土著社会的制度，这实际上也就是保留了土著居民对部落的依附和忠诚，而"所有被保存下来的对部落的忠诚，都成了建立对国家忠诚的障碍。权力的分散，意味着独立来临之际，还没有人知道什么才是一个统一的民族

---

① D. K. Fieldhouse, *Colonialism 1870—1945*, London, 1983, pp. 33 – 34.

② Ibid.

③ Appana, Subhash, *Traditional Leadership at the Crossroads: the Fijian Chiefly System*, MPA Working Paper #00 – 0012, 2005, p. 11, Suva（Fiji）, University of the South Pacific.

④ Ralph Gerard Ward & Elizabeth Kingdon（eds.）, *Land, Custom and Practice in the South Pacific*, Cambridge University Press, 1995, pp. 207 – 212.

⑤ 参见［美］库尔特《斐济现代史》，吴江霖、陈一百译，广东人民出版社 1976 年版，第 125—129 页。

⑥ 关于这一点，参见汪诗明《论英国对西南太平洋岛屿的殖民统治模式》，《历史教学问题》2013 年第 1 期；雷芳、张志兵《南太平洋岛国现代化研究》，《当代教育理论与实践》2011 年第 9 期。

国家"。① 另一方面，尽管在英国的殖民统治下各部落（族）常常会结为一个行政实体，但各部落的土著居民及其首领对民族与国家的概念都从未有过明确的认识。② 当然，无论是对部落、国家的忠诚，还是对民族、国家概念的认识，都属于观念层面的内容，在英国殖民统治时期尚无明确显示，但当非殖民化浪潮席卷斐济和斐济独立之际，这种间接统治的消极影响就充分暴露了出来，"其中最为突出的便是，通过间接统治所保留下来的传统社会及其制度，此时严重地束缚了现代国家的形成和发展，使这些殖民地在独立之初便埋下了社会长期分裂动荡的种子"。③ 从这个角度来说，英国在斐济间接统治的成功，正是斐济政治发展最大的不幸所在。

四　结束语

当代美国著名政治学家萨缪尔·亨廷顿曾指出："政治现代化取得成功的关键，在于政治的制度化。强有力的政党制度的形成是提高制度化水平的核心，只有大力提高政治制度化的程度，才可能缓解现代化中国家在社会经济现代化过程中必然出现的大众政治参与压力，从而确保现代化进程中的政治稳定，最终实现社会的现代化。"④ 英国百年殖民统治所留下的丰厚政治遗产，使得独立后的斐济在缓慢迈入现代化发展轨道的过程中，首先遭遇到了政治现代化的困境——虽然完全承袭了其宗主国英国的议会民主制，但由于其传统的政治力量太过强大，原住民对于维持并强化传统的文化、价值观、社会规范和部落组成具有十分强烈的意愿和共识，导致斐济所实行的议会民主制徒具其形，与此同时，斐济土著的政治精英阶层——酋长却左右了政治属性及其发展，使得斐济的政治制度呈现出以传统酋长制度为主、

---

① D. K. Fieldhouse, *Colonialism 1870—1945*, London, 1983, p.35.

② 参见汪诗明《论西南太平洋地区英联邦国家的政治体制》，《苏州科技学院学报》2004 年第 4 期。

③ 高岱、郑家馨：《殖民主义史·总论卷》，北京大学出版社 2003 年版，第 215—216 页。

④ ［美］萨缪尔·亨廷顿：《文明的冲突与世界秩序的重建》，周琪、张立平等译，新华出版社 2010 年版，第 137 页。

西方民主制度为辅的特征。

这种兼具传统因素和现代因素的政治制度设计在实际运作中看似效果不错，但由于发挥主要作用的是传统的酋长制度，因此并未解决斐济政治现代化中最关键的国家认同问题，国内的两大种族——斐济原住民和印度裔斐济人仍然存在巨大的隔阂和冲突，1987 年以来的四次政变和进入 21 世纪后持续的政局动荡无不根源于此。从这个意义上说，斐济的政治现代化还有很长的路要走。

无论是过去成功的经验、眼下悬而未决的问题，还是未来要面临的巨大挑战，斐济的情况都代表了南太平洋地区岛屿国家政治发展的普遍性问题，尤其是这些岛国社会自身发展的深层次矛盾——民族国家建设与传统部落文化的关系问题，注定了它们的政治现代化必然步履蹒跚。①

---

① 参见费晟《南太平洋岛国华人社会的发展：历史与现实的认知》，《太平洋学报》2014 年第 11 期。

冷战时期加拿大对印度尼西亚
援助研究

官士刚　陈明燕*

摘要： 冷战时期加拿大对印度尼西亚的援助经历了东西方援助竞争时期和政府开发援助时期两个阶段，本文通过对两个阶段加拿大对印度尼西亚援助数额、援助形式和援助动因的全面考察，展现了冷战时期加拿大对印度尼西亚援助发展演变的全过程，并进一步通过加拿大对印度尼西亚的援助来揭示出当时加拿大外交政策由"国际主义"向"实用主义"的转变、印度尼西亚国策从激进民主主义到"发展至上"的转变。

关键词： 加拿大；印度尼西亚；对外援助

加拿大虽然是国际上公认的"中等大国"（middle powers）① 的典型代表，但在国际舞台上拥有"超出自身实力的国际地位和良好的国际声誉"②，这完全得益于其务实的外交政策和灵活的外交策略，尤

---

* 官士刚，聊城大学历史文化与旅游学院讲师，博士；陈明燕，聊城大学历史文化与旅游学院世界史专业 2014 级硕士研究生。

① middle powers 在国内有诸多翻译，如中等大国、中等力量国家、中等国家、中强国家等，在内涵上并无差别。中等大国是指拥有独立外交能力并可以独立做出外交政策，地理与地缘因素、自然资源、工业能力、军事、人口、政府质量等要素相加之和在国家权力等级中介于大小层次之间，至少在某一地域拥有主导力或重要影响力或在国际事务某一领域担当领导者角色，无法单独改变或决定世界体系，在国际事务中不具备综合性决定影响力的国家。"中等大国"的概念首次出现于第二次世界大战后期，由加拿大政府首先使用，并在此后扩展至国际社会，为国际学术界所接受。加拿大是学界研究中等大国最常用的实例。参见朱中博《中等国家国际行为研究——以加拿大为例》，硕士学位论文，上海外国语大学，2008 年。

② 邹传锋：《加拿大外交政策的趋势和特点》，《世界经济研究》2001 年第 3 期。

其是其一直以来积极推行的对外援助。① 作为加拿大外交政策的重要组成部分，其对外援助政策虽然一直是学界关注的热点，但具体对某一国家对外援助的研究却并不深入。本文拟以居于东盟领导地位的印度尼西亚为关注重点，就冷战时期加拿大对其的援助作一浅析，以就教于方家。

一 东西方援助竞争时期加拿大对印度尼西亚的援助

加拿大的对外援助活动起步较早，可追溯至第二次世界大战期间对盟军的军事、技术和物资援助②，但对印度尼西亚的援助则是到了第二次世界大战结束后的 1953 年才开始的，而且对印度尼西亚的援助是与当时的国际形势息息相关的。

（一）东西方援助竞争

第二次世界大战结束之后，国际形势出现了一些新的情况：第一，随着亚洲民族独立运动不断深入，南亚和东南亚地区的原英国殖民地缅甸、锡兰、印度、巴基斯坦，以及荷兰殖民地印度尼西亚相继独立，这些新独立国家由于经济状况不断恶化而导致共产党活动频繁，对西方原有秩序构成了极大的威胁，使得以英国为首的英联邦国家意识到必须针对该地区采取一些新的措施。第二，以美国和苏联为首的东、西方阵营自第二次世界大战结束就开始呈对峙局面，并逐渐进入冷战，而南亚和东南亚这些新独立国家中共产党的活动，加之

---

① 对外援助的定义，目前学术界尚无定论，比较有代表性的观点有如下几种：第一，宋新宁和陈岳认为，一个国家或国家集团对另外一个国家或国家集团提供的无偿或优惠的有偿货物或资金，用以解决受援国所面临的政治经济困难或问题，或达到援助国特定目标的一种手段（参见宋新宁、陈岳《国际政治经济学概论》，中国人民大学出版社 1999 年版，第 216 页）。第二，周弘认为，对外援助是国内政治的拓展，是国家推行其外交政策的工具（参见周弘《对外援助与国际关系》，中国社会科学出版社 2002 年版，第 1 页）；第三，日本学者下村恭民等则将对外援助定义为，为促进发展中国家发展，由发达国家向发展中国家提供的不包括军事方面的所有其他援助（参见 [日] 下村恭民《日本协力》，有斐阁 2009 年版，第 3—4 页）。本文所采用的是宋新宁和陈岳的观点。

② 参见潘迎春《第二次世界大战与加拿大独立外交的形成》，《世界历史》2009 年第 5 期。另有观点认为，加拿大的对外经济援助可以追溯到战后向欧洲提供重建资金（参见贺建涛《特鲁多时期加拿大政府开发援助（ODA）研究》，硕士学位论文，福建师范大学，2009 年，第 11 页）。

1949 年中华人民共和国的成立，使得以美国为首的西方阵营非常担心共产主义浪潮将席卷亚洲。前者的结果是英联邦范围内相互援助的"科伦坡计划"（The Colombo Plan）产生；后者的结果就是以美、苏为首的东西方阵营展开了对南亚和东南亚新独立国家的竞争，由于西方阵营普遍认为"除非这些国家从外部得到经济和政治援助，否则它们很容易成为共产主义的牺牲品"[1]，所以这场竞争实际上就演化成了一场援助竞争。

"科伦坡计划"的正式名称是"南亚及东南亚合作经济发展的科伦坡计划"（The Colombo Plan for Cooperative Economic Development in South and South East Asia）[2]，是以英国、澳大利亚、加拿大为首的英联邦国家发起成立的，旨在通过以资金和技术援助、教育及培训计划等形式的国际合作来加强南亚和东南亚地区的社会经济发展，以遏制"共产主义扩张"的国际性援助计划。[3] 该计划形成于 1950 年 9 月，当时只有英国、加拿大、澳大利亚、新西兰、印度、巴基斯坦、斯里兰卡（当时名为锡兰，1975 年才恢复其古代名称斯里兰卡）7 个成员国，其中英国、加拿大、澳大利亚和新西兰是施援国，印度、巴基斯坦和斯里兰卡则是受援。[4] 由于科伦坡计划与此前一年杜鲁门提出的"第四点计划"在主旨上有契合之处，其本身又具有明显的遏制共产主义色彩，再加上科伦坡计划最初的设计中本就包含美国在内，英国、澳大利亚等极力拉拢美国加入，所以，在科伦坡计划正式实施（1951 年 7 月 1 日）前的 1951 年 2 月，美国正式加入了科伦坡

---

① Daniel Oakman, "The Seed of Freedom: Regional Security and the Colombo Plan", *Australian Journal of Politics and History*, Vol. 46, No. 1, 2000, p. 73.

② 1977 年 12 月科伦坡计划协商委员会部长会议决定将其改名为"亚洲及太平洋经济和社会合作发展科伦坡计划"。

③ 科伦坡计划是亚洲第一个国际性的援助计划，后来随着亚太地区大多数非共产主义国家的加入，在 1978 年后扩大成为一个旨在加强亚太地区经济和社会发展的国际经济组织。参见孙建党《科伦坡计划及其对战后东南亚的经济发展援助》，《东南亚研究》2006 年第 2 期。

④ 到目前为止，成员国共有 26 个，除上述 7 个国家外，还有 1951 年加入的美国、缅甸、越南、老挝、柬埔寨，1952 年加入的尼泊尔，1954 年加入的印度尼西亚、日本、菲律宾、泰国，1957 年加入的马来西亚，1962 年加入的韩国、不丹，1963 年加入的阿富汗、马尔代夫，1966 年加入的伊朗、新加坡，1972 年加入的孟加拉国、斐济，1973 年加入的巴布亚新几内亚，英国和柬埔寨于 1991 年退出，加拿大于 1992 年退出，蒙古和越南则于 2004 年加入。其中，以美国、澳大利亚、日本、英国、新西兰和加拿大为主要施援国，不过日本的援助自 1956 年才开始。资料来自 http://www.colombo-plan.org。

计划，并成为该计划最大的施援国。这样一来，科伦坡计划就不可避免地卷入东、西方阵营的援助竞争，并"成为冷战时期西方阵营与社会主义阵营在南亚和东南亚进行激烈竞争的一种重要工具"。①

在这场东西方的援助竞争中，印度尼西亚是争夺的焦点，正如美国总统尼克松在"新秩序"政权一周年之际所说："拥有一亿人口（现为一亿三千五百万——译者），岛屿分布于三千海里宽，资源极其富饶的印尼，成为在东南亚地区世界争夺的对象。"② 其实早在 1948 年 12 月，美国"遏制政策"（Policy of Containment）的创始人乔治·凯南（George Frost Kennan）就曾指出，印度尼西亚"是我们当前与克里姆林宫斗争中最重要的问题"。③ 印度尼西亚之所以会成为争夺的焦点，原因之一在于印度尼西亚拥有丰富的锡、石油和天然橡胶等战略资源，正如美国军方所指出的，"如果发生美苏战争，俄国可能拒绝把中东油田给美国，在西半球唯一可得到大量石油的生产地就位于印度尼西亚"④，"如果印度尼西亚是敌意的，美国不仅要丢失一个石油来源，而且将丢失印度尼西亚的大量橡胶和锡"⑤。原因之二在于印度尼西亚异常重要的战略地位，印度尼西亚地跨赤道及亚洲、大洋洲，海域内的马六甲海峡、龙目海峡、巽他海峡、望加锡海峡等都是衔接太平洋和印度洋、东南亚半岛和澳大利亚的交通要道，由此成为东南亚和澳大利亚地区安全最重要的支点。⑥ 一旦印度尼西亚落入共产主义，"美国在南太平洋—印度洋地区的交通线的安全将变得非常脆弱"⑦，更重要的是泰国和马来西亚就将迅速崩溃，并且导致"从西伯利亚到苏门答腊这个地域被一分为二"，共产主义就将"控制我们的东西方全球交通

---

① 孙建党：《冷战与科伦坡计划的起源》，《历史教学》2007 年第 9 期。

② 温北炎：《回到计划桌上去》，《远东经济评论》1979 年 4 月 27 日。

③ Kennan to Marshall and Lovett, December 17, 1948. Wilson D. Miscamble, *George F. Kennan and the Making of American Foreign Policy*, *1947 – 1950*, Princeton：Princeton University Press, 1992, p. 274.

④ The Secretary of Defense (Marshall) to the Secretary of State, November 7, 1950, FRUS, 1950, Vol. Ⅵ, pp. 1092 – 1093.

⑤ Ibid. , p. 1046.

⑥ 参见张秋生《略论澳大利亚在〈科伦坡计划〉中对东南亚的援助》，《东南亚纵横》2010 年第 12 期。

⑦ The Secretary of Defense (Marshall) to the Secretary of State, November 7, 1950, FRUS, 1950, Vol. Ⅵ, p. 1046.

线……经过大陆向西席卷，缅甸、印度和巴基斯坦也只是一个时间问题"，进而将澳大利亚置于危险边缘。①

从表1可知，作为美国在印度尼西亚重点防范对象的苏联和中国②，其援助数额跟美国不相上下，足见东、西方对印度尼西亚援助竞争的激烈程度。

表1　1956—1962 年美国和共产主义阵营对印度尼西亚的经济援助

（单位：百万美元）

国家		援助金额	所占比例（%）
美国		440.1	39.8
共产主义阵营	苏联	368.5	60.2
	波兰	73.5	
	捷克斯洛伐克	60.2	
	中国	57.4	
	罗马尼亚	42	
	南斯拉夫	25	
	匈牙利	24.9	
	民主德国	8.6	
	保加利亚	5.0	
合计		1105.7	100

说明：

（1）上述金额只是各国许诺的援助金额，并不同于实际执行金额。

（2）由于1956 年之前共产主义阵营对印度尼西亚的援助没有起到重大作用，而1963 年之后美国对印度尼西亚的援助则缩减至微不足道的数量，只有1956—1963 年西方阵营和共产主义阵营的援助都是印度尼西亚建设资金的重要来源，所以选择这一时间段。

（3）其他国家（如日本、加拿大）虽然对印度尼西亚的援助数额和作用都很大，但由于缺乏这些国家对印度尼西亚援助项目的执行细节，故西方阵营只选择美国为考察对象。

资料来源：美国援助执行使团（U. S. Operations Mission）新闻署，雅加达，1963 年。③

---

① Kennan to Marshall and Lovett, December 17, 1948. Wilson D. Miscamble, *George F. Kennan and the Making of American Foreign Policy*, *1947 – 1950*, Princeton：Princeton University Press, 1992, p. 274.

② 20 世纪五六十年代，美国和日本无不将遏制中国在东南亚影响的扩大作为其亚洲政策的主要目标。参见纪宗安、崔丕《印度尼西亚债权国会议的缘起与影响》，《中国社会科学》2010 年第6 期。

③ 转引自［马来西亚］D. H. 庞德《外国给印度尼西亚的经济援助（1956—1963）》，《南洋问题资料译丛》1965 年第2 期。

（二）加拿大对印度尼西亚援助的起步

在这一背景下，虽然印度尼西亚在科伦坡计划创立之初并未加入，但作为美国的盟友和美国外交政策亦步亦趋的追随者，加拿大也选择了对印度尼西亚进行援助（见表2）。

表2　　　1951 年①前（含 1951 年）印度尼西亚所欠荷兰等国债务

（单位：百万美元）

借款来源		借款金额	年利率（%）
荷兰	印度尼西亚银行（前荷兰银行）	37. 524766	3
	1935 年借款	18. 847655	3. 5
	1937 年借款	565. 42964	3
	1937 年甲类借款	3437. 81217	3
加拿大贷款		14. 176319	2. 25
澳大利亚贷款		19. 04	免息
美国剩余物资贷款		62. 31002945	2 分
经济合作署贷款		17. 2	2. 5
日本（前盟总）贷款		60	免息

说明：印度尼西亚所欠荷兰债务单位均以荷兰盾为单位，笔者据目力所及最早的 1946 年 12 月 18 日荷兰盾兑美元的汇率 1 美元 = 2.65285 荷兰盾②，折算为以美元计；所欠加拿大债务以加拿大元为单位，笔者据《联合国世界经济发展统计年鉴》③ 中 1950 年 1 美元 = 1.09 加元的汇率折算为美元；所欠澳大利亚债务以澳磅为单位，笔者据目力所及最早的澳磅兑美元汇率 1 澳磅 = 2.24 美元，折算以美元计。

资料来源：笔者据《国际经济译丛》第 5 号（1951 年 7 月）数据整理而成。

有研究曾按借贷条件的不同将印度尼西亚的各种贷款分为无偿援助、半宽厚贷款和宽厚贷款三类，其中宽厚贷款的借期一般为 25—50 年（含

① 此表中印度尼西亚所欠加拿大、澳大利亚等国贷款并无明确日期，但根据其资料来源为《1951 年世界年鉴》，可知此借款行为当发生于 1951 年之前。参见共同通讯社《1951 年世界年鉴》，世界年鉴社 1951 年版，第 440 页。

② 参见好搜百科"荷兰盾"，http://baike. haosou. com/doc/5844239 - 6057075. html。

③ 《联合国世界经济发展统计年鉴》，1983 年 3 月。

宽限期 7—10 年)、年利率在 0%—4.75%。[①] 由表 2 可知,加拿大对印度尼西亚的这笔金额为 1417.6319 万美元的借款,虽然没有标明借期,但从年息 2.25% 来看应当属于半宽厚贷款,其优惠程度相当可观。

(三)科伦坡计划下加拿大对印度尼西亚的援助

到 1953 年,由于美国"认为印度和印度支那地区更易受到共产主义威胁而将该地区视为优先援助地区,大幅度减少了对印度尼西亚的非军事援助,援助额从 1951 年的 1300 万美元降至 1953 年的 300 万美元,使得印度尼西亚的经济急剧恶化"[②],在这种情况下,印度尼西亚应澳大利亚的要求加入了"科伦坡计划"。在科伦坡计划这个平台上,加拿大开始向印度尼西亚提供条件更为优惠的援助。

有研究者指出,始于 1951 年的加拿大对亚洲的双边援助是世界上最大和最早的地区双边援助计划。[③] 从时间上来看,加拿大的双边援助计划应当就是始于其在科伦坡计划中对南亚和东南亚的双边援助。[④] 而科伦坡计划援助的三种主要方式:用于建设计划的财政援助和设备,用于经济稳定和发展的粮食与其他商品援助,用于增加技术力量、扩大技术范围、加强经济和社会机构的技术援助[⑤],又恰好跟加拿大双边援助的三种类型:经济援助(又包括赠款和贷款)、粮食援助和技术援助——对应。[⑥] 加拿大对于印度尼西亚的援助,除了前

---

① 参见林淑娟《印尼苏哈托政权十二年来接受外贷、外援的情况和问题》,《南洋问题研究》1979 年第 1 期。

② Daniel Oakman, *Facing Asia: A History of the Colombo Plan*, Canberra: Pandanus Books, 2004, p.95.

③ 参见黎国焜《加拿大与发展中国家和地区的经济贸易关系》,《世界经济研究》1985 年第 2 期。

④ 由于将南亚和东南亚的各种问题当作一个整体看待,因此"科伦坡计划"在观点上是多边的,但由于援助的协议不是通过任何的国际机构而是直接通过援助国和受援国之间的协议来进行,其在援助行动上是双边的,所以"科伦坡计划"组织下的援助是根据双边援助原则。参见逸青《科伦坡计划组织咨询委员会第十一次年会会议公报》,《印度尼西亚时报》1959 年 11 月 17—20 日。

⑤ 参见 L. P. Goonetilleke《"科伦坡计划"组织和执行情况》,丁雄译,《东南亚经济资料汇编》1960 年第 1 期。

⑥ 参见黎国焜《加拿大与发展中国家和地区的经济贸易关系》,《世界经济研究》1985 年第 2 期。

述在印度尼西亚加入科伦坡计划之前就已开始的 1417 万美元左右的贷款之外，还有赠款和技术援助等形式。据相关数据，在第一个发展计划时期（1951 年 7 月 1 日—1957 年 6 月 30 日）[①]，加拿大共给印度尼西亚提供了 40 万美元的赠款，以及约 55.59 万美元的技术援助。不过，这一时期其他国家向印度尼西亚提供的作为技术援助的训练人员和派驻专家，加拿大并未提供。

科伦坡计划第一个六年发展计划时期，主要援助国对印度尼西亚的援助情况见表 3。

表 3 科伦坡计划第一个发展计划期印度尼西亚接受援助情况

（单位：百万美元）

援助国家	经济援助				技术援助	
	赠款		贷款		金额	所占比例（%）
	金额	所占比例（%）	金额	所占比例（%）		
美国	18.6	84.2	29.3	56.5	23	91.8
澳大利亚	2.2	10	12.58	24.2	1.5232	6.0
新西兰	0.8	3.6	无		无	
加拿大	0.4	1.8	10	19.3	0.5559	2.2
印度	0.1	0.4	无		无	
合计	22.1	100	51.88	100	25.0571	100

说明：

（1）由于印度尼西亚为 1953 年加入，所以本表中印度尼西亚的数据均为 1954—1957 年。

（2）美国的技术援助款数据不全。

（3）日本虽然 1954 年加入科伦坡计划，但 1955—1956 年度才开始进行援助，且其最初的援助带有强烈的战争赔款色彩，故未统计。

资料来源：笔者根据《联合国统计年刊》1957 年数据和 1957 年美国统计提要数据整理。

---

① 科伦坡计划于 1951 年 7 月 1 日开始正式实施，原定计划时间为 6 年，至 1957 年 6 月 30 日止。1955 年 10 月，科伦坡计划组织咨询委员会决定将其延长，至 1961 年 6 月 30 日止；1959 年 11 月咨询委员会再次决定延长 5 年至 1966 年 6 月 30 日止；1963 年 11 月的会议上，再次延长 5 年至 1971 年 6 月 30 日止。到 1980 年在雅加达举行的咨询委员会第 28 次会议上，决定计划无限期延长。

由表3可知，在科伦坡计划的六大主要施援国中，除了日本因故未统计、英国没有向印度尼西亚提供援助外，加拿大对印度尼西亚1956万美元的整体援助金额还是相当可观的。更为关键的是，跟澳大利亚以商品和服务的形式、美国以粮食和剩余农产品的形式进行援助不同，加拿大所提供的经济援助97%是以资金形式提供的，这无疑对于印度尼西亚的建设更为有利。①

从科伦坡计划受援国的角度来看，有资料显示，在第一个发展计划中，加拿大共提供技术援助约300万美元，其中印度约占30%，印度尼西亚占18.53%，而越南占10.74%②；而加拿大向南亚和东南亚提供的援助总额为1.62亿美元，其中印度接受援助额约为8700万美元，占53.7%，而印度尼西亚则占12.1%。③ 显然，在科伦坡计划的第一个发展计划中，印度尼西亚在加拿大的援助总额中所占比例与前述其地位和影响力有些不符。究其原因，正如1958年加拿大财政部长唐纳德·弗莱明（Donald Fleming）访问锡兰时所宣称的那样，"我们加拿大是怀有英联邦之心的……加拿大素来将'科伦坡计划'的绝大部分给了英联邦国家"④。同年9月，加拿大总理约翰·乔治·迪芬贝克（John George Diefenbaker）在蒙特利尔召开的英联邦贸易和经济会议上也强调："在对外援助项目中我们首先要考虑的是提高英联邦的生活标准。"⑤ 显然，加拿大在科伦坡计划中的主要援助对象是英联邦国家，这也正是科伦坡计划的初衷，既非英联邦国家又非英联邦殖民地的印度尼西亚自然无法

---

① Daniel Wolfstone, "The Colombo Plan after Ten Years", *Far Eastern Economic Review*, Vol. 33, No. 5, 1961, p. 220.

② 加拿大对越南的技术援助为14.3811万镑，折算为美元为32.21万美元。参见《亚洲年鉴》编辑委员会《亚洲年鉴1958年》，世界知识出版社1958年版。

③ PCO. Memorandum from Secretary of State for External Affairs to Cabinet, October 8, 1957. 资料源自 *Documents on Canadian External Relations*, Vol. 24 – 409, Chapter 3, Commonwealth Relations, Part 6, Colombo Plan, Section A。

④ Keith Spicer, *A Samaritan State？External Aid in Canada's Foreign Policy*, Toronto: University of Toronto Press, 1966, p. 54.

⑤ David R. Morrison, *Aid and Ebb Tide：A History of CIDA and Canadian Development Assistance*, Montreal: Wilfred Laurier University Press, 1998, p. 34.

得到更多关注。

弗莱明的这句话同时也指出了加拿大在援助对象上有所侧重的原因——加拿大素来具有浓厚的英联邦情结。如科伦坡计划正式实施的次年 12 月，加拿大负责该计划实施的官员内克·卡维尔（Nik Cavell）曾在一次演讲中称南亚和东南亚的英联邦国家为"我们在亚洲的兄弟"。① 1960 年 9 月，迪芬贝克在联合国大会上也用饱含深情的话语表达了对英联邦的感情："很自然，加拿大对于英联邦内新独立的国家有一种家人样的关切。"② 正如基思·斯派思教授所言："这样一种满含感情的、半神秘的联邦血缘关系……让许多英裔加拿大人……感觉到对英联邦的援助是独特的兄弟般的遗物。"③ 正是这样一种浓厚的感情，使得加拿大在援助资金有限的情况下，在英联邦和美国的战略选择——印度尼西亚之间，毅然选择了将英联邦放在首要的援助位置上。

当然，并不能因此就说加拿大在对外援助上不重视冷战的因素。1954 年和 1956 年加拿大总理圣劳伦和卫生部长（Minister of National Health and Welfare）保罗·马丁（Paul Martin）先后出访英联邦亚洲国家，其中在访问印度过程中就大力鼓吹印度为"亚洲经得起考验的抵御共产主义的民主阵地"④，并因此在第一个六年发展计划中将技术援助额的 30%、总援助额的 53.7% 给了印度，到 1960 年加拿大对印度的援助占了其对南亚和东南亚地区援助总额的 53.8%⑤，就充分说明了这一点。

而且，加拿大政府也在很多场合明确指出了科伦坡计划"遏制共产主义"的冷战性质。1950 年 1 月，总理迪芬贝克（John George

① Nik Cavell, "Canada and the Colombo Plan", Joint Meeting with the Toronto Branch United Nations Association in Canada, December 4th, 1952, in John W. Griffin, *The Empire Club of Canada Speeches 1952 – 1953*, Toronto: the Empire Club Foundation, 1953, pp. 112 – 128.

② Keith Spicer, *A Samaritan State? External Aid in Canada's Foreign Policy*, Toronto: University of Toronto Press, 1966, pp. 54 – 55.

③ Ibid.

④ Dale C. Thomson and Roger F. Swanson, *Canadian Foreign Policy: Options and Perspectives*, Toronto: McGraw-Hill Ryerson Limited, 1974, p. 80.

⑤ External Aid Office, *Annual Review 1966 – 1967*, p. 23.

Diefenbaker）通过加拿大广播公司（Canadian Broadcasting Corporation，CBC）指出："每年 5000 万加元……对于加拿大来说是廉价的保险单，因为亚洲代表认为，如果这一计划（指科伦坡计划——引者注）及时开始，将会对遏制亚洲共产主义起到相当作用。"① 同年 2 月，加拿大外长莱斯特·皮尔逊（Lester Pearson）也在众议院说："我们认为单纯的军事援助无法阻挡极权主义在南亚和东南亚的力量……如果不想让俄国人占领东南亚和南亚……必须证明我们，而不是俄国人代表着民族的解放和经济社会的进步。"② 1952 年 12 月负责科伦坡计划实施的内克·卡维尔则说得更为直接："我们不援助他们，俄国人就会援助他们……西方的任务是让它以前的被监护者足够安全和强大，以至于这些新野蛮人不会被莫斯科所鼓动。加拿大在其中扮演着值得骄傲的角色。"③

随着从 1957 年 7 月 1 日开始进入第二个发展计划时期，另一个非常重要的英联邦国家——马来西亚也加入了科伦坡计划。④ 与此同时，非洲的加纳（1957 年 3 月 6 日）、尼日利亚（1960 年 10 月 1 日）、塞拉利昂（1961 年 4 月 27 日）、乌干达（1962 年 10 月 9 日）也相继独立，且后三者均成为英联邦成员国，这样，加拿大"援助项目进一步多样化的基础到 1960 年完全建立"⑤，加拿大的援助变得更为分散（见表 4）。

---

① 加拿大百科全书（http：//www. thecanadianencyclopedia. com/index. cfm？PgNm = TCE&Params = AIARTA000 1771）。

② Keith Spicer, *A Samaritan State？External Aid in Canada's Foreign Policy*, Toronto：University of Toronto Press, 1966, p. 23.

③ Nik Cavell, "Canada and the Colombo Plan", in *The Empire Club of Canada Speeches 1952 - 1953*, Toronto：the Empire Club Foundation, 1953, pp. 112 - 128.

④ 在1950 年科伦坡计划草创时，马来亚联合邦以及新加坡、沙捞越和北婆罗洲这两个政体都非独立的国家，均是以附属于英国的准成员而加入的，所以科伦坡计划的官方资料中并未将二者视为正式成员国。到 1957 年 8 月 31 日取得独立后，马来西亚在 10 月成为该组织的正式成员国；新加坡则是在 1965 年 8 月 9 日取得独立后，于次年成为该组织的正式成员国。

⑤ David R. Morrison, *Aid and Ebb Tide：A History of CIDA and Canadian Development Assistance*, Montreal：Wilfred Laurier University Press, 1998, p. 47.

表4   1960—1961 财政年度加拿大的受援国家或地区情况

（单位：百万加元）

排名	受援国家或地区	接受援助金额	在加拿大援助总额中所占百分比（%）
1	印度	22.37	47.9
2	巴基斯坦	14.15	30.2
3	泰国	2.09	4.5
4	斯里兰卡	2.09	4.5
5	印度尼西亚	0.86	1.8
6	缅甸	0.64	1.4
7	越南	0.47	1.0
8	马来西亚	0.40	0.9
9	柬埔寨	0.13	0.3
10	加纳	0.11	0.2
11	菲律宾	0.07	0.1
12	尼日利亚	0.06	0.1
13	新加坡	0.04	0.1
14	老挝	0.02	0.1
15	塞拉利昂	0.01	
16	乌干达	0.01	
17	伯利兹	0.01	0.1
18	中国香港	0.01	
19	文莱	0.01	
20	尼泊尔	0.01	
21	其他国家或地区	3.18	6.8
	合计	46.74	100

资料来源：CIDA，International Development Information Centre. ①

---

① 转引自 David R. Morrison, *Aid and Ebb Tide*: *A History of CIDA and Canadian Development Assistance*, Montreal：Wilfred Laurier University Press, 1998, p. 456。

由表 4 中数据可以看出，在加拿大 1960—1961 财政年度的援助中，除了印度依然以明显的优势高居榜首外，最明显的变化就是非英联邦国家地位的上升，泰国、印度尼西亚、缅甸、越南分别排在第 3、5、6、7 位，位居英联邦国家马来西亚和新加坡之前，且四者所接受援助的数额在加拿大援助总额中占到了 8.7%，如果再加上柬埔寨、菲律宾、老挝，这个比例将会是 9.2%，远远超过 1950—1960 年非英联邦国家平均 2% 的比例①，这说明了 20 世纪 50 年代末 60 年代初加拿大对非英联邦国家或地区援助力度的增加，同时也说明了这种变化的最大受益者是泰国、印度尼西亚、缅甸和越南。加拿大从事对外援助研究最著名的学者戴维·莫里森曾在其著作中说，从 1950 年开始的 10 年间，只有 7 个亚洲国家或地区在加拿大双边援助中接受了超过 100 万加元的援助。② 尽管没有明确指出这 7 个国家或地区的名字，但由前述内容可知，英联邦的印度、巴基斯坦、斯里兰卡、马来西亚和新加坡自然占据了其中的 5 席，剩余的 2 席自然就应当是非英联邦的泰国和印度尼西亚。

（四）加拿大对印度尼西亚援助的中止

值得注意的是，到 1961 年前后泰国已经超越印度尼西亚成为科伦坡计划中非英联邦国家的第一受援国，这可能是印度尼西亚在加拿大援助体系中地位弱化的表现。正如有资料所指出的，由于"苏加诺政府的反西方倾向和混乱的经济管理状况，使得印尼无论是政治上还是商业上都失去了对加拿大和西方的吸引力"，"加拿大对印尼的援助在 20 世纪 60 年代已经非常有限，基本上只局限于食物，而且加拿大与印尼的整体关系也变得无关紧要"。③ 正是因此，在 1965—1966

---

① External Aid Office, *Annual Review 1966 – 1967*, p. 23. 另有说法认为，当时加拿大对非英联邦国家的援助总额尚不足其援助总额的 1% （参见 DEA/11038 – H – 40, Memorandum from Under-Secretary of State for External Affairs to Secretary of State for External Affairs, September 4, 1958, 转引自 *Documents on Canadian External Relations*, Vol. 24 – 412, Chapter 3, Commonwealth Relations, Part 6, Colombo Plan, Section A）。

② David R. Morrison, *Aid and Ebb Tide: A History of CIDA and Canadian Development Assistance*, Montreal: Wilfred Laurier University Press, 1998, p. 47.

③ Robert O. Mathews and Cranford Pratt, *Human Rights in Canadian Foreign Policy*, Montreal & Kingston: McGill-Queen's University Press, 1988, p. 196.

财年加拿大的前20位受援国中，印度尼西亚榜上无名（见表5）。

表5　　　　　　1965—1966财政年度加拿大的受援国情况

（单位：百万加元）

排名	受援国	接受援助金额	在加拿大援助总额中所占百分比（%）
1	印度	39.85	46.5
2	巴基斯坦	19.35	22.5
3	斯里兰卡	4.66	5.4
4	尼日利亚	3.79	4.5
5	马来西亚	3.11	3.6
6	加纳	2.04	2.4
7	坦桑尼亚	1.11	1.3
8	卢旺达	0.93	1.1
9	肯尼亚	0.88	1.0
10	乌干达	0.83	0.9
11	越南	0.83	0.8
12	特立尼达和多巴哥	0.64	0.7
13	扎伊尔	0.63	0.7
14	缅甸	0.61	0.6
15	喀麦隆	0.42	0.4
16	新加坡	0.36	0.4
17	圭亚那	0.36	0.4
18	牙买加	0.36	0.4
19	马拉维	0.29	0.3
20	几内亚	0.29	0.3
21	其他国家	4.45	5.2
合计		85.78	100

资料来源：CIDA, International Development Information Centre. ①

---

① 转引自 David R. Morrison, *Aid and Ebb Tide: A History of CIDA and Canadian Development Assistance*, Montreal: Wilfred Laurier University Press, 1998, p. 456。

上述情况的出现，"虽然加拿大从来没有解释撤销援助的原因，但很明显是由于印尼对邻国无缘无故的攻击而侵犯了其领土主权和民族自决，以及议会对于受援国不将援助用于发展却用来进行侵略的批评"。① 显然，加拿大之所以停止对印度尼西亚的援助在于对"邻国"的攻击，这个"邻国"就是马来西亚，而这个事件就是 1961 年至 1965 年印度尼西亚与马来西亚的领土争端。

英国为了保证其在东南亚的地位而决意重组东南亚的殖民地，于是授意马来亚联邦首相拉曼于 1961 年 5 月 27 日在新加坡外国记者俱乐部的演说中提出了马来亚联邦将与依然在英国统治下的新加坡自治领、婆罗岛北部的沙巴、沙捞越、文莱联合建立"马来西亚联邦"的计划，印度尼西亚总统苏加诺认为该计划中的婆罗岛"北加里曼丹统一国家""是英国包围印度尼西亚政策的产物"，而坚决反对，并在 1963 年 1 月公开提出了"粉碎马来西亚联邦"的政策②，双方由此关系逐渐紧张，在马来西亚于 9 月 16 日宣布正式建立马来西亚联邦之后，印度尼西亚军队与有英国、澳大利亚、新西兰军队支持的马来西亚军队进入战备状态。1964 年 12 月 31 日，在马来西亚即将成为联合国非常任理事国的前夕，苏加诺宣布印度尼西亚退出联合国，成为 1945 年联合国成立以来第一个宣布退出的国家，此举表明了印度尼西亚将继续奉行同马来西亚对抗的政策。与此同时，印度尼西亚陆军直属的精锐部队"陆军战略预备军"和印度尼西亚空军公开宣布参战③，而 1965 年 1 月英国、澳大利亚、新西兰也全面加强了对印度尼西亚的军事压力。印度尼西亚和马来西亚的争端呈现扩大的态势。

此次争端最初本来只是殖民与反殖民的矛盾，但随着美、日两国政府基于"苏加诺之所以奉行同马来西亚对抗的政策，主要是为

---

① Robert O. Mathews and Cranford Pratt, *Human Rights in Canadian Foreign Policy*, Montreal & Kingston: McGill-Queen's University Press, 1988, p. 196.

② ［日］宫城大藏：《战后アジア秩序の模索と日本》，创文社 2004 年版，第 48 页。

③ John Subritzky, Confronting Sukarno: British, American, Australian and New Zealand Diplomacy in the Malaysian-Indonesian Confrontation, 1961–1965, p. 141.

了将国内民族主义力量集结到自己的旗帜下，一旦印度尼西亚和马来西亚的争端发展成为大规模军事冲突，有可能导致苏加诺在国内地位的崩溃，使印度尼西亚陷入赤化和接近共产党中国"[1] 的判断而选择介入，争端就具有了浓厚的东西方对抗色彩。[2] 美国在对印度尼西亚放弃与马来西亚的对抗警告无效之后，宣布从 1963 年 9 月开始停止对印度尼西亚的援助。既是英联邦成员国又是美国政策追随者的加拿大，也在 1964—1965 年度"开始中止对印尼的食品援助，为期 2 年"，"在 1965—1966 财年也没有新的资本项目或大宗商品出口到印尼"。[3]

二 政府开发援助时期加拿大对印度尼西亚的援助

由于印度尼西亚在与马来西亚争端中的强硬态度，美国首先停止了对它的援助，之后绝大多数西方国家也都跟美国亦步亦趋，只有日本成为唯一继续向印度尼西亚提供经济援助和保持政治友好关系的国家。[4] 至此，印度尼西亚所接受的对外援助跌入了谷底，但正所谓"物极必反"，这又成为西方国家对印度尼西亚援助进入新时期的起点。所谓新时期，即以经合组织下属的开发援助委员会（DAC）为中

---

① FO Minute, Nov. 21, 1962, FJ1052/21, FO371/164976. Foreign Office Files for Japan and the Far East, Series Two: British Foreign Office Files for Post-War Japan, Reel 111, Marlborough: Adam Matthew Publications, 2005.

② 在这场争端中，中国也有介入：1965 年 1 月，印度尼西亚外长苏班德里约访华，在中印（尼）联合声明中，激烈抨击了美英两国的帝国主义和殖民主义行径，而中国政府则承诺当印度尼西亚遭受美国和英国攻击时予以援助，正是此举导致了英国等的强硬反应。参见 John Subritzky, Confronting Sukarno: British, American, Australian and New Zealand Diplomacy in the Malaysian-Indonesian Confrontation, 1961 – 1965, p. 141.

③ Robert O. Mathews and Cranford Pratt, *Human Rights in Canadian Foreign Policy*, Montreal & Kingston: McGill-Queen's University Press, 1988, p. 196.

④ 参见纪宗安、崔丕《印度尼西亚债权国会议的缘起和影响》，《中国社会科学》2010 年第 6 期。

心的政府开发援助时期，这是相较于此前的东西方援助竞争时期而言的。[①]

（一）印度尼西亚国内形势的变化

日本虽然在 1964 年后继续给予印度尼西亚一定的援助，但却并非提供给印度尼西亚政府，而仅仅提供给反共的陆军政权，即便是在"9·30 事件"后的 1965 年 11 月，苏加诺于 24 日向日本提出在伊斯兰教斋月提供相当于 1000 万美元的纺织品的请求、30 日提出的提供 30 万吨大米援助的请求相继遭到拒绝，也就成为势所必然。对于印度尼西亚这样一个高度依赖外援的国家而言，这无疑是到了山穷水尽的地步，也迫使印度尼西亚政府内部出现了一系列重大变化——1966 年 3 月 11 日，苏哈托接掌总统职务，18 日改组新内阁，27 日印度尼西亚新内阁宣布了施政方针：把国内经济重建作为头等大事，与此相配合要做"争取国际援助，停止与马来西亚的对抗，重返联合国"三件大事。[②]

首先就是争取国际援助。苏哈托上台后，印度尼西亚与社会主义国家的关系大都进入低谷时期[③]，而与西方的关系则从对抗转向了政

[①] 金熙德认为，战后国际对外援助体系经历了从东西方援助竞争到以经合组织下属的开发援助委员会（DAC）为中心的政府开发援助（Official Development Assistance, ODA）体系的形成与发展历程。（参见金熙德《日本政府开发援助》，社会科学文献出版社 2000 年版，第 2 页。）所谓政府开发援助，目前各国公认的定义是 1972 年 DAC 给出的，即"由包括国家和地方政府在内的官方机构，或者其执行机构提供给发展中国家和多边机构的资金流动（flows），它以促进发展中国家的经济发展和社会福利为主要目标。而且，在性质上是优惠的，其赠予（Grant Element）比重应该在 25% 以上"。（参见 *The Story of Official Development Assistance: A History of the Development Assistance Committee and the Development Co-operation Directorate in Dates*, Paris: OECD, 1994, p. 24.）而国内学界的定义，所谓政府开发援助是指第二次世界大战结束后发达国家官方机构，基于人道主义以及政治经济等目的，为促进发展中国家的经济发展和生活水平改善，向其提供的赠与成分不低于 25% 的资金、技术以及物质等经济援助。（参见章昌裕主编《国际发展援助》，对外贸易出版社 1993 年版，第 1 页；周永生《经济外交》，北京大学出版社 2003 年版，第 373 页；张学斌《经济外交》，北京大学出版社 2003 年版，第 372—373 页；孙建党《科伦坡计划与加拿大对南亚和东南亚的发展援助》，《历史教学》2011 年第 24 期。）

[②] ［日］宫城大藏：《战后アジア秩序の模索と日本》，创文社 2004 年版，第 199、200、203 页。

[③] 参见庞海红《苏哈托执政时期印尼的国内政治与对外关系（1966—1998）》，硕士学位论文，云南师范大学，2001 年，第 28 页。

治、军事、经济上的依赖，如苏哈托多次强调印度尼西亚与美国之间的友好关系"不是权宜之计"，要求美国留在西太平洋以遏制共产党的势力。① 所有这些因素，都表明了印度尼西亚已经彻底投入了美、日西方阵营的怀抱。

接着完成的是停止与马来西亚的对抗。1966 年 5 月 30 日，印度尼西亚与马来西亚首脑在曼谷举行会谈，初步达成关于和平解决争端问题的协议；8 月 11 日，两国政府在雅加达正式签署和平协定；1967 年 3 月签署《关于边境地区共同安全保障条约》，5 月签署关于贸易正常化协定。印度尼西亚与马来西亚的争端至此结束。不仅如此，刚刚和解的两国又于 3 个月后的 8 月 7—8 日在曼谷跟泰国、菲律宾、新加坡举行会议，发表《曼谷宣言》（《东南亚国家联盟成立宣言》），东南亚国家联盟正式宣告成立。

印度尼西亚新内阁的施政方针，标志着印度尼西亚政府从此前的激进民族主义转向了"发展至上"，从而使得东南亚区域合作成为可能，而以此为契机，东盟的建立则标志着"发展主义"成为东南亚国家的普遍取向，标志着东南亚从冷战体制向开发体制的转换。② 从这个意义上说，苏哈托新政权的上台，不仅使印度尼西亚一国而且使整个东南亚都告别了以冷战为背景的东西方援助竞争，进入以西方援助为主的政府开发援助时期。

（二）印度尼西亚在加拿大援助中地位的提升

在进入新时期之初，加拿大对印度尼西亚的援助就面临了一些重要的历史性机遇：

第一，新的援助平台出现。1967 年 2 月 23 日，日本、美国、英国、联邦德国、荷兰、法国、加拿大、澳大利亚、意大利西方 9 个印度尼西亚的债权国在荷兰阿姆斯特丹就印度尼西亚债权问题举行第三轮会议，会上将这个协商会议定名为"印度尼西亚债权国会议"，并

---

① 庞海红：《苏哈托执政时期印尼的国内政治与对外关系（1966—1998）》，硕士学位论文，云南师范大学，2001 年，第 21 页。

② 参见纪宗安、崔丕《印度尼西亚债权国会议的缘起和影响》，《中国社会科学》2010 年第 6 期。

成立"援助印度尼西亚国际财团"①（Inter-Governmental Group on Indonesia，IGGI），向印度尼西亚提供援助资金用以平衡预算和发展经济。由于 IGGI 专门针对印度尼西亚，所以其对印度尼西亚的援助作用要远远大于援助南亚和东南亚多国的"科伦坡计划"。根据官方公布的数字，从 1967 年到 1978 年印度尼西亚一共获得援助 124.85 亿美元（不包括苏加诺执政时期的外债），仅 IGGI 就提供了 101.41 亿美元，占印度尼西亚所获援助总数的 81.23%。②

第二，加拿大的对外援助工作全面升级。1968 年 5 月，加拿大历史上公认的三大著名总理之一③的皮埃尔·埃利奥特·特鲁多（Pierre Elliott Trudeau）开始执政，他的上任使得加拿大的 ODA 真正步入快速发展的轨道。一方面，他上任伊始就对原来负责对外援助事务的对外援助办公室和对外援助委员会（External Aid Board）进行改组，将其由外交部下属的一个小单位升格为副部级的加拿大国际发展署（Canadian International Development Agency，CIDA）④，直接向加拿大国会负责，全权负责加拿大的对外援助事务，管理和分配加拿大75% 以上的 ODA 预算。⑤ 另一方面，与前任坚持以"主要国家"（major power）身份参与国际社会的意识不同，特鲁多始终认为"加

---

① "援助印度尼西亚国际财团"的成员包括日本、美国、荷兰、联邦德国、英国、法国、澳大利亚、加拿大、意大利、比利时、新西兰、西班牙 12 个国家，奥地利、丹麦、挪威、瑞典、瑞士、芬兰等国家和国际复兴开发银行（世界银行）、亚洲开发银行等 11 个国际组织则以观察员身份参加。1973 年的第十四次 IGGI 会议上，原为观察员身份的瑞士正式成为 IGGI 成员国；世界银行、亚洲开发银行则从 1974 年开始以工程项目援助的形式向印度尼西亚提供商业贷款。

② 该数字为印度尼西亚官方公布的援助印度尼西亚国际财团许诺提供的援助数额，在实际实施过程中会有一些诸如临时增加援助数额、未能完全按约定支付的情况。如 1973—1974 年度的援助额原定为 7.6 亿美元，但由于日元等一部分货币增值和许多国家增加援助额等因素，最终实际到位的数额为 8.766 亿美元。（参见南彬《一九七三——七四年度外国对印度尼西亚的援助》，《南洋问题资料》1974 年第 2 期。）

③ 另两位为开国总理约翰·亚历山大·麦克唐纳（1815—1891，John A. Macdonald）和第二次世界大战领袖威廉·麦肯齐·金（1874—1950，William Mackenzie King）。

④ 在国际开发署工作达 20 余年、担任过区域项目部高级副主席的戴维·莫里逊（David R. Morrison）的代表作为《援助潮退：加拿大国际开发署与加拿大开发援助的历史》（*Aid and Ebb Tide: A History of CIDA and Canadian Development Assistance*），这本书的内容很好地揭示了 CIDA 与加拿大政府开发援助的关系。

⑤ 参见易梦虹《当代南北经济关系》，南开大学出版社 1994 年版，第 146 页。

拿大是小国的排头，而不是大国的排尾"①，"南北的竞技场"才是加拿大"向国际社会显示自己独特和恰当的贡献"的舞台②，因此特鲁多上台后加拿大把外交注意力更多放在了促进国际经济秩序改善上，希望通过更具公益性的对外援助，为"减少贫困，促进受援国可持续发展，以便为建立一个更加安全、平等和繁荣的世界做出贡献"③，从而使得加拿大援助目标中促进经济和社会发展以摆脱贫困的成分占据主要地位，援助的公益性和利他性色彩更加明显。

在上述背景下，印度尼西亚在加拿大对外援助中的地位大为提升。主要表现有：第一，在特鲁多推动出台的加拿大《1970 年外交政策白皮书》④ 中就对印度尼西亚有了如此的描述：有"丰富的自然资源和战略性的地理位置"和"新近发现的石油"⑤，这是笔者所见加拿大外交文件中首次独立对印度尼西亚的资源和战略地位作出的评价。正是因此，CIDA 宣布在"科伦坡计划"中，"苏加诺政权倒台后的印度尼西亚被明确选定为可以扩大援助的非英联邦的亚洲国家"⑥，并且鉴于印度尼西亚在"1965 年苏加诺政权倒台和苏哈托重新定位对西方的政策"后"重新表现出其政治和经济上的重要性"，要在印度尼西亚执行一个"集中更多资金发展计划"⑦，以便"努力争取让印度尼西亚意识到自己这个千岛之国的发展需要加拿大的商业和技术能力"⑧。第二，在 1975

---

① 刘广太：《加拿大对外关系的转折点》，《河北师院学报》1997 年第 2 期。

② Cranford Pratt, *Middle Power Internationalism: The North-South Dimension*, Montreal &Kingston: McGill -Queen's University Press, 1990, p. 14.

③ CIDA 网站：http：//www. acdi-cida. gc. ca/index-c. htm.

④ 1970 年 6 月发布，它是特鲁多就任首相后对皮尔逊时期的外交政策在认真分析国际形势变化的基础上进行的综合调整的产物，其中心内容是减少对美国的依赖、独立自主地发展同其他国家和地区的关系。它的问世开启了加拿大外交既不依赖英国，又不倚重美国的全面发展的新时期。

⑤ David R. Morrison, *Aid and Ebb Tide: A History of CIDA and Canadian Development Assistance*, Waterloo: Wilfred Laurier University Press, 1998, p. 74.

⑥ Department of External Affairs, *Foreign Policy for Canadians: Pacific*, Ottawa: Queen's Printer, 1970, p. 20.

⑦ Robert O. Mathews and Cranford Pratt, *Human Rights in Canadian Foreign Policy*, Montreal & Kingston: McGill-Queen's University Press, 1988, p. 196.

⑧ David R. Morrison, *Aid and Ebb Tide: A History of CIDA and Canadian Development Assistance*, Waterloo: Wilfred Laurier University Press, 1998, p. 74.

年，CIDA 制定了第一个五年战略规划《1975—1980 年国际开发合作战略》（*the Strategy for International Development Cooperation 1975—1980*），在这个规划中，CIDA 将提供双边援助的 115 个国家分为核心受援国（30 个）、非核心受援国（29 个）和一般受援国（56 个）三类，印度尼西亚就在核心受援国之列。[1]

（三）加拿大对印度尼西亚的援助

印度尼西亚在加拿大对外援助中地位的提升，直接表现为本时期加拿大对印度尼西亚援助金额的大幅增长。

一是通过科伦坡计划这一平台实施的援助。有资料显示，在科伦坡计划中，加拿大从 1970 年到 1985 年印度尼西亚提供的发展援助近 3.7 亿加元，这一款项位居加拿大非英联邦受援国的第 4 位。[2] 当然，规模如此之大的援助并非直线增加，而是经历了一个反复的过程（见表6）。

表6　科伦坡计划下加拿大对印度尼西亚的政府开发援助（ODA）情况

（单位：百万加元）

时间 （财政年度）	援助额度	占同期加拿大援助 总额的比例（%）	在加拿大受援国 中的排位
1965—1966	0	0	0
1970—1971	3.57	1.3	10
1975—1976	36.70	7.2	3
1980—1981	17.95	3.1	10
1985—1986	74.94	9.1	2
1990—1991	46.16	4.1	3

资料来源：CIDA，International Development Information Centre.③

---

① 参见朱敏才《加拿大的发展援助》，《国际经济合作》1986 年第 7 期。其实，早在 1970 年加拿大就宣布"印尼从 1970 年起一直是核心受援国"。参见 Robert O. Mathews and Cranford Pratt，*Human Rights in Canadian Foreign Policy*，Montreal & Kingston：McGill-Queen's University Press，1988，p. 196。

② Robert O. Mathews and Cranford Pratt，*Human Rights in Canadian Foreign Policy*，Montreal & Kingston：McGill-Queen's University Press，1988，p. 197。

③ 转引自 David R. Morrison，*Aid and Ebb Tide：A History of CIDA and Canadian Development Assistance*，Montreal：Wilfred Laurier University Press，1998，p. 456。

由表 6 中数据可知，本时期内科伦坡计划下加拿大对印度尼西亚的 ODA，经历了两次从波谷到波峰的历程。

1965—1966 年度前后加拿大中止对印度尼西亚的援助，此后从零开始，到 1970 年左右随着加拿大政府对印度尼西亚地位的重新认识而重新开始起步，由于 CIDA 的组织得力而到 20 世纪 70 年代中期达到一个小峰值。此后，石油危机所带来的经济衰退加剧以及南北双方关于建立国际经济新秩序的矛盾，使加拿大民众对政府开发援助的效果产生怀疑，加之 CIDA 机构膨胀所带来的预算不断上升引发了加拿大政局的紧张，加拿大政府开始控制 ODA 规模，将对外援助的主题变为调整和复苏，不再像 20 世纪 70 年代中期之前那样疯狂扩张，加拿大对印度尼西亚的援助规模开始萎缩。80 年代初期陷入低谷后，随着进入 80 年代伊始加拿大政府公开宣布将印度尼西亚和泰国列为对加拿大有潜在重大经济和政治利益国家的首选对象①来加以援助，加之印度尼西亚又拥有东盟这一争取外援的有利平台②，加拿大对印度尼西亚的援助规模又重新开始增加，80 年代中期达到一个更高的峰值，随后一直保持平稳到 90 年代初。

本阶段加拿大对印度尼西亚援助所经过的轨迹，跟整个加拿大 ODA 的轨迹惊人相似：随着 1968 年成立的 CIDA 工作的开展，加拿大的 ODA 在 20 世纪 70 年代进入了快速发展和扩张的黄金发展期；到 1977 年 CIDA 随着第二任主席日兰·拉茹瓦的辞职而转入紧缩和目标调整期，整个加拿大的 ODA 在 80 年代都处于战略调整期，再到 90 年代进入了热情退却期。③ 由此可见，在整个加拿大对外援助处于战略调整期的时候，加拿大对印度尼西亚的援助却达到了一个规模空前的峰值，更加凸显了印度尼西亚在加拿大对外援助中的地位。

加拿大之所以在 20 世纪 80 年代初将印度尼西亚列为首要援助对

---

① 参见黎旭坤《加拿大政府开发援助的国内道德因素研究》，博士学位论文，外交学院，2014 年，第 11 页。

② 东盟成立之日起就以一个整体与日本、美国、澳大利亚、新西兰、加拿大、欧共体 6 个国家和国家集团举行定期对话，用一个声音对外说话，在谈判中获利甚多，争取了这些国家增加对东盟的直接投资和政府开发援助，扩大了双方的贸易往来。参见李同心《试论印尼在东盟中的地位和作用》，硕士学位论文，暨南大学，2000 年，第 9 页。

③ 参见黎旭坤《加拿大政府开发援助的国内道德因素研究》，博士学位论文，外交学院，2014 年，第 17—23 页。

象，笔者以为原因如下所述。

首先，从施援国加拿大来看，20 世纪 70 年代后期开始的经济衰退和民众对援助效果的质疑，使得加拿大政府开始更加注重对外援助中经济利益方面的考量。① 1977 年米克尔·杜培（Michel Dupuy）出任 CIDA 主席后，加拿大于 1978 年底成立了由工业、贸易等部门组成的出口促进评审委员会（Export Promotion Review Committee），首任主席海克（Hatch）就呼吁援助应"集中在对加拿大技术能力和潜在出口有利的国家"；1984 年 CIDA 的《ODA 战略要素》（*Elements of Canada's ODA Strategy 1984*）报告特别强调了经贸利益。在本国经贸利益和受援国利益的"拉锯"中，"支持加拿大商业利益在海外的扩张"和"服务于加拿大外贸和竞争力目标"占据了一定的优势。②

其次，从受援国印度尼西亚来看，作为东盟中经济规模最大、人口最多的国家，印度尼西亚的经济在 20 世纪 80 年代总体发展比较平稳，尽管发展速度仅排在菲律宾之前，位列东盟国家末尾，但却是除泰国外唯一没有出现负增长的国家，更重要的是在经历了 80 年代初的石油繁荣期后，印度尼西亚经济在 80 年代中期更加充满活力，成为第三世界国家中较为成功的一个发展模式，1989 年被世界银行和援助印度尼西亚国际财团列为世界经济发展最快的国家之一，1990 年与泰国一起被亚洲开发银行列为东南亚经济发展最有活力的国家，就是明证。③ 1975 年 5 月特鲁多曾对其内阁成员说，加拿大对外贸易的潜力存在于发展中国家，而非存在于传统贸易伙伴中间④，而 1978 年外交部部长弗洛拉·麦克唐纳（Flora Macdonald）也提出为经贸利益计，要把援助集中在相对富裕的发展中国家⑤，之后的克拉克内阁

① Cranford Pratt（ed.），*Internationalism under Strain: The North-south Policies of Canada, the Netherlands, Norway, and Sweden*，Toronto: University of Toronto Press, 1989.

② Andrew Finch，*International Development Agencies and Education*，Encyclopedia of Education，Vol. 4，2nd ed，2006，p. 1241.

③ 参见吴崇伯《大选前后苏哈托政权的政绩评估与政策趋向》，《南洋问题研究》1992 年第 4 期。

④ J. L. Granatstein，*Canada Foreign Policy: Historical Readings*，Toronto: Copp Clark Pitman Ltd，1993，p. 294.

⑤ Cranford Pratt，*Canadian International Development Assistance Policies: An Appraisal*，Montreal & Kingston: McGill-Queen's University Press, 1994，p. 138.

及其后历届内阁在对外援助文件中都继承了这一基调。就当时的经济
形势而言，印度尼西亚属于"相对富裕的发展中国家"，恰好符合加
拿大的标准。

不过，由于科伦坡计划下的双边援助在内容上侧重于技术援助和
教育培训，而东亚、东南亚地区随着经济的繁荣，在技术培训方面对
外来帮助的需求越来越少①，加之财政困难，预算紧缩，从 20 世纪
80 年代末开始英国和加拿大就率先对科伦坡计划失去了兴趣，并分
别于 1991 年和 1992 年退出。

二是通过援助印度尼西亚国际财团（IGGI）的援助。IGGI 跟科伦
坡计划的不同：一是在援助对象上，只针对印度尼西亚一个国家，因此
援助的效果更为明显；二是在援助手段上，更侧重于提供资金用于缓和
印度尼西亚的国内收支（包括还贷）和进行工程项目建设，因此更为
印度尼西亚所急需。

IGGI 虽然由荷兰担任主席国，但实际上却操纵在美国和日本手中，
所以，IGGI 对印度尼西亚的援助实际上包含美国对印度尼西亚的双边
援助、日本对印度尼西亚的双边援助、其他成员国各自对印度尼西亚的
双边援助和作为观察员的国际组织（主要是世界银行和亚洲开发银行）
对印度尼西亚的多边援助四个部分。② 也正是因此，在 IGGI 成员国对
印度尼西亚的双边援助总额中，美国和日本各承担 1/3③，英国、联

---

① 参见孙建党《科伦坡计划及其对战后东南亚的经济发展援助》，《东南亚研究》
2006 年第 2 期。

② 参见杨成《美国对印度尼西亚的经济援助》，《南洋资料译丛》1979 年第 3 期。由
此可知，IGGI 对印度尼西亚的援助从总体上看包括成员国的双边援助和观察员的多边援助
两大部分，翁锡辉的《印度尼西亚引进与利用外资》（《东南亚研究资料》1983 年第 1 期）
一文，因为没有弄清楚 IGGI 的构成框架，将作为 IGGI 观察员的世界银行、亚洲发展银行与
IGGI 并列，故而将 IGGI 的贷款同世界银行和亚洲发展银行的贷款同列为"多边贷款"，这
其实是认识上的一个误区。

③ 在 1967 年 11 月 22 日召开的"印度尼西亚债权国会议"上，美国和日本各自承诺
了这一点。参见 Memorandum, The Vice President to the President, Nov. 13, 1967, Declassified
Documents Reference System, CK 3100188941; Memorandum for the President: Aid to Indonesia in
CY 1968, Nov. 15, 1967, Declassified Documents Reference System, CK3100180848。1967 年
11 月 15 日，佐藤荣作首相与约翰逊总统举行会谈，佐藤首相表示同意承担对印度尼西亚援
助总额的 1/3。Memorandum of Conversation, Nov. 15, 1967, NSA841; Sato-Johnson Talks,
U. S. -Japan Relations and Security Problem, Nov. 15, 1967, NSA842.

邦德国、加拿大等其他成员国共同承担 1/3。①

　　按援助优惠程度的不同，IGGI 为印度尼西亚提供的援助可分为无偿援助、宽厚贷款（软性贷款）和半宽厚贷款三种形式。② 无偿援助即赠予，IGGI 成员中只有美国、日本、荷兰和澳大利亚为印度尼西亚提供此类援助，其中 1975 年之前，荷兰提供的无偿援助最多，澳大利亚提供给印度尼西亚的援助全部属于无偿援助；宽厚贷款，一般借期为 25—50 年，宽限期为 7—10 年，年利率在 3%—4%③，又包括计划援助（外汇贷款）、粮食和食品援助、工程项目援助三大类④；

---

① 有数据显示，IGGI 从 1967 年至 1973 年给印度尼西亚提供的援助累计额为 38.47 亿美元，其中，日本和美国提供的援助共计 23.35 亿美元，约占总数的 61%，接近 2/3。参见首藤もと子《国际援助フーラムの政治的役割——IGGI 试论》，《法学论集》（日本驹沢大学），第五〇号（1995 年），第 425—431 页。但在具体年度的比例上则有所不同，比如 1967—1968 年度约 86%，1972—1973 年度为 60%，1973—1974 年度为 61%，1975—1976 年度为 48%，1976—1977 年度为 52%，1977—1978 年度为 56%，1979—1980 年度为 73%。

② 宽厚贷款、半宽厚贷款即条件"宽厚"和"半宽厚"的贷款，与"赠予"三词均见于印度尼西亚《战斗报》1973 年 2 月 3 日。"软性贷款"一词见于舟《有关东南亚国家联盟五国的一些外资和外援情况资料》（《南洋资料译丛》1977 年第 3 期），对附加条件的要求等同于"宽厚贷款"。

③ 另一种说法：宽厚贷款年利率在 0% 至 4.75% 之间。参见林淑娟《印尼苏哈托政权十二年来接受外贷、外援的情况和问题》，《南洋问题研究》1979 年第 1 期；日本政府提供的贷款最初为偿还期 20 年、宽限期 7 年、年利率 3.5%，从 1971 年度开始改为偿还期 25 年、宽限期 7 年、年利率 3%，1973 年进一步优惠为偿还期 30 年、宽限期 10 年、年利率 2.75%，1976 年变为偿还期 30 年、宽限期 8 年、年利率 3%，1985 年变为偿还期为 30 年、宽限期为 10 年、年利率为 3.5%；美国政府的贷款则为偿还期限为 40 年、宽限期 10 年、年利率 2.5%—3%（宽限期内 2%，宽限期外 3%）。参见纪宗安、崔丕《印度尼西亚债权国会议的缘起和影响》，《中国社会科学》2010 年第 6 期；南彬《一九七三——七四年度外国对印度尼西亚的援助》，《南洋问题资料》1974 年第 2 期；于舟《有关东南亚国家联盟五国的一些外资和外援情况资料》，《南洋资料译丛》1977 年第 3 期；马汝骏《印度尼西亚对外经济关系的特点及发展前景》，《亚太经济》1986 年第 1 期。

④ 计划援助，又称外汇贷款，是施援国通过印度尼西亚的外汇市场而对印度尼西亚提供的援助，不受特定的建设工程的约束，有助于制止通货膨服，缓和国际收支，克服具体项目援助所不易克服的其他严重的经济困难，不过外汇贷款只能购买施援国的货物，或施援国指定国家的货物；粮食和商品援助，通常被视为发展援助，施援国可以通过这种方式来倾销剩余农产品并带动国内的商品输出，受援国则可将出售所获粮食和商品得到的资金用于建设开支；工程项目援助，是为特定的建设工程项目而提供的援助，是一种将资本援助和技术援助结合起来的援助方式，通常都附带要从施援国购买工程所需机器设备和劳务的条件，所以能带动施援国的商品和技术输出，并使施援国保持对援助项目的监督和控制权。

半宽厚贷款，包括借期为5—7年短期贷款和借期为14—16年的中期贷款，二者的宽限期均只有3—5年，年利率在7.5%至8.8%之间[①]，包括出口信贷和商业贷款两种形式，这种贷款在使用上比较主动，但条件比较苛刻，利率比较高。其中，无偿援助和宽厚贷款均属于政府开发援助（ODA）的范畴[②]，半宽厚贷款则属于普通性质的援助。

就IGGI对印度尼西亚的援助历史而言，1975年5月是一个分水岭，在此之前，只有政府开发援助即无偿援助和宽厚贷款两种形式，由于无偿援助的数量有限，因此绝大部分援助都属于软性贷款；在此之后，由于各施援国认为印度尼西亚已完全有能力接受条件更为苛刻的中短期贷款，因此中短期贷款的比例迅速增加，而无偿援助和软性贷款则日益减少。[③] 如作为IGGI观察员的世界银行和亚洲开发银行从1974年开始以工程项目援助的形式给印度尼西亚提供宽厚贷款[④]，但从1976年开始就变成了半宽厚贷款[⑤]；就连一向对印度尼西亚十分"慷慨大方"、提供了大量无偿援助和宽厚贷款的日本，也从1975年起向印度尼西亚执行了一笔150亿日元的贷款，其年利率达到惊人的9.8%，且偿还期只有7年（含宽限期3年）。[⑥]

印度尼西亚通过IGGI获得了巨额的援助，据相关资料，从成立

---

① 短期贷款的条件参见林淑娟《印尼苏哈托政权十二年来接受外贷、外援的情况和问题》，《南洋问题研究》1979年第1期；"中期贷款"一词见于舟《有关东南亚国家联盟五国的一些外资和外援情况资料》，《南洋资料译丛》1977年第3期。

② 从财政条件上分，官方发展援助（即政府开发援助）由赠予和优惠贷款两部分组成。参见薛宏《当前国际发展援助的特点和趋势》，《国际经济合作》1996年第6期。

③ 截至1984年3月底，印度尼西亚的官方外债总额中官方开发援助贷款仅占42.5%，而在1979—1980年度至1983—1984年度获得的196.99亿美元贷款中，官方开发援助贷款仅占36.4%，其余均为商业贷款。参见印度尼西亚《时代》周刊1984年12月15日，转引自马汝骏《印度尼西亚对外经济关系的特点及发展前景》，《亚太经济》1986年第1期。

④ 世界银行的贷款偿还期限为50年，宽限期限为10年，宽限期间不计利息；亚洲开发银行的贷款偿还期限为25年，宽限期限为7年，年率为3%。参见南彬《一九七三——七四年度外国对印度尼西亚的援助》，《南洋问题资料》1974年第2期。

⑤ 世界银行和亚洲开发银行的贷款均为15年至25年的中期贷款，年利率为8.5%—8.8%。参见于舟《有关东南亚国家联盟五国的一些外资和外援情况资料》，《南洋资料译丛》1977年第3期。

⑥ 据印度尼西亚《希望之光报》1975年12月4日报道，1975年以来印度尼西亚国营石油公司由于负债累累而发生财政危机，苏哈托政府为了挽救这个对印度尼西亚经济举足轻重的国营企业免于破产才向日本银行申请了这笔贷款。

的 1967 年到解散的 1992 年①，IGGI 累计向印度尼西亚提供了总计达 567.7979 美元的贷款②，且从 1977 年开始每年给予的贷款额都保持在 21 亿美元以上。③ 笔者依据所能掌握的资料，大致梳理出了援助印度尼西亚国际财团从 1967 到 1991 财政年度间每年的援助款项（见表7）。

表7　　　　　　　　　IGGI 援助印度尼西亚的款项　　　（单位：百万美元）

年度	援助款额	年度	援助款额	年度	援助款额
1967—1968	200	1975—1976	920	1984—1985	2458
1968—1969	325	1976—1977	1120	1985—1986	2406④
1969—1970	500	1977—1978	1886⑤	1986—1987	2600
1970—1971	600	1978—1979	1650⑥	1987—1988	3200⑦

---

①　1991 年 6 月，印度尼西亚债权国会议召开了第 34 次会议。由于 11 月 12 日，印度尼西亚镇压东帝汶独立派，发生了震惊世界的"圣克鲁斯大屠杀事件"，次年 3 月 28 日，荷兰、加拿大和丹麦三国政府冻结了向印度尼西亚提供新援助项目，而且荷兰政府还决定不再担任印度尼西亚债权国会议主席国和召集下届会议，印度尼西亚债权国会议和 IGGI 随之被迫解散。同年 6 月 17 日，世界银行组织创立的"援助印尼协商集团"（Consultative Group on Indonesia, CGI）在巴黎成立，正式取代了 IGGI 的职能。参见首藤もと子《国际援助フォーラムの政治的役割——IGGI 试论》，《法学论集》（日本驹泽大学），第五〇号（1995 年），第 425—431 页；王受业《印尼外债述评》，《亚太研究》1993 年第 1 期；纪宗安、崔丕《印度尼西亚债权国会议的缘起和影响》，《中国社会科学》2010 年第 6 期。

②　另一说法为 IGGI 累计向印度尼西亚提供的援助为 420 亿美元。参见俞亚克《当代印度尼西亚经济》，云南大学出版社 2000 年版，第 89 页。

③　参见翁锡辉《印度尼西亚引进与利用外资》，《东南亚研究资料》1983 年第 1 期。

④　另一数据：1985 年度 IGGI 为印度尼西亚提供的借款为 8552.15 亿日元，按照当年日元兑美元的汇率 1 美元 = 238.536 日元，则本年度 IGGI 对印度尼西亚的援助款约为 3585 百万美元，参见柳茵（日本海外经济合作基金驻雅加达办事处）《印度尼西亚经济现状与 1986 年度财政预算战略》，《南洋资料译丛》1986 年第 3 期。

⑤　《罗盘报》1981 年 5 月 14 日中的数据是 21 亿美元，但实际上 21 亿美元中包括中东和东欧国家的援助 2.3 亿美元，如果去除 2.3 亿美元则为 18.7 亿美元，跟表中数字基本相同。参见舟《有关东南亚国家联盟五国的一些外资和外援情况资料》，《南洋资料译丛》1977 年第 3 期。

⑥　《罗盘报》1981 年 5 月 14 日中的数据是 25 亿美元，去除中东和东欧国家的援助 8 亿美元则为 17 亿美元，跟表中数字基本相同。

⑦　另一数据为 31.60 亿美元，基本与此相同。参见吴崇伯《东盟国家外债问题试析》，《南洋问题研究》1989 年第 3 期。

续表

年度	援助款额	年度	援助款额	年度	援助款额
1971—1972	640	1979—1980	1979①	1988—1989	4015
1972—1973	670②	1980—1981	2100	1989—1990	4500
1973—1974	760③	1981—1982	2100	1990—1991	4760
1974—1975	870	1982—1983	2100	1991—1992	4755

说明：财政年度是从每年 4 月 1 日至次年 3 月 31 日。④

资料来源：1977—1978 年度之前的数据见《希望之光报》1977 年 4 月 14 日；1978—1979 年度之前数据源自印度尼西亚《独立报》1978 年 5 月 24 日、30 日；1979—1980 年度的数据来自［澳］尼尔·迪亚斯·卡普纳腊内《澳大利亚与印度尼西亚加强经济关系的前景》，《南洋资料译丛》1983 年第 2 期；1982—1983 年之前的数据源自《罗盘报》1981 年 5 月 14 日⑤；1984—1985 年度、1985—1986 年度数据来自马汝骏《印度尼西亚对外经济关系的特点及发展前景》，《亚太经济》1986 年第 1 期；1986—1987 年度和 1987—1988 年度数据来自［澳］H. W. 阿恩特、哈尔·希尔《石油繁荣期以后的印度尼西亚经济结构调整》，《南洋资料译丛》1990 年第 1 期；1988—1989 年度数据来自吴崇伯《东盟国家外债问题试析》，《南洋问题研究》1989 年第 3 期，黄阿玲《前当印度尼西亚的对外关系》，《东南亚研究》1988 年第 4 期；1989—1990 年度的数据来自［日］恒川润《亚太地区国家的经济增长还能持续吗?》，《南洋资料译丛》1991 年第 3 期；1990—1991 年度数据来自袁喜清《印尼拒绝荷兰援助》，见《周边国家要闻（1992 年 3—4 月）》；1991—1992 年度数据来自王受业《印尼外债述评》，《亚太研究》1993 年第 1 期。

---

① 《罗盘报》1981 年 5 月 14 日中的数据是 27 亿美元。《印度尼西亚利用外资的情况和问题》一文指出，从 1978 年算起的今后 8 年内，印度尼西亚政府平均每年应偿还的外债为 22.6 亿美元，等于"援助印度尼西亚国际财团"许诺给印度尼西亚政府 1979 年度贷款总额的 82%，则 1979 年度援助额应为 27.56 亿美元。参见杨成、黄丁兰《印度尼西亚利用外资的情况和问题》，《南洋问题研究》1980 年第 1 期。但实际上，27 亿美元只是 IGGI 许诺援助的金额，最终并未完全落实。而且从援助增加的角度而言，1979 百万美元似乎更为合理。

② 有数据显示本年度日本通过 IGGI 提供给印度尼西亚的援助额为 2.08 亿美元，占本年度 IGGI 总援助额的 25%，故该年度 IGGI 的援助总额应为 8.32 亿美元。参见淑兰《印度尼西亚和日本的关系》，《南洋问题资料》1974 年第 2 期。

③ 此数据为 1972 年 12 月 IGGI 会议上原本决定的 1973—1974 年度对印度尼西亚提供的援助数额，但由于日元等一部分货币增值，以及许多国家增加援助额，故而在 1973 年 5 月 7、8 日阿姆斯特丹的会议上，最终商定 IGGI 在 1973—1974 年度对印度尼西亚的援助额为 8.766 亿美元。参见南彬《一九七三——七四年度外国对印度尼西亚的援助》，《南洋问题资料》1974 年第 2 期。

④ 参见杨成《美国对印度尼西亚的经济援助》，《南洋资料译丛》1979 年第 3 期。

⑤ 从时间来看，《独立报》和《罗盘报》的时间都是 5 月，基本上都是 IGGI 初步确定下一年度援助额之前，所以数据上会跟实际援助的金额有些出入。

在 IGGI 对印度尼西亚的双边援助中，按约定美国和日本各承担
1/3 的援助额，加拿大则与荷兰、联邦德国、澳大利亚、英国、法
国、比利时、新西兰 7 国[①]共同承担其余的 1/3。所以，整体来看加
拿大在 IGGI 援助总额中所占份额并不太突出（见表 8）。

表8   20 世纪 70 年代加拿大通过 IGGI 给印度尼西亚的 ODA 援助

（单位：百万美元）

援助年度	援助金额	在当年总援助中所占比例（%）	在当年援助国中的排名
1972—1973	10.7	2	7
1973—1974	3	1.5	8
1975—1976	40	10	5
1976—1977	33	7.5	6
1977—1978	33.1	5.5	7
1979—1980	54.8	9.1	6

资料来源：1972—1973 年度数据来自《安塔拉社》电，1973 年 5 月 16 日；1973—
1974 年度来自印度尼西亚《希望之光报》，1973 年 5 月 10 日；1975—1976 年度数据来自新
加坡《研究公报》，1976 年 7 月 31 日，第三部分，第 222 页；1976—1977 年度数据来自新
加坡《研究公报》，1976 年 7 月 31 日，第三部分，第 222 页；1977—1978 年度数据来自新
加坡《研究公报》，1977 年 5 月 31 日，第三部分，第 327 页；1979—1980 年度数据来自
《经济情报机构季评》，1980 年。

由表 8 可知，尽管加拿大在 IGGI 对印度尼西亚的援助总额中所
占份额不大，但援助的额度却大致是呈上升趋势的。而且从表中的排
名来看，如果不计算美国、日本等大国，而只计算典型的"中等大
国"，则加拿大仅排在澳大利亚之后。更重要的是，各国对印度尼西
亚的援助并非无偿，而是有着诸多附加条件，笔者依据所掌握的
1973—1974 年度和 1976—1977 年度数据，将这些援助的附加条件列
表如下。

---

① 虽然 IGGI 成员国不止 10 个，但 1972—1980 年承担援助的基本上是美国、日本和
这 8 个国家。

表9　　　　　　IGGI 对印度尼西亚实施援助的附加条件一览

（单位：百万美元）

供援国家 或机构	1973—1974 年度			1976—1977 年度		
	偿还期限	宽限期限	年利率（％）	偿还期限	宽限期限	年利率（％）
澳大利亚	赠款	赠款	赠款	赠款	赠款	赠款
加拿大	50	10	0	软性贷款，具体条件未定		
英国	30	10	0	30	8	0
美国	40	10	2.0—3.0	软性贷款，具体条件未定		
日本	30	10	2.75	30	8	3
联邦德国	30	10	2.5	软性贷款，具体条件未定		
荷兰	30	10	2.5	30	8	4
比利时	30	10	2.5	软性贷款，具体条件未定		
新西兰	30	10	2.5	软性贷款，具体条件未定		
法国	软性贷款，具体条件未定			软性贷款，具体条件未定		
世界银行	50	10	0	15—25		8.5—8.8
亚洲开发银行	25	7	3.0	15—25		8.5—8.8
瑞士	25	7	3.0			
意大利	25	7	3.0			

资料来源：1973—1974 年度数据来自印度尼西亚《国家银行》月刊，1973 年 5 月 16 日；1976—1977 年度数据来自新加坡《研究公报》，1976 年 7 月 31 日，第三部分，第 222 页。

　　由表 9 内容可知，加拿大的援助偿还期限为 50 年（含宽限期限 10 年），宽限期间不计利息。显然，在对印度尼西亚援助的优惠力度方面，加拿大也是仅次于澳大利亚的。

　　如果按照 IGGI 的援助形式来划分，在印度尼西亚第一、第二个发展计划间（1968 年—1976 年 9 月），加拿大在 IGGI 中对印度尼西亚援助款项的分布大致呈现如下情况（见表 10）。

表 10   1968 年—1976 年 9 月加拿大通过 IGGI 对印度尼西亚的援助

（单位：百万美元）

援助形式		援助金额及比例		在同期各国同类援助总额中的比例（%）	在同期各国同类援助中的排名
		金额	比例（%）		
宽厚贷款	计划援助（外汇贷款）	33	16.6	3.2	7
	粮食和食品援助	16.587	8.3	1.7	5
	工程项目援助	43	21.6	2.9	9
半宽厚贷款		106.7	53.5	5.5	7
合计		199.287	100		

资料来源：《涌入印尼的金融资源》，1977 年，第 139—140 页。①

　　由表 10 的数据可知，在加拿大通过 IGGI 对印度尼西亚的援助中，就总援助款而言，除了没有无偿援助（赠予）外，宽厚贷款与半宽厚贷款的比例接近 1∶1，其中，工程项目援助占援助总额的 1/5 强，外汇贷款约占总援助额的 1/6，粮食和食品援助所占的比重最小，只有 1/12，这充分反映了 1975 年 5 月后半宽厚贷款比例逐渐上升的趋势；若单以宽厚贷款而言，工程项目援助占 46.4%，外汇贷款占 35.6%，粮食和食品援助占 18%，在宽厚贷款中工程项目援助接近 1/2，这与"从经济援助的内容来看，重点也从过去占较大比重的商品计划援助（提供食品、原材料、生产设备等商品）转向工程建设项目援助；1973 年以后，工程建设项目援助的比重便倒转过来占较大比重"的结论②正相吻合。

　　除了双边援助外，加拿大还通过国际金融机构以多边援助的方式向印度尼西亚提供了信贷援助（见表 11）。

_____

　　①　转引自林淑娟《印尼苏哈托政权十二年来接受外贷、外援的情况和问题》，《南洋问题研究》1979 年第 1 期。

　　②　参见［日］梅泽达雄《苏哈托"新秩序"体制下的印度尼西亚经济建设》，《东南亚研究资料》1982 年第 3 期。

表11　　　　印度尼西亚通过国际金融机构所获得的信贷援助
（1967 年—1978 年 12 月）

（单位：百万美元）

排名	援助国家或地区	信贷额度	在总信贷额中所占比例（%）	备 注
1	美国	1352.971	32.34	
2	法国	674.285	16.12	
3	联邦德国	440.177	10.52	
4	荷兰	381.466	9.12	
5	加拿大	350	8.37	
6	日本	244.996	5.86	
7	英国	188.105	4.5	
8	新加坡	161.466	3.86	
9	比利时	147.796	3.53	
10	挪威	97.959	2.34	
11	中国香港	88.181	2.11	
12	瑞典	48.309	1.15	
13	意大利	7.122	0.18	
	合计	4182.806	100	

资料来源：［印尼］斯里图阿·阿里夫与阿迪·萨索诺：《依赖与落后》，雅加达，LSP，1981 年。

在加拿大通过 IGGI 对印度尼西亚的援助中，还有一个值得关注的地方，那就是加拿大跟印度尼西亚既不是贸易伙伴，也没有签订贸易协定。印度尼西亚的主要贸易伙伴情况，见表12、表13。

表12　　　　1967—1971 年印度尼西亚主要贸易伙伴情况

（单位：百万美元）

国家	1967 年		1968 年		1969 年		1970 年		1971 年	
	进口	出口	进口	出口	进口	出口	进口	出口	进口	出口
日本	181.9	194.5	159.2	172.2	226.0	243.9	263.0	297.0	390.7	529.5
美国	52.3	102.7	123.2	112.7	154.2	107.3	158.0	110.7	176.4	181.9

续表

国家	1967 年		1968 年		1969 年		1970 年		1971 年	
	进口	出口	进口	出口	进口	出口	进口	出口	进口	出口
联邦德国	80.5	56.6	70.1	48.0	64.6	33.1	84.9	44.7	115.0	60.0
荷兰	47.6	41.6	50.7	44.0	39.4	32.4	45.6	42.0	52.3	64.0
英国	22.5	24.5	17.6	9.4	27.38	7.0	30.0	12.2	49.5	11.6
法国	6.8	无	15.4	无	10.6	无	15.5	无	16.5	无
澳大利亚	13.8	72.6	20.4	73.3	20.5	66.5	25.4	29.4	32.6	23.0

说明：除了上述国家外，印度尼西亚的主要贸易伙伴还有新加坡、苏联、中国、中国香港、马来西亚和巴基斯坦。由于这些国家或地区均非 IGGI 成员，故在表中未列出。

资料来源：国际货币基金组织 1967—1971 年各年份的贸易指南。

表 13　　1978 年印度尼西亚与其主要贸易伙伴的贸易额占贸易总额的比例

名次	国家	出口额（%）	国家	进口额（%）
1	日本	39.2	日本	30.1
2	美国	25.4	美国	12.4
3	新加坡	10.7	联邦德国	8.9
4	荷兰	2.2	新加坡	6.8
5	联邦德国	1.9	澳大利亚	3.8
6	菲律宾	1.7	英国	3.1
7	意大利	1.1	法国	2.5
8	澳大利亚	1.0	荷兰	2.2
9	英国	0.5	中国	1.7
10	法国	0.5	泰国	1.5

资料来源：国际货币基金组织 1978 年贸易指南。

　　由表 12 和表 13 可知，在 IGGI 的主要成员国中，只有加拿大不是印度尼西亚的主要贸易伙伴，而且有资料表明，当时加拿大根本就没有跟印度尼西亚签订双边贸易协定。① 由此就产生了两个令人费解

---

　　① 当时印度尼西亚签订贸易协定的有印度、巴基斯坦、日本、美国、澳大利亚、荷兰、英国、法国、挪威、丹麦、瑞士、瑞典、联邦德国、埃及，以及苏联、民主德国等 20 个国家。参见 [苏] 别克列朔夫《印度尼西亚经济与对外贸易》，倪耕元、刘天鸿等译，财政经济出版社 1958 年版，第 93—100 页。

之处。

第一，按照惯例，进行双边援助是需要制定双边贸易协定的①，而且加拿大在《1970 年外交政策白皮书》的最后一部分明确写道："在经济上，加拿大将通过协商谈判，谋求与该地区（太平洋地区——引者注）的每个国家签订新的双边贸易协定……加拿大将扩大对外援助，为印度尼西亚、印度支那、南太平洋及远东地区提供帮助与支持，促进其发展。"②

第二，据"国际货币基金组织"发表的数字，1971 年加拿大进出口贸易总额为 349 亿美元，占当年世界贸易总额的 5.4%，居世界第 6 位，仅仅只是位居美国、联邦德国、英国、法国和日本之后；1977 年进出口总额达 851 亿美元，占世界贸易总额的 4.1%，居世界第 8 位，列在上述 5 个国家和意大利、荷兰之后。③ 加拿大在当时世界外贸中居于如此重要的地位，印度尼西亚居然未跟其签订贸易协定。

对于上述两个谜团，笔者以为原因可能在于加拿大一方，正如加拿大研究对外援助的著名学者杰拉德·卡尔·赫莱纳（Gerald Karl Helleiner）在梳理出加拿大与发展中国家的贸易情况后所指出的那样，加拿大与发展中国家贸易的扩大对于发展中国家的帮助是显而易见的，但这种活跃也会使加拿大政府产生用贸易取代直接援助的趋势。④ 从这个意义上说，20 世纪 80 年代以前加拿大对于印度尼西亚的援助应该属于直接援助，没有或者较少有经济利益方面的考虑，这正与前述从 20 世纪 70 年代后期开始"加拿大政府开始更加注重对外援助中经济利益方面的考量"⑤ 的观点一致。

---

① 参见王文峰《欧共体对亚洲国家的经济援助》，《国际展望》1990 年第 6 期。

② 闫颖：《特鲁多与 1970 年外交政策白皮书》，硕士学位论文，河北师范大学，2005 年，第 27 页。

③ 参见国际货币基金《贸易方向，1971—1977 年报》，第 3 页。

④ Gerald Karl Helleiner（ed.），*The Other Side of International Development Policy：The Non-aid Economic Relations with Developing Countries of Canada，Denmark，the Netherlands，Norway，and Sweden*，Toronto：University of Toronto Press，1990.

⑤ Cranford Pratt（ed.），*Internationalism under Strain：the North-south Policies of Canada，the Netherlands，Norway，and Sweden*，Toronto：University of Toronto Press，1989.

　　既然没有经济利益方面的考量，那加拿大对印度尼西亚的援助更多是出于其固有的"中等大国"意识和责任感，正如有学者指出的，正是这种"中等大国"的责任感，加拿大从实施对外援助伊始就始终强调援助的人道主义目标，其援助倾向于促进发展中国家的社会经济发展以及出于人道主义的灾难救济，也追求诸如加强全球安全、提高加拿大在受援国的声望和促进多边主义等外交政策目标。[①] 也正是因此，当1991 年 11 月印度尼西亚镇压东帝汶独立派而发生"圣克鲁斯大屠杀事件"时，加拿大以印度尼西亚严重侵犯人权而立即冻结了向印度尼西亚提供新的援助项目。

（四）IGGI 中加拿大对印度尼西亚援助款的用途

　　有研究者指出："援助印尼国际财团是印尼经济建设的主要依靠。"[②] 显然，IGGI 对印度尼西亚提供的援助极大地支持了印度尼西亚的建设和发展。从两个五年计划的实施情况看，印度尼西亚接受的大量援款主要用于外国直接投资较少的基础设施部门，如交通运输、电力和制造业。IGGI 中加拿大对印度尼西亚的援助也主要集中在这三个部门（见表 14）。

表14　1968 年—1976 年 9 月加拿大通过 IGGI 对印度尼西亚援助款项的去向

（单位：百万美元）

援助部门		援助金额及比例		在同行业各国援助额中的比例（%）	在同行业各国援助中的排名
		金额	比例（%）		
交通运输业	工程援助	27.5	21.6	1.9	9
	出口信贷和商业贷款	1.8			
电力	工程援助	9.6	7.1	1.4	7
	出口信贷和商业贷款	0			

---

① 参见孙建党《科伦坡计划与加拿大对南亚和东南亚的发展援助》，《历史教学》2011年第 24 期。

② 黄阿玲：《当前印度尼西亚的对外关系》，《东南亚研究》1988 年第 4 期。

续表

援助部门		援助金额及比例		在同行业各国援助额中的比例（%）	在同行业各国援助中的排名
		金额	比例（%）		
制造业	工程援助	0	71.3	20.4	3
	出口信贷和商业贷款	96.7			
合计		135.6	100		

资料来源：根据《涌入印尼的金融资源》中的相关数据整理。

由表 14 结合表 10 的数据可知以下几点。

第一，两个五年计划期间加拿大通过 IGGI 对印度尼西亚的援助款中，用于交通运输业、电力和制造业的工程项目援助款共计 37.1 百万美元、半宽厚贷款（出口信贷和商业贷款）共计 98.5 百万美元，分别占工程项目援助款总额和半宽厚贷款总额的 86.3%、92.3%，其余数量很少的工程项目援助款和半宽厚贷款用在了农业、渔业、水利灌溉、矿业、卫生、教育等部门。

第二，两个五年计划期间加拿大通过 IGGI 对印度尼西亚的援助款去向中，制造业占 71.3%，交通运输业占 21.6%，电力占 7.1%，而当时 IGGI 给予印度尼西亚全部外援的去向则是交通运输业占 57.2%，电力占 25.2%，制造业占 17.6%。很显然，两个五年计划时期印度尼西亚政府发展的重点在于交通运输业，也就是将"外援及其所提供的机械设备主要用于各岛公路、铁路、桥梁、港口、航空设施的恢复和更新上"[①]，而加拿大援助印度尼西亚的重点则在于制造业。

之所以会出现这样的差异，当与加拿大政府的要求有关，即加拿大在对印度尼西亚政府支付援助款时会明确要求对方把款项用于某一方面、某一行业，否则，在没有明确要求的情况下，印度尼西亚政府会按照国民经济发展的需要对援助款的用途进行统一处理。而这一差

---

① 林淑娟：《印尼苏哈托政权十二年来接受外贷、外援的情况和问题》，《南洋问题研究》1979 年第 1 期。

异的出现则说明了加拿大对印度尼西亚经济发展的独特认识，那就是
印度尼西亚要真正实现经济的腾飞必须靠制造业的发展。众所周知，
工业化是迈向现代化的必经之途，而制造业则是实现工业化的主力
军、实现现代化的原动力。放眼世界，发展制造业始终是振兴经济、
实现现代化的最佳路径。从这个意义上说，加拿大对印度尼西亚的援
助又反映了加拿大外交援助所具有的明显公益性和利他性，即"减少
贫困，促进受援国可持续发展，以便为建立一个更加安全、平等和繁
荣的世界做出贡献"。①

三　加拿大对印度尼西亚援助的评价

（一）加拿大对印度尼西亚援助的成效

由于错综复杂的历史背景和国情，印度尼西亚从成立之初就对外
部援助的依赖程度很高，其建设资金几乎都来自援助。也正是因此，
包括加拿大在内的各国对印度尼西亚的援助，在印度尼西亚最需要的
时候解决了国内资金不足的问题，对印度尼西亚的经济建设起到了重
要的推动作用。从早期的科伦坡计划，到后来的援助印度尼西亚国家
财团（IGGI），加拿大的援助都是非常重要的组成部分。从 1951 年
科伦坡计划正式实施到 1992 年加拿大退出，几乎所有参与"科伦坡
计划"的受援国都程度不同地得到了加拿大的资金和技术支持；从
1967 年 IGGI 对印度尼西亚发出第一笔援助到 1992 年 IGGI 解散，印
度尼西亚从加拿大获得了数额不同的各种形式的援助。正如有学者指
出的，印度尼西亚由此而"获得经济复苏、发展"，并"最终驶上了
经济和可持续性发展的健康轨道，成为战后首批复兴的亚洲国家"。②

加拿大通过提供资金项目、人才培训、技术援助等各种援助方
式，增加了印度尼西亚的就业机会，改善了社会服务，消除了部分贫
困，保护了环境，一定程度上有利于印度尼西亚经济的可持续增长。
同时，加拿大对印度尼西亚的援助进一步密切了加拿大与印度尼西亚

---

① CIDA 网站：http：//www. acdi-cida. gc. ca/index-c. htm。
② 钱皓：《加拿大对外援助与国家海外形象建构》，《国际观察》2014 年第 6 期。

的双边关系，提升了加拿大在印度尼西亚乃至在东盟的国际形象。而加拿大对印度尼西亚实行的以经济的可持续发展为终极目标的援助，也给加拿大带来了巨大的经济效益。

（二）加拿大援助印度尼西亚的动因

根据前述加拿大对印度尼西亚援助的过程，加拿大对印度尼西亚的援助中交织了诸多因素：对美国外交政策的追随，对英联邦利益的维护和义务的坚持，对自身经济利益的考量，对人权因素的重视，对发展援助利他性的实现。

应该说，加拿大对印度尼西亚援助的开始完全是出于对美国政策的亦步亦趋，其中有援助印度尼西亚经济社会发展以遏制共产主义扩张的冷战因素；科伦坡计划开始实施且美国加入后，加拿大在计划执行过程中表现出了对英联邦利益的追求，并找到了英联邦利益与美国政策（冷战因素）的平衡点。不过，无论是对美国还是对英联邦，加拿大都只是一种被动的服从，所以整体来看，援助的热情不高，因而投入也就比较有限，这从前述的援助金额上就可以证明。

随着 1967 年印度尼西亚国内政局的更迭和印度尼西亚"发展至上"政策的确定，不仅印度尼西亚从东西方冷战的争夺中解脱出来，而且整个东南亚地区也开始由冷战体制向开发体制转变。与此同时，加拿大政府的外交政策也因特鲁多内阁的执政而发生了由"国际主义"向"实用主义"的变化，开始以"中等强国"的身份参与国际事务，承担与自身能力相一致的义务，主要目标是"追求国家利益"，以促进经济增长，维护国家的独立与自主地位，争取和平与安全，提高社会公正程度，提高人民的生活质量，维护良好的自然环境为外交的六大主题。[①] 所以本时期加拿大对印度尼西亚的援助中更多表现出了自主性，不再唯美国马首是瞻，开始更加重视援助对本国经济利益的影响、对受援国经济社会发展和民众利益的影响。这一阶段加拿大对印度尼西亚援助的主动性和热情都有较大程度提高，援助金额自然也就有了大幅度增加。

---

① 参见宋家珩《枫叶国度》，山东大学出版社 1989 年版，第 287 页。

沃尔特·利尼外交思想探析

韩玉平[*]

韩玉平[*]

摘要： 沃尔特·利尼作为瓦努阿图的"国父"，在瓦努阿图建国初至 1991 年间，塑造了瓦努阿图的外交政策。其外交思想重在强调国家主权、不结盟主义、支持去殖民化和全世界的独立运动以及地区无核化，其外交思想在太平洋地区和世界范围内均产生了一定的影响。

关键词： 沃尔特·利尼；瓦努阿图；外交思想

作为瓦努阿图的"国父"，在瓦努阿图建国初至 1991 年间，沃尔特·利尼一手缔造了瓦努阿图的外交政策，其外交思想对今天的瓦努阿图依然具有深远的影响。本文试对沃尔特·利尼外交思想做一简析。

一　强调国家主权

瓦努阿图坚持独立外交政策的根源是其被英法两国共同托管的独特历史，及其国家面积狭小这一事实。英法两国共同托管地的历史，使得新成立的瓦政府刚成立时就决心要尽一切努力，确保瓦努阿图在国际关系中的独立地位。沃尔特·利尼在 1985 年解释其外交政策时说："像我们这样的小国家，很容易受到外部力量的影响，尤其在我们不得不依赖于外国援助时更是如此。正是因为意识到了这一点，我

---

* 韩玉平，聊城大学国际交流学院副教授，聊城大学太平洋岛国研究中心研究人员。

们尽可能地保护我们的主权。这也是我们一直奉行不结盟外交政策的原因所在。"

利尼政府强调国家主权的一个重要表现就是在瓦努阿图独立后很快就加入联合国。按照国家惯例，成为联合国成员国意味着国家的独立和主权。同时，加入联合国也向世界表明瓦努阿图强调国家主权的决心。1981 年 9 月 15 日，瓦努阿图被联合国正式接受为联合国成员。

二 不结盟

20 世纪 80 年代，瓦努阿图是唯一一个在冷战后期坚持不与西方集团结盟的南太平洋地区国家，既不支持西方，也不支持东方，并于1983 年加入了不结盟运动。传统上，南太平洋地区国家都一直与西方保持亲密关系，瓦努阿图此举在邻国看来是极端的行为。但对于瓦努阿图政府而言，加入不结盟运动则是对本国主权的强调，也表达了瓦努阿图致力于建立独立自主外交政策的决心。利尼的私人秘书乔·纳图曼曾经指出："瓦努阿图加入不结盟运动，旨在表明瓦努阿图是一个独立国家，可以加入任何一个想加入的组织。"

在利尼外交政策指导下，1983 年瓦努阿图与古巴建交，1986 年与利比亚建交。利尼公开谴责美国于 1986 年对利比亚实施的轰炸行动，并向时任利比亚领导人奥马尔·穆阿迈尔·卡扎菲发去慰问电报。同时，巴拉克·索佩公开指责美国是支持恐怖主义的国家，瓦美关系也陷入紧张状态。一直到 20 世纪 80 年代末，利尼和外交部部长塞拉·莫利萨对华盛顿进行国事访问，瓦美紧张关系才有所缓和。

三 支持去殖民化和全世界的独立运动

对于利尼政府而言，本地区的去殖民化不仅仅是道德与公平问题，而且是关系瓦努阿图国家安全的重要问题。在 1982 年南太平洋会议的主旨演讲中，利尼指出："太平洋地区是世界上最后一块殖民主义继续盛行的地区，我们必须消除过去历史在太平洋地区的残余。除非我们所有人都获得自由，否则没有人能够得到自由。"利尼政府认为，只要法国政府控制着新喀里多尼亚，瓦努阿图的国家安全就会受到威胁。

利尼政府的担心不无理由。"椰子战争"爆发前三天，新喀里多尼亚在没有征得瓦努阿图政府同意的情况下，派遣飞机从努美阿出发，运送叛军和武器弹药直达桑托岛。战争期间，新喀里多尼亚允许叛军"维美让那联邦号"（Vemerana Federation）船只停泊在努美阿进行补给。战争结束后，大约有387名叛军（多数为法裔居民）逃到努美阿，与被瓦努阿图驱逐出境的127名外国人（其中110人为法国人）会合，公开威胁要颠覆瓦努阿库党领导的瓦努阿图政府。

在支持去殖民化政策的指导下，瓦努阿图支持西撒哈拉、西巴布亚和东帝汶的独立。例如，允许自由巴布亚运动组织在维拉港设立办事处，当然此举也大大激怒了印度尼西亚。1990年，瓦努阿图驻联合国大使罗伯特·里若普（Robert Lierop）曾自豪地宣称："我认为，从某种意义上来讲，瓦努阿图虽然国土面积小，但是对于联合国的贡献却很大。当瓦努阿图总理在纳米比亚会见纳尔逊·曼德拉时，曼德拉很赞赏瓦努阿图，因为它是这一地区明确声明反对种族隔离政策的国家之一。"

四 地区无核化

1962年，法国政府决定在南太平洋地区法属波利尼西亚的穆鲁路岛（Moruroa）和方噶淘夫岛（Fangataufu）进行核试验，在南太平洋地区引起了强烈关注。尽管法国多次保证核试验的安全性，但却不能消除各国的恐慌。

1975年，沃尔特·利尼领导的新赫布里底民族党发表声明，谴责任何形式的核行为，支持其他太平洋国家宣布该地区无核化。1979年，新赫布里底教会、酋长、妇女组织、政党团体等社会组织成立社会关注委员会，在新赫布里底开始掀起反核运动。沃尔特·利尼的妹妹希尔达·利尼（Hilda Lini）积极投身新赫布里底的反核运动中，并作为新赫布里底民族党代表参加了太平洋地区无核运动大会。

瓦努阿图独立后，实现南太平洋地区无核化成为沃尔特·利尼外交政策的一个重要目标。1981 年，利尼在联合国大会上宣布，瓦努阿图将致力于倡导太平洋地区成为无核地区；同年，瓦努阿图和其他一些太平洋国家说服英联邦，共同指责法国在南太平洋地区进行的核试验。利尼政府认为，太平洋地区的核扩散是殖民主义在太平洋地区的继续，是对瓦努阿图的直接威胁。因此，瓦努阿图成为该地区最强烈反对核扩散的国家。

尽管不能说瓦努阿图和其他国际组织的努力结束了法国在该地区的核试验，但瓦努阿图和其他国际组织对南太地区无核化所做出的努力，使得法国提前终止了在该地区的核试验。

在沃尔特·利尼的领导下，瓦努阿图也寻求与亚洲建立稳固的外交关系。到 20 世纪 80 年代末，已经与中国、日本、韩国、朝鲜、泰国、马来西亚、新加坡、越南和菲律宾等建立正式外交关系。

为加强自己新获得的主权，平衡其与不同意识形态和不同地区阵营的关系，截至 1991 年利尼卸任，瓦努阿图与世界上 67 个国家建立了外交关系，并加入了 29 个国际组织。

萨摩亚的外交政策实践及其特点

倪学德*

摘要：萨摩亚政府奉行和平友好的外交政策，主张维护民族独立，反对殖民主义，要求建立国际经济新秩序。同时，积极参与地区合作，支持建立南太无核区和自由贸易区。萨摩亚已同46个国家和地区建立了外交关系，参加了15个以上的国际和地区组织。其外交政策的基本特点是，立足本国实际，秉持独立自主，拓展外交视野，践行睦邻友好。这种小国大舞台的思维方式和谋求利益最大化的生存之道，颠覆了"弱国无外交"的传统认知。

关键词：萨摩亚；外交；全方位；和平

萨摩亚是第二次世界大战后太平洋殖民地中第一个摆脱殖民统治的国家。1962年6月独立时，东西方两大阵营严重对峙，民族解放运动蓬勃发展，萨摩亚政府面临大多数独立国家都需要应对的一系列问题。针对当时的国际局势，考虑到国小力薄和地缘因素，萨摩亚政府在积极发展经济的同时，采取了立足南太、放眼世界的和平外交政策。近些年来，萨摩亚在国际舞台上的进取姿态开始受到世人的关注，其外交政策实践对许多发展中的小国无疑具有一定的借鉴意义。

概括地讲，萨摩亚的外交政策实践主要有如下几个特点。

---

* 倪学德，男，山东高密人，聊城大学历史文化与旅游学院教授，博士，聊城大学太平洋岛国研究中心人员。

一 立足南太

萨摩亚立足南太平洋地区的基础,与该地区的两个大国新西兰和澳大利亚保持较为密切的联系。从1914年到1962年萨摩亚独立,新西兰统治萨摩亚达48年之久,对萨摩亚社会的影响无处不在。因此,萨摩亚独立后,面对政治、经济等方面的困难,自然会与新西兰保持着特殊关系。

1962年8月1日,两国政府在阿皮亚签署了《新西兰—西萨摩亚友好条约》。条约规定:两国在尊重基本人权和联合国宪章的基础上,维护和加强两国业已存在的友好关系,两国政府应就共同关心的问题进行磋商。新西兰政府将积极考虑萨摩亚政府在技术、行政管理和其他方面寻求帮助的要求。该条约清楚表明两国之间存在特殊关系,只要萨摩亚政府愿意,新西兰将帮助其处理国际关系。[①] 新西兰政府之所以愿意提供这种帮助,是因为它仍然把萨摩亚视为自己的势力范围,萨摩亚政府不可能奉行与新西兰大相径庭的政策。

从独立至今,与新西兰的特殊关系成为历届萨摩亚政府对外关系的基轴,两国一直保持着别国不可比拟的全方位特殊关系,在外交、经援、移民、劳务等方面尤其明显。1970年,两国达成一项移民协定,新西兰每年给萨摩亚1100名移民新西兰的指标,以减轻萨摩亚人口增长的压力和扩大侨汇。新西兰有10万名萨摩亚侨民,来自新西兰的侨汇是萨摩亚侨汇收入的主要组成部分和主要经济来源之一。

新西兰一度是对萨摩亚援助最多的国家,但自20世纪80年代以来,对萨摩亚的援助额逐渐落后于日本和澳大利亚。90年代,它每年给萨摩亚的经济援助在1200万塔拉左右。[②] 新西兰的援助项目主要是道路、教堂、教育、卫生等。因医疗条件有限,萨摩亚的重病患者经批准可赴新西兰的合同医院就诊,医疗费由政府负担。新西兰每年给萨摩亚25个左右的奖学金名额,成绩优秀的高中毕业生可获此奖

---

① 参见翟兴付、仇晓谦《萨摩亚》,世界知识出版社2002年版,第155—156页。
② 同上书,第157页。

学金到新西兰读大学。以上这些措施对萨摩亚的经济发展起了一定促进作用。1982 年 8 月 21 日，萨摩亚和新西兰签订《西萨摩亚—新西兰友好条约议定书》，重申双方在主权平等基础上建立的外交关系将在亲密友好精神的指导下继续发展。

萨摩亚和新西兰高层交往和正式访问不断，进入 20 世纪 90 年代，高层互访更加频繁。1994 年 4 月 14 日至 16 日，新西兰总理对萨摩亚进行了为期三天的友好访问。同年，萨摩亚副总理赴新西兰参加新西兰国庆庆典并举行活动，庆祝两国友好条约签订 34 周年。1995 年 9 月，新西兰副总理兼外长访问萨摩亚，延签 1962 年签订的《新西兰—西萨摩亚友好条约》。1997 年 5 月 31 日至 6 月 2 日，新西兰外交部部长再次率政府代表团访问萨摩亚并参加其独立 35 周年大庆。1997 年和 1998 年，萨摩亚托菲劳总理两次访问新西兰。1999 年，萨摩亚新任总理又访问了新西兰。2007 年 12 月，萨摩亚国家元首埃菲访问新西兰。2008 年 4 月，新西兰外长彼得斯赴萨摩亚参加两国部长级联合会议。2009 年 9 月和 2012 年 12 月，萨摩亚发生海啸和飓风灾情后，新西兰向萨摩亚提供大量赈灾援助。2011 年 7 月和 2013 年 8 月，新西兰外长麦卡利访问萨摩亚。2012 年 5 月底 6 月初，新西兰总督迈特帕里出席萨摩亚独立 50 周年庆典。①

1971 年，萨摩亚与太平洋最大的国家澳大利亚建交，之后两国关系发展很快。为了扩大在亚太地区的影响，自 1950 年"科伦坡计划"开始，澳大利亚一直是国际发展援助的主要提供方之一。② 澳大利亚向萨摩亚提供了各种形式的援助，包括技术培训、留学生奖学金、接受移民、修建公路等，援助重点为人力资源开发、基础设施、教育和卫生等项目。澳大利亚在萨摩亚的主要援建项目有消防楼和护士学校等。澳大利亚为萨摩亚第一大援助国，平均每年对萨援助约 3700 万澳元，占萨获外援的 1/3，主要用于提高政府办事效率、增加就业和投资、加强司法执法、提高教育水平和改善卫生医疗条件。澳

---

① http：// ws. chineseembassy. org/chn/2015/02/28.

② 参见周太东、毛小菁《澳大利亚对外援助透明度制度和实践》，《国际经济合作》 2013 年第 9 期，第 60 页。

为萨的第一大出口市场和第二大进口来源国。旅居澳大利亚的萨摩亚人有 4 万—5 万人，是萨第二大侨民聚居地和第二大侨汇来源国。澳在萨有侨民 200 多人。萨澳间有"防务合作计划"，由澳方帮助巡逻萨专属经济区，并为萨培训警察。进入 20 世纪 90 年代，澳大利亚对萨摩亚的援助已经超过了新西兰，对萨摩亚的影响也不断扩大。2009 年 9 月和 2012 年 12 月，萨摩亚发生海啸和飓风灾情后，澳大利亚向萨提供大量赈灾援助。近年来，澳大利亚方面表示将持续增加对萨摩亚的经济援助。据萨摩亚《新闻报》2012 年 5 月 11 日讯，当年公布的澳大利亚 2012—2013 财政年度预算显示，澳大利亚政府对萨摩亚发展援助预算将比上年增加 8%，达 4550 万澳元（约合 1.052 亿塔拉）。其中，扶贫资金一项就将增加 300 万澳元（约合 690 万塔拉）。在 2012—2013 财政年度，澳大利亚政府对萨援助重点包括：改善基本医疗条件，降低非传染病的发病率；提高基础教育入学率，改善教学质量；确保政府支出更加有效、公开和合理。① 正因为两国关系密切，双方高层交往和互访频繁。萨摩亚总理图伊拉埃帕分别于 2008 年 7 月和 2011 年 6 月访澳。2013 年 2 月，澳大利亚外长卡尔访问了萨摩亚。

萨摩亚在与周边大国保持紧密联系的基础上，立足南太平洋地区，积极扩大国际交往和国际交流。20 世纪 60 年代末以来，随着瑙鲁、斐济、汤加、巴布亚新几内亚、所罗门群岛、吉里巴斯、图瓦卢和瓦努阿图先后获得独立，萨摩亚政府便开始积极发展和这些太平洋邻邦的友好关系，积极参与南太平洋地区事务，参加南太论坛的活动和区域合作，争取在南太地区事务中发挥自己的作用。萨摩亚要求建立国际经济新秩序，重视全球和地区环境保护，支持建立南太无核区，反对核试验，尤其反对在南太地区进行核试验以及倾倒和运输核废料。萨摩亚是太平洋岛国论坛、太平洋共同体和太平洋区域环境署等组织的成员。太平洋区域环境署秘书处、联合国粮农组织、教科文组织及开发计划署太平洋地区代表处都设在阿皮亚。萨摩亚还派代表帮助筹建太平洋地区大学——南太大学，并由萨摩亚人担任校长。

---

① http://www.mofcom.gov.cn/2012/05/11.

1974 年，南太大学西萨马里法分校服务中心投入使用，萨摩亚小说家和诗人阿尔伯特·温特出任主任。他曾任南太大学的英文和教育系教师及萨摩亚高中校长。该中心使萨摩亚学生能接受各类业余教育课程。2011 年 11 月，萨摩亚联合汤加、图瓦卢、库克群岛等波利尼西亚国家和地区成立次区域组织"波利尼西亚领导人集团"，旨在保护和促进波利尼西亚文化、语言和传统，并通过合作实现经济可持续发展与繁荣。2013 年 10 月，南太平洋旅游组织第 23 届部长理事会在萨摩亚首都阿皮亚召开。

二　面向世界

萨摩亚独立后，经济上步履维艰，困难重重，政府有识之士认识到，像萨摩亚这样落后的小岛国，要想实现经济发展目标，没有国际社会在经济、技术等方面的援助是不可能的。于是，萨摩亚政府不久就改变了最初关于加入联合国等国际组织得不偿失的观点，在努力搞好与邻邦关系的同时，将外交视野拓展到世界上有影响的大国，发展全方位外交关系，踊跃参与国际或地区等多边机构的活动。

1969 年，萨摩亚政府与亚洲开发银行和联合国开发计划署签订援助协议，争取经济援助或贷款支持。1970 年，加入英联邦，以期享受英联邦国家之间的各种互惠。1971 年，萨摩亚与美国、日本和澳大利亚等国建交，争取这些国家的支持和援助，尤其是经济援助。1976 年独立节时，萨摩亚接待了一个大型的苏联代表团。它这样做，是想向南太平洋两大国澳大利亚和新西兰表明，尽管萨摩亚国力弱小，也能够交上强大的朋友。1976 年，埃菲政府以"萨摩亚"的名字将西萨摩亚独立国在联合国注册，正式加入联合国组织。另外，由于萨摩亚是十分虔诚的宗教国家，它于 1994 年 6 月与梵蒂冈也建立了外交关系。

20 世纪 80 年代以后，萨摩亚历届政府继续奉行与各国友好的政策，坚决维护民族独立和主权，主张大小国家一律平等，支持不结盟运动，主张 200 海里专属经济区，反对殖民主义和军备竞赛，主张建立南太无核区。到 20 世纪末，萨摩亚已与世界上 40 多个国家建交，这些国家是阿根廷、澳大利亚、奥地利、孟加拉国、比利时、英国、加拿大、智利、中国、哥伦比亚、克罗地亚共和国、埃及、密克罗尼西亚联邦、斐济、法国、德国、希腊、梵蒂冈、印度、印度尼西亚、以色列、意大利、日本、韩国、马来西亚、马尔代夫、马绍尔群岛、荷兰、新西兰、巴基斯坦、巴布亚新几内亚、秘鲁、菲律宾、葡萄牙、俄罗斯、新加坡、南非、西班牙、斯里兰卡、瑞典、瑞士、泰国、土耳其、美国和越南。[①]

　　萨摩亚重视与世界超级大国美国的关系，它于 1971 年与美建交。1988 年美国在萨摩亚派了常驻代办。1989 年以来，萨摩亚政府首脑多次接受美国总统邀请参加每年一度的祈祷活动。但美国在南太平洋有自己的领地美属萨摩亚，对萨摩亚并不十分重视，除了不断向萨摩亚派遣维持和平队员外，对萨摩亚的经济援助很少。但随着美国全球战略的调整和重返亚太，它对萨摩亚的战略价值越来越重视。美国政府认为，萨摩亚所在的南太地区对巩固防范中国的第二岛链十分重要。[②] 2008 年 7 月 26 日，美国国务卿赖斯访问萨摩亚，会见了萨摩亚总理图伊拉埃帕，这是 20 年来美国国务卿第一次访问萨摩亚。2009 年 9 月 30 日，萨摩亚发生 8.0 级地震并引发海啸，造成上百人死亡。10 月 1 日，美国总统奥巴马对萨摩亚遭受海啸袭击表示关切和同情，并表示美国将向萨摩亚提供支持和援助。据美国媒体报道，奥巴马在白宫说，他已指示国务院向萨摩亚提供一切必要的帮助。[③] 2011 年 6 月 27 日，以美国助理国务卿坎贝尔为首的美国代表团访问萨摩亚。随行人员包括美国太平洋舰队司令沃尔什上将、美国国际开发援助署助理行政官比斯瓦尔、美国防部东南亚防务负责人西蒙柯克准将以及美驻新西兰及萨摩亚两国大使休博纳等。在当日举行的新闻发布会上坎贝尔表示，美方重视同太平洋岛国在地区发展、外交、国防等方面的合作，并将就气候变化、打击跨境犯罪、水资源、提高生活水平、金枪鱼捕捞等方面进行深入探讨，今后美方将定期出席每年

---

　　① 参见翟兴付、仇晓谦《萨摩亚》，世界知识出版社 2002 年版，第 160 页。
　　② 参见胡传明、张帅《美中日在南太平洋岛国的战略博弈》，《南昌大学学报》2013 年第 1 期，第 53 页。
　　③ http://news.sohu.com/2009/10/02.

举行的太平洋岛国论坛会议。代表团还就双方关心的问题同萨摩亚总理图伊拉埃帕举行了会谈。此外，美国代表团向萨摩亚科研组织提供了5万美元援款，并为萨两所医院扩建提供援款200万美元。沃尔什上将代表美国军方同萨警方就跨境犯罪等问题进行了会晤，双方还对如何扩展海洋巡逻及扩大信息共享等加强执法方面的合作进行了探讨。① 2012年6月5日，萨摩亚独立50周年之际，美国总统奥巴马在贺电中称，萨摩亚不只是美国的邻居，也是一个重要的朋友和伙伴。他说，两国曾共同努力解决了一些紧迫的问题，期待在未来的岁月，在基于过去合作的基础上，与萨摩亚建立更良好的关系。②

日本一向视太平洋为自己的势力范围，为了实现其政治大国的图谋，向萨摩亚提供了多项经济援助。1972年，"日本海外合作志愿者"项目开始向萨摩亚派遣志愿人员，通过培训、援建和人员交流等活动，扩大其在萨摩亚的影响。1988年，"日本协力团"在阿皮亚设立分支机构取代海外合作志愿者项目设立的办事处，该机构是半外交性质的机构。1992年又增加了高级志愿者项目。到1995年为止，海外合作志愿者项目共向萨摩亚派遣志愿人员276名，分别在萨摩亚政府或私营单位从事农林渔、制造、维修管理、土建工程、医疗卫生、社会福利、教育、信息服务等工作。日本对萨摩亚的经济援助范围很广，且数额逐年增加。进入20世纪90年代，日本对萨摩亚的年均援助总额达2000万塔拉到2500万塔拉③，远远超过了先前的主要援助国澳大利亚和新西兰。随着世界政治经济中心向亚太地区转移，南太平洋岛国在国际政治和亚太地区格局中的战略价值日益凸显，日本为保持其在该地区的优势地位和影响力，加大了对南太的援助力度。2011年日本向萨摩亚提供的无偿资金援助为64万美元，技术合作援助资金409万美元，政府贷款1263万美元，合计1736万美元。④ 截至2012年初，日本对萨摩亚发展援助总额达5.38亿美元。近些年

---

① http：//ws. mofcom. gov. cn/2011/06/29.
② 参见王素媚《萨摩亚独立50周年》，《新西兰联合报》2012年6月5日。
③ 参见翟兴付、仇晓谦《萨摩亚》，世界知识出版社2002年版，第163页。
④ 参见陈艳云、张逸帆《日本对南太平洋岛国的ODA政策的调整及其特点》，《东北亚学刊》2013年第4期，第43页。

来，两国的交往不断增多。2012 年 5 月，萨摩亚总理图伊拉埃帕赴日出席第六届日本与太平洋岛国领导人会议。2013 年初，日本在萨摩亚设立使馆并随后委任常驻大使。2013 年 10 月，萨摩亚商业与劳工部常务秘书及驻日大使赴日本出席日本与太平洋岛国领导人会议第二届部长级会议。

由于萨摩亚从欧盟接受了大量援助，所以它比较重视与欧盟的关系，欧盟在阿皮亚也设有其驻南太机构。1995 年，欧盟向萨摩亚提供了第一期 100 万欧元的援款，项目实施周期为 1995 年至 1999 年 9 月。2002 年 11 月，欧盟决定再向萨摩亚提供 100 万欧元的援助，是 1999 年批准的第二期援助，从 1999 年 10 月开始实施，已实施小型项目 92 个。援助主要目标是支持小型社区在农业、渔业、教育、供水、青年和文化等方面的发展，从而最终达到提高农村地区生活水平的目标。① 2009 年 9 月，萨摩亚发生地震并引发海啸，欧盟委员会立即宣布向海啸地区提供首批为 15 万欧元的紧急人道主义援助。据悉，这笔援助款将通过国际红十字会具体发放，将为萨摩亚的受灾人群提供急需的医疗救助、淡水供应和紧急避难所。欧盟委员会表示将继续监测有关情况，以便为受灾地区提供更多的人道主义援助资金。欧委会负责发展和人道援助事务的委员德古特在声明中对萨摩亚政府和失去亲人的灾民表示慰问，他承诺欧委会将密切评估当地灾情，并将和其合作伙伴一起展开必要的国际救援行动。2010 年 5 月，欧盟又与萨摩亚签订价值 1671.5 万欧元的援助协议。② 据萨摩亚《观察家报》报道，2011 年 3 月 25 日，欧盟驻太平洋地区代表团大使同萨摩亚新任财政部长福穆伊纳·蒂亚蒂亚·利厄加在阿皮亚共同签署援款协议。该协议规定，欧盟将向萨摩亚政府提供 1800 万塔拉的预算支持，用于 2011—2012 财政年度供水和排污领域的预算开支。③

近年来，欧盟又加大了对萨摩亚水务方面的援助。据萨摩亚《观察家报》2014 年 8 月 22 日讯，过去 4 年内萨摩亚水务部门从欧盟预

---

① http://ws.mofcom.gov.cn/2002/11/28.

② http://www.ycmhz.com.cn/2009/10/01.

③ http://ws.mofcom.gov.cn/2011/03/29.

算支持计划中获得 9000 万塔拉援助。该报引用欧盟驻萨摩亚首席代表约翰·斯坦利的话说，欧盟对萨摩亚水务部门的支持始于 2010 年，主要通过预算支持的方式进行，在欧盟对萨摩亚各部门的援助中占据首位。

另外，萨摩亚与菲律宾、泰国、马来西亚和印度尼西亚等东盟国家也有外交关系。萨摩亚近年来重视发展与东盟国家的关系，以寻求资金、技术援助和拓展经贸合作。

萨摩亚为扩大自己的影响，争取更多的支持，还积极参加和主办地区或国际会议与赛事。如参加 1996 年的第 23 届 FAO 亚太区域会议和第 63 届非加太部长理事会会议、主办第七届太平洋艺术节等。1983 年和 2007 年，萨摩亚两次承办了南太平洋运动会。2006 年 7 月，萨摩亚举办英联邦、大洋洲及南太平洋举重锦标赛，这是萨摩亚主办的一次最大规模的此类赛事。2014 年 9 月，第三届联合国小岛屿发展中国家国际会议又在萨摩亚首都阿皮亚举行。会议通过了名为《萨摩亚途径》的成果文件。《萨摩亚途径》涵盖可持续和公平经济增长、气候变化、可持续能源、减灾、海洋、粮食安全和营养、水和环境卫生、化学品和废物管理、保健和非传染性疾病、性别平等、社会发展、生物多样性等方面内容，为小岛屿国家通过可持续发展应对所面临的挑战提供建议和指导。① 2015 年，第五届英联邦青年运动会将在萨摩亚首都阿皮亚举行。

三 对华友好

萨摩亚与中国的关系既平凡又特殊。中国虽然是最大的发展中国家，但与萨摩亚有着共同的历史遭遇，更重要的是有着深厚的亲情关系。从 1903 年起到 1934 年，德国殖民当局和新西兰殖民当局先后从中国南方招募了 15 批约 7000 名华工到萨摩亚当劳工。华工与萨摩亚人一样受西方殖民者的剥削和虐待，并一道为自由而抗争，又一起为萨摩亚经济和社会发展做出了自己的贡献。他们与当地人结婚，生儿

---

① http://world people.com.cn./2014/09/04.

育女，建立了一种血浓于水的感情。在萨摩亚近20万人口中，有华裔血统的人就接近3万人。在萨摩亚，几乎每个家庭都有华裔血统的亲戚。萨摩亚的议长、政府副总理夫人都有华裔血统，警察部长和总检察长也是华裔后代。①

1975年11月6日，萨摩亚政府顺应历史潮流，排除了对社会主义国家的敌对情绪和误解，终止了与中国台湾的"外交关系"，与中华人民共和国建立外交关系并批准中国设立大使馆，使中国成为继新西兰之后第二个在萨摩亚设立大使馆的国家。双方在建交联合公报中郑重声明："中华人民共和国政府和西萨摩亚政府根据中国人民和萨摩亚人民的利益和彼此之间的友谊，决定自1975年11月起互相承认并建立外交关系。两国政府同意，在互相尊重主权和领土完整、互不侵犯、互不干涉内政、平等互利、和平共处的原则基础上，发展两国之间的外交关系以及友好和合作关系。中国政府重申：台湾是中华人民共和国领土不可分割的一部分，台湾是中华人民共和国的一个省。西萨摩亚政府承认中国政府的这一立场。西萨摩亚政府承认中华人民共和国政府为中国的唯一合法政府。两国政府商定，两国建交后，双方将根据国际惯例为对方的外交代表履行职务提供一切必要的协助。"②

两国建交后，友好合作关系不断发展，中国以不同方式向萨摩亚提供了力所能及的经济援助。20世纪80年代初，中国曾派专家来此进行农业培训和蔬菜种植培训，并提供奖学金让萨摩亚学生到中国留学。1984年，中国开始向萨摩亚派遣援助医疗组，到2000年共派了8个医疗组，缓解了当地缺少医务人员的困难。中国还帮助萨摩亚搞供水工程，解决民众的用水问题。进入20世纪90年代，中国对萨摩亚的援助项目有所增加，其中包括营建政府大楼、阿皮亚国家公园体育馆、妇女和青年经济活动中心等。随着中国经济对外开放的推进和两国经贸关系的加强，中国在萨摩亚的投资逐年增长。据统计，截至

---

① 参见洪和胜《赵卫平：从台州走出去的年轻大使》，《台州日报》2011年6月17日。

② http：//www.chinalawedu.com/2015/02/12.

2012 年，中国对萨摩亚直接投资总额达到 2.66 亿美元，投资领域包括渔业捕捞、蔬菜种植、牲畜饲养、食品加工和旅游餐饮等。2013年，中国企业在萨摩亚投资 1300 万美元兴建太阳能发电厂。

中国和萨摩亚两国高层互访频繁。1985 年 4 月，胡耀邦访问萨摩亚、斐济和巴新。1989 年，萨摩亚总理访华。1993 年，萨摩亚议长访华。1994 年，田纪云副委员长访问萨摩亚。1995 年 2 月，萨摩亚总理再次访华。同年 11 月，王丙乾副委员长访问萨摩亚。1996 年 7月，钱其琛外长访问萨摩亚、斐济和巴布亚新几内亚，并为香港回归后签订萨摩亚与香港互免签证协定。1997 年，萨摩亚副总理、议长先后访华。1998 年 1 月，吴仪国务委员访问萨摩亚。2000 年 8 月，萨摩亚图伊拉埃帕总理访华。萨摩亚历届政府在台湾问题上坚持"一个中国"的立场，只与台湾发展非官方的经贸关系。2002 年全国友协副会长苏光、2004 年外交部副部长周文重、2005 年广电总局副局长田进、2006 年外交部部长李肇星、2007 年中共中央政治局常委李长春等先后访问萨摩亚。

随着中国海洋战略的不断推进，中国与萨摩亚的经济合作和文化交流日益增多。2006 年 4 月，在"中国—太平洋岛国经济发展合作论坛"第一次部长级会议上，中国同包括萨摩亚在内的 8 个南太岛国签署了《中国—太平洋岛国经济发展合作行动纲领》。这一纲领涉及贸易、投资、农业、旅游、运输、金融、工业和基础设施建设、自然资源、人力资源等领域，为全面深化双方的经贸合作勾画了蓝图。2006 年以来，中国通过一系列优惠政策和举措，帮助萨摩亚开发清洁能源和可再生能源。2010 年 5 月，中国公司在萨摩亚承建的光伏电站项目正式签约。这是中国在南太平洋岛国的首个光伏合作项目，严重依赖燃油发电的萨摩亚开始转向太阳能。① 2014 年 5 月，萨摩亚议长拉乌利率团访问中国。全国人大常委会委员长张德江 5 月 19 日在会见客人时说，萨摩亚是太平洋岛国中最早与中国建交的国家之一，也是中国在这一地区的真诚朋友和重要伙伴。中国与萨摩亚的友好合作堪称典范，中方重视发展同萨摩亚的友好合作关系，将一如既

---

① http://www.qiyeku.com/2010/05/05.

往地尊重萨摩亚政府和人民的意愿，在合作中注重提高萨摩亚自主发展的能力，使合作成果更多惠及萨摩亚人民。拉乌利表示，萨摩亚珍视与中国的友好关系，视中国为真诚的朋友和兄弟，感谢中方长期以来给予萨摩亚的慷慨支持和无私帮助。萨摩亚议会愿与中国全国人大常委会建立更紧密的关系，推动两国关系迈上新台阶。① 2014 年 6 月 5—6 日，应萨摩亚政府邀请，中共中央政治局委员、上海市委书记韩正率中共代表团对萨摩亚进行了友好访问。韩正同萨摩亚国家元首埃菲和政府总理、人权保护党领袖图伊拉埃帕就两国关系等交换了看法。韩正说，中共代表团此访旨在深化中国共产党与萨摩亚人权保护党的友谊，加强上海与萨摩亚的务实合作，推动中萨关系不断向前发展。中萨 1975 年建交以来，两国关系健康发展，已成为中国同太平洋岛国友好合作的典范。2013 年中方宣布了加强同太平洋岛国务实合作、支持岛国加快发展的七项新举措，为中国同包括萨摩亚在内的岛国关系发展提供了广阔机遇。中方愿意深化同萨政府、议会、政党和地方的交流与合作。上海愿为促进两国关系发展和两国人民之间的友谊做出更大贡献。萨摩亚领导人表示，萨视中国为真诚的朋友和伙伴，坚定奉行一个中国政策。感谢中方为萨摩亚经济社会发展和改善民生提供的无私帮助。萨方将致力于扩大萨中互利合作，推动两国关系持续向前发展。图伊拉埃帕积极评价上海在萨企业为萨发展和萨中友谊所做的贡献，表示愿进一步扩大同上海各领域务实合作。② 2014 年 11 月 22 日，中国国家主席习近平在出席 G20 峰会期间会见了萨摩亚总理图伊拉埃帕。习近平指出，中国同太平洋岛国建立相互尊重、共同发展的战略伙伴关系，这也为中萨关系指明了方向。我们赞赏萨摩亚坚定奉行一个中国政策。萨摩亚农渔业、旅游业资源丰富，中国有资金、技术、市场优势，双方要充分挖掘潜力，加强合作。中方愿意帮助萨摩亚发展清洁能源，应对气候变化。图伊拉埃帕表示，萨中关系在相互信任、相互尊重基础上不断发展。萨方希望中方继续支持

---

① 参见聊城大学编《南太平洋岛国研究通讯》2014 年第 8 期，第 1—2 页。

② http：//news. xinhuanet. com/world/2014/06/06.

萨摩亚国家建设，愿意积极参与中国—太平洋岛国经济发展合作论坛。①

2015 年 2 月 25 日至 27 日，由萨摩亚国立大学、新西兰维多利亚大学当代中国研究中心和中国中山大学联合主办的"中国与太平洋：大洋洲视角"研讨会在萨国立大学举行。萨摩亚总理图伊拉埃帕、中国驻萨摩亚大使李燕端在开幕式上讲话。萨摩亚总理在发言中表示，萨中建交 40 年来，两国关系稳步发展、高层交往频繁，中国对萨提供了大量真诚无私的援助，特别是在应对气候变化和可持续发展等方面对岛国提供了有力支持。李大使在发言中全面阐述了中国对太平洋岛国的政策和中国在南太地区所发挥的积极建设性作用。她指出，当今世界多极化的趋势，需要学术界在研究国际关系、中国与太平洋地区关系时，采取更加开放、包容和创新的思维。李大使介绍了中国经济最新发展情况，阐释了中国坚定不移走和平发展道路的历史、社会和现实逻辑与需要。李大使强调，中国对太平洋地区的政策宗旨是维护地区持久和平、促进共同发展。中国无意在岛国地区谋求狭隘私利或势力范围。②

中萨友好关系是建立在互相尊重、互利合作的基础上的。在两国建交的 40 年来，中国一直在无私地帮助萨摩亚。中国前驻萨摩亚大使马崇仁说："我们全都属于发展中国家，我们全都属于南南合作范畴，在这个范畴内我们互相的平等的支持，是我们作为一个社会主义发展中国家对南南合作、对弱小的正在发展摆脱贫困的国家给予援助，是我们的义务，也是我们国家的性质决定的。"③ 同时，在中国所关心的核心利益问题上，萨摩亚政府和人民也给予了中国宝贵的支持。中国政府的真诚态度赢得了萨摩亚人民的高度信任。针对美国官员近些年声称中国与美国正在争夺太平洋岛国的言论，萨摩亚总理图伊拉埃帕表示，中国相比美国来说会是太平洋岛国更好的朋友。④

综上所述，萨摩亚自认为国小力薄，在国际事务中影响和作用有

---

① http：//news. cntv. cn/2014/11/22.

② http：//www. fmprc. gov. cn/2015/03/08.

③ http：//gb. cri. cn/27824/2010/07/21.

④ http：//www. chinanews. com/mil/2013/05/24.

限，将外交重点放在南太地区。它主张维护国家独立，发展民族经济，重视发展同亚太国家的关系。同时又面向全球，奉行全方位的和平外交政策，为国内经济稳定发展赢得了一个较为有利的外部环境。作为一个人口不足 20 万人的小国，萨摩亚在风云变幻的国际政治舞台上能够做到审时度势，趋利避害，的确为发展中的小国从事外交实践提供了某种有益的借鉴。

萨摩亚的高中教育现状与教育改革

石莹丽　蔡高红[*]

2016 年 1 月 18—19 日，有幸参加了萨摩亚教育体育文化部一年一度的教育大会，大会的主题是："If not now... when?"在会议大楼入门的宣传牌上，写着醒目的标语：Today a reader, tomorrow a leader.（今天是读者，明天是领袖。）这次会议倡导的是阅读改变命运。同时，提倡全方位地为孩子提供读书环境和阅读书目，具体倡议是：

Children are made readers in the laps of their parents.（家庭环境塑造孩子的阅读习惯。）

A home without books is a body without soul.（一个没有书的家庭就像一个没有灵魂的身体。）

A great teacher takes a hand, opens a mind and touches a heart.（一位伟大的老师会给学生提供一个拐杖、打开一个大脑以及触碰一个心灵。）

一　萨摩亚教育制度简介

萨摩亚是南太平洋岛国，属热带雨林和热带海洋性气候，处南纬 13°—15°，气温常年处于 20℃—30℃。该国主要由萨瓦伊和乌波卢两

---

　　* 石莹丽，女，聊城大学历史文化与旅游学院副教授，博士；蔡高红，女，西安石油大学外国语学院讲师。

个主岛及 8 个小岛组成①，国土陆地面积 2934 平方千米，其中乌波卢岛 1118 平方千米，萨瓦伊岛 1708 平方千米，这两大主岛占国土总面积的 96%。该国水域面积 12 万平方千米，海岸线总长 403 千米。萨摩亚一年分为两个季节，雨季和干季。雨季是 11 月至来年 4 月，干季是 5 月至 10 月。② 全年平均降水量 2880 毫米，东南降水量较西北多一些。据萨摩亚统计局 2011 年报告称，萨摩亚现在人口 187000人，其中 99% 的人口居住在两大主岛上，46% 的人口属青年人，其中 16.4% 的青年人失业。③

萨摩亚的教育模式和教育理念相继受到四个方面的影响，即本土的萨摩亚传统文化的影响、19 世纪基督教的影响、20 世纪新西兰殖民主义的影响以及自从独立以来各届教育行政长官的影响。④ 截至 2002 年左右，萨摩亚共有小学 160 所，其中政府官办小学 141所，教会小学 14 所，私立小学 5 所。另外还有 18 所中学。近年来学校有所调整，撤销合并了一些小学，另外将原来的两种形式的高中统一升级（参见下文）。据新华网 2014 年 12 月 28 日介绍，萨摩亚现在全国实行普及小学教育，有 157 所小学，44 所中学，4 所职业学校，36 所教会学校，2 所师范学校。大专院校有萨摩亚国立大学、萨摩亚工艺学院（专科）和阿拉富阿农学院（南太平洋大学分校）。入学率 85.7%。文盲率 4.3%。每年约有 4800 名大中学毕业生需要就业。尽管按小学入学年龄 5 岁以上算起，进入高中的学生最小大约 13 岁，但据笔者统计，学生的入校年龄一般是 14 岁到 15岁之间。

众所周知，自 2000 年始，中国开始实行基础教育课程改革，迄今已有十多个年头。其实进入新千年之际，并非只有中国在实行

① 一般认为，萨摩亚由两大主岛和 7 个小岛组成（百度百科），但最近萨摩亚官方文件显示，由两大主岛和另外 8 个小岛组成，这 8 个小岛分别是：Apolima, Manono, Fanuata-pu, Namua, Nuutele, Nuulua, Nuusafee, Nuulopa。
② 干湿季只是相对而言，就笔者感受，即便是在 5—10 月的干季，降水量仍然较大，天气依然湿热。
③ SUNDAY SOMOA, 12 JUNE 2016.
④ A document on the educational policy decisions taken by the Department of Education in Western Samoa in 1986 for the next five years, p. 3.

教育改革，另有许多欧美国家也在探索新型教育模式和教育改革，远在大洋中心的萨摩亚也是自那时起不断更改学制和考试模式，以期提升教师的学历层次和教学水平，提高课堂教学效果和全民综合素质。

萨摩亚的中小学学制实行 13 年制度，具体的是小学 8 年（相当于国内的小学和初中），中学 5 年。小学统一称为 primary school，中学称为 secondary school 和 college。① 有关 secondary school 和 college 两种模式的中学学制，具体情况是：

早在 1998 年以前，全国的中学分为 secondary school 和 college 两种模式。学生八年级结束时参加全国统一考试，成绩最优秀的学生进入萨摩亚最优秀的三所 college 学习，其中首都所在乌波卢岛两所，另一主岛萨瓦依岛一所。剩下的学生则就近进入本区的 secondary school 学习。萨摩亚的 secondary school 设 9—11 年级，11 年级结束时学生参加全国统一考试，以获得 college 的入学机会，但并非所有学生均可进入 college 学习，只有少数成绩优秀的学生可以获得入学机会。当时全国总共有 3 所官办 college，13 所教会和私立 college。

自 1998 年开始，所有的 secondary school 可以招收 12 年级，同时取消 11 学年结束的全国统一考试。2008 年，另有两所 secondary school 升级为 college，这样就有了 5 所公立 college，也就意味着学生升入 college 的机会又大了一些。

自 2014 年开始所有的 secondary school 升级为 college，可以招收 13 年级。也就是说现在的萨摩亚高中只有一种模式就是 college，但依然有三种办学模式：政府官办、教会学校和私立学校。② 其中政府高中学费最便宜，私立学校的最贵。那么有两个问题出现了：一是合并后的 college 教师的专业水平不一定提升及时，教学水平参差不齐，每位老师的教学进度和测量标准也不一样，每个学生 9—11

---

① 萨摩亚的高中现已进行合并和升格，之前高中阶段分为 secondary school 和 college，secondary school 只设 9、10 和 11 年级，college 有 12 和 13 年级。经过前几年的升格，现在萨摩亚所有的 secondary school 均升格为 college，可以招收 12、13 年级学生。

② 笔者根据萨教育体育文化部提供的信息及咨询当地有关教师统计，现有官办高中 23 所，教会高中 18 所，私立高中 1 所，共计 42 所。

年级成绩完全由任课教师划定。那么 11 年级结束升入 12 年级的名额是否有限制，究竟哪些学生可以升学？这个标准由谁来决定？[①]二是如果学生想进入好一些的学校就读 12 年级和 13 年级是否可以？通过与当地的高中老师交谈获知，学生是否升级主要由校长根据学生 11 年级的在校成绩决定。实际上，直到目前为止，9—11 年级的学生每一学年结束时，校长都会根据学生该年度成绩进行审核，成绩过差的学生要么退学要么留级。

当然，学生也可以向自己向往的更好一些的学校提交 11 年级的在校成绩申请 12 年级的学习机会。当然，升入 12 年级后学习难度增大了，学业测量也正规了许多，学生要接连参加 12 年级结束和 13 年级结束两场全国统一考试。这样有的学生 12 年级结束就又被淘汰下来，而 13 年级结束后，全国统一考试成绩合格者可以获得高级结业证书，同时部分学生获得出国读大学的机会或者就读萨摩亚当地大学。出国留学的国家主要是澳大利亚、新西兰、其他南太平洋国家的大学，近年来选择到中国留学的学生也越来越多了。

二　萨摩亚教育改革历程

由于国家小，萨摩亚所有学校直属教育部，教育部作为教学行政部门直接管理学校各项事宜，如教师工资、学历进修、统一考试、学生成绩等。萨摩亚学生的整体学业水平非常弱，教育体育文化部早在十几年前就已意识到这一问题并通过各种途径试图提供均等的教育机会，提高教育水平。近 15 年来，萨摩亚教育体育文化部根据国家发展规划出台了一系列教育策略规划文件，在每一个文件中都相应地提出了不同阶段的教育目标，有近期目标，也有远期目标。具体内容如表 1 所示。

---

① 就笔者所在学校来看，目前 9—11 年级每个年级学生人数为 40—50 人，但 12 年级只有 16 人，13 年级只有 11 人。

表1   萨摩亚出台的一系列教育策略规划文件

出台时间	文件名称	出台机构	核心内容	总体目标
2000.7 | 2003.6	CORPO-RATE PLAN（总体规划）	Department of Eucation（教育部）	Educational quality（教育质量） Relevancy in education（教育关联） Efficiency in education（教育效率）	Education：an investment in somoa's future（教育：萨摩亚的未来投资）
2006.7 | 2009.6	CORPO-RATE PLAN（总体规划）	Ministry of Education, Sports and Culture（教育体育文化部）	在上述教育质量、教育关联、教育质量的基础上，加上了sustainability，即教育的持续性	Providing choices for everyone（为每一个人提供机会）
2012.7 | 2015.6	CORPO-RATE PLAN（总体规划）	Ministry of Education, Sports and Culture（教育体育文化部）	在前述教育质量、教育关联、教育质量、教育持续性的基础上，加上了safety（即教育安全）和dicipline（教育纪律）	Ensuring improved opportunities for all（保证每一个人的发展机会）
2015.7 | 2018.6	CORPORATE PLAN（总体规划）	Ministry of Education, Sports and Culture（教育体育文化部）	与2012—2015年的总体规划核心目标一致，但特别提到了教育评价改革	Education for Sustainable Development（教育为可持续发展）
NO TIME SHOWED	EDUCATION FOR SAMOA NATIONAL PLAN	Ministry of Education, Sports and Culture（教育体育文化部）		Expanding and improving comprehensive early childhood care and education, especially for the most vulnerable and disadvantage children（扩展和促进学龄前孩子的看管和教育，尤其是对于那些易受伤害的没有能力的孩子） Ensuring that by 2015 all children have access to free and compulsory primary education of good quality（保证至2015年所有孩子都可以接受高质量的免费义务教育）

续表

出台时间	文件名称	出台机构	核心内容	总体目标
2006.07 | 2015.06	STRATEGIC POLICIES AND PLAN（教育策略、政策和计划）	Ministry of Education, Sports and Culture（教育体育文化部）		Equity, quality, relevancy, effiiciency and sustatinability（公平、质量、恰当、效率、持续）

　　上述教育部文件的出台及短期和中长期规划目标均是在萨摩亚政府设立的国家发展目标的基础上制定的。如 2000—2003 年的《合作规划》中提出"教育：萨摩亚的未来投资"口号，该教育规划的制定就是基于萨摩亚政府的有关教育对于社会和经济发展的认识制定的[①]；在 2006—2009 年的教育规划中提出了给每一个人提供选择的机会的目标则是在萨摩亚政府提出的提高每一个人的生活质量的目标基础上制定的[②]；在 2012—2015 年的教育合作规划中明确提出的保证给每一个学生发展机会的口号则是在萨摩亚政府为了提高公众生活质量提出为可持续发展提高效率的原则下制定的。接下来在 2015—2018 年的合作规划中所提出的教育为可持续发展的目标则是基于两个文件，一个是与 2012—2015 年制定合作规划时的依据一样，第二个则是和教育部的规划视点——萨摩亚所有公民都享有受教育和公平就业的口号相一致。[③]另外，在萨摩亚教育体育文化部制定的 2006—2015 年中长期教育策略、政策和计划中提出的"公平、质量、恰当、持续、效率"十字目标，其依据也是在萨摩亚政府为每一个人获得更高质量的生活的发展目标下制定的。[④]

三　萨摩亚教育改革的初步成果

　　经过十几年的不懈努力，加之中国、日本、澳大利亚、美国、欧盟

---

① Corporate Plan, Department of Education, 2000 – 2003, p. 6.
② Corporate Plan, Ministry of Education, Sports and Culture, 2006 – 2009, p. 5.
③ Corporate Plan, Ministry of Education, Sports and Culture, 2015 – 2018, p. 4.
④ Strategic Policies and Plan, Ministry of Education, Sports and Culture, 2006 – 2015, p. 2.

及国际组织等众多国家和机构的持续援助，萨摩亚在国家建设、国民生活水平、医疗卫生条件、教育设施、国民对教育的重视程度等方面均有不同程度的提高。但相对其他方面来说，教育的收效总是微弱的和滞后的。尽管如此，还是取得了相当成效。主要包括以下几个方面。

（一）学校建设规范有序，基本设施能够保障

自 1962 年萨摩亚独立以来，援助源源不断，主要援助者为新西兰、澳大利亚、美国、日本、中国及国际组织。这些援助包括人财物各个方面。由这些国家或组织承建的学校比比皆是，活跃在各个学校的各国志愿者的身影亦随处可见。近年来，中国对其援助不断加大，目前萨摩亚国家医院、萨摩亚体育场、国家游泳馆以及正在扩建的萨摩亚国家机场等大型设施均为中国援建。中国教育部和国家汉办也向萨摩亚有计划地派送教师，主要教授汉语和中国文化。2016 年 1 月，中国国家教育部选派了 5 位理科教师赴萨摩亚执行为期一年的支教任务，这也是中国政府向南太平洋建交岛国派出的第一批理科教师。目前这 5 位教师主要承担了数学、物理、生物、计算机的教学任务，而且还担负起为所在学校教师答惑解疑、相关课程培训提高的任务。同时，2015 年中国聊城大学与萨摩亚国立大学签署了开办孔子学院的意向，教师选拔也在按计划进行。

各国政府除了向萨摩亚派遣志愿教师以外，更多的援助还是体现在教学设施上。可以说，萨摩亚的许多中小学都是国际援助所建。而且往往建校国亦同时提供了校内常规教学设施的援助。2016 年 4 月，笔者走访萨摩亚的一座小岛——Manono 岛，该岛有居民千余人，两所小学，其中一所规模较大、设施较全的学校就是中国商务部援助、上海建工承建的。笔者到时正巧碰到建筑工人在维修校舍和桌椅。该校为二层楼，每层楼有十几间教室，每个教室都装有多媒体电脑、彩电和幕布，另有微机室和琴房，琴房给教师配有电钢琴，学生用琴配有电子琴。再以笔者所在的较为偏远的 Lefaga College 为例，尽管整个学校只有 150 名学生左右，但实验室、计算机室、办公室一应俱全。学校计算机教室所配台式电脑系中国政府援助。另外由于萨摩亚高中教育的目的主要是培养适应社会、有足够生活技能的学生，所以在课程开设上还主要开设了食

品技能、设计技能等课，因此，学校有学生厨房、车床、电刨、各种型号的手提电锯、电动缝纫机等有关设施和工具，这些课程的设置，使得女生可以学习到草席编织、常规服装的剪裁缝纫、蛋糕烘焙等技能，男生可以学习到车床使用、普通家具制作等技能。另据在其他学校任教的教师介绍，其他高中的情况大体一致。而起步较早的几所公立高中设施则更好一些。因此尽管学生们的数理化等理科成绩很差，但生活能力很强。另外，学校水电供应充足，学习用品也有相当储备。供学生活动的操场定期除草，学生活动定期开展。整个学校运转井然有序。

（二）教师专业培训系统化，整体学历水平有所提高

萨摩亚的师资来源主要有两个渠道，一是本土培养，二是海外组织输送。近年来，萨摩亚教育体育文化部系统地进行了多次教师培训，使萨摩亚的师资力量得到强化和提高。目前看来，萨摩亚的教师学历主要有 Certificate、Diploma 和 Bachelor 三种形式。在萨摩亚主要两家教师培训机构，即初级教师学院和高级教师学院。初级教师学院的课程是两年，招收小学高年级学生和高中生，学生毕业后颁发 Certificate 证书；高级教师学院招收高年级学生，学制三年，毕业颁发 Diploma 证书[1]；如果教师想要获得 Bachelor 证书，则需要到更高一级的学校如萨摩亚国立大学（National University Of Samoa）、南太平洋大学（University South Pacific）继续进修。当然，并不是获得了 Certificate 就可以成为一名教师了，目前萨摩亚教育体育文化部规定只有获得 Diploma 才可以成为公立教师。2004 年出台的一项研究报告，着重调查了萨摩亚的师资力量培训情况，提出萨摩亚在英语、科学和数学学科方面很缺老师，并提出了未来五年的培训计划[2]（2004—2009）。在萨摩亚教育体育文化部2006—2015 年的教育规划中再一次强调萨摩亚在数学、科学等理科学科上老师的短缺，有的学校并不是所有的课程都可以开得起来。[3] 目前萨摩亚高中主要开设英语、萨摩亚语、数学、科学、社会、历史、会

---

①　Educational Study and Development：Looking forward the 1990s，p. 17.

②　Somoa Education Setor Study Final Report，JICA Somoa Office，March 2004，p. 33.

③　Strategic Policies and Plan，Ministry of Education，Sports and Culture，2006 – 2015，p. 21.

计、商科等必修课程,另有食品、纺织、设计技术、视觉艺术、计算机、音乐等选修课供学生学习。根据萨摩亚教育体育文化部出台的相关文件和笔者的调查,目前仍然十分紧缺理科教师,尤其是数学、物理学科。如笔者所在的学校,共有教师 17 人,数学教师 3 人,包括校长在内。校长是可以只管理不授课的,但由于缺少数学老师,校长也带了两个年级的数学课。

(三)全社会对于教育的重视程度较前有所提高

相对于前些年,随着萨摩亚经济的不断好转,与海外的频繁接触、新闻媒体的宣传以及萨摩亚教育体育文化部推行的各项政策和措施,近年来,全社会对于学生的入学率、学习效率、学习成绩等较前均有了一定程度的重视。在 2016 年 1 月 18—19 日的萨摩亚教育体育文化部的会议上,来自萨摩亚文具图书公司(SSAB[①])的负责人介绍了在以往的两年中,该公司为提高学生阅读能力所做的努力。报告显示,该公司计划与萨摩亚教育体育文化部、两家通信公司 Digicel 和 Bluesky 以及当地发行量最大的《萨摩亚观察家报》联系开展周日阅读竞赛活动,包括周末诗歌竞赛、拼写竞赛、短小说写作竞赛等,这充分显示了社会公共事业对学校教育的重视。他们提出的口号就是"教育孩子是我们每个人的工作"。另外,该公司还展开了为学生提供图书、良好的阅读环境、奖励资金,资助萨摩亚作者出版图书,为教师提供免费培训等系列活动。

萨摩亚发行量最大的报纸《萨摩亚观察家报》也十分关注教育新闻。2016 年 6 月 12 日该报周日版报道了新西兰捐赠的一批桌椅。[②] 2016 年 8 月 11 日,《萨摩亚观察家报》头版头条刊登了我国驻萨大使王雪峰走访萨摩亚两大主岛之一 Savai 岛 Sapapali 村子的照片,该新闻的标题则为《中国为萨摩亚的未来投资》。据新闻介绍,此次王大使代表广东惠州人民政府向 Sapapali 村小学的 30 名学生进行了援助。而本年度以来,中国政府已累计向萨摩亚低收入家庭学生捐助了总计 12 万塔拉,受捐助者包括 20 所小学、10 所高中以及 20 名来自

① Somoa Stationary and Books Company.
② "Schools Get Mjch-needed Help", *Sunday Somoan*, 18 June 2016.

萨摩亚国立大学的普通学生①；2016 年 8 月 28 日《萨摩亚观察家报》周日版头版头条刊登了 16 岁高中生 Aunoa 在新西兰举办的纪念第一次世界大战作文竞赛②中获得赴法国旅游的大奖。③

能够把与教育有关的新闻放在头版足以说明萨摩亚政府、媒体等充分认识到了教育的重要性，但现实情况并不容乐观，就笔者所知，目前萨摩亚的整体教育水平、教育投资、教育理念、教学方法、家长的重视程度均存在较大缺失。

四　存在的问题及其原因分析

尽管这个国家地处大洋中间，交通及生活极为不便，但由于长期受到新西兰的影响，其高层领导人对于国际局势的关注及国家的发展认识还是十分到位的。④ 萨摩亚政府对于教育改革的认识也并不晚，但实际情况是中小学的学业水平相当差，尤其是数理化等理科科目，有的高中学生甚至不会简单的个位数运算。为什么会出现如此显著的事与愿违呢？主要原因如下所述。

（一）国民整体受教育水平弱，对教育重视不够

萨摩亚长期受到殖民统治，加之地理位置闭塞，自然环境不宜耕种，岛民在满足基本的生活必需外，没有储藏也就谈不上对庠序之教的重视。当然，这并不影响岛民的幸福指数。尽管生活物品较为短缺，生活条件较为艰苦，但大家已经习以为常。况且，长期的基督教浸润，传统的村民管理委员会的管理模式使得该国民众鲜有争吵甚至打架事件。岛民对于平和的人际关系非常满意。另外，就外界所认定的贫穷，萨摩亚民众并不认同，他们认为自己过的是一种自然简单的

---

① "China Invests in Future of Samoa", *Samoa Observe*, 11 August 2016.
② 新闻显示，之所以邀请萨摩亚学生赴新西兰参加此次竞赛活动，是因为萨摩亚人在新西兰参加了两次世界大战。
③ "Young Writer Wins Trip to France", *Sunday Samoan*, 28 August 2016.
④ 现任总理兼外交部部长图伊拉埃帕就是 1969 年毕业于新西兰奥克兰大学并获商业硕士学位。

生活，有地种就意味着有饭吃，而贫穷只能发生在懒人身上。① 少有的生活压力使得普通民众对于教育的重视远远滞后于政府的倡导。而且鲜有家长受过良好教育，这也阻碍了他们对于子女的管理。写下这段话的时候，恰好笔者刚刚跟校长交流了学生的学习积极性问题，校长也很是无奈，因为学生上课好像只是等待下课，回家玩耍、看电视，少数学生沉迷于 Facebook 这样的社交软件。而校长认为学生在家不学习的主要原因是家长没有上过学，不知学习为何物，对学生没有起到监管督促作用。

当然，一个不争的事实是一个人受教育程度越高越受到尊重，工作越好，社会地位越高，收入也会相应高许多。因此现在一般家庭都有送孩子上学的意识甚至有的家长有择校意识。但究竟孩子如何学习、达到什么强度的学习以及学习成绩如何评价，多数家长则没有顾及或者说家长不知道如何去监督管理学生的学习。尽管萨摩亚国土面积相当小，但居民居住分散，学生上学多数需要乘公交车。对于常规家庭来讲，虽然温饱不成问题，但家庭收入还是相当有限的，而且每个家庭孩子较多，应付每个孩子的学费、生活费、交通费压力实属不小。有的家庭因负担不起这笔费用，孩子不得不辍学在家。即便在校学生，回家以后面临看管弟妹、做饭、喂猪等家务劳动，家长亦没有督促孩子学习的意识。笔者见过的家庭孩子最多的有 16 个，最少的也有三四个，这样一来，让孩子吃上饭、抚养长大便是目的。因此，表面看来，适龄青少年的入学率有所提高，但学习效率并未得到根本性改观，缺勤率极高。以笔者所授九年级学生来说，共有学生 50 人，但平均每天缺勤人数 10 人左右，遇有大雨等天气原因缺勤人数更多。对于学生的有意无意不到校上课的情况老师们也都习以为常，并不追问责罚，亦不联系家长。

（二）国家经济基础弱，教育投资少

萨摩亚属热带雨林气候，森林茂密，可耕地极少，岛民主要靠面包果和芋头为生，外加椰子、香蕉、木瓜等热带水果。由于该国没有工

---

① "A Simple Village Life", *Sunday Somoan*, 28 August 2016.

业，传统手工业亦很少，因此主要经济来源为国际援助，教育投资也主要依靠外援，这就加大了教育资源的投入难度。表面上看来，学校硬件设施已基本满足日常教学，但具体到实际教学用品却很是缺乏，甚至连基本学习用书课本都没有。萨摩亚的官方语言为英语，其课本是全英文课本，按理说，这样的教育模式对于学生的英语水平应该有很大的帮助。但实际情况是所有的课程都不为学生提供课本，甚至有的老师也没有课本。所有的课本均会挂在萨摩亚教育体育文化部的网站上，教师下载 PDF 电子版使用。但中小学老师的电脑占有率亦不高，有的老师尽管有电脑，但不是老化运行速度很慢，就是出现软件故障不会修补或者是感染病毒无法运行，电脑形同虚设。老师们上课的主要教具是粉笔和黑板。学生们每门功课只有一个练习本，用以完成课堂笔记、课堂练习和家庭作业。这样无形中大大降低了教学效率，包括信息量、练习题等都是难以达到课本要求的。而且到目前为止，萨摩亚的教材仅限于网站上能够下载的 PDF 课本，没有一本配套练习题，课本中的练习题则少之又少。早在 2004 年，日本的国际协力机构（JICA①）驻萨摩亚办公室的研究报告就提出了英语水平和英语能力的薄弱成为制约学生学习数学的主要因素。当然该研究报告还提到了教师的学科和教学方法也是原因之一。② 如今十余年过去了，依笔者看来，这一现象并未有太大改观。2016 年 8 月 10 日，萨摩亚教育体育文化部和电视一台联合制作了一期节目——萨摩亚的数学教育，笔者应邀专门就当前萨摩亚的数学教育谈几点建议，笔者便着重指出了学生基础弱、缺少练习，家长督促不力以及缺少课本等几个较严重的问题。

另外，尽管萨摩亚的官方语言是英语，但为了便于学生理解和接受，萨摩亚教育体育文化部规定小学的主要授课语言是萨语，高中阶段原则上授课语言为英语，但为了便于学生理解掌握，教师亦可以使用萨语，不过只限于辅助性的。但就笔者所了解的情况来看，目前在萨摩亚的高中教学中依然使用萨语授课，即使在英语课上，笔者听到最多的还是萨语。只有到了大学阶段才普及了英语授课，由此带来的一个问题是

① Japan International Cooperation Agency.
② Somoa Education Sector Study Final Report, JICA Somoa Office, March 2004, p. 7.

学生既接触不到英语课本，又缺少英语交流，本来可以借助于英语课本全方位提升学生学业水平的这一方式被完全搁置，学生的英语水平非常有限。另外，尽管日常教学中教师多使用萨语，但考试试题均为英语，薄弱的英语水平也使得学生对试题的理解和解答望而生畏。

（三）教师整体学历水平和学术水平不高，影响了教学质量

前面已经提到，近年来，尽管萨摩亚教育体育文化部强化教师专业培训，另有爱心机构如 SSAB 为老师提供免费培训机会，但教师的整体学历水平仍然不高。而且目前萨摩亚教育体育文化部要求中小学教师一人必须兼修两个专业，也就是说同时授两门课，这也很难使教师的专业水平达到很高的要求。表2是笔者所在的 Lefaga College 的教师专业及所授课程。

表 2   Lefaga College 的教师专业及所授课程

教师	专业一	专业二	本学年授课
1. 校长（女）	数　学	英　语	10、12 年级数学；13 年级圣经学习
2. 副校长（女）	数　学	食品、纺织技能	9 年级食纺；10 年级圣经学习；13 年级数学
3. 教师（女）	商业贸易	食品、纺织技能	12、13 年级会计学、经济
4. 教师（男）	社　会	计算机	9、12、13 年级计算机；11 年级设计技术
5. 教师（女）	社　会	萨摩亚语	11、12 年级萨语；12 年级地理
6. 教师（女）	社　会	萨摩亚语	9 年级萨语；11 年级社会；12 年级历史
7. 教师（女）	科　学	萨摩亚语	10 年级数学；11—13 年级食品、纺织技术
8. 教师（男）	计算机	设计技术	10、11 年级计算机；12、13 年级设计技术
9. 教师（男）	美　术	萨摩亚语	9—13 年级美术
10. 教师（女）	地　理	英　语	10 年级社会；13 年级英语、地理

续表

教师	专业一	专业二	本学年授课
11. 教师（女）	历 史	英 语	11 年级英语；13 年级历史
12. 教师（女）	英 语	音 乐	9 年级科学；10 年级食纺；12 年级英语
13. 教师（女）	商 科	萨摩亚语	9—11 年级商科
14. 教师（男）	设计技术	萨摩亚语	9、10 年级设计技术；10 年级萨语
15. 教师（女）	英 语	历 史	9 年级社会；10 年级英语
16. 教师（男）	数 学	英 语	9 年级英语、圣经教育

应该说明的是，上述教师的课程安排不是学校统一的，而是开学之初老师们开会自行申述授课年级和科目，申述顺序以在学校的职务高低而定。所有课程申述无异议后，大家再统一按职务顺序申述上课时间。所以从上表可以看得出来，有十几位老师的学校，5 个年级，每个年级开设 10 门课左右，确实存在专业多、教师少的情况。但如果按照萨摩亚教育体育文化部的要求，每位老师每周课时数为 16—18 节，所有的老师又没有超课时。那么问题出在什么地方呢？那就是，每位老师基本教授两门课，而且有的老师的两个专业基本没有什么联系，所授的两门课也没有关系。在笔者看来教学科目完全可以整合，就是每位老师教授一门课，多上几个年级。带着这样的疑问笔者询问了校长、副校长和系主任等人，得到的答案是：首先，所有的老师在进行老师培训的时候都是同时培训了两个专业，萨摩亚教育体育文化部要求每位老师必须同时上两个专业的课；其次，老师们的学历水平不一样，有的老师的学历只能上 9—11 年级的课，有的老师则可以给 12、13 年级上课。另外，据笔者观察，老师们所讲内容大都很浅，基本不用备课，因此讲什么、怎么讲对于教师并未构成压力。另外，教师请假现象十分普遍。笔者所在学校仅有 17 位教师，但每天少则两三位、多则五六位教师请假，一个基本原则是不能空堂，因此每天早上办公室的告示牌上都会写出当天代课的老师，老师们也都习以为常，可以随时代课。但究竟代什么内容，本来的任课老师的进度

如何，并不重要。有的学校要求必须按课表上课，而有的学校代课老师自行授课。这样一来，专业一致的话情况可能会好一些，专业不一致的话多以学生自习为主，无形中影响了教学质量和教学进度。

当然，由于萨摩亚长期的头人管理制度，等级制度森严。头人在村里、家长在家里享受有绝对权威，说一不二。这就导致教师在课堂管理上也是说一不二。如此生硬的管理使得教师很难接受以鼓励为主的教育模式。一个普遍现象就是体罚学生，而学生和家长也自愿接受这种管理方式。同样，笔者在课堂上从未体罚过学生，总是试图微笑教育、鼓励教育，这当然会受到学生的喜爱，但往往课堂秩序维持时间不长。相反，那些手持长棍教杆上课的教师，课堂秩序异常好。既然这种简单粗暴的方法有效，老师们也就不愿接受和尝试时下广受推崇的以"教师主导、学生主体""以人为本"等教育理念。尽管萨摩亚教育体育文化部一直在提倡教育改革，对学生要温和，以鼓励为主。2016年2月，萨摩亚教育体育文化部召开校长会议并下发有关课堂管理和教学方法的建议，其中就涉及"以人为本"的教育理念，如当学生感到恐惧、难过、受到威胁时，不能讽刺、否定学生。对待他们要视如己出，不能有敌意等，但真正运用到教学管理实践中，就另当别论了。众所周知，严苛的军事化管理并不能带来教学效率、教学质量的提高，也不能激发学生的创新性，只不过这种传统的家长式的管理在维持课堂纪律上立竿见影而已。正像 Michlle Liulama Carmichael 博士在《太多的学校经历，太少的教育》一书中引用 Mead 的话说："在萨摩亚的学校里，孩子们只是被看到，并不能被听到。……我所受的教育就是从来不能对大人产生怀疑，即便他们是错误的。"①

（四）教育评价机制不够健全，缺少激励与督促

目前萨摩亚的中小学生自1年级始至13年级结束只参加2—3次

---

① M. Mead, *Coming of Age in Samoa*, NY: HarperCollins Publishers Inc, 1928, p. 45, quoted from Michlle Liulama Carmichael, *Too Much Schooling, Too Little Education*, VDM, Werlag Dr. Muller Aktiengesellschaft &Co. KG Dudweiler Landstr. 125 a, 66123 Saarbruchen, Germany, p. 8.

全国统一考试。其中 8 年级毕业时一次，12、13 年级结束时各一次。其他考试均为教师自主命题。也就是说教师可以自行设计授课内容，自行命题，自行评价。考试命题、评价标准等具体情况见表 3。

表 3　　　　　　　　Lefaga College 校考试命题及评价标准

年级	9—11 年级	12—13 年级
考试方式	闭卷考试占 90 分，平时成绩占 10 分（总分 100 分）	闭卷考试总分 100 分
考试题型	选择题 30 分；解答题 60 分	
评分等级	1—49 分，BEGINNER（及格） 50—69，ADVANCED（良好） 70—84，MERIT（优秀） 85—100，EXCELLENT（优 +）	

　　表 3 显示，萨摩亚教育体育文化部有统一的评价标准，但在具体操作过程中，由于老师自主命题，无形中这个统一标准也就很不统一了。而且由于萨摩亚交通不便，现在除了首都所在区有 4 所高中、另两个区各有两所高中以外，剩下的 22 个区均只有一所高中，初中数量不等。此外，就高中人数来讲，只有少数靠近首都的学生稍多一些，四五百人到七八百人，绝大多数乡村高中只有一两百人。每个年级几十学生（见表 4）。老师的授课内容、考试内容弹性很强，没有奖惩措施，因此也就不能相应地激发教师的教学积极性。笔者所教授的 9 年级 50 个学生入学时数学成绩只有一位学生达到良好级别，其他全部为初级。有时候 9 年级和 10 年级学生的整体水平看不出差距。例如每一学年均有两次全校统一考试：读写识字能力测试（Literacy and Numeracy Test），全校 9—13 年级使用一套试题，考查内容只是最简单的基础知识，满分 50 分，其中单项选择 20 分，解答题 30 分。笔者就两次 9—11 年级数学、英语成绩进行了统计，结果见表 5、表 6。

表4　　　　　　　　Lefaga College 校学生人数　　　　（单位：人）

年级	9 年级	10 年级	11 年级	12 年级	13 年级
人数	50	34	48	17	13

表5　　　　　　2016 年 3 月 30 日 Literacy and Numeracy Test
9—11 年级数学、英语成绩　　　　（单位：分）

序号	9 年级数学	10 年级数学	11 年级数学	9 年级英语	10 年级英语	11 年级英语
1	28	28	41	18	18	25
2	24	28	31	17	18	23
3	19	24	30	15	17	19
4	19	23	30	14	15	17
5	19	23	29	13	15	15
6	18	22	28	13	14	14
7	18	21	28	13	12	12
8	18	20	26	12	11	12
9	16	20	26	12	10	12
10	16	19	26	11	10	12
11	15	18	26	10	10	11
12	15	16	24	9	9	11
13	15	16	23	9	9	11
14	15	16	22	9	8	11
15	14	16	22	8	8	10
16	13	16	21	7	8	10
17	13	14	20	7	7	10
18	13	14	20	7	7	10
19	13	13	19	6	7	10
20	12	13	19	6	6	9
21	12	13	18	6	6	9
22	12	13	18	6	6	8

续表

序号	9 年级数学	10 年级数学	11 年级数学	9 年级英语	10 年级英语	11 年级英语
23	12	13	17	6	6	8
24	12	13	17	5	5	8
25	11	12	17	5	5	8
26	11	12	17	5	5	7
27	11	12	16	5	5	7
28	11	10	16	5	5	7
29	11	10	15	4	5	7
30	10	10	15	4	3	7
31	10	10	15	4	3	7
32	9	9	14	4	3	6
33	9	8	14	4	3	6
34	9	8	14	4	0	6
35	9		14	3		6
36	8		13	3		5
37	8		13	3		4
38	8		12	3		4
39	7		12	3		3
40	7		11	2		3
41	7		11	2		3
42	6		10	2		3
43	4		10	2		3
44	0		10	1		2
45			9			2
46			9			1
及格率	2.3%	5.9%	23.9%	0%	0%	2.2%
平均	12.43	15.68	19.09	6.98	8.21	8.96

表6　　　　　　2016 年 9 月 7 日 Literacy and Numeracy Test

9—11 年级数学、英语成绩　　　　　　（单位：分）

序号	9 年级数学	10 年级数学	11 年级数学	9 年级英语	10 年级英语	11 年级英语
1	27	40	35	31	21	37
2	25	35	32	18	17	22
3	18	35	32	16	15	15
4	15	32	31	15	15	14
5	15	31	30	13	14	14
6	14	30	30	13	14	14
7	14	26	28	12	13	14
8	14	24	25	11	12	14
9	14	23	24	10	11	13
10	14	23	23	9	10	13
11	12	21	23	9	10	12
12	12	21	21	8	9	11
13	12	17	21	8	9	10
14	11	17	20	7	8	10
15	11	16	20	7	7	10
16	11	15	20	7	7	10
17	11	15	20	7	6	8
18	11	15	19	7	6	8
19	11	13	18	6	6	8
20	10	10	18	6	6	7
21	10	10	17	6	5	7
22	10	10	16	6	5	7
23	10	9	16	6	5	7
24	10	9	16	5	5	7
25	9	9	15	5	4	7
26	9	7	15	5	4	7
27	9	7	15	5	4	6
28	9	6	14	4	4	6

续表

序号	9年级数学	10年级数学	11年级数学	9年级英语	10年级英语	11年级英语
29	8	5	14	4	3	6
30	8	4	13	4	3	6
31	8	5	13	4	3	6
32	8	4	13	4	2	6
33	7		13	3		6
34	7		13	3		6
35	7		12	3		6
36	7		10	3		5
37	7		10	3		5
38	6		9	3		5
39	6		9	2		5
40	5		9	2		5
41	5		9	2		4
42	5		8	1		4
43	5		8	1		4
44	4		7	1		3
45	1		6	0		3
46			5			3
47			5			2
48			5			2
及格率	4.4%	21.9%	16.75%	2.2%	0%	2.1%
平均	10.27	17	16.77	6.78	8.22	8.54

从表5、表6可以清晰地看到，9—11年级学生在基础知识的掌握上差距不大。只是10年级、11年级个别学生较为出众，稍稍拉高了平均分而已，而以50%为及格线的话，及格率低得我们不禁要问，绝大部分学生不及格，相当一部分学生考个位数，而且这个个位数一般是靠单项选择猜测得来的分数，这样的考查还有什么意义？也许有人要问，是不是题目太难了。其实关于基础知识读写算术能力的测试

考查的是学生的基本知识，数学包括正负数的运算、简单分数的约分、基本单位的运用等，相当于国内小学高年级难度；英语包括名词复数形式，形容词、副词的比较级、最高级等，相当于国内初中难度。之所以成绩差得难以置信，有学生基础差，小学阶段同样没有接受良好训练的原因，而更主要的原因还是缺少教育评价机制，无论对于老师还是学生来讲均没有压力，也就没有教与学的动力。由于学生的基础过弱，即便在 12、13 年级这样的高年级授课，老师有时候也不得不停下来重新讲授个位数的加减法等基础知识，这样一来授课进度明显放慢，教学质量和学生成绩也很难有质的提高。

五　学生在校用于学习的时间过少，更没有练习的时间

　　萨摩亚高中的上学时间自早上 8 点到下午两点半左右。正式上课时间一般在 9 点左右，校长可以自行调整时间。例如笔者所在学校每年实行夏时制时，早上 9 点上课至下午 3 点，非夏时制早上 8 点 30 分上课至下午 2 点半（但一般老师们都会提前一个小时到校）。而目前萨摩亚最优秀的萨摩亚高中则是早上 9 点半至下午 3 点半。通过调查其他学校，上下课时间尽管略有不同，但大致是每天在校时间 7 小时左右。课堂教学的正常上课时间是每节课 55 分钟，没有课间休息时间。3 节课后半小时午饭时间，但一般情况下教师进入教室组织好教学至少需要 5 分钟的时间，这样每节课就剩下 50 分钟。而且至截稿之日，笔者已经在萨教学 30 周（全年授课 40 周），很少有按计划执行每节课 55 分钟的时候。因为凡遇有教师开会、教研活动、学生演出训练、体育训练、官方节假日等①每节课都要缩短 5—10 分钟，以便挤出 30—60 分钟用于活动、训练和提前放学。据笔者统计，基本每周都有老师会议或者教研活动，第一学期训练男生的橄榄球、女生的网球，第二学期各校之间比赛一直持续到第二学期后半段。另外

---

　　① 遇有第二天官方假期，如复活节、母亲节、父亲节、国庆节等，均要每节课提前 10 分钟左右，以便提前放学。

第二学期期末有 English Day① 活动，提前一个月开始准备。第三学期运动会训练，第四学期 Samoan Day 训练。可以说，在萨摩亚的学校里，宗教活动、音体美等各项活动都与课堂教学同等重要，无形中挤占的这些时间不但使教学计划难以完成，更主要的是在教师和学生中均造成了学习可有可无的意识。如第一学期按照萨摩亚教育体育文化部校历安排，总共 10 周课，但实际上第一周前三天劳动，周四上了一天课，周五整理校园。最后一周周一是复活节假期，周二上课，周三考试，周四讲解试卷，周五活动课，加上萨的其他假期，实际授课时间为 7 周。

实际上，仔细研究萨摩亚的学生用书，课本要求的内容还是蛮多的。以 9 年级数学为例，共有 11 个单元，涉及讲算、代数、测量、统计、几何、三角等内容，依现在每天一节的课时量，要完成这样的教学计划还是有相当难度的，况且学生的程度相当弱，教师不得不经常停下来复习正负数的加减法。以笔者现在所教的九年级学生来说，入校时他们登记的数学成绩除了一位学生中等以外，其余均为差，差的意思是低于 40 分，不及格。而在实际授课过程中，有的学生简单的加减法都不会，乘法口诀背不过，正负数的加减运算不会，正负数的乘除一头雾水。如此一来，题型稍加变化，就会云山雾绕了。

结　语

萨摩亚是个微型国家，深处大洋中心，长期的宗教浸润，传统的头人和村民委员会的管理制度，使得岛民对权威有着天然的敬畏，同时又鲜有妒忌、憎恨之心；大自然赠予他们的面包树及各种热带水果可以满足基本的温饱问题；周围人普遍一致的生活条件无形中增加了民众的自我满足感；长年高温湿热气候、过重的体态加剧了生活节奏的缓慢程度，这些都是制约萨摩亚快速发展的因素。另外，每一个萨

---

① 这项活动每学年一次，主要是抽出一天时间由学生表演英语节目。节目类型有：演讲、唱歌、戏剧、舞蹈。为此要提前至少一个月准备，每天缩短上课时间，挤出大约一小时训练。

摩亚家庭均有海外亲戚，亲属的援助是他们的后盾之一；而澳大利亚、新西兰、中国、日本等国非常重视与萨摩亚的关系，国际援助又源源不断，无形中使岛民产生了依赖心理，更加制约了其自身谋求发展的信心和决心。但最重要的因素还在于全民文化水平的普遍过低，缺少对于教育重要性的理念与意识。只有提高萨摩亚整个国家的文化水平，提升全民文化素质，才能唤醒这个国家对现代化的渴求，对教育的重视，从根本上改变落后面貌。

太平洋岛国对"21世纪海上丝绸之路"的态度与对接建议[*]

赵少峰[**]

摘要： 太平洋岛国属于"21世纪海上丝绸之路"南线沿线国家，在"一带一路"建设中，太平洋岛国的作用不容忽略。受历史、地理、政治等因素的影响，南太平地区的14个国家对中国的"一带一路"认知、认同程度不同，态度表现各异。加强与太平洋岛国的对接，要借鉴交互式金融传播的方式，发挥"人际传播"的作用，打破某些国家出现的"沉默舆论"，让太平洋岛国民众对"一带一路"、亚投行、"丝路基金"等概念有正确的理解，消除对中国政策的误解。同时，要有充分的思想准备，预料到可能面临的项目准入阶段的政治阻力和投资运营阶段的政治风险；要切实结合当地发展实际，开展迎合当地民众需求和社会需要的双赢绿色项目。

关键词： "一带一路"；"21世纪海上丝绸之路"；太平洋岛国；态度

2013年9月和10月，习近平在出访中亚和东南亚国家期间，先后提出共建"丝绸之路经济带"和"21世纪海上丝绸之路"（简称

---

* 基金项目：本文为国家社科基金重点项目"太平洋岛国研究"（15AZD043）阶段性成果，国家民委民族研究项目"'一带一路'视阈下的太平洋岛国民族问题研究"（2017 - GME - 013）阶段性成果。

** 赵少峰，男，聊城大学历史文化与旅游学院副教授，博士，聊城大学太平洋岛国研究中心研究人员。

"一带一路")的重大倡议，得到国际社会高度关注。加快"一带一路"建设，有利于促进沿线各国经济繁荣与区域经济合作，加强不同文明交流互鉴，促进世界和平发展。

南太平洋地区有 14 个独立国家，它们分别是斐济、萨摩亚、巴布亚新几内亚、瓦努阿图、密克罗尼西亚、库克群岛、汤加王国、纽埃、图瓦卢、基里巴斯、瑙鲁、帕劳、所罗门群岛、马绍尔群岛。这些国家位于"21 世纪海上丝绸之路"的南线。本文以太平洋岛国对"21 世纪海上丝绸之路"的态度为主题，分析太平洋岛国对"21 世纪海上丝绸之路"态度、认知与认同现状，探讨双方合作中存在问题的原因，为我国加深与太平洋岛国的合作交流提供借鉴。

一　南太平洋地区八国对"21 世纪海上丝绸之路"的态度现状

南太平洋地区八国是指斐济、萨摩亚、巴布亚新几内亚、瓦努阿图、密克罗尼西亚、库克群岛、汤加、纽埃，它们与中国政府建立了正式外交关系，双方交往频繁，对"21 世纪海上丝绸之路"的认知程度较高，态度较为明确，认为"21 世纪海上丝绸之路"能够提供商机和市场。

2014 年 11 月，习近平同太平洋岛国领导人举行集体会晤。习近平强调，"国家不分大小、强弱、贫富，都是国际社会平等一员，应相互尊重，平等相待，真诚互助"。[①] 习近平的讲话得到了太平洋岛国八国领导人的一致认可。密克罗尼西亚联邦总统莫里在讲话中特别感谢中国对小岛国关切的理解和支持。与美国等西方国家的政治援助和军事支持不同，中国与太平洋岛国的"战略伙伴关系"是建立在尊重各岛国自主选择符合本国国情的社会制度和发展道路之上的。中国支持岛国以自己的方式管理和决定地区事务，支持岛国平等参与国际事务，维护自身合法权益。

自 20 世纪 70 年代与中国建交以来，南太平洋地区八岛国重视与

① 新华社：《习近平同太平洋岛国领导人举行集体会晤并发表主旨讲话》，新华网（http：//news. xinhuanet. com/politics/2014 – 11/22/c_ 1113361879. htm）。

中国政府增强政治互信，发展经济合作。中国向太平洋岛国提供了援助资金和医疗、技术等支持。中国政府与南太平地区八国加强治国理政交流，深化渔业、新能源、基础设施建设、经济技术等领域合作，促进人文交流。政府之间的互动和政治互信为中国倡导的"21世纪海上丝绸之路"奠定了坚实基础。双方之间经济贸易往来，密切了双方的关系（见表1）。由于太平洋岛国地处太平洋，远离世界贸易中心，中方倡导的"21世纪海上丝绸之路"和提供的援助能够促进岛国经济发展，极大地提升岛国的建设，有利于太平洋岛国吸引中国的游客。它们对"21世纪海上丝绸之路"倡议抱有极大的热情。

表1   **中国与南太平洋地区八国之间的进出口额**①   （单位：万美元）

国家	2013 年度		2014 年度	
	出口额	进口额	出口额	进口额
斐济	24450	5938	28725	5288
萨摩亚	5447	1	5587	19
巴布亚新几内亚	55307	79769	63646	140323
瓦努阿图	38048	224	188024	692
密克罗尼西亚	494	998	934	544
库克群岛	1948	101	1942	170
汤加王国	3848	3	2394	4
纽埃	—		—	

巴布亚新几内亚是太平洋岛国地区面积最大、人口最多、最具发展潜力的国家。巴新是中国在太平洋岛国地区的重要合作伙伴，双方在农林渔业、基础设施建设、能源资源等领域进行了合作，开展了拉姆镍矿、中石化公司和巴新液化天然气等重点合作项目。2015年4月，中国驻巴新大使李瑞佑向巴新总督奥吉奥介绍了中国政府倡导的"一带一路"倡议和愿景，得到了奥吉奥总督的肯定。2015年4月15日，太平洋岛国（深圳）投资贸易推介会在广东深圳举行，巴布亚新几内亚

---

① 数据来源：《中国统计年鉴2015》，http：//www.stats.gov.cn/tjsj/ndsj/2015/indexch.htm。

驻华大使克里斯多夫·梅罗向嘉宾推介巴新项目，重点是矿产资源。中巴企业都对"21世纪海上丝绸之路"战略实施充满期待。①

萨摩亚驻华大使托欧玛塔是一位"中国通"，在太平洋岛国（深圳）投资贸易推介会上重点推介萨摩亚的旅游。他认为，比起旅游推广较为成功的斐济，萨摩亚目前缺乏的是先进的旅游推广理念和高端旅游设施的投资，这也是阻碍萨摩亚开发更多高端定制旅游产品的瓶颈。② 他认为，"21世纪海上丝绸之路"倡议将会为萨摩亚旅游开发提供商机。另外，其他岛国也积极推介本国企业。密克罗尼西亚联邦驻华大使阿基利诺·苏赛亚高度赞扬中国"一带一路"倡议给引进中国投资带来的机遇，热情介绍密联邦丰富的旅游、农业、渔业和能源资源以及投资机会，希望深圳的酒店、餐饮业能到密发展。斐济蟹业有限公司带来一个投资规模约300万美元的蟹类产品项目，汤加带来了一个投资规模约35万美元的椰子油加工项目，等等。

2015年10月，广东"21世纪海上丝绸之路"国际博览会（简称"海博会"）举办。南太平洋八岛国参加了海博会旅游展区，重点介绍美丽的南太平洋岛国风情。汤加副首相肖西·索瓦莱尼参加了本届海博会。他认为，中国是太平洋岛国重要的合作伙伴，参加海博会的目的就是要探索商机，加强太平洋岛国在中国市场的影响力。他希望推动与中国的合作，特别是在基础设施建设方面的合作。海博会能够让太平洋岛国为中国市场提供独特的产品。③ 密克罗尼西亚雅浦州州长托尼·甘吉彦参加了港口城市高层论坛。他指出：密克罗尼西亚是岛国，海洋运输、港口管理开发是密克罗尼西亚非常重要的领域。"我更进一步了解了海上丝绸之路的概念，希望将来我们和广东乃至中国有进一步的合作发展，包括开通更多的航线，实现互利共赢，这是非常有意义的事情。"他希望更多中国民众到密克罗尼西亚旅游。④

---

① 《太平洋岛国推介尽显"不一样的精彩"》，《深圳特区报》2015年4月16日A7版。
② 同上。
③ 明永昌：《海博会旅游展区，八南太平洋岛国集体参展》，新加坡联合早报网（http://www.zaobao.com/realtime/china/story20151030－543334）。
④ 李强：《太平洋岛国嘉宾热议海博会和"一带一路"倡议》，南方网（http://news.southcn.com/china/content/2015－11/01/content_ 135992271.htm）。

2015 年 12 月，由中国记者协会主办的太平洋岛国记者研修团到福建泉州考察，围绕"泉州在 21 世纪海上丝绸之路倡议中的地位与作用"进行研讨。瓦努阿图、萨摩亚、库克群岛、巴布亚新几内亚、汤加、斐济等国家的记者，通过专题讲座、媒体实习、实地采访等方式，考察"一带一路"实施进展情况，亲身感受中国经济社会发展。① 太平洋岛国新闻协会主席摩西斯谈到"一带一路"建设时表示，太平洋岛国希望纳入"一带一路"之中，"南太平洋岛国盛产的有机农产品等可以带给中国人民，希望与中国政府有更多的沟通和合作"。②

虽然南太平洋地区八国看到了加入中国提出的"21 世纪海上丝绸之路"的机遇，但是它们对中国也有所担心和顾虑。如 2015 年，库克群岛总理普特与新西兰总理商谈库克群岛加入联合国一事，在库克群岛引起轩然大波。有些库克群岛人认为与新西兰关系改变之后，中国就会乘虚而入，这是库克群岛人民不能接受的。③ 新西兰对中国在太平洋岛国的援助活动发表了"质疑"和"指责"。④ 当前出现的"质疑"和顾虑是可以理解的。随着"21 世纪海上丝绸之路"合作的不断加深，不同的声音会逐渐减弱。

与"美式全球化"金融资本的主导不同，中国推动的全球化将更注重实体经济，特别是基础设施、基础工业等。在金融领域，中国政府主导的发展融资将起到关键作用。从更深层次看，中国推动的全球化将以"发展主义"为思想基础，这也与"美式全球化"的新自由主义思潮有所不同。⑤ 中国的发展理念是可持续性、包容性的，绿色转型已经成为中国经济可持续发展的必由之路。中国倡导和建设的绿

---

① 殷斯麒：《太平洋岛国记者来泉：这里的海洋文化基因令人赞赏》，泉州晚报网（http：//www. qzwb. com/gb/content/2015 – 12/05/content_ 5243090. htm）。

② 同上。

③ Cook Islands push for independence from NZ, http：//www. stuff. co. nz/world/south-pacific/68986939/cook-islands-push-for-independence-from-nz.

④ 中国驻汤加大使馆：《"新舟"入驻汤加遭质疑 谁是"麻烦制造者"》，环球网（http：//mil. huanqiu. com/aerospace/2014 – 07/5046598. html. 2014 – 7 – 3）。

⑤ 梁国勇：《"一带一路"的政经逻辑》，BBC 中文网站（http：//www. bbc. com/zhongwen/simp/china/2015/04/150402_ oped_ china_ belt_ road）。

色 "一带一路" 必定会得到太平洋岛国的欢迎。

二 南太平洋地区六国对 "21 世纪海上丝绸之路" 的态度现状

南太平洋地区六国是指图瓦卢、基里巴斯、瑙鲁、帕劳、所罗门群岛、马绍尔群岛, 这些国家与我国没有建立正式外交关系, 双方之间的经贸往来数额少, 对 "21 世纪海上丝绸之路" 的认知程度非常低, 政府或者主流媒体态度尚不明确。

这 6 个国家约 70 万人, 陆地面积 2.9 万平方千米。人口最多和陆地面积最大的是所罗门群岛 (54 万人、2.8 万平方千米), 最小的是瑙鲁 (不足 1 万人, 21 平方千米)。相比较而言, 这 6 个国家的国土面积小, 人口少, 经济总量小、市场小, 基础设施建设落后。由于国家资源有限, 对外交通不便, 成为国际市场被忽略的对象, 被联合国定为最不发达的国家。

这些国家除了拥有优美的环境和丰富的渔业资源, 其他可利用资源较少。况且随着气候变化和海平面上升, 自然灾害频发, 人民的正常生活受到很大影响。图瓦卢、瑙鲁等国没有淡水资源, 饮用水依靠进口水、雨水和淡化海水。由于这 6 个国家没有与中国建立正式外交关系, 双方联系较少, 经贸往来数额较低 (见表 2)。

表 2　　　　　中国与南太平洋地区六国之间的进出口额[①]

(单位: 万美元)

国家	2013 年度		2014 年度	
	出口额	进口额	出口额	进口额
瑙鲁	108	4	275	1
基里巴斯	1866	46	2062	290
图瓦卢	753	0	464	0

---

① 数据来源:《中国统计年鉴 2015》, http://www.stats.gov.cn/tjsj/ndsj/2015/index-ch.htm。

续表

国家	2013 年度		2014 年度	
	出口额	进口额	出口额	进口额
帕劳	319	1	1046	6
所罗门群岛	3680	40452	4944	47383
马绍尔群岛	142245	7775	123692	4333

在 2014 年中国经济对外合作中，中国企业只有在所罗门群岛开展了承包工程项目，完成额 32 万美元，在其他五国均无工程合作。

由于这六国受限于国内经济发展和改善民生的需要，加之中国台湾在当地的援助和"政治投资"，它们对中国倡议的"一带一路"了解较少，在它们的政府网站，没有查阅到关于"一带一路"或"21世纪海上丝绸之路"的报道。

尽管如此，从调研来看，它们对中国的市场经济和国际影响力有所了解，并有和中国扩大合作的意向。上海水产集团及所属的开创、蒂尔远洋渔业公司与基里巴斯有着长久的合作关系。2014 年 9 月，基里巴斯渔业部部长蒂尼安（Reiher tinian）亲自到上海水产集团洽谈合作事宜。① 在太平洋岛国（深圳）投资贸易推介会上，总部位于基里巴斯的商业造船企业 Kiri 游艇环太平洋公司带来了投资规模 50 万美元的项目。帕劳所推介的太平洋电视网络项目，期望引进深圳先进的通信技术，使岛国之间可以通过网络平台实现资源共享。②

南太平洋地区六国对"21世纪海上丝绸之路"、亚投行、"丝路基金"了解较少的原因源于以下几个方面。

第一，双方之间没有建立外交关系，信息没有得到有效的传递。双方人员往来少，经贸数额低，再加之彼此之间的政治"隔膜"，导致六岛国没有及时了解到中国政府的主张和倡议。

① 《基里巴斯渔业部部长访问集团》，上海水产集团网站（http：//www. sfgc. com. cn/html/yyyy/kgjy/54512. html）。

② 《太平洋岛国推介尽显"不一样的精彩"》，《深圳特区报》2015 年 4 月 16 日 A7 版。

第二，南太平洋地区六国基础设施落后，虽然拥有丰富的海洋资源，但是工业和制造业发展滞后，导致许多产品附加值较低，更谈不上国际竞争力。当地媒体、网络不发达，对国际问题关注较少。

第三，与中国台湾地区联系密切，受到援助"外交"的影响。在美国重返亚太战略以及当地经济发展严重依赖美国、日本、中国台湾等国家或地区经济援助的情况下，南太平洋地区六国不想打破平衡状态。

第四，岛国人民长期处于隔离状态，形成了独特的生活观念，并产生了慵懒的心态，没有感受到经济发展所能够带来的幸福生活。

三 "21 世纪海上丝绸之路"背景下中国加强 与太平洋岛国对接的建议

2013 年，国家发改委、外交部和商务部联合发布了《推动共建丝绸之路经济带和 21 世纪海上丝绸之路的愿景与行动》，宣告"一带一路"进入全面推进阶段。太平洋岛国作为"21 世纪海上丝绸之路"的沿线国家，中国政府有针对性地开展了系列合作。太平洋岛国贸易与投资专员署驻华贸易专员大卫·莫里斯在演讲中指出，习近平主席提出的"一带一路"倡议对太平洋地区的发展大有裨益，"一带一路"建设包括交通设施的互联互通，通信网络的融合，为发展中国家提供了一个与中国市场融合的重大经济合作机会。由于地理原因，太平洋岛国远离主要市场，任何能促进空中、海上及通信联系的机会都弥足珍贵。太平洋地区有中国人民需要的东西，克服距离的挑战将会为双方带来益处。[1]

由于受到历史和地理等诸多因素的影响，南太平洋地区的国家与海上丝绸之路沿线的其他国家有明显的不同。要结合南太平洋地区国家的特殊性开展合作，政策推广和经济合作项目要有针对性和可操作性。

---

[1] 参见大卫·莫里斯《太平洋岛国真诚欢迎中国崛起》，环球时报网（http://opinion. huanqiu. com/opinion_ world/2015 – 10/7763419. html）。

第一，要与太平洋岛国建立政治互信。一些西方国家在南太平洋地区还在宣传"中国崛起论""中国威胁论"，甚至在言辞上污蔑中国的援助计划。要在太平洋岛国加大"世界命运共同体"理念的宣传，让岛国明白在新型大国关系框架下的中国崛起是"基于相互理解的双赢合作"，不但不会影响其他国家的发展，还会为太平洋地区的发展带来益处。要通过加强政府间合作，积极构建多层次政府间宏观政策沟通交流机制，促进政治互信，达成合作新共识。政治的互信可以推动经济合作，经济发展反过来促进政治互信。

中国要发挥澳大利亚、新西兰的纽带作用。太平洋岛国与澳新均保持有良好关系。中国可以与澳大利亚和新西兰通过更加紧密的合作，来帮助太平洋岛国走上更加具有可持续性发展的道路。中国可以向这些国家提供长期融资和基础设施建设上的帮助，澳大利亚和新西兰则可以向这些国家提供管理技术和公司治理上的帮助。[①] 中国应该向这些国家输出自身成功的经验以及多年发展中总结的教训，并以高标准来帮助这些国家建设基础设施、教育和医疗体系以及科技创新机制，这样才能够让"中国力量"更受到世界的欢迎。

第二，鼓励省、市之间的对接，在经济合作中实现双赢。太平洋岛国拥有丰富的海洋、森林、矿产和旅游等资源，中国拥有市场、资金、技术等优势，双方合作具有很强的互补性。特别是中国南方的沿海城市，要加强与岛国的相互合作，有利于双方的共同发展。广东省深圳市与阿皮亚建立了"姐妹城市"关系，双方在人文、经贸、科技教育、旅游文化、海洋渔业以及基础设施建设等多个领域开展合作。要发挥各地自贸区的经济引领作用，扩大与太平洋岛国的合作。鼓励更多城市与太平洋岛国城市建立友好城市关系。

投资贸易合作是"一带一路"建设的重点内容。我国在太平洋地区的投资集中在澳大利亚和新西兰，在岛国的投资很少。国家统计局公布的数据显示，太平洋岛国在我国的直接投资亦不多，2014年共有库克群岛、斐济、瓦努阿图、萨摩亚4个国家进行了投资。萨摩亚

---

① 参见刘利刚《"一带一路"应致力于共同繁荣》，FT中文网（http://www.ftchinese.com/story/001060718）。

直接投资 156383 万美元，其他国家不足百万美元，斐济只有 7 万美元。事实上，太平洋岛国在海外的投资很大，海外投资是其国家外汇收入的重要来源。双方在贸易投资方面还有很大的发展空间。

第三，要重视岛国民生项目的建设。2014 年 11 月，习近平主持召开中央财经领导小组第八次会议，研究"一带一路"规划、发起建立亚洲基础设施投资银行（简称"亚投行"）和设立"丝路基金"。习近平强调，要帮助有关沿线国家开展本国和区域间交通、电力、通信等基础设施规划，要高度重视和建设一批有利于沿线国家民生改善的项目。[①] 在《推动共建丝绸之路经济带和 21 世纪海上丝绸之路的愿景与行动》中，将基础设施互联互通列入"一带一路"建设的优先领域。南太平洋地区的三个次区域资源和经济发展不平衡，要加以区别对待。除了斐济、巴布亚新几内亚、萨摩亚、库克群岛经济较好外，其他国家经济社会发展落后，基础设施建设不完善。有些岛国虽然是海洋国家，但是没有大型港口，国内道路设施落后，海上运输和空中运输不便利，物流发展缓慢，成为制约这些国家发展的瓶颈。有些国家没有淡水资源、本国没有电视台，电视节目依赖其他国家提供。要有针对性地面向基层民众广泛开展医疗巡诊、减贫开发等各类公益慈善活动，促进民众生活条件改善。为此，改善与太平洋岛国的关系，民生项目要作为首选，重点发展。

第四，以环境保护和应对气候变化为突破口，实现民心相通。环境优美是太平洋岛国引以为豪的。与太平洋岛国合作，一方面，可以选择绿色项目，帮助岛国发展清洁能源，积极推动水电、核电、风电、太阳能等清洁、可再生能源合作，推进能源资源就地就近加工转化合作，形成能源资源合作上下游一体化产业链，以应对气候变化；另一方面，要强化基础设施建设中的绿色低碳和运营管理，在建设中充分考虑对气候变化的影响。中国企业在投资贸易中要突出生态文明理念，加强生态环境、生物多样性保护。

民心相通是海上丝绸之路建设的社会根基，可以通过开展多领域

---

① 参见《习近平主持召开中央财经领导小组第八次会议》，人民网（http://politics. people. com. cn/n/2014/1106/c70731 – 25989646. html）。

多层次交流，为深化双多边合作奠定坚实的民意基础。如扩大接收太平洋岛国留学生规模，加强太平洋岛国旅游推介活动，举办中国—太平洋岛国文化交流年，向太平洋岛国提供医疗援助和应急医疗救助，促进科技人员交流，为太平洋岛国开设公共行政管理等交流学习班，发挥双方政党、立法机构、主要党派和政治组织的友好作用，等等。

第五，加大对在太平洋岛国投资的中国企业扶持力度。政府要鼓励企业在岛国进行多领域投资，开展农林牧渔业、农机及农产品生产加工等领域深度合作，积极推进海水养殖、远洋渔业、水产品加工、海水淡化、海洋生物制药、海洋工程技术、环保产业和海上旅游等领域合作。企业前往岛国投资，政府应出面制定行业标准、产能输出标准、劳工服务标准、环境保护标准、绿色发展标准、节能减排标准、安全生产标准等。这些标准、规则的制定会促进企业更好地投资和在当地发展，会笼络当地民心。深圳市成为中国与太平洋岛国经贸往来的重要窗口，深圳市联成远洋渔业公司十多年前就开始在岛国投资，发展了集"捕捞—养殖—种苗—加工"为一体的现代渔业。深圳市与萨摩亚首都阿皮亚、巴布亚新几内亚首都莫尔兹比港、瓦努阿图首都维拉港和密克罗尼西亚首都帕里基尔建立了友好城市关系。

第六，建立互联网互联互通机制。互联网能够摆脱空间制约，缩短双方之间的距离。顺应"互联网＋"时代的发展趋势，双方可以建立数据互联互通机制，互相链接对方网站，并在各自网站为对方组织的有关活动进行发布和宣传，推介企业项目。中国企业可以制作适合太平洋岛国民众需求的网站和购物平台，太平洋岛国企业和民众也可以在中国企业网站发布信息。政府部门可以委托相关协会搭建权威的经贸法律资讯平台，组织岛国和中国企业互访，推动企业"走出去"。通过互联网创新贸易方式，发展跨境电子商务等新的商业业态。

第七，发挥华侨、华人的宣传带动作用。太平洋岛国的华侨以及在太平洋岛国的华人成为双方沟通交流的有效方式。目前，斐济华裔人口约8000人，汤加约5000人，萨摩亚、瑙鲁、图瓦卢等也都有华人。瑙鲁的商店基本上都是华人开的。香港联泰集团在太平洋岛国都有不同程度的投资，与帕劳、密克罗尼西亚、马绍尔群岛、基里巴斯等国家有石油、物流、渔业资源等投资项目。华侨、华人将助力岛国对外交通以及信息基础建设，让岛国与世界的互联互通更加便利，从而带动岛国企业和产品"走出去"。发挥华侨、华人的宣传带动作用，借鉴交互式金融传播的方式，发挥"人际传播"的作用，打破某些国家出现的"沉默舆论"，运用新媒体加以引导，让太平洋岛国民众对"一带一路"、亚投行、"丝路基金"等概念有正确的理解，消除"中国挑战美国主导的国际秩序和国际金融体系"的误解。

四　结语

"一带一路"倡议新增"21世纪海上丝绸之路"南线，既是尊重历史事实又能够突破美国的岛链封锁，将南太平洋各国包括澳大利亚等大洋洲国家纳入经济共同体。美国自战略东移以来，在亚太地区实施战略再平衡，实现对中国的封锁，阻挡中国的发展。"一带一路"倡议能够避开美国的封锁。"一带一路"南线的实施，能够让太平洋国家借助中国腾飞的基础，实现发展本国经济的愿望。中国建立与太平洋岛国的稳定关系，还有利于扩大中国在南海地区的影响力，实现南海地区以及亚太地区的稳定。同时，"21世纪海上丝绸之路"通过经济的融合，形成经济共同体，建立与沿线国家的政治互信，将中国与"一带一路"周边国家的命运紧密联系在一起，以应对美国的战略东移、亚太再平衡、双层岛链封锁战略。但是还应注意到，"一带一路"不是地缘政治工具，并不是针对美国的倡议。"21世纪海上丝绸之路"南线建设面临的困难是空前的，企业一定要做好前期投资可行性报告，包括可能面临的项目准入阶段的政治阻力和投资运营阶段的政治风险。可以坚信一点，随着"21世纪海上丝绸之路"建设的发展，中国与太平洋岛国之间的合作会越来越好。

论 18 世纪英国公众阅读消费的兴起[*]

曹瑞臣[**]

摘要："光荣革命"后，英国进入政治氛围宽松、社会稳定、经济与商业贸易迅速发展的繁荣时期。1695 年英国报刊许可证法废除，不仅意味着皇家特许出版的终结，也意味着新闻出版业获得了出版前免遭政府当局新闻审查的自由和权利，具有划时代的历史意义，此后英国的图书和报刊等出版、印刷业进入较为自由和迅猛发展时期。18 世纪以来英国经济的繁荣、海内外贸易的发达以及社会各阶层收入和消费能力的增长，再加上人们读写能力水平的显著提高和新兴富裕阶层中产力量的崛起，共同推动了英国进入一个公众阅读消费的时代，尤其是书报阅读成为人们日常生活尤其是社会中上阶层不可缺少的组成部分，文化消费经济日益凸显，对于推动英国走向现代公民社会、世俗化社会和迈向消费社会产生重大影响。

关键词：18 世纪；英国；公众；阅读消费；兴起

"光荣革命"后，稳定宽松的政治氛围为新闻报刊印刷业的发展创造了良好的条件，而 17 世纪 90 年代报刊许可制度的终结，减少了政府对新闻舆论的审查和管制，最终让 18 世纪英国报业进入比较自由的发展时期，英国也成为当时欧洲唯一"新闻自由"的国度。罗尔夫·伊格尔松（Rolf Engelesing）认为 18 世纪的欧洲大多数国家都

* 基金项目：本文系作者主持教育部人文社会科学规划基金项目"18 世纪英国消费革命研究"（15YJA770001）阶段性成果。

** 曹瑞臣，男，山东潍坊人，菏泽学院社会科学系副教授，历史学博士。

经历了一场"阅读革命"（Reading Revolution），18 世纪人们见证了小范围的精英阅读消费主要由宗教书籍时代向更加广泛的世俗书籍时代转变，尤其以英国表现最为明显，尽管伊格尔松的阅读革命理论在学界仍旧存在不少争议，但是公众阅读的兴起是历史事实，图书、报刊阅读消费得到前所未有的发展。① 对于 18 世纪的英国而言，较欧洲其他国家阅读公众兴起和迈入阅读消费经济时代更加明显，政治氛围的相对宽松和自由，经济的日益繁荣，海外殖民帝国日益显现，交通、邮政系统更加完善、便捷和高效，富裕的中产阶级力量日益壮大，新闻出版业发达，公众读写能力大幅提高，这一切都为 18 世纪中后期的英国公众阅读消费的兴起准备了成熟的时机和条件。

一   公众阅读消费兴起的历史背景

18 世纪的英国，是读者群与公共舆论兴起的时代。一方面与数百年来欧洲印刷业的发展、民众读写能力的提高和知识的传播有密切关系；另一方面与英国 18 世纪特有的社会环境密不可分。

（一）整体国民素质和公众读写能力的提高

15 世纪中期以来欧洲印刷术上的重大革新，书籍成本的降低，使得欧洲科学知识迅速向大众传播与普及，大大提高了欧洲各国民众的识字率和文化水准。尤其是在宗教改革运动的影响下，各类宗教书籍如圣经、祈祷书以及其他宗教小册子在 16 世纪晚期广泛印刷和传播，其他世俗书籍也大为传播，如小说、期刊、报纸、儿童书籍、小册子等广为刊行。宗教改革后英国普通民众的读写能力和识字率大为提高，在伊丽莎白女王和莎士比亚时代，英格兰拥有读写能力、能进行独立签名的成年男子，开始达到 20%，而对于女性而言，这一数字偏低，因此在中世纪的大部分时间里和近代早期，英格兰能够阅读

---

① Ian Jackson, "Approaches to the History of Readers and Reading in Eighteenth-Century Britain", *The Historical Journal*, Vol. 47, No. 4, Dec., 2004, p. 1050; Michael Sanderson, "Literacy and Social Mobility in the Industrial Revolution in England", *Past & Present*, No. 56, Aug., 1972.

和书写的人群基本是教会人员、宫廷贵族以及部分富有大商人群体，在总人口中少之又少。总体来看，都铎时期只有 5% 的女性能够进行读写，95% 甚至以上的女性不具备独立的读写能力。然而到一个世纪以后，英格兰经历了一个"教育革命"时期，男性文盲率较原先下降了 70%，到 17 世纪中叶内战爆发前后，英国男子中大约 1/3 的人能够进行读写，而对于英国女性而言较之前的比例没有太大变化，不能读写的人仍旧高达 90% 左右。17 世纪末之后，英国人的读写能力才真正有了质的飞跃，50% 左右的男性已经具有读写能力，而女性读写能力已经提高到 25% 左右了，显示了社会文化的巨大进步。18 世纪中期，通过婚姻登记签名表明，新娘中不能读写的数字仅为 62%，而男性这一比例已下降为 38%。①

"光荣革命"后英国在政治、经济、社会等领域进入发展的快车道，日益迈向现代文明社会。一个明显的事实是 18 世纪初期的英国已经开始进入公众阅读时代，经济的繁荣和商业贸易的发达，现实的需求迫使人们提高了对自我读写能力和识字水平的渴望，新兴富裕中产阶级的不断壮大，大众文化的流行，人们日益关心国家事务，日益迈向世俗社会和公民社会，所有这一切都为阅读消费的兴起提供了坚实的基础。一个日益商业化的社会，各种经济活动要求人们掌握一定的读写能力，教育、文化和科学才能得到一个较大的发展。而图书出版、新闻报纸业的传播也对普及知识、进行文化启蒙起了重要作用。

（二）工业启蒙与大众文化的流行

18 世纪以来的"工业启蒙运动"（Industrial Enlightenment）让英国成为尊重科学、尊重知识、尊重人才和重视发明创新的国度。这一时期上流社会文化逐渐向社会下层传播，许多历史学家相信这种自上而下式的传播是"渗透"现象（trickled down），贵族精神和绅士文化

---

① David Cressy， "Literacy in Context: Meaning and Measurement in Early Modern England"， in John Brewer， Roy Porter， *Consumption and the World of Goods*， London: Routledge， 1994， pp. 313 – 314.

成为社会的主流意识形态，也引发了社会下层的努力奋斗和仿效之
风。① 彼得·伯克（Peter Burke）在其《现代早期欧洲的流行文化》
（2006）中指出 18 世纪英国的现代社会发展趋势的一个重要特征是大
众文化得以重塑，出现了两种转型过程：第一，人们从世俗的观念对
人生目标和意义重新界定，而不是从原先的宗教观念出发思考问题。
与之相关的新风气是人们越发不相信那些巫术，更多从自然科学等方
面进行解释。第二，社会公众越发对国家政治感兴趣。这一点与 18
世纪英国新闻报刊业的传播和发展有关，新闻阅读消费兴起，不仅扩
大了知识和信息的传播渠道，而且促进了民众对国家事务的参与度，
关心国家大事。② 伯克所谈英国大众文化的转向意味着英国人思想观
念的变化，日益摆脱中世纪式、受宗教观念束缚的世界观和人生观，
迈向现代社会，而 18 世纪以后的英国，经济主义、物质主义和消费
主义成为日益主导人们思想与行为的现代性价值理念，为大众文化的
转变创造了合适的政治氛围和土壤。商业化社会、工业社会、世俗社
会和消费社会最终让大众文化得以彻底转变。英国知名社会学家安东
尼·吉登斯（Anthony Giddens）认为现代性首先意指在后封建的欧洲
所建立而在 20 世纪日益成为具有世界历史性影响的行为制度与模式。
第一个维度，"现代性"大略地等同于"工业化的世界"，只要我们
认识到工业主义并非仅仅是在其制度维度上。第二个维度资本主义包
含竞争性的产品市场和劳动力的商品化过程中的商品生产体系。第三

---

① "工业启蒙运动"这一概念是由学者莫凯尔（Mokyr）提出，主要体现在《启蒙经济：
1700—1850 年英国经济史》（*The Enlightened Economy: A Economic history of Britain, 1700 –
1850*）。他认为科学革命和启蒙运动的结合产生了工业启蒙运动。作为启蒙运动的一个组成
部分，工业启蒙运动具体定义为：物质的进步和经济的增长可以通过人类对自然界认识的
深入和这些知识被用于指导生产的实践实现。新知识是技术进步的关键，最终工业启蒙是
科学革命纵深发展的必然逻辑结果。具体包含四个方面：第一，与发明家和创新相关。第
二，发明家处于一种怎样的社会网络之中。工业启蒙为知识分子和生产者、专家和工匠搭
建了一个相互交流的平台。第三，科学方法和技术研究运用于实践的过程。第四，工业启
蒙的阶级构成。莫凯尔认为工业启蒙不是自下而上的，不应该被理解为大众现象，或是工
人阶级积极参与了这场运动。Robert C. Allen, *The British Industrial Revolution in Global Perspec-
tive*, New York: Cambridge University, 2009, p. 239.

② Robert C. Allen, *The British Industrial Revolution in Global Perspective*, New York: Cam-
bridge University, 2009, p. 257.

个维度是民族国家，现代社会是民族国家时代，不同于传统的中世纪。此外吉登斯还认为现代性的本质是一种后传统秩序，它的出现首先是一种经济秩序，即资本主义经济秩序，在这样的一种社会中，大众印刷媒介是影响现代性制度发展的重要因素之一。

（三）图书报刊业的发展与兴盛

17世纪末18世纪初英国新闻出版审查制度的废除，是英国新闻业长期努力斗争的结果。18世纪英国新闻报刊的成长，自由的社会环境很重要，"光荣革命"后宽松的社会政治氛围和繁荣的商贸环境，为各类报纸、期刊、图书出版业发展提供了重大契机，推动英国进入大众传媒和阅读时代。一位外国观察者对乔治一世和乔治二世时期的英国社会这样评论：每一个英国人都是新闻人，工人们习惯在每天上班开始之前先到咖啡馆或者饮茶或者喝上一杯咖啡饮料，目的不是消磨时光，而是了解每天最新的来自全国各地的新闻大事，其中谈论政治和王室话题最有吸引力，没有比这一阶层谈论国家政治和王室趣闻更有趣的事情了。① 英国报纸受众较多，安迪森（Addison）在1711年3月12日的《旁观者》（*Spectator*）中指出每份报纸至少有20位阅读者，这还是最保守的数字，而仅仅是《威斯敏特评论》（*Westminster Review*）在19世纪初记录到伦敦地区的每一份报纸受众可能平均达到30人。而地方报纸阅读人群也达到7—8人，这样每份国内报纸平均会有25位读者。18世纪中期以后，英国各类报刊发行量增长较快，根据约翰·布鲁尔统计，在1775年每天有35000份报纸流向个体购买者和私人订阅者手中，理发店、酒馆和咖啡馆等成为新闻消费的主要场所。当时能够阅读伦敦报纸和地方报纸的阅读人群在总人口700万人中约有50万人之众。学者们普遍认为18世纪末，城市人口中有1/3有阅读能力或购买能力，约占英格兰总人口数的7%，他们最有可能购买或阅读报纸。② 根据英格兰人口统计，1780年英格兰

---

① H. V. Bowen, Margarette Lincoln, Nigel Rigby, *The Worlds of the East India Company*, Woodbridge: Boydell Press, 2002, pp. 204 – 205.

② Ibid., p. 205.

人口 710 万人，1801 年为 830 万人，也就意味着 1780 年英格兰人口中有接近 50 万人能够读报，1801 年有近 60 万人能够读报，这与研究人员的估算基本符合。因此从公众识字率、报刊业种类、发行数量、主要阅读人群人数增长看，阅读消费革命在工业革命后尤其是 18 世纪末更加明显。

18 世纪以前，英国政府垄断书籍出版，管控社会舆论，出版权仅仅限制于伦敦文具出版公司（Stationers Company）和牛津、剑桥大学。1695 年《出版许可法》（*Licensing Act*）废止标志着近代英国新闻出版事业大发展时代的到来，新闻检查削弱，出版前新闻审查制结束，解除了对新闻报刊业的限制。① 18 世纪各类报纸、期刊、图书业进入快速发展时期。

（1）图书贸易飞速发展。18 世纪，图书贸易获得很大扩张，社会各阶层对图书阅读需求的巨大增长，当然它对于书籍与知识的传播与普及起了重要作用。其中城镇指南获得很大青睐，捐赠目录图书于 1744 年出版，包括 294 家书商，其中苏格兰有 24 家，威尔士有 4 家，到 18 世纪末《英国名录通用指南》（*Universal British Directory*）出版，列有 316 个城镇和 988 家书商。伦敦 18 世纪末新出版和重版以前著作每年大约 3472 种，仅 18 世纪中期，就达 1567 种，在爱丁堡每年新出版图书 216 种，翻印图书 375 种。在利物浦，1766 年有 11 家图书贸易公司，1774 年有 14 家，1794 年有 34 家书商被列入《英国名录通用指南》，至 1800 年有 98 家进入名录指南。② 由于报纸、期刊、图书业的发展和兴旺，18 世纪 30 年代晚期出现图书俱乐部和收费图书馆（租借图书），18 世纪末出现报纸阅览室。自 18 世纪 20 年代到 18 世纪末，在首都伦敦大约有 112 家租借图书馆创办，地方有 270 家；在苏格兰 1725 年由阿兰·拉姆塞（Allan Ramsay）在爱丁堡创办第一家流通图书馆，除此之外还有许多其他书商也经营租借图书生

---

① 尽管政府减少了对新闻出版业的管控，但是政府当局想方设法限制和影响出版印刷业。18 世纪大部分时间里政府通过印花税、广告税、纸张税等"知识税"来限制报刊业的发展。

② H. T. Dickinson, *A Companion to Eighteenth-Century Britain*, Oxford：Wiley-Blackwell, 2006，p. 289.

意。当然也存在免费阅读报纸、小册子等服务，比如众多的咖啡馆和酒馆可以向顾客提供免费的阅读服务。图书俱乐部成员通常都是地方精英阶层，通常会员有 10—20 人，捐赠图书馆也有很多会员，如利物浦捐赠图书馆创建于 1758 年，到 1799 年会员超过 400 人，而会员主体主要是教士、企业主、商人以及各类专业人士。如佩斯（Perth）捐赠图书馆创办于 1786 年，其会员主要是城镇精英人士、专业人士、商人及其邻近的乡绅以及神父等。①

（2）报刊业发展繁荣。新闻检查制度取消后，在商业利益的驱动下，18 世纪迎来新闻报刊业的第一个春天。首先体现在报刊种类的日趋多样化。伦敦第一份日报《每日新闻》（*Daily Courant*）创立于 1702 年，第一份地方性报纸可能于 1700 年创立于布里斯托尔，在 18 世纪初期的 30 年里，报纸种类有了很大增长，至 1723 年英格兰有 24 家地方性报纸，到 1760 年全国地方性报纸共 35 家。工业革命以后，报刊业发展进入加速时期，18 世纪末，报刊业继续增长，到 1782 年全国有地方报纸 50 家，1808 年超过 100 家。② 地方报纸一般是周报，分为两类，一种是支持政府的，一种是批评和反对政府的，地方报纸多以伦敦报纸为样板，新闻报道以地方信息为主，报纸创办者以受人尊敬为荣，笔调严肃、独立，信息量丰富。其读者大多数是地方乡绅、店主、农场主等中产阶级人士，他们是最广泛、持久、稳定的消费群体。地方报纸向乡村地区的销售和传播与城镇相比差别不大，其销售份额日益增长，根据统计，地方报纸的广告收入到 1796 年已经超越了伦敦地区报纸的广告收入。③ 各种报纸层出不穷，伦敦和地方出版报纸共计 250 种，据统计，1753 年，被征收印花税的报纸份数为 7411757 份，1792 年为 15005760 份，是前者的两倍多，1801 年达到了 1600 万份，数量较前 10 年多了 100 多万份，1821 年

---

① H. T. Dickinson, *A Companion to Eighteenth-Century Britain*, Oxford：Wiley-Blackwell, 2006, pp. 290 – 291.

② Ibid. , p. 286.

③ Ian Jackson, "Approaches to the History of Readers and Reading in Eighteenth-Century Britain", *The Historical Journal*, Vol. 47, No. 4, Dec. , 2004, p. 1051.

更是达到 2500 万份（缴纳印花税）。① 首都伦敦报刊业一直是全国报纸发展的典范，无论是报纸风格还是种类、发行量，都引领全国。1760 年伦敦有 4 种日报、5—6 种每三周发行一次的期刊，1790 年有 13 种早报、1 种晚报，7 种三周报（tri-weeklies）和双周报（bi-week-lies）。② 18 世纪末，伦敦报纸达 23 种，其中 10 种是日报，地方报纸多达 50 家。1775 年，全国每年报纸发行量 1250 万份，1793 年增至 1700 万份，还有其他在数量上难以估计的期刊和小册子等。③

1785 年著名的《泰晤士报》（The Times）创办，自创刊以来，因为不受政府资助，所以独立性强，除了遵循新闻的基本职业道德外，它成为批评和监督政府的有力武器，也成为最具影响力的主流报纸之一。爱尔兰本地报刊业发展缓慢，地方报纸直到 19 世纪初期才开始创办，不过 18 世纪伦敦主要报纸和多家地方性报纸已经覆盖爱尔兰地区。在苏格兰，报刊出版业在美国独立战争和法国大革命之后才开始发展，主要报业中心是爱丁堡和格拉斯哥。报纸种类多样，可以满足不同层次人群阅读需求。在一个日益世俗化和现代化的社会中，读书看报，了解商业信息和国内动态成为 18 世纪英国社会民众生活常态，当然阅读群体还是以具有良好文化教育背景的中产阶级群体为主，他们不仅具有较多的闲暇时间，而且更重要的是能够消费得起，因为报纸在 18 世纪大部分时间中价格昂贵，富裕阶层才有能力消费。

其次是报刊发行数量的不断增长。18 世纪以来报刊业的迅猛发展很大程度上得益于英国经济与社会发展的成功转型。工业与商业发展，海内外贸易繁荣，政治氛围宽松，宗教政策宽容，言论自由，在日益世俗化和商业化的公民社会，民众需要媒介了解各类商业信息、域外风情、对外战争、海外殖民地舆情以及国内政治动向，而报纸的兴起满足了这种迫切的阅读需求。18 世纪里英国新闻和报刊业发行

---

① Elie Halevy, *A History of the English People in 1815*, New York: Ark Paperbacks, 1987, p. 146.

② H. T. Dickinson, *A Companion to Eighteenth-Century Britain*, Oxford: Wiley-Blackwell, 2006, pp. 286 – 287.

③ H. T. Dickinson, *The Politics of the People in Eighteenth-Century Britain*, New York: St. Martins Press, 1995, p. 222.

数量日渐增长，而且购买人群和阅读人群也具有相当广泛性，收入高一点的技术工人或普通劳动者也能读得起报纸，尤其是较为廉价的激进报纸，尽管主要的阅读人群是贵族精英阶层和城市中产阶级群体。据统计，1704 年，英国报纸发行量在 230 万份上下，1713 年增加到 240 万份。分析英国财政部印花税收记录得知，1750 年英国报纸发行量 730 万份，1760 年猛增到 1260 万份，而到 1810 年更是高达 1640 万份，其中，伦敦报纸发行量接近总量的一半，大约 700 万份，而地方报纸发行量为 940 万份。① 到 19 世纪 30 年代，全国已经有超过一半的劳动者具备初等文化以上程度，读书看报已经没有障碍，所以面向劳工大众的激进报纸在 19 世纪上半叶在发行量上遥遥领先。威廉·科贝特（Cobbet）主办的《两便士废物》（*Two penny Trash*）在 1816 年至 1817 年，打破当时所有报纸的发行量。除了独立性报刊外，还有一部分是政府管控并资助发行的，政府通过操纵媒体舆论，阻止社会激进思潮，维护贵族阶级的统治稳定。如《伦敦公报》，它的经费来自政府资助，所以发行量高于当时任何其他报刊，1704 年平均发行量为 6000 份，1710 年增加至 8500 份，其中 5400 份在社会上发行，1087 份在政府官吏中发行，2000 份剩余。如《每日新闻》（*Daily Courant*）每期发行 800 份，《伦敦邮报》（*London Post*）、《英吉利邮报》（*English Post*）、《飞翔邮报》（*Flying Post*）发行量均为 400 份，当时发行量最高的《男士邮报》（*Post Man*）发行量 3000 余份。②

最后是报刊风格的丰富多样。18 世纪初期，英国报刊业具有鲜明时代风格：其一，主要内容与政治、文学和道德有关。如当时颇有影响力的报纸《旁观者》（*Spectator*），由约瑟夫·艾迪生和理查·斯泰勒两人创办。在 1711 年 3 月 1 日到 1712 年 12 月 5 日期间创办，《旁观者》每期发行大约 4 万份，是在英国与爱尔兰广受欢迎的报纸之一，而且在 1714 年改为三周报。其二，各大报纸的作者和编辑对

---

① Hannah Barker, *Newspapers*, *Politics and English Society*, *1695 – 1855*, Longman, 2000, p. 30.

② Fredrick Seaton Siebert, *Freedom of the Press in England 1476 – 1776*: *The Rise and Decline of Government Controls*, Urbana: University of Illinois Press, 1965, p. 325.

阅读人群进行了细分，报纸的受众更加专门化。如有不少报纸专门面向女性受众或某一职业，如医学行业的医生等。据记载，第一份专门面向女性群体的报纸是由约翰·当顿（John Dundon）创办的《淑女通讯》(The Lady Mercury)，仅 1793 年它就发行了 4 期，当顿认为女性应该接受更好的教育。在汉诺威王朝早期政论性报纸影响很大，由爱德华·凯威 1731 年创办的杂志《绅士杂志》(Gentleman's Magazine) 或《知识分子月刊》(Monthly Intelligencer) 深受有教养的中产阶级群体欢迎，该杂志出版发行获得了很大成功，有利于化解贵族地主和城市精英之间的关系文化冲突。[1] 在苏格兰，18 世纪最成功的杂志当属 1739 年创办的《苏格兰杂志》(Scots Magazine)，18 世纪 50 年代之后，为数众多的月刊杂志不断涌现：《每月评论》(Monthly Review)、《批评性评论》(Critical Review)，主要是对图书和小册子进行评论。到 18 世纪末苏格兰大约有 250 种期刊发行，而相当部分是地方杂志。[2]

二　中产阶级的崛起对公众阅读消费的推动

虽然自 17 世纪晚期以来，英国人的读写能力较以前有了很大提高，但是仍旧有接近一半的男性和 3/4 的女性不能读写，即使到了 18 世纪末，男性和女性文盲率仍旧很高，女性群体仍旧有一半以上不能读写，男性中有 1/3 左右不能读写，因此能够阅读书籍、读报的人群仍旧限制在小范围的社会中上层人群和部分收入较好的社会下层之中，主要阅读人群是贵族阶层和中产阶级。18 世纪之后英国之所以会出现阅读消费革命，而且中产阶级成为阅读消费的主体人群，与城市和商业的扩张、中产阶级力量的发展与壮大、中产阶级群体的读写能力大幅提高，以及中产阶级群体经济地位的上升和较高收入分不开的。

（一）中产阶级阅读群体的壮大

18 世纪以城市商人、企业主、专业人士等城市精英以及乡绅阶

---

[1]　H. T. Dickinson, *A Companion to Eighteenth-Century Britain*, Oxford: Wiley-Blackwell, 2006, p. 287.

[2]　Ibid.

层为主的中产阶级日益崛起和壮大，成为推动社会变革的主要力量。根据 1811 年国民经济统计，大约只有 33% 的人从事农业、林业和渔业，30% 左右的人从事工业制造业和矿业，12% 的人从事运输和贸易，另外 12% 的人从事家政服务（主要是家庭仆人以及家庭教师）和个人事业，还有 13% 的人群从事公共事业、各种专业领域等。[①] 工业革命后城市化进程加速，人口大量由乡村向城市迁移，导致新兴工业中心城市和港口城市兴起，1801 年英国城镇化率超过 30%，根据官方人口统计，英格兰、威尔士人口 910 万人，加上苏格兰 160 万人，总人数 1070 万，主要城市如伦敦人口 95.9 万人，曼彻斯特 8.9 万人，爱丁堡 8.3 万人，利物浦 8.2 万人，格拉斯哥 7.7 万人，伯明翰 7.1 万人，布里斯托尔 6.1 万人，谢菲尔德 4.6 万人，普利茅茨 4 万人，巴斯 3.3 万人。对主要的人口超过 1 万人的 36 个城市人口统计显示，城市总人口超过 200 万人。[②] 再加上其他小城镇居民，19 世纪初英国城市总人口在 250 万人到 300 万人之间应该最保守的数字。而中产阶级在城市人口中的比重在 1/5 到 1/4 之间，有 50 万人到 75 万人，如此庞大的中产阶级规模，他们自然成为阅读消费革命中的消费主力，快速的城市化进程加快了新兴力量中产阶级的崛起。

（二）中产阶级群体的高读写能力

中产阶级群体和城市人群读写能力大大高于全国平均水平，因而阅读消费主要出现在经济收入较高的中产群体之中。社会职业、读写能力高低基本反映了某一群体的社会地位和经济地位状况。表 1 和表 2 反映了 17—18 世纪英国乡村地区和伦敦各行业人群以及男女识字率对比情况。我们可以看到乡村地区识字率明显低于城市，男性识字率明显高于女性，教会人士和绅士阶层几乎都能读写，食品杂货商和商人读写能力很高，不会读写的不到 10%，社会下层读写能力很低，

---

① Kenneth Morgan, *The Birth of Industrial Britain*, *Social Change*, *1750 - 1850*, Harlow: Pearson Education Ltd., 2004, p. 10.

② Chris Cook, John Stevenson, *British Historical Facts 1760 - 1830*, Archon Books, 1980, p. 181.

大部分穷人都不会读写，而城市中无论男性和女性识字率都明显高于乡村，说明城市居民读写能力大大高于乡村居民。当时的社会政治精英阶层仍旧是各类报刊书籍的主要阅读人群，不过技术工匠和小店主也日益成为书籍报刊的阅读人群之一。18 世纪中后期英国社会各阶层读写能力进一步提高，男性与女性文盲率下降。如 1754—1784 年，小店主文盲率仅为 5%，约曼农和农场主群体文盲率为 19%，各类商人群体文盲率为 20%—30%，管家群体文盲率为 46%，建筑工人群体文盲率为 51%，农业工人与家庭仆人群体文盲率为 59%，到 1815—1844 年，英国社会识字率进一步提高，商人群体文盲率下降为 15%—30%，建筑工人文盲率为 38%。维多利亚时期，英国识字率大幅提高，维多利亚初期男性文盲率占 1/3 左右、女性占一半左右，19 世纪 80 年代年轻人（新郎具有签字能力）首次降至 10% 以下，新娘不能读写的则降至 30% 以下。①

表1　　　　17 世纪英格兰乡村与城市各行业人群文盲率比例②

职业	乡村文盲率（%）	伦敦文盲率（%）
教士与专业人士	0	0
绅士	2	2
食品杂货商	5	0
商人	10	0
面包师	27	26
约曼农	33	30
编织工	49	34
裁缝	51	43
铁匠	56	38
木匠	62	40
管家	79	—

---

① John Brewer, Roy Porter, *Consumption and the World of Goods*, London: Routledge, 1994, pp. 317 –318.

② Ibid. , p. 315.

续表

职业	乡村文盲率（％）	伦敦文盲率（％）
牧羊人	82	—
农业工人	85	78
矿工	96	—
所有男性	68	45
所有女性	90	60

表 2　　　　1670—1729 年伦敦地区文盲率情况（不能读写）①

年份	城市商人文盲率（％）	米德尔塞克斯郡文盲率（％）	女性文盲率（％）
1670—1679	19	24	78
1680—1689	23	28	64
1690—1700	7	18	52
1720—1729	8	8	44

（三）中产阶级的阅读需求最大

18 世纪英国商业化社会现实将中产阶级深深卷入到商业活动和复杂的经济事务之中。在国内，城市化和第三产业服务业发展迅速，在海外，贸易垄断公司、殖民地事务以及远程洲际贸易等商业活动都需要相关信息的传递和传播，而新闻报刊则是极为便利的传播媒介，因此中产阶级群体对图书贸易和报刊发展推动与阅读需求最为迫切。新兴中产阶级对报纸、期刊图书出版等新闻印刷业日益增长的需求成为报刊业兴起的主要动力，若是没有人数日益庞大而又富有的中产阶层对阅读书报的强烈欲望和购买力，那报刊业的发展也不会如此迅速。② 中产阶级中公务员、教士、医生、教师、律师、艺术人士等专业人士识字率相对较高，收入也较高，与城市中图书贸易和新闻报纸业接触最多，因此受报刊业影响最大，特别是生活在城镇中的中产阶

---

① John Brewer, Roy Porter, *Consumption and the World of Goods*, London: Routledge, 1994, p. 316.

② Alan Kidd, David Nicholls, *The Making of the British Middle Class? Studies of Regional and Cultural Diversity since the Eighteenth Century*, Alan Sutton Publishing, 1998, p. 30.

层人士。当时中产阶级文化的一个重要表现是图书市场的扩张和小说的流行，主要是满足中产阶级群体的文化趣味。① 18 世纪 40 年代后小说出版发行量大，大众对小说爱好广泛，看小说成为休闲消遣的文化习惯。18 世纪末兴起的新闻阅览室，满足了想购买期刊阅读而无力购买人群的阅读需求，图书和报纸为商人阶层及时提供最新国内外大事动态。

　　18 世纪，尽管政府当局放宽了对报纸法律上的严格限制，但是更加注重使用印花税、纸张税、广告税等手段来限制商业性报纸，甚至是激进报纸的发展。18 世纪以来英国政府对报纸印花税的征收不断提高，如 1712 年每份报纸征收 1 便士，到 1797 年则达到 3.5 便士，而邮政投递费用也在上涨之中，从 1712 年的 3 便士升至 1812 年的 8 便士，伦敦报纸阅读费用也逐年提高，每份报纸售价昂贵，从 1712 年的 2 便士到 1815 年的 7 便士。根据 18 世纪中期以来英国主要行业工资劳动者年收入统计状况看，中产阶层收入丰厚，社会下层工人收入较低。如 1755 年政府高级官员年收入 78.91 镑，1810 年年收入高达 176.86 镑；律师的年收入是最高的中产人士，1755 年收入达 231 镑，到 1805 年达 340 镑；普通工人收入增长缓慢，农业工人 1755 年年收入 17.18 镑，1810 年年收入 40.04 镑。棉纺织行业男性工人年收入 1755 年为 35.96 镑，到 1810 年为 78.21 镑。② 可见即使到了 18 世纪，能够买得起报纸、阅读报纸的大部分依旧是富有的社会中上层人士，工人阶层读报很难，除非那些收入较高的技术工人，原因不仅在于他们读写能力较低，重要的是无力购买，具体见表 3。

---

　　① Paul Langford, *A Polite and Commercial People：England, 1727 - 1783*, New York：Oxford University Press, 2005, p. 59.

　　② Peter H. Lindert, Jeffrey G. Williamson, "English Workers' Living Standards during the Industrial Revolution：A New Look", *The Economic History Review*, New Series, Vol. 36, No. 1, Feb., 1983, p. 4.

表3   1712—1833 年对各类报纸征收印花税、广告税、
小册子税、邮政税情况①

年份	印花税 （每份）	广告税	小册子税 （每份）	邮政税 （55 英里）	伦敦报纸花费
1712	1 便士	1 先令	2 先令	3 便士	2 便士
1757	1 便士	2 先令			
1776	1.5 便士				3 便士
1780		2 先令 6 便士			
1784				4 便士	
1789	2 便士	3 先令			4 便士
1796				5 便士	
1797	3.5 便士				4.5—6 便士
1801				6 便士	
1805				7 便士	
1812				8 便士	5—7 便士
1815	4 便士	3 先令 6 便士	3 先令		7 便士
1833		1 先令 6 便士			

Source：J. Greenwood, *Newspaper and the Post office 1635 – 1834.*

结　语

17 世纪晚期至 18 世纪以来，英国政治制度的深刻变革，君主立宪制与现代政府的确立，加速了英国传统社会向现代社会转变的步伐。18 世纪是英国真正实现大国崛起的时期，在国内，政治、经济、思想文化等各种社会变革的加速和社会结构的分化整合，英国经济实现腾飞；在海外，争霸战争的不断胜利与殖民帝国的确立，保障了英国海上生命线和海洋通道，为英国源源不断输入原材料和各种新奇商品，满足了国内生产与消费的巨大需求。18 世纪英国社会各阶层的消费需求和对物质的贪欲被空前激发，消费主义盛行。伴随国内各类

---

① Chris Cook, John Stevenson, *British Historical Facts 1760—1830*, p. 157.

农产品和工业制品的日益丰富和海外商品的大量涌入，尤其是海外各类奢侈品如纺织品、瓷器、茶叶、咖啡、蔗糖、烟草等，人们日益陷入商品的世界，不仅人们的饮食习惯、生活方式发生了深刻的改变，而且一种充分吸收异域风情和文化特色的现代消费文化日益形成，重新塑造了英国社会。工业革命以后，英国逐步迈向产品丰裕社会，各类消费行为和消费活动日益左右人们的生活，其突出表现为人们在衣食住行用等物质消费领域奢侈消费之风兴盛和文化消费领域图书和报刊业的发达，阅读消费成为公民社会和人们日常生活中不可缺少的组成部分。作为消费社会转向的重要标志之一的公众阅读消费的兴起在促成大众文化的流行和知识的传播、文化启蒙以及理性与科学理念的张扬、公民社会和民主化社会的培育中都具有重要意义。

浅谈第二次世界大战对于美国
经济的影响

刘 琦[*]

摘要：在第二次工业革命之后，美国成功加入世界大国的行列。随后的美国由于遭受到经济大萧条的打击，经济状况一落千丈。但是在经历了第二次世界大战的洗礼后，美国又重新确立世界霸主的地位，显然第二次世界大战对美国有着深远的影响。

关键词：第二次世界大战；美国经济；影响

1929 年华尔街股市崩盘，著名的经济大萧条拉开了序幕，到 1932 年为止，工业生产总值降低了 45%，人均收入减少了 40%，1300 多万人失业，200 多万人无家可归，超过 5000 家银行倒闭，900 多万个账号被冻结。[①] 这次经济大萧条对于美国的打击可以说是灾难性的。

当时的美国胡佛政府也采取了一定的措施，如旨在提高关税的《斯穆特—霍利关税法》以及旨在促进住房建设的《联邦住房贷款银行法》，但是上述措施也未能扭转美国经济的颓势，这也直接促成胡佛总统的连任失败。1932 年罗斯福总统上台，实行了著名的罗斯福新政，新政初期确实取得了一定的成效，但是到了 1937 年，美国的经济再次出现了下滑，失业率再次回到了 1932 年大萧条时候的水平，

---

　* 刘琦，鲁东大学历史文化学院 2015 级硕士研究生。
　① 参见何奇松、程群《二战中的美国经济动员特点》，《军事经济研究》2000 年第 5 期。

美国经济再次处在崩溃的边缘。

但在此时，第二次世界大战的爆发却给濒临崩溃的美国经济带来了转机。到1945年最后一个法西斯政权日本投降后，人们惊奇地发现美国的经济竟然神奇般地复苏了，失业率降到了可喜的1.9%，GDP涨到了第二次世界大战爆发初期的两倍。第二次世界大战后，美国成为世界霸主，一度坐在维护世界秩序的头把交椅上。由此可以看出，第二次世界大战对于美国的经济产生了深远的影响。

一 第二次世界大战初期美国的经济动员及其特点

第二次世界大战的爆发使欧洲逐渐处于弥漫的战火硝烟当中，由于初期对于德国法西斯政权的退让，英法等国在战争初期的军事行动连连失利，这使得美国自第一次世界大战后的孤立主义思想有所清醒。但由于美国素来有民主传统，整个国家中孤立主义和不干涉欧洲事务的呼声强烈，加之国内军事备战和动员工作尚未完成，第二次世界大战爆发时采取了中立立场。1941年，日本偷袭珍珠港后，美国国内孤立主义情绪烟消云散，立即参战。第二次世界大战伊始，罗斯福总统就认为美国的工业动员和军需生产对战争的最后胜利起着关键作用。但他又很快认识到这次战争远比第一次世界大战要长久而且更棘手，并很快进行了战争动员准备工作。与第一次世界大战时的战前工作相比，20世纪40年代的动员工作要详细和全面得多。战争期间，几乎有一半的工业都被收归政府所有，美国经济在20世纪40年代越来越接近一种社会化的经济。国家的收入和财富有了大幅度的提高。在这个过程中，美国逐渐成为"民主国家的兵工厂"，在物资生产和后勤保障方面极大地支援了盟国的军事作战，为最终赢得第二次世界大战做出了巨大贡献。美国的生产动员不像世人想象和理解得那么顺利，但通过积极整改和持续不断的多边利益"摩擦"，最终还是使整个动员得以继续并屡创生产佳绩。美国生产动员也使其国内的经济情况出现了翻天覆地的变化，并最终影响了战后美国人的生活和国际秩序。

珍珠港事件后美国被迫卷入世界大战的浪潮，为此美国进行了充分的战前动员，此次动员对于美国经济结构的改变产生了深远影响。美国的战时动员取得了非凡的成就，动员为美国及其盟国生产了源源不断的军用物资和民用物资，为彻底打败法西斯政权做出了巨大贡献。美国第二次世界大战初期的经济战争动员主要是以下几个方面。

1. 军界与大型垄断集团签订军事合同，形成了军事与工业的复合体。

美国军界与企业界的结合，尤其是大的垄断集团之间的"联姻"，早在第一次世界大战之时就已经初现端倪，但是在第二次世界大战中这一趋势得到了大大加强。

在 19 世纪末借着第二次工业革命兴起的垄断集团，资本雄厚，技术先进，是第二次世界大战中美国军火供应商的主力军。美国各大垄断集团的董事、经理本着高昂的爱国主义精神到联邦政府部门就职，象征性地接受联邦政府 1 美元的年薪。到了战争关键时期的 1943 年，这些垄断集团的高层管理者占据了 800 多个重要的岗位，支配着美国战时经济生产和管理。整个战争期间国家的军需订单数量庞大，从 1940 年 6 月到 1944 年 9 月，联邦政府军需合同总额达到 1750 亿美元，绝大多数订单都落到了大公司手中。占公司总数的 0.2% 的 33 家最大垄断公司获得订货总额的 51%。

战时由于战争对于军需供货的巨大需求，致力于反垄断的《谢尔曼反托拉斯法》根本没有得到贯彻执行，反而使垄断集团与美国军方结下了不解之缘，逐渐形成了军事与工业的复合体。

2. 文官控制、领导军需生产。

美国历来的军事传统就是文官治军。通过选民选举产生文官总统作为军队的总司令，这种传统决定了战时美国的经济由文官领导。

3. 国家大量投资军工业生产。

由于战前经济大萧条的余温尚未完全褪去，许多企业害怕生产力过剩，战后遭受巨大的经济损失，对于纳入到战时经济轨道，有的企业本着极不情愿的态度或者直接抗拒转入。

出于战时军用物资供需的考虑，联邦政府不得不把大部分的军需部门产业自己承担起来。在参战的 4 年中，美国的建设投资总额达到了 450 亿美元，其中由国家负担 282 亿美元，占到了总投资份额的 2/3，纯军事投资总额为 220 亿美元，其中国家负担达 160 亿美元，占到总投资份额的 73%。①

二 第二次世界大战对于美国经济的影响

第二次世界大战对于美国的经济产生了重大的影响，使美国当时的经济状况发生了翻天覆地的变化。

第二次世界大战对于美国经济的一个重要影响就是增加了总需求和生产，尤其是来自军队的大量军事物资订单。第一次世界大战后，美国国内对于欧洲列强的争端普遍产生了厌倦情绪，而且当时又正值经济大萧条时期，国内经济凋敝，所以美国在第二次世界大战爆发之初并没有立即参战，但是随着战火在欧洲跟亚洲之间不断蔓延，美国敏锐地觉察出自己也似乎会被卷入这场战争，所以联邦政府也开始逐渐为这场战争准备着，除了继续加强自身的军事力量，政府还逐渐将工业向战时经济转型，有一些汽车生产流水线开始生产战斗机零件，原本用于渔业作业的码头也开始停泊军舰，越来越多曾在大萧条时期破产的工厂又重新恢复了生产。1941 年美国通过了著名的《租借法案》，法案规定美国以中立国的身份对外出口军事物资，这就更加刺激了美国国内军事用品的消费市场，在法案颁布的 4 年里，美国一共向英国、苏联提供了价值约 325 亿美元的军事物资。在日本偷袭珍珠港之后，美国正式向法西斯轴心国宣战，美国的参战进一步刺激了美国国内军工企业的发展。1944 年美国的名义 GDP 达到了 174.84 亿美元，比 1943 年的 136.44 亿美元增长了 28.14%。②

随着战争对于军需品需要的加大，还有一个影响就是劳动力的需求量越来越大，在整个第二次世界大战期间，美国国内失业率逐年降低，到战争结束时，美国国内的失业率已经恢复到正常的水平。

---

① 参见何奇松、程群《二战中的美国经济动员特点》，《军事经济研究》2000 年第 11 期。

② 参见晏弋博《二战对美国经济的深远影响》，《经济纵横》2009 年第 73 期。

　　失业率之所以下降，主要是为了应对战时物资供应，许多在经济大萧条时期被迫倒闭的工厂又重新投入到生产中去，这使之前因为经济大萧条而失去工作的一部分劳动力得以重返工作岗位，战争还使得一部分妇女和未成年人也成为劳动力的一部分，这是因为国内的青壮年大部分此时已经从军入伍，所以妇女和未成年人成为劳动力重要组成部分。

　　由于第二次世界大战战场一直远离美国本土，所以战争对于美国国内的经济建设几乎没有造成任何影响，与之相对比，美国的盟友英国和苏联则遭受了巨大的战争创伤，英国本土在战争期间长期遭受到纳粹德国空军的轰炸，苏联也遭到德国长达一年的侵占，德国、日本作为战败方遭到了更大的创伤，日本遭到了原子弹的轰炸，死伤无数，德国在战败后被分区占领。在别的国家经济因为战争遭受到重大打击的时候，美国非但没有遭受到战争的打击，反而因为战争获得了大量的军火订单，使本国经济获得了重大的发展，因此美国在第二次世界大战之后成为世界第一强国。

三　结论

　　在战争开始之前，美国的经济一直处于凋敝的状态，联邦政府采取了一系列措施，但效果并不是立竿见影。而在第二次世界大战开始后，由于军事订单的激增，各项工业部门迅速复苏发展，就业市场面向妇女、黑人以及未成年人敞开，使得美国失业率连续下降。在欧洲各国因为战争经济建设停滞不前的时候，美国经济却因为战争得到了飞速的发展，使得美国在第二次世界大战后成为世界第一强国，并一直维持到现在，因此第二次世界大战对于美国经济的影响是十分深远的。

1987 年斐济政变及其深层
原因探析（摘要）

吕桂霞*

斐济是一个多民族国家，自 1970 年独立以来很少发生种族冲突。然而，1987 年 5 月和 9 月，斐济接连发生两次政变，最终推翻了以印度族人为主的政府并终结了斐济作为英联邦成员国的地位，宣布斐济为共和国。个中缘由，令人深思。

一　1987 年政变概况

1987 年 5 月 14 日上午 10 点，10 名军人在陆军中校西蒂文尼·兰布卡的率领下，冲进正在举行会议的议会大厅，将包括斐济新任总理蒂莫西·巴万德拉在内的全体内阁成员和部分议员押进一辆等候在外的军车。随后，斐济电台宣布军队控制斐济。这是自 1970 年独立以来，斐济发生的首次军事政变，也是南太平洋现代史上的第一次。

22 日，斐济传统的最高权力结构大酋长委员会表示拥护政变当局，斐济总督加尼劳和大酋长委员会及军方达成妥协，组成看守政府。9 月 25 日，因为看守政府使斐济人和印度族人分享权力的协议不能实现斐济族人的政治统治，兰布卡再次发动政变，废除宪法，成立共和国，前总督加尼劳当选第一任共和国总统。

---

* 吕桂霞，女，山东阳谷人，聊城大学历史文化与旅游学院教授，世界史博士。

二　种族冲突是政变的根本原因所在

导致这次政变最根本的原因，是斐济国内两大种族之间的矛盾。很久以来，斐济人一直生活在这些岛屿上，种田、捕鱼、发展生产，创造了自己的文化。但是，随着 1874 年斐济成为英国殖民地，特别是英国不断引进印度"契约劳工"，斐济的人口比例被改变，印度族人占全国人口的比重越来越大，甚至超过了斐济土著人口。1987 年，斐济全国人口 72 万，其中 46.2% 为斐济族人，48.6% 为印度族人，5.2% 为其他民族的居民。[①]

在人口愈益增加的同时，印度族人也通过勤奋劳动，最终掌握了斐济的经济命脉，拥有 95% 的甘蔗农场和大多数商业。而斐济人则牢牢地掌握着政治权力，一直在卡米塞塞·马拉的政府中占据多数，同时他们还拥有大部分土地。此外，斐济大酋长委员会拥有传统的权力，军队也由斐济族人掌握。由于斐济族和印度族各取所需，分别掌控了斐济的政治和经济命脉，因此一直相安无事。

然而，1987 年 4 月举行的全国大选打破了这种平衡。代表印度族的民族联合党在大选中获胜，取代了以斐济族人为主且自 1970 年独立以来一直执政的联盟党，并与工党联合组建起印度族人占多数的政府。斐济族人十分担心斐济最终会成为印度族人的国家，本族会沦为"次等土著人"，也唯恐印度族人控制的政府会剥夺斐济人的土地和权利，遂群起反对，游行示威和骚乱活动此起彼伏，要求恢复斐济人对政府的控制权。政变发生后的第二天，印度族人便纷纷罢市罢工，一些印度族人的种植园主还扬言要烧毁自己的甘蔗田以示抗议。银行业也因富有的印度族人大量提取存款而爆发了挤兑风潮。两族矛盾趋于激化。

另外，斐济人与印度族人的冲突也与印度族人的特性有关。流散世界各地的印度族人具有犹太人的特点。其一，特别看重自己的文化个性和印度教，难以融入所在国其他民族。斐济的印度移民已有 4

---

① 参见世界知识年鉴编委会《世界知识年鉴 1988》，1988 年，第 649 页。

代，可他们仍然是地地道道的印度人。与当地美拉尼西亚人区别明显。其二，他们经商有道，到哪儿都比当地人富。这就难免种下民族冲突的种子。①

三　寡头政治的长期存在是政变的重要因素

然而，从更深层次来看，斐济政治现代化最根本的阻力来自斐济寡头政治的合法性基础的牢固，民主政治合法性根基的单薄。

从英国殖民统治以来，斐济就已开始了寡头政治的统治。这种制度使斐济酋长尤其是东部酋长们的地位得到加强，并形成一种土著霸权，实施寡头政治治理。在殖民撤退后，国家政权落入土著传统精英手中。这些传统精英不以实现民族或社会的整合去促进民族国家的现代化为目标，相反，却最为关注如何维持自己的合法性和权威。在这种执掌政权的情况下，东部酋长制不仅没有被削弱，相反，它日益融入斐济的现代政治中，并成为联盟党治理的政治合法性基础。

东部酋长制治理的核心就是向土著斐济人不断地灌输一种思想：斐济人应该团结起来，共同对付印度族人。酋长制代表斐济的利益，维护东部酋长制，也就是维护斐济人自己的利益。长期的宣传，使斐济酋长尤其是东部酋长制地位得到了强化，甚至形成一种土著霸权，在斐济的社会政治文化生活乃至价值观念中都根深蒂固了。从而为斐济寡头政治提供了传统的合法性依据，使寡头政治得以长期垄断政权，统治斐济。

四　外国势力推波助澜

除斐济族与印度族的冲突因素外，1987 年斐济政变还与外国势力，尤其是美国与苏联的介入有着莫大的关系。

---

① 参见许博渊《斐济政治危机的根源》，《瞭望新闻周刊》2000 年第 6 期。

"和平队"在太平洋岛国的活动研究：
以斐济为例（摘要）[*]

吕桂霞^{**}

美国自 1966 年开始向其托管地密克罗尼西亚、马绍尔群岛和帕劳派遣"和平队"志愿者起，至今志愿者已遍布除瑙鲁以外的 13 个独立国家。它结合岛国实际需要，重点关注太平洋岛国的教育、卫生、经济、社区发展、青年发展和环境保护，通过志愿者"人民对人民"的亲身示范方式，向民众传授知识和技能，推动岛国经济、社会和文化发展。同时，也提升了美国在岛国的形象，促进了岛国民众对美国的认知，潜移默化地传播了美国文化与价值观，增强了美国在太平洋岛国的软实力，但也付出了一定人员的牺牲。

---

* 基金项目：本文是 2015 年国家社科重点项目"太平洋岛国研究"（15AZD043）的阶段性成果。
** 吕桂霞，女，山东阳谷人，聊城大学历史文化与旅游学院教授，世界史博士。

论美国海洋自由政策的利益逻辑、历史传统和发展趋势[*]

曲 升^{**}

摘要：美国人海洋自由信奉者和捍卫者的自我形象，是虚妄的。考察美国与世界海洋自由及相关国际法立法进程交集关键历史时刻的利益考量和现实政策选择，不难发现，在近代以来的绝大部分时间里，美国都是游离于世界海洋自由进程主流之外，甚至与主流背道而驰的。美国人历来对海洋自由问题持一种国家利益至上的现实主义态度——具体主张什么、反对什么，是参与到世界海洋自由进程当中来还是独立其外，皆视当下的国家利益而定。这就是美国海洋自由政策的利益逻辑和历史传统。战后美国海洋自由政策的演进，除了延续这一利益逻辑和传统之外，又发展出另外一种趋势，即随着自身军事力量的日益强大，以单边主义、军事手段追求海洋利益的冲动也日益增强。

关键词：美国海洋自由政策；世界海洋自由进程；利益逻辑；历史传统；发展趋势

---

* 基金项目：国家社科基金项目"美国与世界海洋自由历史进程研究"（15BSS019）、辽宁省社科基金项目"美国海洋自由政策的历史考察"（L13DSS001）和 2015 年辽宁省教育厅科学研究一般项目"美国与世界海洋自由历史进程研究"（W2015019）的阶段成果。

** 曲升，聊城大学历史文化与旅游学院教授，历史学博士，聊城大学太平洋岛国研究中心研究员。

一

近年来不断加剧的中国南海争端，美国是背后的重要推手。美国为卷入南海争端打出的旗号，是维护南海的"航行自由"。所谓"航行自由"是 1958 年日内瓦《公海公约》、1982 年《联合国海洋法公约》所规定的"海洋自由"重要内容之一。历史上，"海洋自由"是一个十分复杂的概念，其基本含义指公海对所有主权国家的自由和开放，不承认任何国家对海洋的独占或对其他国家平等利用海洋权利的非法干扰①；其核心问题，则是如何在法律技术层面，规范和划分交战国、中立国的权利。为此，国际法实践逐渐确立了"自由船、自由货""海上私产豁免""有效封锁"等原则，以及对战时违禁品、登临检查等的相关界定。

众所周知，美国至今并未加入海洋法公约，从法理上讲，它并没有资格指责中国妨碍了南海航行自由。但美国人历来认为自己是海洋自由的虔诚信仰者和无私捍卫者，为世界海洋自由进程做出了巨大贡献。毋庸讳言，在美国早期历史上，为维护其作为中立国的海上通商航行权利，美国是积极追求海洋自由的。海洋自由的相关原则和规定都写入了新生共和国的第一批双边条约中，包括 1778 年与法国、1782 年与荷兰、1783 年与瑞典、1785 年与普鲁士的通商条约，表明了美国早期领导人对海洋自由观念的认同和接纳。为维护海洋自由原则，捍卫中立权利，国力尚弱的美国不惜诉诸武力。1798—1800 年与法国的"准战争"，1801—1815 年清除巴巴利海盗的北非战争，1812 年第二次对英战争，都与海洋自由权利息息相关，甚至有人把 1812 年战争称作一场为了海洋自由的"浪漫"战争。② 第一次世界大战时期的一位美国学者曾撰文称，美国从其历史之初就采纳了自由主

---

① H. Grotius, *The Free Sea*, Indiana：Indianapolis, 2004, pp. 10 – 20.

② T. C. Brady, *For the Freedom of the Sea：A Romance of the War of 1812*, New York：Charles Scribner's Sons, 1910.

义的国际海洋法原则，以此作为追求至善完美的准则。① 威尔逊总统则声称"海洋自由"是"美国的原则"。② 第二次世界大战时期，罗斯福总统在一次"炉边谈话"中称，美国世世代代都曾为公海航行自由的普遍原则而战斗。③

然而，我们把美国的海洋自由政策放在更大的世界海洋自由及相关立法进程加以考察时，便不难发现，美国人海洋自由信奉者和捍卫者的自我形象，是虚妄的。美国海洋自由政策自有其利益逻辑和历史传统，全球海洋自由、他国正当海洋权益从来没有成为其海洋政策的出发点和归宿。

本文将择取近代历史上，美国与世界海洋自由及相关国际法立法进程交集的几个关键历史时刻，考察当时美国的利益考量和现实政策选择，从而归纳这种利益逻辑和历史传统，并进一步考察战后美国海洋自由政策的发展趋势。

二

美国第一次正式表达自己的海洋自由观念，是在革命时期的 1776 年"条约计划"。条约计划提出"自由船舶所载货物自由"、有限禁运、中立贸易的权利等原则和规定，体现了对战时中立国海上通商航行权利的关切。④ 不过，海洋自由观念体系的发展主要源于欧洲。条约计划所包含的原则，在 1713 年 4 月的英法《乌特勒支条约》中早已提出；而且，美国革命时期影响大得多的事件，是 1780 年 2 月在俄国女皇叶卡捷琳娜的倡导下，俄国、丹麦、瑞典等国发表的"武装

---

① J. S. Reeves, "Two Conceptions of the Freedom of the Seas", *The American Historical Review*, 1917, 22 (3), p. 540.

② Address of the President of United States to the Senate, January 22, 1917, *FRUS*, 1917 Supplement 1, The World War, Washington: United States Government Printing Office, 1931, pp. 24 – 29.

③ 参见［美］富兰克林·德·罗斯福《罗斯福选集》，关在天编译，商务印书馆 1982 年版，第 317—318 页。

④ 参见［美］S. F. 比米斯《美国外交史》第一分册，叶笃义译，商务印书馆 1985 年版，第 31 页。

中立宣言"。该宣言提出的"中立船只可在交战国各口岸之间和交战国沿海自由航行""中立船中立货""有效封锁"等原则，成为日后国际海洋法和战时中立法发展的重要基础。大陆会议抱着寻求大国承认和援助的意图，通过了实行武装中立的原则，并试图自荐参加该联盟。但期望中的好处并未到来，且随着独立目标的临近，大陆会议开始担心会受到武装中立联盟的束缚，甚至因之而卷入欧洲的政治和纠纷中去，遂决定放弃加入联盟的外交活动。此外，独立战争期间，美国人一直在从事武装私掠船这一违背海洋自由原则的活动。

总之，独立战争时期，美国与世界海洋自由进程的第一次交集实际表明：美国从一开始就没有打算让欧洲主导的海洋自由机制束缚自己的行动自由，机会主义才是其根本的政策取向。对此，外交史学家 S. F. 比米斯不无揶揄地写道："美国对武装中立原则的态度是美国革命时期外交中的一个有教育意义的插曲。"[1] 布拉德福·珀金斯则谴责说：美国人总是强调外国政治家狡诈成性，对自身的言行却视而不见。[2]

在世界海洋自由发展史上，1856 年《巴黎宣言》具有重要地位。宣言提出了海战和海洋自由四原则，即永久废除武装私掠船；除违禁品外，中立国旗帜保护敌方货物；除违禁品外，敌方船只上中立国货物免于捕获；封锁，出于控制的目的，必须有效，即有一支足够的海上力量以阻止任何船只进入地方港口。《巴黎宣言》的签订标志着西方主要国家对"自由船自由货"和"有效封锁"等海洋自由原则的认识达成了一定程度的统一，从而为之后的国际海上行为提供了法律标准和行动依据。美国政府对《巴黎宣言》能够接纳它历来主张的"自由船自由货"原则表示欢迎，但又认为"（联邦政府）海上实力过于弱小，武装私掠船是美国海上力量不可分割的一部分"，一旦废除之，无异于将海洋主导权拱手让给海军大国，于是提议将"海上私

---

① ［美］S. F. 比米斯：《美国外交史》第一分册，叶笃义译，商务印书馆 1985 年版，第 51 页。

② 参见［美］布拉德福·珀金斯《剑桥美国对外关系史》第一卷《共和制帝国的创建（1776—1865 年）》，周桂银、杨光海译，新华出版社 2004 年版，第 48 页。

产豁免原则"作为永久废除私掠制度的前提。① 美国的提议未被采纳，美国因此拒绝加入这一开放性国际公约。这是美国与世界海洋自由进程的第二次大交集，暴露了美国追求海洋主导权的野心，尽管此时美国的海军力量还十分弱小。

具有讽刺意味的是，5 年之后，美国内战爆发，联邦政府反受自己主张之害：南方大力武装私掠船，对北方海上贸易造成重创。林肯政府意识到《巴黎宣言》对己有利，于是迅速改变先前不加入的立场，向英法等国提出加入的申请。英法以联邦政府所从事的战争乃内部纷争为由，对林肯政府的提议不予表态。即便如此，林肯政府仍信誓旦旦地表示，美国将在对英法的贸易中，遵守《巴黎宣言》诸原则。事实胜于雄辩。内战中，出于打败南部邦联、维护国家统一的重大利益考量，林肯政府非但未能遵守诺言，反而大大偏离其传统立场，违反"有效封锁"原则，对中立港口进行监控，甚至在公海捕获中立船只。② 这些做法表明，在维护国家统一的至高利益面前，美国根本不会坚持什么海洋自由原则。

美国先是拒绝加入国际主流海洋自由立法，后又寻求加入并要求他国遵循的行为，在 1909 年、1914 年再度上演。1908 年 12 月至 1909 年 2 月，由英国召集、美国等 10 个海上强国与会的伦敦国际海军会议召开。会议最后公布了《伦敦宣言》，就战时封锁、战时违禁品、违反中立的业务、中立捕获船的毁坏、改悬中立旗、敌性、护航、搜查之抵抗、赔偿等方面，做了周密详细的规定，明确了战争中交战国与中立国的关系，提出了一份足够长的自由货物清单，体现了限制交战国权利、维护中立国权利的精神实质，因此被称为"历届海洋会议中对中立国权益维护最为广泛的国际条约"。③ 作为经常卷入

---

① F. Piggot, *The Declaration of Paris 1856: A Study Documented*, London: University of London Press Ltd., 1919, p. 142.

② F. L. Owsley, America and the Freedom of the Seas, 1861 – 1865. CRAVEN, A. ed. *Essays in Honor of William E. Dodd. Illinois*, Chicago: The University of Chicago Press, 1935, pp. 194 – 256.

③ T. M. Armstrong, Z. Neutrality, A. Decond, et al. (eds.), *Encyclopedia of American Foreign Policy* (Second Edition), New York: Charles Scribner's Sons Gale Group, 2002, Vol. 2, p. 565.

海上战争的世界第一海军强国的英国因此拒不承认《伦敦宣言》。在国际普遍批准无望的情况下，西奥多·罗斯福政府最终亦未加入这一条约。第一次世界大战爆发后，随着同盟国和协约国纷纷宣布海上封锁，美国的中立权利和海上贸易受到严重威胁，所以美国转变立场，要求英国承认并遵守宣言。然而，无论法理还是历史，均对美国不利，所以经过两个多月的交涉，威尔逊政府不得不收回要求英国接受《伦敦宣言》的建议。

第一次世界大战时期，威尔逊政府的海洋自由追求是积极而主动的，体现了其意欲主导世界海洋自由进程的雄心。1917 年 1 月 22 日，威尔逊在参议院发表题为"没有胜利者的和平"的演讲，大谈"海洋自由意味着每一个国家都可以自由利用世界贸易开放通道的权利"；"海洋通道必须在法律和事实上，都是自由的；海洋自由是实现和平、平等、合作的必要条件"。① 在他规划战后世界秩序的"十四点"中，海洋自由占据着重要的地位，被列在了第二点。② 威尔逊的海洋自由构想具有理想主义和现实主义的双重性。理想主义，指这一构想是其理想主义国际秩序构想的有机组成部分，与强调法律、道德、自由、民主、门户开放等对于世界和平重要意义的思想，一脉相承。现实主义，指它旨在追求美国海洋商业权利的同时，提出开放欧洲列强已经霸占的海上通道的要求，反映了一种打破英国海洋霸权、逐渐确立自身海洋霸权的意图。利益至上是威尔逊海洋自由构想的内核。所以，当其构想遭到英法的抵制后，他就放弃了该追求，在提交的三份盟约草案中，对海洋自由只字未提，而是顺势将政策重点转向了追求海洋霸权。③ 当然，他的海洋霸权主张同样遭到了英国强烈而有效的反对。1919 年 9 月底，威尔逊因中风几近丧命，已无力主导国内政局。11

---

① Address of the President of United States to the Senate, January 22, 1917, *FRUS*: 1917 Supplement 1, The World War, Washington: United States Government Printing Office, 1931, pp. 24 – 29.

② Address of the President of United States Delivered at a Joint Session of the Two Houses of Congress, January 8, 1918, *FRUS*: 1918 Supplement 1, The World War, Washington: United States Government Printing Office, 1933, p. 15.

③ 这些文件的具体内容，参见 R. S. Baker (ed.), *Woodrow Wilson and World Settlement: Written from His Unpublished and Personal Material*, Vol. 3, New York, 1922。

月 19 日，美国参议院经过三轮投票，最终否决了凡尔赛条约与国联盟约。美国再次游离于世界海洋自由进程主流之外。

威尔逊的海洋自由构想是对美国海洋自由政策史的一次总结。至此的历史清晰地显示：在近代以来的绝大部分时间里，美国都是游离于世界海洋自由进程主流之外，甚至与主流背道而驰的；美国人历来对海洋自由问题持一种国家利益至上的现实主义态度——具体主张什么、反对什么，是参与到世界海洋自由进程当中来还是独立其外，皆视当下的国家利益而定。这就是美国海洋自由政策的利益逻辑和历史传统。

三

第一次世界大战后，尤其是第二次世界大战后，美国海洋自由政策的演进，除了延续这一利益逻辑和传统之外，又发展出另外一种趋势：随着自身军事力量的日益强大，以单边主义、军事手段追求海洋利益的冲动也日益增强。

威尔逊之后的哈定共和党政府充分利用美国的经济力量，召集华盛顿会议，迫使其他大国通过《五国海军条约》，接受了美国与英国拥有同等海军力量的条约地位。但在"恢复常态"施政理念指导下，共和党政府在海洋自由议程上，不进反退。1929 年 1 月 24 日，威廉·博拉参议员就即将在参院表决的《海军巡洋舰法案》提出了一份修正案，呼吁召开一次国际会议以调整现存海洋法体系。他建议美国在开始海军竞赛之前应竭力尝试两件事：一是与各海军大国就海军建设达成彻底谅解；二是就海洋自由达成彻底谅解。① 但博拉的海洋自由呼吁不无哗众取宠之嫌，其实质是要回到第一次世界大战之前的主张上去。② 1930 年海牙国际法编纂会议上，美国在领海、毗连区、历史性海湾等问题上，提出了扩大自己管辖范围的要求③，这是第二

---

①　"Senator Borah on the Freedom of the Seas"，*Congressional Digest*，1930，9（1）.

②　"Senator Borah and the Freedom of the Seas"，*The Round Table*：*The Commonwealth Journal of International Affairs*，1929，19（74），p. 74.

③　J. S. Nye，"Ocean Rule Making from a World Politics Perspective"，*Ocean Development and International Law Journal*，1975，3（1），p. 42.

次世界大战后美国追求"封闭海洋"的先声。随着战争形势的加剧，美国更是通过 1935—1937 年"中立法"放弃了历史上曾倍加珍视的中立权利。①

第二次世界大战爆发后，面对法西斯德国对美国舰船的屡屡攻击及其控制海洋野心的日益暴露，富兰克林·罗斯福追随威尔逊的步伐，重申美国对海洋自由原则的坚持。他在 1941 年 5 月的一次讲话中谈道："一切自由——这里指的是生存的自由，而不是征服和压制其他民族的自由——都取决于海洋上航行的自由。""作为统一的有决心的人民的总统，我庄严宣告：我们重申关于海洋上航行自由的传统美国主张。"② 1941 年 8 月的《大西洋宪章》也表达出同样观点："这样一个自由，应使一切人类可以横渡公海大洋，不受阻碍。"③ 应该说，在赋予海洋自由抽象意义方面，罗斯福比威尔逊更进一步。但更重要的是，罗斯福开始大胆地从国家安全和实力均衡的角度思考海洋自由问题。他在 1941 年 9 月 11 日的"炉边谈话"中称："美国世世代代都曾为公海上航行自由的普遍原则而战斗。这是一项很简单的原则——但又是一项起码的、根本性的原则……完整地维护美国防务有两个屏障：第一是我们向希特勒的敌人运送物资的补给线；第二是我们在公海上航行的自由。"④ 美国学者布里格认为，这是对威尔逊海洋自由政策的又一次突破性发展⑤，实质上是朝着军事霸权思路迈进了一步。

经过第二次世界大战的洗礼，美国真正确立了世界第一海军大国地位，其拥有的水上大型舰船数量是处于第二位的英国和第三位的苏

① T. M. Armstrong, Z. Neutrality, A. Decond, et al. (eds.), *Encyclopedia of American Foreign Policy* (Second Edition), New York: Charles Scribner's Sons Gale Group, 2002, Vol. 2, p. 567.

② ［美］富兰克林·德·罗斯福：《罗斯福选集》，关在天编译，商务印书馆 1982 年版，第 294、295、301 页。

③ 世界知识出版社：《国际条约集（1934—1944）》，世界知识出版社 1961 年版，第 338 页。

④ ［美］富兰克林·德·罗斯福：《罗斯福选集》，关在天编译，商务印书馆 1982 年版，第 317—318 页。

⑤ E H Buehrig, "Freedom of the Seas: 1917, 1941", *The Journal of Politics*, 1944, 6 (1), pp. 20 – 22.

联之和的两倍。① 美国海军明确了"维持、训练并装备一支招之能战、战则能胜的海军力量,以此遏阻侵略行为,维护海洋自由"的使命。② 在联合国成立之前的 1945 年 9 月 28 日,杜鲁门政府单方面发表公告,声称技术的发展要求美国必须拓展对沿海的司法管辖权,在毗连的公海区域设立保护区,以保卫渔业以及对大陆架矿产资源开发利用的专属权利。③ 公告虽未提出扩展领海的主张,亦称不会影响公海航行自由,但却是对海洋自由原则的"篡改"和"严重挑战"。④ 美国就此迈出了战后世界范围内"封闭海洋"的第一步,开启了"蓝色圈地运动"的滥觞。⑤

1958 年,第一次联合国海洋法会议在日内瓦召开。会议通过了《领海及毗连区公约》《公海公约》等四部公约,拓展了以美国为首的西方海洋大国的近海利益和公海自由,却未能反映广大发展中国家的要求。为解决领海宽度等重大问题,1960 年在日内瓦召开了第二次联合国海洋法会议。美国代表团主席阿瑟·迪安撰文称,该次会议是一场"争取海洋自由的搏斗"⑥,实际上是打着海洋自由的旗号,行维护美国等西方大国既得利益之实。这次会议因西方大国与第三世界国家、苏联社会主义集团之间分歧严重,而未能达成任何协议。会议的无果而终强化了美国运用单边主义、军事手段追求海洋利益的倾

---

① J. S. Nye, "Ocean Rule Making from a World Politics Perspective", *Ocean Development and International Law Journal*, 1975, 3 (1), pp. 42 – 43.

② Mission of the Navy, http: //www. navy. mil/navydata/organization/org-top. asp2014/01/08.

③ H. S. Truman, Proclamation 2667 - Policy of the United States With Respect to the Natural Resources of the Subsoil and Sea Bed of the Continental Shelf, September 28, 1945, http: // www. presidency. ucsb. edu/ws/? pid = 12332; H. S. Truman, Proclamation 2668 - Policy of the United States with Respect to Coastal Fisheries in Certain Areas of the High Seas, September 28, 1945, http: //www. presidency. ucsb. edu/ws/? pid = 58816.

④ R. P. Anand, Changing Concepts of Freedom of the Seas: A Historical Perspective, in J. M. Van Dyke, et al. eds, *Freedom for the Seas in the 21st Century: Ocean Governance and Environmental Harmony*, Washington, D. C.: Island Press, 1993, p. 78.

⑤ D. C. Watt, "First Steps in the Enclosure of the Oceans: The Origins of Truman's Proclamation on the Resources of the Continental Shelf", 28 September 1945, *Marine Policy*, July 1979.

⑥ A. H. Dean, "The Second Geneva Conference on the Law of the Sea: The Fight for Freedom of the Seas", *The American Journal of International Law*, 1960, 54 (4), p. 4.

向，愈加无视传统海洋自由原则对第三世界国家的不公平和非正义。

1982 年达成了综合性的《联合国海洋法公约》，对公海自由作出了扩宽性界定，并确立了领海无害通过、用于国际航行的海峡的过境通行权以及群岛海道通过权等权利，创造了包括国际海洋法庭在内的重要的争端解决制度和机制。这些都是对美国海洋自由观的重大确认，也反映了国际社会不受阻碍航行权方面的权利。但美国却以其中的国际海底制度违反了美国倡导的自由竞争理念为由，拒绝批准该公约。① 甚至在联合国大会经十余年艰苦谈判，于 1994 年 7 月达成满足美国要求的《关于执行 1982 年 12 月 10 日〈联合国海洋法公约〉第十一部分的协定》后，美国国会仍以各种理由拖延就加入公约进行表决。

与对海洋法公约将信将疑、存而不决态度形成鲜明对照的是，美国对军事手段选择的果敢坚决、步步为营。在联合国海洋法会议结束之前的 1979 年，卡特政府便制订并实施了"航行自由计划"，以海洋自由卫士自居，外交和军事行动相配合，应对"过度海洋主张"对联合国海洋法的破坏。然其保证美国军事力量全球机动畅通、维护美国海洋霸权的实质，昭然若揭。卡特之后的美国历届政府都继承了该计划，对 30 多个国家和地区进行了几百次的军事宣示。② 2007 年，美国海军、海军陆战队和海岸警卫队联合推出《面向 21 世纪海洋大国的合作战略》指出，夯实全球航行自由这一美国海洋权力的基石，需要确立一种大国合作的"地区性框架，以达到完善海洋治理和法律规则执行"之目的。③ 美国海军研究人员詹姆斯·克拉斯卡（James Karaska）指出，在国际海洋法已成为当代海上权力重要组成部分的

---

① A. Rappaport and W. E. Weeks, "Freedom of the Seas", in A. Decond, et al. (eds.), *Encyclopedia of American Foreign Policy*, Second Edition, Vol. 2, New York: Charles Scribner's Sons Gale Group, 2002, p. 121; Jayakumar S. Unclos:《20 年记》，傅崐成等编译《弗吉尼亚大学海洋法论文三十年精选集 1977—2007》第 4 卷，厦门大学出版社 2010 年版，第 1513 页。

② 参见曲升《美国"航行自由计划"初探》，《美国研究》2013 年第 1 期。

③ U. S. Department of the Navy, U. S. Marine Corps, U. S. Coast Guard, A Cooperative Strategy for 21st Century Seapower, October 2007, http://www. navy. mil/maritime/MaritimeStrategy. pdf.

新形势下，"合作战略"刻意模糊之、忽略之，表明了当前美国海权理念的滞后。① 这种轻法律重军事的海洋自由思路，在当代美国社会同样具有很大的市场和吸引力。2011 年 8 月，美国传统基金会在其刊物《背景材料》上发表题为"确保美国的航行权利和自由不需要加入联合国海洋法公约"的文章指出，1982 年海洋法公约通过之前的 200 余年及之后的 30 余年，美国依靠已有的国际法习惯、强大海军以及"航行自由计划"的外交抗议和军事宣示行动，成功地捍卫了它的航行权利和自由，因此，美国为保卫其海洋大国权利，不必加入这个"存在严重缺陷的"多边条约，仅维持一支强大海军足矣。②

实际上，美国国内是存在多边主义—法制手段与单边主义—军事手段两种思路争论的，但在国家安全战略决策层，单边主义—军事手段似乎正在成为主导性思维。2012 年 1 月，美国国防部出台了最新防务战略指南《维持美国的全球领导地位：21 世纪国防优先任务》，该指南指出："为了促进经济增长和贸易自由，美国将与全球合作伙伴一起保护自由进入全球公共领域的权利……全球安全与繁荣愈加依赖于空中或海上的货物自由流通。""美国将继续与有能力的盟友和合作伙伴一起领导全球活动，通过强调国际行为标准和维持相关协作性军事能力，确保可获取和利用全球公共资源。"③ 显然，文件延续了 2007 年"合作战略"轻法律重军事的海洋战略思路。

英国学者肯沃斯和杨格在 1928 年的著作中曾写道："海洋自由是独立以来美国人的守护神。"但两个半世纪的外交实践表明，美国人对这一"神祇"的信仰并不纯粹，而是充满了私心杂念甚至是亵渎。"海洋自由"已从弱者的"守护神"，演变成为强者的霸权工具——维护美国海洋霸权乃至全球霸权的工具。由是观之，美国在中

---

① J. Kraska, "Grasping the Influence of Law on Sea Power", *Naval War College Review*, 2009, 62 (3), p. 121.

② S. Groves, "Accession to the U. N. Convention on the Law of the Sea Is Unnecessary to Secure U. S. Navigation Rights and Freedoms", *Backgrounder*, No. 2599, August 24, 2011, p. 1.

③ U. S. Department of Defense, Sustaining U. S. Global Leadership: Priorities for 21st Century Defense, January 2012, http://www.defense.gov/news/Defense _ Strategic _ Guidance. pdf.

国南海问题上宣扬的航行自由，也并非无私高尚的，而是其把南海问题作为重返亚洲，遏制中国崛起，从而维护自身全球领导地位的一个根据、抓手和切入点。从历史教益和国际法理等方面入手，揭露和批判美国世界海洋自由倡导者和捍卫者形象的虚幻性，对我们而言，可能是一种有效的反制手段。

（本文原载《渤海大学学报（哲学社会科学版）》2016 年第 4 期）

美国内战前种植园时期黑人
奴隶命名习惯

许露平 *

摘要： 姓名是一个人的符号，是一个人身份的重要标志，美国黑人奴隶的名字也具有自己的独特文化含义。命名习惯可以反映个人的经历、人们对生活的态度，甚至可以反映当时的社会文化价值观。美国黑人奴隶的命名习惯体现了自己的独特文化，表现出了对家族血统的传承和对家族身份的重视，对非洲传统命名模式的继承，也在自己所处的环境和背景下受到了白人种植园主人和白人文化的影响。

关键词： 黑人；奴隶；命名习惯

弗洛伊德认为："一个人的名字是其人格的重要组成部分，甚至是其灵魂的一部分。"① 人类学家梅尔·福特斯也指出："命名习惯是无价的具有历史意义的证据，它往往反映出个人的经历，具有历史意义的事件，人们对生活的态度以及文化和价值观取向。"② 一首黑人诗歌可以反映出黑人对名字的态度："黑皮肤的人们，请听我说：那些给了我们生命的人在开口说话之前要考虑严肃的问题，他们说：要给孩子取名，必须先考虑自己的传统和历史，他们说：一个人的名字

---

* 许露平，女，湖北襄阳人，鲁东大学历史文化学院硕士研究生。

① 索贝尔：《他们共同创造的世界：18世纪弗吉尼亚的白人和黑人的价值观念》，第157页，转引自陈志杰《顺应与抗争——奴隶制下的美国黑人文化》，中国社会科学出版社2010年版，第128页。

② Herbert G. Gutman, *The Black Family in Slavery and Freedom 1750 – 1925*, New York, 1976, p. 185.

就是他的簪头，黑皮肤的人们，请听我说：我们的先辈从不把名字当作儿戏。听到他们的名字就知道他们的家世，每个名字都是一个真实的见证。"① 可见黑人对名字是非常重视的。在美国内战前白人给买来的奴隶命名是非常普遍的事情，但是也有黑人自己为自己的孩子命名。因此美国内战前黑人的命名习惯也受到了传统非洲黑人命名方式以及白人种植园主和白人文化的影响，更体现出黑人对家族血统的以及家族身份的传承。

一　重视家族血统的传承

内战前许多种植园里的黑人命名都非常重视家族血统的传承。因此许多黑人会以祖父母、父母或其他直系亲属的名字给孩子命名，有的也会用已故的孩子或直系亲属的名字。比如在南卡罗来纳的鲍尔种植园，9/10 的家庭都会把父亲的名字传给下一代。6/10 的家庭会用祖父的名字来给儿子名字，4/10 的家庭则会用外祖父的名字来给儿子命名。尤其是在给家庭里面的第一个儿子取名时，大约 2/3 以上的家庭会以父亲的名字命名，如果第一个儿子没有继承父亲的名字，那么就会以祖父的名字命名，也有 4.5% 的家庭会以外祖父的名字来命名。② 黑人在给女儿取名时往往偏向母亲、祖母或外祖母。同样地，在鲍尔种植园家庭里出生的第一个或第二个女儿多喜欢用母亲或祖母的名字。所有家庭给第一个女儿命名的时候经常会以母亲、外祖母、祖母名字这样的顺序来取名。由此可以看出，黑人奴隶在给孩子取名时都会注重父系的或母系的家族名字的传承，男孩多偏向用祖父或父亲的名字，尤其是家里出生的第一个儿子往往会继承家族名字，女孩多偏向用外祖母或母亲的名字。此外，黑人奴隶也会用直系亲属例如

---

①　陈志杰：《顺应与抗争——奴隶制下的美国黑人文化》，中国社会科学出版社 2010 年版，第 132 页；转引斯塔基《奴隶的文化：民族主义理论与美国黑人社会的奠基》，第 193 页。

②　Cheryll Ann Cody, "There Was No 'Absalom' on the Ball Plantations: Slave-Naming Practices in the South Carolina Low Country, 1720 – 1865", *The American Historical Review*, 1987, 92 (3), p. 569.

叔叔或阿姨的名字，或者已故的兄弟姐妹的名字来给孩子命名。1884年到1865年在Stirling（斯特灵）种植园里出生的孩子中就有7个是以已故的兄弟姐妹的名字命名的。奴隶Long George（乔治）和Linder（林德）的女儿Roseale出生于1842年死于1847年。在1855年他们又生了一个女儿，就取名为Roseale。Rosabella（罗莎贝拉）是以母亲的姐姐命名的，刚出生后就死了，她的父母4年后又生了一个女儿取名为Rosabella。① 关于黑人奴隶用已故的兄弟姐妹名字来给孩子命名的习惯的起源和意义很少有记载。新英格兰的一些材料提到某个家庭成员去世后出生的一个婴儿很可能就是那个去世的成员的轮回。在19世纪早期，密西西比河的一个曾是奴隶的人告诉Newbell-Puckett（纽贝尔·帕克特）："如果你在孩子满月前给他取名字的话他就会死掉，这似乎暗示着一个事实，就是这个灵魂在落入这个身体前需要有机会来熟悉熟悉。"② 所以许多人都会在孩子出生后一段时间来给孩子命名，以免带来不好的运气。用已故家庭成员成员的名字来命名体现出黑人奴隶家庭对家族的重视以及对家族身份的传承和延续。

二　非洲命名传统的影响

美国种植园黑人奴隶的命名也受到了非洲命名传统的影响。在非洲命名模式中喜欢用"日期命名"。大部分的日期名字来自节假日、月份、季节或者是一个星期中的第几天。在非洲男孩经常取名为"Quashy"（奎西）或"Cuffee"（卡非）分别是"星期天"和"星期五"的意思。③ 黑人奴隶沿用非洲的"日期命名"模式是为了提醒自己的过去，通过这种命名方式来延续非洲的一些习惯，而这种非洲形式的"日期命名"模式之所以能够延续就是很少保留与日期相联系的意思。在鲍尔种植园Cuffee（卡非）是非常受欢迎的男孩名字，被

---

① Herbert G. Gutman. *The Black Family in Slavery and Freedom 1750 – 1925*, New York, 1976, p. 192.

② Ibid. , p. 193.

③ John Thornton, "Central African Names and African-American Naming Patterns", *The American Historical Review*, 1993, p. 727.

用过 8 次。但是只有一个男孩是在星期五出生的。Mimba（米芭）在非洲的命名模式中是非常大众化的女孩名字，意为星期六出生的孩子，但是 8 个里面只有 2 个孩子是在星期六出生的。此外黑人奴隶也用节假日来给孩子命名，甚至用一些时间日名字来作为家族的名字延续下去。比如，1743 年 12 月 25 日出生的一名奴隶取名为"Christmas"（圣诞节），而这个孩子的姐姐出生在复活节的前一天命名为"Easter"（复活节）。① 也有一些时间名字如"Easter"（复活节）、"July"（七月）、"March"（三月）作为家族名字沿用下去。此外，非洲传统命名模式也受到了基督教文化的影响。在中非的大部分黑人都是基督教徒，他们往往有自己的基督教洗礼名字，但通常是葡萄牙语形式。这种名字往往是主人取的名，也有的是奴隶模仿主人取的，但是在大西洋奴隶贸易之前基督教和基督教名字在中非早已根深蒂固。美国种植园黑人奴隶在给孩子命名时也喜欢选用《圣经》里面的英雄人物的名字，同时也会避免选用那些有缺点或者有不好行为的人物的名字。通过大力士参孙（Samson）的故事，黑人奴隶父母都喜欢用这个英雄的名字来给自己的儿子命名。但是他们从来不把自己的女儿取名为黛利拉（Delilah，迷惑大力士参孙的妖妇）。在《圣经》故事中的领袖人物中，哈拿（Hannah）、撒母耳（Samuel）、大卫（David）和所罗门（Solomon）都是常见的黑人名字，但是黑人奴隶父母许多都不会用扫罗（Saul）来给孩子命名，因为在《圣经》故事中，扫罗不守本位、有错不改、妒贤嫉能、反复无常的性格掩盖住了他的优点。也很少有黑人奴隶给自己的儿子取名为"押沙龙"（Absalom），因为他是《圣经》故事中背叛自己父亲的不孝子。黑人奴隶父母也不会把自己的女儿取名为"拔示巴"（Bathsheba），因为她本是乌利亚的妻子，后来嫁给了大卫王，有不贞的坏名声。② 因此我们

---

① Cheryll Ann Cody, "There Was No 'Absalom' on the Ball Plantations: Slave-Naming Practices in the South Carolina Low Country, 1720 – 1865", *The American Historical Review*, 1987, 92 (3), p. 573.

② 参见科迪《鲍尔种植园没有"押沙龙"：南卡罗来纳低洼地区奴隶的取名方式，1720—1865》，第 573 页，转引自陈志杰《顺应与抗争——奴隶制下的美国黑人文化》，中国社会科学出版社 2010 年版，第 141 页。

可以看出黑人奴隶在给自己孩子命名时延续了非洲的一些传统，即使一些命名习惯早已失去了原来的意义，只保留了形式，但是黑人奴隶仍想通过这种命名习惯来时刻提醒着自己的过去。

三 白人种植园主和白人文化的影响

最后黑人奴隶命名也受到了白人种植园主和白人文化的影响。非洲黑人在给孩子命名时，有时候会模仿主人命名的模式或者让主人直接给他们的孩子命名。在美国南方种植园白人主人也会给黑人奴隶命名。种植园主有时会用自己妻子或女儿的名字来给黑人女孩命名。比如 Windsor（温莎）和 Angola Ame（安哥拉·艾米），1748 年出生的黑人女孩 Lydia（莉迪亚）就是用了主人的妻子的名字。他们接下来的 4 个孩子也是白人主人命名的，主人在给黑人奴隶孩子命名时除了会体现自己的个人偏好和宗教观念，也会显示自己的博学。比如他们的第二个儿子被命名为 Surry（萨里），是英国的一个地名；第三个女儿取名为 Diana（黛安娜），是一个拉丁名字，代表月亮女神，也是一个常用的英文名字；第四个女儿取名为 Sabrina（萨宾娜），可能来源于德国或北欧神话；第五个女儿取名为 Cleopatra（克利奥帕特拉），是尼罗河女王的名字。但是黑人奴隶在给男孩取名时会避免和主人的名字相联系。比如在 18 世纪出生的黑人奴隶孩子就有被主人取名为 Cordelia（考狄利娅）和 Romeo（罗密欧），这两个名字都来源于莎士比亚的文学作品里面的人物。[①] 白人奴隶也会采用非常短小的名字来给奴隶命名，这些短小的名字都是英语常用名的简写、缩写、昵称。比如 1789 年宾夕法尼亚州的奴隶主伊丽莎白·拉姆齐给自己的奴隶赫斯特出生登记，姓名为彼得。[②] 此外，白人种植园主人有时候也会为了简化分配任务给奴隶起一个名字来区分他们，但是这种命名方式

[①] Cheryll Ann Cody, "There Was No 'Absalom' on the Ball Plantations: Slave-Naming Practices in the South Carolina Low Country, 1720 – 1865", *The American Historical Review*, 1987, 92（3）, p. 583.

[②] Herbert G. Gutman, *The Black Family in Slavery and Freedom 1750 – 1925*, New York, 1976.

并不在种植园中占主导地位。要不然一个种植园中儿子就不能用自己祖父母、父母或其他亲属的名字来取名了，尤其是在一些大的种植园，他们需要和奴隶人数相同的名字数量，这样是不切实际的。[1] 早期白人为黑奴命名时都只给名而不给姓，在一些相关的奴隶记录里，奴隶是没有姓氏的。白人不希望他们以姓氏作为维系血亲的纽带，希望他们自己以个体的身份存在，这样便于管理。

总的来说，黑人奴隶命名既保留了自己的传统文化，也受到了白人种植园主人以及他们文化的影响，其中最重要的是黑人奴隶在给孩子命名时十分重视对家族血统的传承，家族的名字是黑人奴隶与其他种植园的奴隶或其他黑人奴隶的区别，不管孩子的命名是按父系的或者是母系的还是用其他直系亲属或已故的兄弟姐妹的名字来命名，都表现了黑人奴隶对家族身份延续的重视，这也是对自己家族系统的一种传承。沿用非洲传统的命名习惯也表明了黑人奴隶时刻不忘过去，他们希望用祖先的这种命名模式来时刻提醒自己的过去，就算原先有些名字的意义已不再沿用，他们也希望通过保留这种取名形式来纪念自己的过去。在南方种植园时期，黑人奴隶命名习惯也不得不受到白人种植园主人以及白人文化的影响，作为奴隶虽然有时候不得不按照主人的意愿来给孩子命名，但是他们也积极争取为自己孩子取名的权利。可见，黑人奴隶的命名习惯是受到许多内在的和外在的因素的影响而慢慢形成的一种独特的命名方式，既传承了自己传统的文化又适应了社会环境的发展。

---

[1] Cheryll Ann Cody, "There Was No 'Absalom' on the Ball Plantations: Slave-Naming Practices in the South Carolina Low Country, 1720 - 1865", *The American Historical Review*, 1987, 92 (3), p. 572.

古代中世纪史研究

19 世纪来华传教士对西方古典学的引介和传播（摘要）

陈德正　　胡其柱[*]

19 世纪，来华传教士为了改变中国人对西方的偏见，积极引介有关古希腊—罗马的古典学知识。他们借助期刊、报纸、考察报告和史学论著，向晚清中国描述了一个足以与中华文明相媲美的古典世界。来华传教士对西方古典学的译介和传播，在一定程度上影响了晚清中国士大夫的自大心理，推动他们走上了了解和学习西方的道路。

本文以 19 世纪来华传教士的译著为主线，通过详细地介绍《东西史记和合》《六合丛谈》《万国公报》《西方考略》这四份刊物和《四裔编年表》《万国通鉴》《万国通史前编》和艾约瑟三部曲这四类通史著作，考察西方古典学是以何种形式被引入晚清中国的，古希腊罗马在这些知识中是作为什么形象出现的，具体介绍西方古典学传入中国的过程。

英国伦敦会传教士麦都思编写的《东西史记和合》，是目前发现最早的系统引介西洋历史的文字。麦都思试图借助文字让中国人认识到，西洋各国与中国同样文明悠久。为此，《东西史记和合》分别以"亚大麦"和盘古开天辟地，作为西洋和中国历史的开端，显示东西方平等。中国史起自盘古开天地，迄于明亡；西洋史起自上帝造天地，迄于英吉利哪耳慢朝。西洋史部分，麦都思介绍了埃及和罗马帝国。麦都思突出罗马帝国的残暴，反衬基督教的正义性。《东西史记

---

* 陈德正，聊城大学历史文化与旅游学院教授，博士，聊城大学太平洋岛国研究中心研究人员；胡其柱，聊城大学历史文化与旅游学院副教授，博士。

和合》的最大特色是，将东西方历史作对照论述，以罗马帝国对应秦汉帝国。这种中西历史比较的方法，有助于打破晚清士大夫以自我为中心的天下观，增强他们对西方世界的感性认识，帮助他们形成一种万国并立的世界观念。

英国伦敦传道会传教士伟亚烈力于1857年创办了《六合丛谈》，介绍西方宗教、科学、文化和新闻。这份刊物发表了传教士艾约瑟的多篇短文，通过《希腊为西国文学之祖》《和马传》《黑陆独都传》和《罗马诗人略说》四篇文章，追溯希腊和罗马文化。艾约瑟描述的罗马帝国不再充满暴戾之气，而是一个足以与中国汉唐相媲美的异域世界。至此，中西两种文明的并立已若隐若现。

第三部分是晚清影响力最大的报纸《万国公报》，由美国传教士林乐知主持创办。林乐知、韦廉臣、艾约瑟和高葆真等人都曾分别撰文，介绍古希腊罗马的历史和文化。

《西方考略》是美国长老会传教士丁韪良提交总理衙门的一份欧美教育文化考察报告。该报告分为上、下两卷，"上卷随路程而略述见闻，下卷择体要而推论学术"。其中，在追溯泰西历史或学术本源时，该报告曾提及古代雅典和罗马文化。

通史著作方面，主要有英国博那氏的《四裔编年表》，美国公理会传教士谢卫楼的《万国通鉴》，蔡尔康和英国传教士李思合作编译而成的《万国通史前编》，艾约瑟的三部曲《欧洲史略》《希腊志略》和《罗马志略》。

19世纪来华传教士对于西方古典学的引介，为晚清中国人了解西方，尤其了解西方文明源头提供了最初信息。它们让晚清中国人逐渐意识到，作为近世欧美文明源头的古希腊罗马，绝不是想象中的蛮荒之地，而是一个文治昌明、战功显赫的盛世帝国，并且为近世西洋文明崛起提供了精神源泉。在古希腊和罗马文明面前，中华帝国并不存在绝对优势，"西学东源"论不能成立。当然，19世纪来华传教士对于西方古典学的引介是零散的，主要集中于历史和哲学层面，个别地方还存在知识性错误。同时，传教士引介西方古典学的目的非常明确，即通过渲染古希腊罗马的文明和战功，提升西洋在中国士大夫心目中的文化形象，推动他们亲近甚至追随欧美，进而接受基督教。在此心理引导下，他们所描述的古希腊和罗马，不可避免地存在某种程度的"失真"。就其影响来看，来华传教士的这些西学引介，确实为晚清中国士大夫提供了知识增量，对于推动中国士大夫抛弃自大心理，深入了解和学习西洋文明发挥了重要作用，但是传教士所追求的最终目的——劝导士大夫改信基督教，似乎并没有取得明显成效。

（摘自《史学理论研究》2015 年第 3 期）

试析撒路斯特的史学成就

梁 洁[*]

摘要：撒路斯特是罗马共和时期的政治家、史家。他的作品无论是在选材上还是在写作上都有自己的独到之处。他从当代政治、军事事件入手，以道德为评价准绳，尽量客观地描述了罗马共和时期社会的发展状况，他的写作特点和他的史学思想对后来罗马史家有一定影响。

关键词：撒路斯特；罗马；史学史

盖乌斯·撒路斯特·克里斯普斯（Gaius Sallustius Crispus，公元前87—前35年）[①]是罗马共和时期的政治家，他曾是恺撒的部将，是公元前47年罗马的行政长官，他还做过新阿非利加行省的长官，一人兼具多种身份。在恺撒当政的时代，撒路斯特曾是罗马政坛较有影响的人物之一，也是罗马共和时期社会剧烈转变的见证者和记录者，从政坛上隐退后他写作了《喀提林阴谋》《朱古达战争》和《历

---

　* 梁洁，德州学院历史与社会管理学院副教授，博士。

　① 在史学界关于撒路斯特的生卒年代是有争议的。撒路斯特的出生时间一般说来有两种说法：一是公元前87年说（M. L. W. Laistner 在他的著作 *The Greater Roman Historians* 中，提到撒路斯特出生于公元前87年），一是公元前86年说（D. C. Earl 在 *The Political Thought of Sallust* 一书中，认定撒路斯特的出生日期是公元前86年；持同样观点的还有哈佛大学出版社的英拉对译本的作者 J. C. Rolfe、Ronald Mellor、Luce、G. M. Paul and Michael Grant）。但后者得到了更多学者的认可。撒路斯特去世的时间是推定出来的，一般认定在公元前35年或公元前34年（D. C. Earl、G. M. Paul 和 J. C. Rolfe 认为可能是在公元前35年或公元前34年；Ronald Mellor、Luce 和 Laistner 认为是在公元前35年；Michael Grant 则认为是在公元前34年）。中文版译者王以铸在书中也没有确定具体的年代。本文为方便起见一般采用公元前87—前35年说。

史》三部历史著作，为我们描述了罗马共和时期的政治风云。

撒路斯特的史书无论是在选材上还是写作风格上都有自己的独特之处，研究这些问题可以帮助我们更好地了解撒路斯特及罗马史学在西方史学史上的地位。

一

很多学者认为在罗马对撒路斯特影响最大的应该是老加图。非常巧合的是，他后来同老加图的孙子小加图却是政敌，但他对老加图的崇拜比对他孙子小加图的抨击来得更容易些。撒路斯特认为老加图是罗马最有口才的人，他欣赏老加图简洁、古朴的语言，但他更赞同老加图作为元老阶层的一员对这一阶层游手好闲、懒惰和堕落的道德表现出的不满和抨击。① 也可以这样说，撒路斯特是老加图传统道德观念的坚定继承者。

老加图生活简朴，对公共财产没有任何的要求；在事务中对下属表现得温和宽容，在别的场合则显示出与他身份相称的庄重和严峻。② 撒路斯特在书中也描述过古代罗马的美德：

> 无论是在家中还是在战场上都培养着美德；这里有最大的和谐，很少或是几乎没有贪婪，他们中间普遍存在着公正和正直，与其说是由于法律的原因不如说是出于本性……他们在对神的奉献上非常的大方，在家却非常简朴，对他们的朋友非常忠诚。③

公元前 195 年老加图担任执政官之前，罗马就赢得了对汉尼拔和马其顿国王腓力五世的胜利，国外几乎没有什么危险，国内也没有什么政治危机，但老加图看到了征服对罗马造成的道德危险。他反对取消对奢侈品的限制，这些奢侈品在战争期间是要征税的；他还害怕罗

---

① Michael Grant, *The Ancient Historians*, Duckworth, 1994, p. 212.

② Plutarch, *Lives*, *Marcus Cato*, VI, London: Harvard University Press, 1997.

③ Sallust, *The War With Catiline*, IX, London: Harvard University Press, 1995.

马的贵族尤其是他们的妻子会开始模仿她们在希腊和非洲看到的放荡的生活方式。① 在老加图死后的一个世纪，他的担心成为现实。罗马贵族实际上已接受了东方的奢华，撒路斯特生活的时代这样的奢侈已不是什么稀奇的事情。

撒路斯特所看重的道德同老加图严肃的道德观如出一辙。老加图在《起源》中攻击贵族政治，赞扬平民的伟大行为；他在书中从来不提个人的名字；他插入自己的演说以谴责贵族的压迫；他反对个人和公共道德的低标准。但他的目的不是排挤贵族而是要净化贵族②，撒路斯特写作的目的也是如此。

撒路斯特还把老加图对道德的批评引申到对政治的抨击上，他关心的是道德的堕落会摧毁这个国家。他不认为在本质上罗马贵族比其他人更优秀，而且作为新人，撒路斯特对贵族是有敌意的，这使得撒路斯特像老加图一样，认为真正的美德是一个人争取来的而不是继承的。③ 撒路斯特和其他的古代作家一样给我们留下这样一种印象，即认为罗马共和国后期存在两种派别：平民和贵族，而且他也认为平民也好，贵族也好，谁都不比谁更好些。④

二

撒路斯特在写作中注重主题的选择，善于使用古朴的语言来描述事件，利用演说和插叙来描述人物，作品中弥漫的悲观气氛等对西方后世的史家有一定的影响。尤其是塔西陀，许多学者在分析其作品时大都认为他在写作时借鉴了撒路斯特的一些东西。⑤

首先是语言，塔西陀不喜欢用西塞罗式的华丽修辞，在语言上他更倾向于撒路斯特式的风格，从《历史》到《编年史》都可以看到

---

① Plutarch, *Lives, Marcus Cato*, London: Harvard University Press, XVIII.

② 转引自 D. C. Earl, *The Political Thought of Sallust*, London: Cambridge University Press, 1961, p. 120。

③ Sallust, *The War With Catiline*, XVII; Sallust, *The War With Jugurtha*, XLI, LXXXV.

④ Sallust, *The War With Jugurtha*, XLI.

⑤ Ronald Syme, *Sallust*, p. 292; Michael Grant, *Roman Literture*, London: Penguin Books, 1958, p. 103.

塔西陀坚持使用古朴、典雅的语言；其次两人都选择衰落作为写作的主题。一个描述了共和时期公民内部的争斗和罗马对外战争；另一个则描述了在恺撒们的统治下，和平时代里人们自由和尊严的丧失。两人都倾向于揭露社会的黑暗面，他们对人、对社会都抱着怀疑的态度。他们两人都关注罪恶、暴力和虚伪。撒路斯特的作品是他对现实不满的一种抨击，他反对专制，希望罗马能够继承古代罗马优良的道德品质；而塔西陀对此的谴责更加猛烈，因为他的史书是他在皇帝们统治下经历的总结。最后在分析事件原因时，他们都不盲目地使用宗教来为自己服务，他们对神灵的态度是客观的。但是塔西陀还有撒路斯特所不具备的优点：幽默、宽容和乐观。

就像要讨论修昔底德对撒路斯特的影响具体体现在哪个方面一样，要想分析撒路斯特对塔西陀的影响也是困难的。因为任何一个成熟的史家都不可能盲目地跟从某个既定的模式，他选用或是不选用某种写作方式更多是要考虑到它与主题是否和谐统一。每个史家都有自己的写作风格和特点，撒路斯特的作品之所以能够在漫长的岁月中始终得到人们的喜爱，自然有他的原因。后来的史家借鉴他的经验也是必然的事情，正如学者们所分析的，撒路斯特的名声是持久的，他的文学技巧、他用道德来解释罗马社会转变的原因等都对后世产生了影响。所以有人甚至说，在罗马只有西塞罗和维吉尔在成就上超过了撒路斯特。①

三

从撒路斯特保留下的作品来看，他的文学和史学才能是突出的。在公元前 38 年，他还被要求为一位将军写演说词。② 1 世纪后期的作家们认为撒路斯特是伟大的历史大师；诗人马提雅尔称他为罗马历史上最杰出的人物，是伟大的演说术教师③；昆体良认为他模仿了希腊

---

① Ronald Syme, *Sallust*, p. 301.

② Ronald Mellor, *The Roman Historians*, London and New York: Routledge, 1999, p. 46.

③ Martial, *Epigrams*, London: Harvard University Press, 1993.

史家的写作特点。① 作为风格上的创新者，他对塔西陀有很大的影响，塔西陀称他为罗马历史上著名的历史学家。② 在 2 世纪，对古代拉丁语的重新尝试使得撒路斯特的作品在作家中再次流行开来，这些作家包括奥路斯·盖利乌斯和弗隆托，后者是皇帝玛尔库斯·奥里利乌斯的老师。

撒路斯特的两部作品分别描述罗马共和时期内部斗争和罗马同努米底亚之间的矛盾冲突，他以某个特殊时段或是某一事件作为写作的主题，从小处着眼，探讨的却是罗马共和制度逐渐走向衰落的深层原因。由于他杰出的文学写作才能、材料的选择和组织得当、较高的史识，他的作品受到人们的喜爱，而且被比较完整地保留了下来。在阿庇安、李维、苏维托尼乌斯等人的史书中，都不可能找到比撒路斯特叙述得更加详细的喀提林阴谋和朱古达战争。尤其是《喀提林阴谋》，当代人写作当代事，他有其他史家不能比拟的优势：他是恺撒、西塞罗的同事，了解他们的性格；他可以获得别人不容易得到的史料；他挑选了合适的写作时间，在所有的当事人都去世后他才动笔，这可以让他保持清醒的客观，尽量不受或是少受外界因素的影响。《朱古达战争》写作的时间虽然同这个战争发生的时间有一定的间隔（大约相隔了 65 年的时间，战争结束是在公元前 105 年，撒路斯特写作此书的时间约在公元前 40 年），但是由于他曾是新阿非利加行省的长官，与他人相比，对北非战场他有更多的感性认识；他还掌握了努米底亚国王希延普撒尔所写的布匿语史料。所以不难明白，当阿庇安等人史书中有关喀提林阴谋、朱古达战争的记录不能完整地保留下来时，后人至少还可以通过撒路斯特的作品了解事件经过的原因。他的史书为我们保留了极为珍贵的史料，如果没有撒路斯特的作品，我们可能再也不能如此清楚地了解喀提林阴谋和朱古达战争了。

撒路斯特在罗马开创了一种新的写作方式，他使主题更加集中；他对一些问题的看法也影响着罗马人重新审视自己的历史。例如，在西方世界有许多人甚至包括圣·奥古斯丁都接受了撒路斯特的观点：

---

① Quintilian, *Institutio Oratoria*, III. VIII, London: Harvard University Press, 1996.

② Tacitus, *Annals*, III. XXX, London: Harvard University Press, 1992.

罗马共和国的衰落要归于迦太基的陷落，把公元前 146 年迦太基的陷落作为罗马共和国历史的转折点。虽然这样的看法在波利比乌斯的书中已经提到过。当斯奇比奥攻陷了迦太基后，他曾痛哭流涕，公然为敌人的不幸而悲伤。他沉思了很久，回顾城市、国家和帝国也与个人一样，都不可避免地会遭到灭亡的，他引用了荷马的名句：总有一天，我们神圣的特洛伊、普赖阿姆和持矛的普赖阿姆所统治的人民，都会灭亡。波利比乌斯问他引用这几行诗句的意义，斯奇比奥毫不迟疑，坦白地说出他自己祖国的名字来，因为当他想到人事变化无常的时候，他就担心他祖国的命运。① 撒路斯特再次强调了这个观点，并把它变为自己思想的一部分。② 在《喀提林阴谋》中他说道，当罗马统治的对手迦太基被彻底毁灭，所有的海洋和陆地都畅行无阻的时候，命运却开始变得残酷起来，把他们的全部事务弄得毫无秩序。③在《朱古达战争》中他又提到，在迦太基被摧毁之前，罗马人民和元老院一道和平而稳健地治理着共和国，在公民中间没有任何争荣誉或是争权力的行为；对敌人的恐惧保存了国家美好的道德风尚。但是当人民的内心摆脱了那种恐惧的时候，由繁荣幸福而造成的恶果，放荡和横傲自然而然地便产生出来了。④ 在两书中他所表达的观点是一致的，他认为迦太基的存在不仅没有威胁到罗马的发展，相反，这个外部的敌人对罗马人来说是一种制约，它使罗马时刻处于一种防备状态中，它的存在保证了罗马的清醒。在对待迦太基的态度上他同老加图的观点是大不一样的。据说老加图在元老院表决任何问题时总要说上一句："依我之见迦太基必须毁灭。"与此相反，普布利乌斯·斯奇比奥常以这样的声明结束他的发言："依我之见迦太基必须予以宽容。"⑤ 也许斯奇比奥不同于老加图之处就在于他对迦太基有更深刻的亲身感受，他从迦太基的毁灭中看到了罗马的未来。他们两人都有

---

① Appain, *Roman History*, VIII, Part I XIX, London: Harvard University Press, 1913.

② D. C. Earl, *The Political Thought of Sallust*, London: The Cambridge University Press, 1961, p. 116.

③ Sallust, *The War With Catiline*, X.

④ Sallust, *The War With Jugurtha*, XLI.

⑤ Plutarch, *Lives*, *Marcus Cato*, XXVII.

同样的目的：延续罗马的繁荣，但是他们采取的方法不同。撒路斯特在道德观上毫无保留地倾向于老加图，但在迦太基问题上，他的看法与斯奇比奥不谋而合。只不过斯奇比奥在灭亡迦太基时就已经预见到这个后果，撒路斯特是在罗马政治腐败出现之后才有这样的思考。总之，在探讨罗马共和国的衰败原因时，撒路斯特并没有把眼光只局限在道德因素上，外在威胁的消失和人性恶的泛起同样会使人们更加堕落，只不过他使用了更多的篇幅来强调道德作用。

撒路斯特是杰出的罗马史家。他擅长刻画人物，他描写的朱古达、马略和喀提林可能不那么细致但都非常有特点；他还善于使用演说、插叙这些文学形式来突出其作品的主题；他关心的是历史的道德教化作用而不仅仅是娱乐作用。① 撒路斯特不是作为超然的哲学家也不是作为政治小册子作家而出现的。② 更确切地说，他是一个没有崇高个人美德和没有伟大能力的政治家，撒路斯特不过是看到了共和国的衰落并试图说明其中的原因。为了解释共和国的衰落，史家们可以借助各种各样的理由：政治的、社会的、经济的，但撒路斯特还看到了人性的作用。③

对撒路斯特清醒而公正的批评也是存在的。昆体良认为撒路斯特是罗马最伟大的历史学家，昆体良还进一步把他同修昔底德相比较。甚至还有人把他们同希腊的修昔底德、荷马、德摩斯提尼、米南德相提并论。④ 我们可以理解昆体良这样的称赞是出于其个人对撒路斯特的喜爱。因为更多的人认为他对撒路斯特的评价过高了，拉什特纳等学者就认为撒路斯特在罗马只能算是二流史家中最好的一个，把他同

---

① Ronald Mellor, *The Roman Historians*, p. 45.

② D. C. Earl, *The Political Thought of Sallust*, London：The Cambridge University Press, 1961，p. 2. 在书中，厄尔提到蒙森等人认为撒路斯特的作品只不过是在为恺撒辩护，其政治功利性是很强的，持这种观点的人还有施瓦兹。在德国，史家们大都把撒路斯特看成恺撒的辩护者。通常他们更加关注撒路斯特在纪年和地理上的疏忽。

③ D. C. Earl, *The Political Thought of Sallust*, London：The Cambridge University Press, 1961，p. 120.

④ Ronald Mellor, *The Roman Historians*, London：The Cambridge University Press, 1961，p. 46.

李维或是塔西陀相比，只是那些没有真正理解他们作品的学生的看法。①

　　撒路斯特在脱下了镶着紫边的托加袍后，出于对罗马未来的忧虑，他决心用笔记录下罗马的历史。他或许没有想到，当人们再次想起他的时候，不是因为他曾是罗马的政治家、将军，而是因为他的著作——《喀提林阴谋》《朱古达战争》和《历史》，不知他是得意还是失意，自己做元老做将军时没有获得的荣誉却无意间在写作中找到了：他的名字被人们记住，他的作品在人们中间流传，两千年来一直如此。

---

① M. L. W. Laistner, *The Greater Roman Historians*, London：Cambridge University Press, 1947, p. 63.

腓尼基人起源理论研究

亓佩成　王凤翔[*]

摘要：传统上腓尼基人起源的理论有希腊说、迦南人说、海上民族征服变种论和海上民族未征服论四种，但每一种理论都未取得史学界的共识。综合古典学家的记载及现代考古和 DNA 测定等方法，可以基本断定腓尼基人及其社会起源于黎凡特的迦南。

关键词：腓尼基；迦南；海上民族

在古代西亚诸民族中，住在北部地区的通常被视为印欧系统民族，而居住在中南部地区的民族（从亚述到阿拉伯一带）被视为闪米特系统民族。闪米特人，又称闪族人或塞姆人，相传诺亚的儿子闪姆即为其祖先。阿拉伯人、腓尼基人、犹太人和叙利亚人都是闪米特人，今天生活在西亚、北非的居民大部分都是阿拉伯化的古闪米特人的后裔。事实上，西亚地区的印欧系统民族和闪米特系统民族在空间分布上并没有明显的界限，不同风俗、血统、语言和文化的民族往往生活在一起。把古代西亚诸民族分为印欧系统和闪米特系统是就其主要特征而言的。腓尼基人是历史上一支古老的闪米特民族，生活在地中海东岸，相当于今黎巴嫩和叙利亚沿海一带。

古代腓尼基不是国家地理名词，而是一个地区、民族的名称。犹如希腊，城市不但在腓尼基人的历史上有着重要的作用，而且在古代世界各国的经济史、政治史和文化史上的作用比当时小亚细亚各国要重要得多。腓尼基可以说是世界历史上最早实现经济全球化的典型代

---

* 亓佩成，滨州学院人文学院讲师；王凤翔，滨州学院人文学院副教授，博士。

表，并于公元前1200—前800年达到了其文化、航海事业的巅峰。但是，腓尼基人起源的时间、地点和方式却一直困扰着史学界。腓尼基人在古代世界所起的中介作用深刻地影响了地中海世界，例如埃及、迈锡尼、赫梯、希伯来、亚述、巴比伦、波斯、伊达拉利亚、罗马和其他一些我们迄今不知道的社会都在不同程度上受到了腓尼基人的影响。事实上，人类社会早期的商业和社会互动就归功于腓尼基人。因此探寻腓尼基人的起源，非常有意义，这也一直是历史学家和人类学家非常感兴趣的课题之一。

一 传统的腓尼基人起源理论

关于腓尼基人的起源，一直有很多混乱和模糊的传说。最近几年，由于考古学和科学研究的发展，腓尼基人起源的历史信息逐渐明朗。传统上，腓尼基人起源的理论主要有以下四种。

（1）希腊说。希罗多德最早记载了腓尼基人的起源，说他们来自红海（古希腊人认为今天我们所称的波斯湾和印度洋为红海）。希罗多德在其《历史》（第1卷，第1节）中说："根据有学识的波斯人的说法，最初引起了争端的是腓尼基人。他们说以前住在红海（波斯湾及其附近水域）沿岸的这些人，在迁移到我们的海这边来并在这些人现在还居住着的地方定居下来以后，立刻便开始走上远途的航程；他们载运着埃及和亚述的货物，曾在许许多多地方……"① 接着，希罗多德又指出："根据马其顿人的说法，这些普里吉亚人当他们住在欧罗巴（欧洲），与马其顿人为邻的时候，他们称为布利该斯人；但是当他们移居到亚细亚去的时候，他们便也改变了自己的名称并称为腓尼基人了。"②

希罗多德的说法在古代不断重复相传，但现代学者对此持怀疑态度。另一位希腊历史学家、地理学家斯塔拉波在其《地理学》第16卷第3—4节中指出，腓尼基人来自阿拉伯半岛东部的巴林，因为那

---

① ［古希腊］希罗多德：《历史》，王以铸译，商务印书馆2010年版，第1页。
② 同上书，第496页。

里有与他们极其相似的神、墓地和神庙。19 世纪德国历史学家阿诺德·黑伦接受了这一说法。他说："例如，从希腊地理学家那里，我们读到两个岛屿，即提罗斯和巴林的阿拉德。那里的人经常吹嘘他们是腓尼基人的故乡，并且还出示腓尼基人的圣殿遗物。"① 推罗人长久以来坚称自己起源于波斯湾，而且"Tylos"和"Tyre"两个词非常相似，这更支持了这一说法。然而，没有任何证据能证明在巴林岛发生过这样的迁徙。

（2）迦南人说。该理论认为腓尼基人是从迦南人中分化出来的。历史上的迦南人很早就广泛居住于安纳托利亚高原到埃及之间的狭长地带。法国著名考古学家莫里斯·杜南②从比布罗斯的考古发掘中得出的数据支持了这一理论。

（3）海上民族征服变种论。该理论认为早已存在的腓尼基城市比布罗斯、西顿、推罗等连同周围的一些城镇于公元前 1200 年被海上民族征服，然后这些海上民族与当地居民混居，共同构成了腓尼基人。格哈德·赫姆及其他一些学者支持这一观点。③ 但该理论的明显不足之处在于，它形成于对腓尼基诸邦进行发掘之前，因为考古发掘表明腓尼基城市并没有在海上民族出现时被摧毁，其社会也未发生显著变化。尽管如此，一些学者仍然坚持"征服变种论"。

（4）海上民族未征服论。该理论在某些学术领域非常流行，认为腓尼基城邦早在公元前 1200 年之前就已存在，并且在海上民族出现之前与邻邦没有显著差别。大约公元前 1200 年，海上民族征服了黎凡特周围的一些民族，但是却没有入侵腓尼基城邦，所以 1200 年后，周围的民族便与腓尼基人不同了。正因为如此，人们才认为，在公元前 1200 年之后，腓尼基人才作为一个与周围邻居不同的、单独的民族出现在历史上。意大利考古学家萨博迪诺·莫斯卡蒂④和桑

① A. H. Ludwig Heeren, *Historical Researches Into the Politics, Intercourse, and Trade of the Principal Nations of Antiquity*, London: Henry G. Bohn, 1854, p. 441.

② Sabatino Moscati, *The Phoenicians*, New York: Rizzoli International, 1999, pp. 18 – 19.

③ Gerhard Herm, *The Phoenicians: The Purple Empire of the Ancient World*, New York: William Morrow, 1975, pp. 54 – 55.

④ Sabatino Moscati, *The Phoenicians*, New York: Rizzoli International, 1999, pp. 18 – 19.

德罗·菲利波·邦迪①支持该理论。后者在他的《历史进程》中写道："腓尼基人的历史开始于公元前 12 世纪，他们几乎没有被海上民族的入侵所波及。腓尼基人……从这时起开始明显区别于相邻地区。"②

二 腓尼基人起源传统理论的不足

从目前掌握的证据来看，第四种理论的可能性似乎最大。莫斯卡蒂和邦迪的海上民族没有入侵腓尼基城邦的理论非常有意义，颠覆了以前的传统观点。1974 年，考古学家在推罗和萨雷普塔的考古证明，这里在公元前 1200 年左右没有遭到大规模破坏。③④ 对腓尼基其他城邦的考古结果与在推罗、萨雷普塔的考古情况非常相似，差别不大。然而，对黎凡特的考古却表明，同一时期的这里明显遭到海上民族的入侵。很明显，考古证明了大约在公元前 1200 年腓尼基与周围的民族不同。然而，这一理论认为腓尼基人只是仅仅在公元前 1200 年后才与其他民族不同，这似乎表明在此之前腓尼基人与其周围的其他民族完全相同，以至于不能把腓尼基人与周围的其他民族区别开来。这种结论显然是经不住推敲的，就如居住在迦南的人可以称为迦南人，居住在中国的人可以称为中国人一样。因此只有当我们仔细研究了他们的历史、文化和风俗后，才能确定他们是否生活在同一类型或不同类型的社会里。

大约公元前 2200 年，阿摩利人来到黎凡特。在这里，他们遇到了防御完善的城市比布罗斯。⑤ 考古学家在比布罗斯的发掘，证明了

---

① Filippo Sandro Bondi, *The Phoenicians*, New York: Rizzoli International, 1999, pp. 22 – 30.

② Ibid. , pp. 23 – 30.

③ Patricia Bikai, *The Pottery of Tyre*, Warminster, UK: Aris & Phillips, 1978, pp. 73 – 74.

④ James Bennett Pritchard, *Recovering Sarepta, a Phoenician City: Excavations at Sarafand*, Lebanon, 1969 – 1974, by the University Museum of the University of Pennsylvania, Princeton, New Jersey: Princeton University Press, 1978, pp. 1 – 162.

⑤ Nina Jidejian, *Byblos Through the Ages*, Beirut: Dar el-Machreq, 1968, p. 21.

这座城市的城墙经历了几次重建，时间可以追溯到公元前3000年。①
考古学家还发现，在公元前2200—前2000年，这座城市有数次被焚烧、摧毁的痕迹，这反映了比布罗斯曾遭到阿摩利人的多次进攻。但在每一次阿摩利人进攻后，城市的公共建筑和房舍都被重建，城市依然存在。很明显，这些新来的陆上民族与设防的海上民族腓尼基人是一种对抗关系。因此，腓尼基人与周围民族的社会类型完全相同以至于难以区分的命题，很难成立。

为了进一步探讨公元前1200年前腓尼基人的社会类型，我们可以用希伯来人和腓尼基人作比较。公元前2000—前1500年，亚伯拉罕带领希伯来人来到黎凡特地区。当时的希伯来人还过着游牧生活，是一个神教社会，而腓尼基人却是多神教社会。这再次证明，公元前1200年之前的腓尼基人与其相邻民族没有区别的命题不成立。换句话说，早在公元前1200年之前，腓尼基人就已经与这一地区的其他民族不同了。因此，莫斯卡蒂和邦迪观察到腓尼基人在公元前1200年之后与相邻民族不同，就不足为奇了。所以我们可以断定，腓尼基人早在公元前1200年之前、期间和之后就一直存在，不可能在海上民族入侵之时才出现。

第三种观点将腓尼基人的出现与海上民族的入侵联系起来。对于该理论我们不妨作一下探讨。与第四种理论不同，该观点认为海上民族征服了腓尼基各个城邦，然后征服者与当地人融合，形成了腓尼基人。然而，这一观点的不足之处在于，目前还没有考古或其他证据能直接证明腓尼基人被海上民族征服。况且，莫斯卡蒂和邦迪的考古已经证明了腓尼基城邦不但没有遭到海上民族的入侵，而且这一时期腓尼基社会还保持了连续性。因此第三种理论也站不住脚。

综上所述，我们可以看出，发生在公元前1200年左右的历史事件不能够确定腓尼基人的起源问题。很明显，腓尼基民族和社会早在公元前1200年之前就已存在，并且在此之后仍继续发展。

---

① Maurice Dunand（H. Tabet trans.），*Byblos*，Paris：Librairie Adrien-maisonnueve，1973，pp. 20 – 21.

三 结论

2004 年 10 月，由美国国家地理学会赞助的牛津大学人类基因专家斯宾塞·威尔斯和黎巴嫩人类基因专家皮埃尔·札卢亚试图用基因法揭开腓尼基人的起源之谜。首先，威尔斯和札卢亚希望通过基因法找到"海上民族"与迦南人、迦太基人之间的联系。他们花了近 2 年的时间沿着地中海海岸，以随机抽样的方式收集当地人的血样，然后带回实验室分析。他们说，人的 DNA 中有 X、Y 两条长链，Y 链能够反映来自父系的信息，而 DNA 中的短链易发生突变，长链则长期稳定，变化缓慢。从某种意义来说，基因中的长链好比反映父系家族的时钟。他们从在黎巴嫩拉斯基法（Raskifa）山洞里发现的一具 4000 多年前腓尼基人遗骸的下巴处提取了一颗牙齿，作为腓尼基人的原始参照，并参照了在土耳其及其他地方发现的腓尼基人遗骸的基因。威尔斯和札卢亚解释说，不同的父系来源有不同的编号。威尔斯对腓尼基居住过的黎巴嫩、叙利亚、马耳他、西西里、西班牙及现代以色列的犹太人男性基因进行研究，他发现这些人拥有共同编号为 M89 和 M172 的 Y 染色体。基因编号 M89 的人的祖先 4.5 万年前来自非洲，他们迁出非洲后居住在肥沃的西亚地区；基因编号为 M172 的人的祖先 1.2 万年前来自西亚的黎凡特。他们得出的结论是古代腓尼基人拥有 M89 或 M172 染色体，而 M172 基因是腓尼基人的基因标志，也就是说腓尼基人就是土著的黎凡特人，很可能就是今天的黎巴嫩人。[①]这表明古代腓尼基人早在 1.2 万年前就居住在这一地区。

那么问题就来了，到底哪一种理论更接近于真实情况呢？腓尼基人是否是从波斯湾迁徙来的？或起源于黎凡特地区的迦南呢？从前述分析中，我们清楚，在公元前 1200 年以前，没有发生使黎凡特地区的腓尼基社会变异的毁灭，也未使腓尼基人使用的闪语改成其他语言，或使相对和平稳定的腓尼基社会变得富有侵略性。总之，腓尼基

---

① Rick Gore, "Who Were the Phoenicians?", *National Geographic*, Vol. 206. 4, 2004（Oct.）, pp. 26 - 49.

人的基本社会形态在海上民族入侵之前和之后并未发生根本性的改变。因此,我们综合所有可用的历史资料、考古和 DNA 研究,断定腓尼基人及其社会起源于本土黎凡特的迦南。

2015 年古希腊史学术综述

张亚伟*

摘要：2015 年我国古希腊史研究取得了比较大的进展。本文对学者们的研究成果进行分类整理，可以看出，学者们继承前辈研究经验的同时注重吸收外国文化的成果，不断创新，关注时代，关注社会，古希腊史研究正在稳步向前发展。

关键词：西方古典学；古希腊史研究；学术综述

2015 年我国古希腊史研究成果迭出，取得了比较大的进展。一方面，学者们继承了老一辈的研究成果并在此基础上继续深入探寻，同时也注重创新，独辟蹊径，采用新方法解决新问题，运用新的视角并站在客观公正的角度看待历史，使古希腊史研究方向更加多元化。宗教、民主、城邦、战争仍然是研究的热门话题并继续呈现着昂扬态势，与此同时，古希腊社会风俗也是学界研究的新热点，古希腊史研究呈现百花齐放、欣欣向荣之态。

在古希腊战争、军队方面的问题上，陈国巍、王瑶的《亚历山大东征期间的统治政策》① 分三个方面论述了亚历山大东征的成功因素：一是分而治之的政治策略；二是有勇有谋的军事统帅艺术；三是融贯东西的文化政策。文章用精练的语言直观地分析了亚历山大建立横跨欧、亚、非三大洲庞大帝国的原因，框架结构合理，观点鲜明。

---

* 张亚伟，聊城大学历史文化与旅游学院 2015 级世界史专业硕士研究生。

① 参见陈国巍、王瑶《亚历山大东征期间的统治政策》，《内蒙古电大学刊》2015 年第 4 期。

樊康的《古希腊人在黑海沿岸的殖民活动研究》① 从黑海西岸、北岸和南岸不同区域的殖民地的发展情况来分析古希腊殖民运动这一人类发展史上最著名的殖民运动。作者以最典型的黑海地区为例进行深入探寻，其新颖的研究视角以及明确的观点，让读者耳目一新。关于古希腊雇佣兵的论文有两篇。任冰妮的《古典时期的希腊雇佣兵》② 主要介绍了雇佣兵的基本概念，包括其定义、种类、来源、雇主和武器装备，并对雇佣兵的作用进行了评价。而郑绮的《古希腊雇佣兵初探》③ 除了对雇佣兵词源进行辨析，探讨雇佣兵出现的原因、雇佣兵服务周期、兵种等问题外，还在第三部分介绍了雇佣兵对古代世界的影响。两位对雇佣兵的研究和探索不但丰富了古希腊历史的研究，更向世人展示了一个更为清晰的古希腊时代。

宗教仍然是古希腊史研究的重要领域，邢颖的《多路径探索古希腊宗教》④ 从四个方面介绍了学者们不同的研究路径：第一是以仪式为研究重点，并指出仪式虽可作为理解希腊宗教的视角，但不能成为唯一视角，否则有将研究对象推入边缘化的窘境这一可能。第二是注重宗教与古希腊的社会交融，指出 20 世纪中期古希腊宗教研究受学派的影响，重视对社会背景的考察。第三是以城邦为基本框架。随着古典学界对希腊历史理解的逐渐深入，学者们意识到城邦对希腊宗教研究的重要作用。第四是反思城邦宗教范式。随着城邦宗教成为希腊宗教研究领域最有影响力的研究路径，学者开始认识到这一范式的缺陷，即过分强调城邦对宗教的控制权和过分强调宗教对城邦的作用。文章不仅将探索希腊宗教的方式介绍得详细、有条理，还指出每种方式的利弊，令读者对探索希腊宗教的方式了然于心。

陈群志的《古希腊神话与宗教中的时间观》⑤ 提出了一个问题，

① 参见樊康《古希腊人在黑海沿岸的殖民活动研究》，硕士学位论文，山西师范大学，2015 年。

② 参见任冰妮《古典时期的希腊雇佣兵》，硕士学位论文，华中师范大学，2015 年。

③ 参见郑绮《古希腊雇佣兵初探》，硕士学位论文，东北师范大学，2015 年。

④ 参见邢颖《多路径探索古希腊宗教》，《中国社会科学报》2015 年 12 月 14 日第 004 版。

⑤ 参见陈群志《古希腊神话与宗教中的时间观》，《中国社会科学报》2015 年 9 月 22 日第 006 版。

古希腊神话与宗教中到底有没有抽象的时间观念？学界现有两种看法：赫西俄德的神话故事和俄尔甫斯教的创世启示。赫西俄德的时间观念最具价值的是在《工作与时间》中对人类五个时代的描述，分别为黄金时代、白银时代、青铜时代、英雄时代和黑铁时代。俄尔甫斯教认为赫罗诺斯是时间之神，并将其人格化为神谱中的创造神，但对于这一观点，有的学者持反对意见，认为并无赫罗诺斯这一概念。而作者认为，赫罗诺斯作为时间之神并无异议。一方面，1962 年人们在爱琴海西北部帖撒罗尼迦的德尔韦尼发现了一份俄尔普斯教经文的评注稿，其中有些残篇来自公元前 6 世纪，证明俄尔普斯教确实存在。另一方面，在公元前 6 世纪左右，"赫罗诺斯"这个词就有生成延续与毁灭消失的含义。但是综合而论，在古风时期，无论是荷马还是赫西俄德都没有给出一个明确的时间概念，只是有了对时间的感知。

阮炜的《古希腊人的封建迷信》[①] 一文，则对我们展示了希腊人对求神问卜的崇拜。众所周知，古希腊出现过许多追求真理的学者，例如柏拉图，这样的人所处的民族，在大家看来应该是非常理性的。但是作者列举了一些具体事例，如雅典城遍布庙宇；柏拉图也总称"要说祭神次数之多，迎神赛会之瞩目神圣，当推我们雅典"；雅典人最热心的宗教，莫过于祖先崇拜和英雄崇拜；伯罗奔尼撒战争期间，雅典人经常用求问占卜来做是否出征的决定。这些例子论证了古希腊人的封建迷信，让人倍感新奇又带有趣味性。

古希腊民主制度是希腊人留给我们的财富，它让全体公民成为统治者，参与政治，集体掌握国家最高权力，公民集体内部相对平等，法律至上。虽然希腊城邦最终湮没在历史的尘埃中，但它首创的民主政治制度却影响深远。曾林华的《艰辛的民主之路——读〈雅典政制〉有感》[②] 一文，通过向我们讲解亚里士多德的《雅典政制》一书，为我们详尽介绍了古希腊民主制的出现、陷入危机、发展出现反

① 参见阮炜《古希腊人的封建迷信》，《东方早报》。
② 参见曾林华《艰辛的民主之路——读〈雅典政制〉有感》，《科教导刊》2015 年第 12 期。

复以及最终走向成熟的过程，让人受益良多。陈国巍、陈亮亮的《浅析雅典的民主制度》概述了雅典民主政治制度产生的背景、内容及其影响，并指出，雅典的政权由自由民多数人掌握，重视法纪建设，并有一套与民主政治相匹配的监督制度，雅典民主制度不仅对希腊世界还对整个西方民主政治发展都有着深远影响。

贾霞、石庆波的《古希腊城邦的特征：中国学界的认识及转变》①一文对古希腊史的研究热点——城邦，进行了简单回顾，提出公民集体是城邦的本质特征、城市是城邦的组成部分、城邦的经济特征是以工商业为主还是以农业为本这三个问题，文章条理清晰，读者可以更清楚地了解城邦的研究成果，也有利于有关学者进一步加深研究。

公元前 5 世纪末是雅典历史上的多事之秋，也是一个重大转折时代。雅典内忧外患，政治动荡，各派明争暗斗。徐松岩的《塞拉麦涅斯与公元前 5 世纪末的雅典政治》②，为我们梳理了公元前 5 世纪最后十余年雅典政治变动的脉络，全面探讨了塞拉麦涅斯的政治立场和主张，厘清与塞氏相关的主要史实，对塞氏个人做出了相对恰当的评价。

对于古典文献学的解读，研究成果丰硕。阴元涛、崔国强的《〈雅典胞族法令〉译注》③就对《雅典胞族法令》的内容进行了详尽的介绍。关于雅典胞族的文献数据相对稀少，《雅典胞族法令》是研究雅典胞族最重要的文献，该法令的译注无疑填补了古典文献学的一个空白，也为今后学者的研究工作提供了重要的资料。师学良的《〈柏拉图法律篇〉刑法条文选择》一文在柏拉图《法律篇》第九卷的刑法论述中选取了相关法律条文进行译注，将中文研究著述进行了系统整理，有助于具体地认识柏拉图的刑法理念和实践的一些基本特

---

① 参见贾霞、石庆波《古希腊城邦的特征：中国学界的认识及转变》，《山西高等学校社会科学学报》2015 年第 27 卷第 7 期。

② 参见徐松岩《塞拉麦涅斯与公元前 5 世纪末的雅典政治》，《世界历史》2015 年第 2 期。

③ 参见阴元涛、崔国强《〈雅典胞族法令〉译注》，《古代文明》2015 年第 9 卷第 3 期。

点。该文通过古代文献的阐释，取得了在古希腊史古典文献研究方面的极大成果。

徐松岩、赵青青的《伪色诺芬〈雅典政制〉史料价值初探》① 一文，为我们介绍了伪色诺芬的《雅典政制》的史料价值。《雅典政制》作为公元前 5 世纪后期雅典的历史文献，对于研究雅典政治状况、原提洛同盟"盟邦"与雅典的关系以及探析民主政治的实质具有重要的史料价值。在作者看来，雅典民主制的保持、平民利益的满足以及拥有海上霸权三者密不可分，雅典对原提洛同盟诸邦的奴役与统治则表明雅典与"盟邦"关系已由同盟建立之初的不平等同盟关系转变为统属关系，雅典帝国不是主权国家联盟而是一个政治实体。

在思想教育方面，古希腊涌现出了许多杰出的教育家、哲学家，为后世留下了无法估量的思想财富，付晓倩的《〈田功农时〉中的农业教育思想探析》② 一文，选取了被誉为"希腊训谕师之父"赫西俄德的著作《田功农时》并加以分析，指出此书中蕴含的教育思想：一是要勤于劳动，顺应时节；二是要逐求良善、正义和品行；三是要尊敬神灵。作者用朴实的笔触全面地概括了《田功农时》中的教育思想，并与当代社会主义核心价值观相结合，对现代人们也有启发作用。

长期以来学界的关注点都集中在古希腊的政治、文学、哲学等方面，对实用领域关注较少。付晓倩的《古希腊食鱼风俗的历史考察》③ 一文独辟蹊径，从大家关注极少的鱼入手来探讨古希腊社会。其实鱼类不仅是古希腊人重要的肉食来源，而且人们对食用鱼类的态度也从侧面反映了经济的变化、身份观念的认同等方面的问题，对这些方面的研究有助于从实用生活领域进一步了解古希腊社会。作者用流畅朴素的语言为我们展示了一个当今学者很少涉及的领域，也让我们看到了一个更为丰富全面的古希腊社会。

妇女地位一直是学术界比较关注的问题，雅典民主改革始终将妇

---

① 参见徐松岩、赵青青《伪色诺芬〈雅典政制〉史料价值初探》，《史学史研究》2015 年第 2 期。

② 参见付晓倩《〈田功农时〉中的农业教育思想探析》，《农业考古》2015 年第 6 期。

③ 参见付晓倩《古希腊食鱼风俗的历史考察》，《农业考古》2015 年第 1 期。

女排除在外,她们没能享受到雅典民主改革的成果。葛春艳的《古典时期的雅典妇女》① 一文主要探讨了三个方面的问题:第一,雅典妇女的公民权问题;第二,雅典妇女在政治、经济、文化中的地位;第三,雅典妇女在宗教生活中扮演的角色。作者认为,雅典妇女具有不完全的公民权,她们生理上的本能决定了她们在政治、经济、文化中的地位要屈从于男性,但是,雅典妇女在宗教文化中的地位较其他社会地位要乐观,种种原因使她们在某些宗教中拥有较高的地位。

关于古希腊著名历史学家、哲学家修昔底德,学者主要围绕其著作《伯罗奔尼撒战争史》展开研究。何元国的《〈伯罗奔尼撒战争史〉是如何写出来的?——"修昔底德问题"研究的回顾与思考》② 一文,带领我们回顾了 160 多年来"修昔底德问题"的研究史,他认为有三点问题值得思考:第一是作者如何写出《伯罗奔尼撒战争史》为什么会成为一个问题;第二,在"分离论"和"一体论"之争无法抉择之际,康纳提出文本同质性问题;第三,鲁德说"修昔底德问题"是一个"无法回答的问题"而没有取消它,未来可以继续研究。作者认为,这个问题将会激发学者们的研究热情,推动学术界不断加深对史学的认识。王旭的《论修昔底德著作中的"人本史观"》③ 将修昔底德在《伯罗奔尼撒战争史》中的重要史学观念"人本史观"进行深入、完整的探讨,作者认为,其主要表现为:揭开历史真相否定自然现象中神的因素,否定神的同时充分肯定人的作用。虽修昔底德的"人本史观"只是一种朴素的历史观,与现在的"以人为本"有点差距,但还是在那个时代产生了重要影响,并对其他史学家有启示作用。

在史观方面,古希腊史学与其他学科的关系是学者关注的重点。史海波的《从"循环历史观念"看古希腊史学与哲学之关系》④ 一

---

① 参见葛春艳《古典时期的雅典妇女》,硕士学位论文,东北师范大学,2015 年。

② 参见何元国《〈伯罗奔尼撒战争史〉是如何写出来的?——"修昔底德问题"研究的回顾与思考》,《安徽史学》2015 年第 5 期。

③ 参见王旭《论修昔底德著作中的"人本史观"》,硕士学位论文,内蒙古大学,2015 年。

④ 参见史海波《从"循环历史观念"看古希腊史学与哲学之关系》,《经济社会史评论》2015 年第 3 期。

文，以一种流行的哲学观念——循环历史观念为引入点，分析古希腊历史与哲学的关系，作者认为"两者处于矛盾的状态，哲学给历史学提供了坚实的知识基础和学术土壤，但是更倾向于把转瞬即逝的历史事件当成基本的素材而已。但希腊的历史学一直保持着自身的传统和准则，从来没有试图走入哲学的围城。历史学与哲学，如同古希腊的信仰与理性，在矛盾中处于均衡的状态"。

马学剑的《试论古希腊天文学对古希腊历史学的影响》① 一文，从天文学起源与人文精神出发，分别从星座、哲学、历法三个方面入手，指出希腊星座神话体系充满人欲和浪漫主义色彩，尊卑不明，影响了历史学家的人本思想和道德观。希腊早期哲学家的天文学观点和成就为历史学家提供了理性怀疑、唯美精神，以及决定论思想。古希腊历法体系属于不完善的阴阳历，复杂且混乱，造成史家时间概念的缺失。

关于西方古典学在中国的传播，陈德正、胡其柱的《19 世纪来华传教士对西方古典学的引介和传播》② 一文以 19 世纪来华传教士的译著为文章主线，具体考察了西方古典学传入中国的过程。文章向我们详尽地介绍了《东西史记和合》《六合丛谈》《万国公报》《西方考略》这四份刊物和《四裔编年表》《万国通鉴》《万国通史前编》以及艾约瑟三部曲这四类通史著作。文章对各个著述进行了系统而详细的概括，语言条理清晰，每个著作的特点与内容一目了然，向读者展示了一个详细的西方古典学引介过程。作者站在公正的角度，于结尾处客观全面地总结了来华传教士译介西方著作对晚清中国人的深刻影响以及由此带来的一些缺点和弊端，对我们研究这方面的历史有着极为重要的指导意义。该文语言简练，观点鲜明，显示出作者深厚的语言和历史研究功底。

---

① 参见马学剑《试论古希腊天文学对古希腊历史学的影响》，硕士学位论文，云南大学，2015 年。

② 参见陈德正、胡其柱《19 世纪来华传教士对西方古典学的引介和传播》，《史学理论研究》2015 年第 3 期。

关于希腊化时代，徐晓旭的《文化选择与希腊化时代的族群认同》① 采用了一种新的模式来阐释希腊时代希腊文化与非希腊文化的关系。作者引用古代学者的言论和文献以佐证希腊人和外族人之间的区别和转化，在文中，作者还提到了近现代学者的理论和看法，向读者展示了希腊文化和非希腊文化关系问题的研究现状，而且作者从这些学者的观点中总结出了自己的观点，使文章的思想更加深刻。为了更透彻地为读者阐述"文化选择"模式，作者又从文化选择的视角撰写了几则"小历史"。通过讲述希腊时代的埃及与巴勒斯坦族群认同的几段"小历史"，让读者可以更加容易地理解"文化选择"的含义。最后，作者通过研究希腊人或非希腊人选用文化资源的情况，将眼光投射到世界，升华了文章主旨，结尾发人深省。

张琳的《希腊化与犹太传统的对话模式——以马加比起义历史动因为例》② 通过对马加比起义细致地分析，揭开了耶逊希腊化改革、安条克四世军事行动和宗教改革这三项事件的本质，从而发现隐藏在事件深处希腊化和犹太传统这两种力量三种不同的对话模式，并精练地总结了犹太人在对待外来文化问题的基本态度。作者在大量阅读历史文献的基础上进行了深入思考，并得出了自己的看法。文章主题思想深刻，脉络清晰，作者观点一目了然。

何程在《伊索克拉底的〈泛希腊集会辞〉与泛希腊主义》③ 一文中，通过对《泛希腊集会辞》的内容进行深入的剖析，以及对《泛希腊集会辞》研究方面学界形成的两大模式进行阐述，开启了对于泛希腊主义思想体系的描写。文章引用了《泛希腊集会辞》的一些段落，使作者的观点可以更有说服力地展现在读者眼前。而且作者结合了历史事件向读者讲解了伊索克拉底的思想和意图，也同时体现出古希腊的一些时代特点。作者结合了当时的时代背景，解读了《泛希腊集会辞》

---

① 参见徐晓旭《文化选择与希腊化时代的族群认同》，《中国社会科学》2015 年第 3 期。

② 参见张琳《希腊化与犹太传统的对话模式——以马加比起义历史动因为例》，《外国问题研究》2015 年第 4 期，总第 218 期。

③ 参见何程《伊索克拉底的〈泛希腊集会辞〉与泛希腊主义》，《世界历史》2015 年第 4 期。

的时代意义，为读者了解泛希腊主义提供了极佳的参考。

2015 年是学术界在古希腊史研究上稳步向前迈进的一年。各位学者不但孜孜不倦地研究与思考，运用崭新的视角看待历史中的遗留问题，还注意到老一代学者不曾探寻的历史层面并深入加以发掘。这些研究，一方面扩大了我国世界古代史研究的广度与深度，另一方面也会在学术界掀起一场争相创新的风潮。在这种大好的研究形势下，我们一定要抓住势头，对历史进行深入的研究，在继承老一代研究成果的基础上更要有自己的思想，争取为我国世界古代史研究开辟一片新的天地。同时，我国学者也要与国际上的学者保持学术上的联系，取人之长补己之短，让我国的研究走向国际化。

中世纪晚期英国民众生活
研究状况及分析[*]

郭 华[**]

摘要：20世纪70年代以后，西方史学界越来越多的学者关注普通民众生活史的研究，关于中世纪日常生活的著作纷纷涌现。中世纪晚期的英国正处于从传统社会向近代社会转变的前夜，这一时期英国民众生活与近代欧洲社会转型之间的关系问题更成为史学家们关注的重点。本文拟对国内外学者对中世纪晚期英国民众生活研究作一述评，以期为学者对相关领域的进一步研究提供参考和借鉴。

关键词：英国；中世纪晚期；民众生活研究

一 国外研究状况

20世纪70年代中期以来，西方史学研究领域的一个重要特征就是经济史与社会史的结合，成为所谓的"经济—社会史"。[①] 而"关注普通人长时段的日常生活，并以此观察和解释社会结构的变迁与趋向，是经济—社会史的最重要特征"。[②] 此后，出现了许多研究民众生活史的经典之作。

---

[*] 基金项目：本文为2013年山东省教育科学"十二五"规划研究项目"高校世界史开放性教育模式研究"（项目编号：2013GG168）的部分研究成果。

[**] 郭华，女，泰山学院历史与社会发展学院教授，历史学博士。

[①] 侯建新主编：《经济—社会史：历史研究的新方向》，商务印书馆2002年版，第25页。

[②] 同上书，第30页。

（一）关于民众生活的综合性研究

法国年鉴学派的重要代表费尔南·布罗代尔于 1950 年至 1979 年间，经过近 30 年的艰苦努力，撰写了三卷本《15 至 18 世纪的物质文明、经济和资本主义》。在其第一卷《日常生活结构》① 中，布罗代尔对 15—18 世纪世界范围内的人口、粮食、食品与饮料、居住与衣着、能源与冶金、技术与革命、货币、城市进行了研究。作者认为人类有一半以上的时间都泡在日常生活中，人类的全部历史就建筑在这些隐蔽力量的基础之上。资本主义并不是一朝一夕出现的，其基础只能在人们千百年来长时段的日常物质生活中去寻找。显然，"社会因素尤其是以往大大忽略的日常生活对经济活动的意义受到前所未有的重视"。②

1986 年，德国学者汉斯·维尔纳·格茨出版了《欧洲中世纪生活》，这是一部重要的中世纪日常生活史的综述性著作。格茨"不是要尽量生动地描写日常生活，而是要考察不同生活圈子的日常生活"。作者按照"机制（该阶层的政治和经济地位，或社会和文化环境）—空间（物质生活环境）—人（社会地位和人际交往）—日常生活（衣食住行、劳动和休闲）"的顺序，分别对修士、农民、贵族、市民四个主要社会阶层的生活状态进行了概述。作者强调"机制、空间、人"三者具有给定性，日常生活过程应与给定的环境相一致。③ 从而说明了人们的日常生活并不是孤立的，不是在与国家和社会制度相脱离的范围内进行的，而是始终处在政治、经济、宗教和文化诸方面因素的影响之下。

杰弗里·辛曼（Jeffrey L. Singman）的《中世纪欧洲的日常生活》④ 是一部对日常生活进行宏观与微观研究相结合的杰作。它以加

---

① 参见［法］费尔南·布罗代尔《15 至 18 世纪的物质文明、经济和资本主义》第 1 卷，顾良、施康强译，三联书店 2002 年版。

② 侯建新主编：《经济—社会史：历史研究的新方向》，第 43—44 页。

③ ［德］汉斯·维尔纳·格茨：《欧洲中世纪生活》，王亚平译，东方出版社 2002 年版，第 2 页。

④ J. L. Singman, *Daily Life in Medieval Europe*, Greenwood Press, 1999.

深入们对中世纪的理解、清醒地认识"西方现代文化的起源"为宗旨，从社会、人、物质三个维度，概述了中世纪时期人们的社会分层、生命周期和物质文化，介绍了他们的衣食习惯、社会交往和劳动生活；又以牛津郡的库克汉姆（Cuxham）村、多佛尔（Dover）城堡、克吕尼（Cluny）修道院和巴黎为样本，对各阶层的生活过程进行具体的量化分析；还对日常生活中不被人们注意的细节，如，人们在什么地方入睡，如何洗浴，以及在哪里便溺等问题进行了考察。作者认为，这正是日常生活史学家需要格外用心的地方，因为这些问题涉及人们的生活细节。只有当考虑到具体的人的生活状况时，对历史过程和实践的解释才有意义。①

保罗·纽曼（Paul B. Newman）的《中世纪日常生活》② 则进一步深化了对民众日常生活的综合研究。他对 11—15 世纪西欧人们的日常生活进行了全面详细的描述。研究对象包括饮食与烹饪、建筑与房屋、服装与装饰、卫生与医疗、休闲与游乐、武器与装备，几乎涵盖了人们日常生活的方方面面。除了对以上内容进行一般介绍以外，还对各种事物的材料、制作、变化、特征、使用、种类等进行了详尽的叙述，使我们对西欧中世纪时期人们的日常生活条件和环境有了具体的了解。

此外，卡洛·M. 齐波拉的《欧洲经济史：中世纪时期》③，汤普逊的《中世纪经济社会史》④，达尼埃尔·罗什的《平常事情的历史》⑤，詹姆斯·W. 汤普逊的《中世纪晚期欧洲经济社会史》⑥，

---

① 参见刘新城《日常生活史与西欧中世纪日常生活》，《史学理论研究》2004 年第 1 期，第 44 页。

② P. B. Newman, *Daily Life in the Middle Ages*, McFarland, 2001.

③ 参见［意］卡洛·M. 齐波拉《欧洲经济史》第 1 卷，徐璇译，商务印书馆 1988 年版。

④ 参见［美］汤普逊《中世纪经济社会史》上、下册，耿淡如译，商务印书馆 1961 年版。

⑤ 参见［法］达尼埃尔·罗什《平常事情的历史》，吴鼐译，百花文艺出版社 2005 年版。

⑥ 参见［美］詹姆斯·W. 汤普逊《中世纪晚期欧洲经济社会史》，徐家玲译，商务印书馆 1992 年版。

P. 布瓦松纳的《中世纪欧洲的生活与劳动》①，诺贝特·埃利亚斯的《文明的进程》②，杰森·P. 坎贝尔（Josie P. Campbell）的《中世纪大众文化》③ 等经济、社会史著作也涉及了欧洲民众生活的相关内容。

在欧洲民众生活史研究日益发展的同时，对中世纪晚期英国民众生活的研究也十分活跃，其学术成果更为丰富。

克里斯托弗·戴尔（Christopher Dyer）是研究英国日常生活史方面的著名专家。他的《中世纪晚期的生活标准：1200—1500 年社会变化中的英格兰》④ 一书出版后影响很大，再版数次，目前是剑桥大学的教科书。该书是研究中世纪晚期英国社会经济与日常生活的重要文献。作者利用大量翔实的史料对中世纪晚期英国社会各阶层，包括贵族、农民、雇工和穷人进行了全面研究。通过对他们收入和支出的考察，对饮食、居住和财产情况的分析判断，揭示了社会变迁过程中各社会阶层命运的沉浮；阐明了普通民众经济的发展、生活水平的提高和消费需要的增长是经济与社会变迁的动力，人们物质生活的改善必然会带来精神文明的发展。

戴尔的另一部著作《中古英格兰的日常生活》⑤，从村庄、食物、住房、庭院、收入和贸易诸方面对中世纪普通民众的日常生活状况和发展变化进行了研究，同时也论述了在社会变迁中贵族与农民、工匠与雇工的关系。全书分为四部分：村社、生活标准、社会关系和市场贸易。作者利用大量的文献资料和考古证据，着重对西米德兰的格罗斯特郡、沃里克郡、伍斯特郡及其周围的东南部地区和东盎格利亚（East-Anglia）地区进行了研究。

以上两部著作的论述，资料翔实、分析透彻，特别是其在空间和

---

① 参见 [法] P. 布瓦松纳《中世纪欧洲的生活与劳动》，潘源来译，商务印书馆 1985 年版。

② 参见 [德] 诺贝特·埃利亚斯《文明的进程》，吴佩莉译，三联书店 1999 年版。

③ J. P. Campbell, *Popular Culture in the Middle Ages*, Bowling Green State Universty Popular Press, 1986.

④ C. Dyer, *Standards of Living in the Later Middle Ages: Social Change in England*, c. 1200 – 1500, Cambridge University Press, 1989.

⑤ C. Dyer, *Everyday Life in Medieval England*, Cambridge University Press, 2000.

群体上体现出的互补性，是我们深入了解这一时期英国普通民众的日常生活状况及其社会变迁不可或缺的重要参考著作。

亨利·斯坦利·贝内特的《英国庄园生活：1150—1400 年农民生活状况研究》一书，被誉为"研究中世纪庄园农民的经典之作"。他以 1150—1400 年英国庄园农奴为研究对象，描绘了中世纪乡村生活模式，人们田间的劳作、地租与劳役、庄园管理、乡间娱乐、乡村宗教、庄园法庭，以及农奴为争取自由而不断进行的抗争。其间也叙述了庄园农民的居住、饮食、服装等生活场景和风俗习惯，"勾画了英国庄园农民的物质生活与精神生活的立体型和全方位的景观"。作者对"小人物"描写的独特风格，使人读此书"会不知不觉中步入中世纪的某个乡村，与那里的村民生活在一起，体验他们的快乐与忧伤、希望与失望"。① 该书对研究中世纪英国农民日常生活史无疑具有重要的史料价值和思想启迪，是研究中世纪农民生活史必备的参考书。

米尔朱蒂·坎贝尔（Mildred Campbell）的《伊丽莎白和早期斯图亚特王朝时的英国约曼》②，R. H. 希尔顿（R. H. Hilton）的《中世纪晚期的英国农民》③，H. E. S. 费舍（H. E. S. Fisher）、A. R. J. 杰瑞卡（A. R. J. Jurica）的《英国经济史文献：1000—1760 年》④，爱德华·米勒（Edward Miller）的《中古英格兰：1086—1348 年的乡村社会与经济变迁》⑤ 和《英格兰威尔士农业史》⑥，温纳·罗塞纳（Werner Rosener）的《中世纪农民》⑦，S. H. 瑞格比（S. H. Rigby）的

① ［英］亨利·斯坦利·贝内特：《英国庄园生活：1150—1400 年农民生活状况研究·译者序》，上海人民出版社 2005 年版，第 9、11 页。

② M. Campbell, *The English Yeoman: Under Elizabeth and the Early Stuarts*, New York, 1968.

③ R. H. Hilton, *The English Peasantry in the Later Middle Ages*, Clarendon Press, 1975.

④ H. E. S. Fisher, A. R. J. Jurica, *Documents in English Economic History: England from 1000 to 1760*, London, 1977.

⑤ E. Miller, *Medieval England——Rural Society and Economic Change 1086 – 1348*, Longman, 1978.

⑥ E. Miller, *The Agrarian History of England and Wales*, Vol. III, 1348 – 1500, Cambridge University Press, 1991.

⑦ W. Rosener, *Peasants in the Middle Ages*, University of Illinois Press, 1992.

《中世纪晚期的英国社会》①，克里斯托弗·戴尔（Christopher Dyer）的《一个变迁的时代？——中世纪晚期的英国经济社会史》②，阿萨·勃里格斯的《英国社会史》③ 等著作，都涉及英国农民的生活消费状况。

（二）关于民众生活的专题性研究

随着日常生活史研究的不断深入，关于中世纪人们日常生活的专题研究成果相继出版发表。

J. C. 杜姆曼德（J. C. Drummond）、安·维尔波汉姆（Anne Wilbraham）的《英国人的食物》④ 一书，研究了从中世纪晚期到 20 世纪英国人 500 多年中饮食结构的变迁。其中"中世纪与都铎王朝的饮食"一章，对中世纪，尤其是中世纪晚期人们的食物作了详细的介绍，包括食物（谷物、蔬菜水果、畜产品和啤酒）的生产、食品的质量、肉食品、饮食与健康等内容。作者在介绍当时人们饮食结构的同时，还对英国当时社会经济发展水平、不同社会阶层的饮食习惯进行了考察，使我们能够进一步了解英国饮食风俗的源头和饮食文化的流变。马萨·卡琳（Martha Carlin）和琼·罗森索（Joel T. Rosenthal）主编的《中世纪欧洲的饮食和食物》⑤，是一部关于中世纪饮食的论文集。其中，"中世纪英国农民的确在忍受饥饿吗？"与"1300 年至 1400 年间伦敦地区淡啤酒的消耗和农业经济的发展"等相关内容对中世纪的饮食状况和饮食结构，以及饮食与经济发展的相互作用作了介绍。

简·格林维尔（Jane Grenville）的《中古住房》⑥，是一部研究中世纪英国普通民居的专著。该书根据大量考古证据、文献资料和建筑

---

① S. H. Rigby, *English Society in the Later Middle Ages*, Macmillan Press, 1995.

② C. Dyer, *An Age of Transition? Economy and Society in England in the Later Middle Ages*, Clarendon Press, 2005.

③ 参见 ［英］ 阿萨·勃里格斯《英国社会史》，陈叔平、刘成、刘幼勤等译，人民出版社 1989 年版。

④ J. C. Drummond, A. Wilbraham, *The Englishman's Food*, London, 1957.

⑤ M. Carlin, J. T. Rosenthal, *Food and Eating in Medieval Europe*, Hambledon Press, 1998.

⑥ J. Grenville, *Medieval Housing*, Leicester University Press, 1977.

遗存的考证,对农民和城市居民住房建筑的材料、技术、结构、特征以及发展变化进行了系统的研究。在农民住房方面,作者考证了农民建筑是永久性的还是短暂的,农民住房的建筑结构和功能,乡村住宅的内部设计和外形,居住的家庭人口和范围;介绍了关于中世纪普通民众居住问题上存在争议的学术问题。经过作者对历史资料的认真梳理、详细分析,一些模糊问题呈现了清晰的线索。作者还论证了家庭结构和人们生活方式对住房设计的影响,认为不同的居住环境反映了不同社会成分的经济状况;普通民众居住质量的变化折射出了社会经济的进步和人们文明程度的提高。更为可贵的是,为了直观、形象地解释各类建筑的内部结构和外部特征,作者还配以大量的图示。该著作是研究中世纪英国建筑史不可多得的一部重要参考书。

玛乔里(Marjorie)、克温内尔(C. H. B. Quennell)的《英格兰日常用品和设施的历史》是一套多卷本的著作,时间跨度从诺曼征服到第一次世界大战,共分四册。[①] 该书以世纪为研究单位,以人们日常生活和劳动生产中的用品与设施为研究内容,刻画了英国一千年中人们生活和劳动的历史。涉及的范围广,包括服装、交通工具、城堡和住房、娱乐场所、修道院、游戏、装饰品等。作者指出,研究的目的是离开政治的背景,通过搜寻人们怎样度过日常时光、怎样从事各种劳动、使用怎样的工具,来塑造一个人们生活的生动的历史图景。虽然该书所涉及的内容比较多,但只是进行了一般性的描述,缺乏深入细致的探讨。

伊利萨白·柯伍福特(Elisabeth Crowfoot)等著的《纺织与服装:1150—1450》[②],弗朗西丝·葛如(Francis Grew)和马格瑞斯·德·尼伽德(Margrethe de Neergaard)的《鞋与式样:1100—1450》[③],田中天的《图说中世纪服装》[④],瑞查德·W. 安泽(Richard W. Unger)

---

① Marjorie, C. H. B. Quennell, *A History of Everyday Things in England*, Vol. I, 1066 – 1499; Vol. II, 1500 – 1799; Vol. III, 1733 – 1851; Vol. IV, 1851 – 1914, London, 1957.

② E. Crwfoot, F. Pritchard, K. Staniland, *Textiles and Clothing*: *1150 – 1450*, London, 1992.

③ F. Grew, M. Neergaard, *Shoes and Pattens*: *1100 – 1450*, London, 1988.

④ 参见 [日] 田中天《图说中世纪服装》,苏黎衡译,汕头大学出版社 2006 年版。

的《中世纪的啤酒和文艺复兴》① 等著作都涉及对中世纪英国农民日常生活用品消费的考证和研究。

二 国内研究现状

随着国内世界史研究领域的进一步拓展和深入，近十年来"经济—社会史"已成为我国世界史研究的一个新方向，中世纪晚期英国民众生活也开始进入国内学者的研究视野，并出版和发表了相关研究成果。

在这一领域，天津师范大学侯建新教授可以说是一位开拓性学者。他的早期代表作《现代化第一基石：农民个体力量与中世纪晚期社会变迁》② 一书，虽然没有直接涉及农民日常生活消费的内容，但是，他建构起由传统社会向近代社会转型过程中关于农民个人力量决定论的理论体系，考察了英国农民的物质生产能力和交换能力，论证了"农业是近代经济的基础"，社会转型的"基本动力来自农民个体力量的壮大"。该著论证了农民个人力量与社会结构的互动关系，系统考察了前近代英国和中国农民的生产能力，为进一步研究农民消费问题提供了重要的理论前提。

在前一部著作的基础上，侯建新教授在 2005 年又出版了《社会转型时期的西欧与中国》一书。在该著作中，侯先生更加深刻地剖析了西欧社会转型的政治、经济、社会、文化因素。其中围绕中世纪晚期西欧经济的增长，提出了新的认识，即"社会财产和财富的积累机制、生产性活动的法律保障机制、产品和要素市场的流通机制"这三个机制的发育和成长，推动中世纪西欧的生产者普遍实现了"前原始积累"；在此基础上，该著作进一步对中世纪晚期农民生产者个体的生产、消费、剩余和积累的状况进行了考察，阐明了"在资本主义将农民作为一个阶级吞噬掉之前，它是以个体农民物质力量和精神力量

---

① R. W. Unger, *Beer in the Middle Ages and the Renaissance*, University of Pennsyvania Press, 2003.

② 参见侯建新《现代化第一基石：农民个体力量与中世纪晚期社会变迁》，天津社会科学院出版社 1991 年版。

的普遍发展为其发展的基石"。"资本积累,主要取决于基本的生产者个体的生产、消费、剩余和积累的状况。"① 为了更为清晰地说明同为社会转型时期的中英两国的发展与不发展问题,该论著以衣、食、住和燃料作为考察的指标,对英国农民的日常生活与消费水平及其变化进行了评析,论述了英国农民基本的生活状况以及与社会发展的关系。在我国学术界该著作第一次把英国农民日常物质生活消费问题纳入社会转型这一重要论题之中。

在侯先生的另一部著作《农民、市场与社会变迁——冀中 11 村透视并与英国乡村比较》中,以研究中国现代化的历史进程为目的,"围绕 20 世纪上半叶冀中个体农户的生产、消费、交换和盈余,做了较为详细和系统的个案分析与考察,并与英国中世纪晚期至工业革命前的个体农户的相应状况作了比较"。作者指出:"作为农业国的基本生产单位——个体农户的生产、消费、盈余和再生产投入的差异是前工业社会中英农村经济发展差异的基本指标,也是我们考察这一差异的基本依据。"② 再次申明了考察转型时期农民生活消费水准的重要意义。

徐浩教授的《农民经济的历史变迁:中英乡村社会区域发展比较研究》可与上部著作称为姊妹之作,在该书中作者提出了"农民实际生活过程是社会史研究最具开拓性的领域之一"③,该论著在第五章"农民非生产性支出与消费的比较"内容中,考察了中世纪晚期和近代早期英国农民的物质生活消费和社会文化消费及其变化,揭示了农业经济的发展对消费水平的制约及其消费方式对经济发展的影响。

另外,马克垚的《英国封建社会研究》④、赵文洪的《私人财产

---

① 侯建新:《社会转型时期的西欧与中国》,高等教育出版社 2005 年版,第 12、7、9 页。

② 侯建新:《农民、市场与社会变迁——冀中 11 村透视并与英国乡村比较》,社会科学文献出版社 2002 年版,第 316 页。

③ 徐浩:《农民经济的历史变迁:中英乡村社会区域发展比较研究》,社会科学文献出版社 2002 年版,第 380 页。

④ 参见马克垚《英国封建社会研究》,北京大学出版社 2005 年版。

权利体系的发展——西方市场经济和资本主义的起源问题》①、刘新城主编的《西欧中世纪社会史研究》②、刘启戈的《西欧封建庄园》③、沈汉和王建娥合著的《欧洲从封建社会向资本主义社会的过渡研究》④ 等著作中关于农民经济、农民个人财产权利、农民社会地位的论述，为研究中世纪晚期英国农民生活提供了重要的社会背景。

关于中世纪晚期英国民众生活的研究，近十年来中国学者也发表了一系列高质量的学术论文。侯建新的《工业革命前英国农民的生活与消费水平》⑤ 一文，对15—18世纪英国农民的生活与消费水平进行了研究，通过对饮食、房屋、服装和燃料等有关资料的梳理，论述了这一时期英国农民的日常生活状况及其变化。《工业革命前英国农业生产与消费再评析》⑥ 一文，进一步详尽而透彻地论证了工业革命前英国农业生产的发展，农民消费水准的提高，以及对英国社会变迁产生的深刻影响。徐浩的《中世纪英国农村的封建负担及农民生活》⑦ 一文，分析了中世纪农村的封建负担，较为详尽地论述了农民的生产收入和饮食状况，以及宗教节日、风俗习惯和子女教育的消费情况。刘景华、张道全的《14—15世纪英国农民生活状况的初步探讨》⑧ 一文，通过对黑死病以后英国农业经济状况、农民的经济负担和生活态度、偶然的突发事件等方面的分析，对英国农民的生活状况进行了研

---

① 参见赵文洪《私人财产权利体系的发展——西方市场经济和资本主义的起源问题》，中国社会科学出版社1998年版。

② 参见刘新城主编《西欧中世纪社会史研究》，人民出版社2006年版。

③ 参见刘启戈《西欧封建庄园》，商务印书馆1965年版。

④ 参见沈汉、王建娥《欧洲从封建社会向资本主义社会的过渡研究》，南京大学出版社1993年版。

⑤ 参见侯建新《工业革命前英国农民的生活与消费水平》，《世界历史》2001年第1期。

⑥ 参见侯建新《工业革命前英国农业生产与消费再评析》，《世界历史》2006年第4期。

⑦ 参见徐浩《中世纪英国农村的封建负担及农民生活》，《贵州师范大学学报》2000年第2期。

⑧ 参见刘景华、张道全《14—15世纪英国农民生活状况的初步探讨》，《长沙理工大学学报》2004年第4期。

究。王向梅的《从居住角度看英国社会转型时期私人生活的变迁》①、向荣的《移风易俗与英国资本主义的兴起》② 和《啤酒馆问题与近代早期英国文化和价值观念的冲突》③ 等文章，分别从居住状况、风俗习惯和公众消费场所的角度，透视了私人权利的增长、文化的改造和价值观念的变化。侯建新的《富裕农民：英国现代化的最早领头羊》④ 和《个人发展与英国农村阶级结构的变迁》⑤、徐浩的《论中世纪晚期英国农村生产要素市场》⑥、向荣的《茶杯里的风暴？——再论 16 世纪英国的土地问题》⑦、贾薇的《中世纪英国农奴个人物质力量的增长与资本主义的产生》⑧ 等文章都涉及了中世纪晚期英国农民的社会生产与生活问题。

三　评述

综上所述，西方史学界关于中世纪晚期英国民众生活的研究已取得了丰硕成果，可谓卷帙浩繁。既有对民众生活的综合研究，也有专题研究，同时还有宏观和微观研究的结合。相对于国外，国内史学界的相关研究，就其整体而言还是相对比较薄弱。一是研究时间短：在国内相关的著作和论文中，对于转型时期英国农民日常生活史的关注只是近十年来的事情。二是成果不多：至今没有一部关于该内容的专门著述；检索和查阅国内所发表的论文，涉及相关内容的只有十余篇。

---

① 参见王向梅《从居住角度看英国社会转型时期私人生活的变迁》，《世界历史》2005 年第 2 期。

② 参见向荣《移风易俗与英国资本主义的兴起》，《武汉大学学报》2000 年第 3 期。

③ 参见向荣《啤酒馆问题与近代早期英国文化和价值观念的冲突》，《世界历史》2005 年第 5 期。

④ 参见侯建新《富裕农民：英国现代化的最早领头羊》，《史学集刊》2006 年第 6 期。

⑤ 参见侯建新《个人发展与英国农村阶级结构的变迁》，《世界历史》1989 年第 1 期。

⑥ 参见徐浩《论中世纪晚期英国农村生产要素市场》，《历史研究》1994 年第 3 期。

⑦ 参见向荣《茶杯里的风暴？——再论 16 世纪英国的土地问题》，《江汉论坛》1999 年第 6 期。

⑧ 参见贾薇《中世纪英国农奴个人物质力量的增长与资本主义的产生》，《青海社会科学》2001 年第 3 期。

　　另外，国内外学者关于该专题的研究还存在如下不足。一是研究对象"民众"范围过于狭窄，往往仅指农民，忽视了对其他普通人（如商人、手工业者、进城的失地农民等）生活的探究。二是大部分著作只限于"活动""交往"以及"衣食住行"的描述，只是"与主体有关的环境分析"，没有对主体的主观感受、精神价值做深入分析。①

---

　　① 李士珍：《西方学者关于近代早期英国农民生活水平研究》，《中国农史》2003 年第 3 期。

英国"遗产税"的现代性溯源

孙学美[*]

摘要： 英格兰"遗产税"的最早实践出现于中世纪时期，彼时常与继承金混为一谈，之后才慢慢剥离出来；遗产税中的"遗嘱"要素是推动遗产税得以成形的基础前提；遗产税的征收起初主要就动产的继承而论，且受教会的管辖，1853 年继承税将其征收范围扩展至不动产（土地）领域，1857 年英格兰遗嘱检验法庭的创设则将教会的遗嘱管辖权转归世俗当局所有。遗产税的制定与实施逐步纳入国家管理的渠道，并随国家社会形势发展的需要不断地调整与完善，至 1894 年英国现代意义上的遗产税首次确立，它的出现及其后税率的不断提高，为肢解当时的大土地所有者社会发挥了巨大作用。就其产生、发展乃至实施而论无不体现着浓厚的先进性特征，实为一种现代性的事物。

关键词： 遗产税；遗嘱；大地产解体

英国的遗产税是一个不断演变的历史性概念，在现代意义上的遗产税（estate duty）出现之前，其表述有中世纪时期的遗产税（heriort）、遗嘱检验税（probate duty）、动产遗产税（legacy duty）、继承税（succession duty）等。它们征收的内容、管辖权的实施，以及产生的社会价值各不相同：由动产逐渐地向不动产（主要是土地）蔓延，管辖权由教会向世俗当局转移，社会价值逐渐增强。总体而论，英国的遗产税的产生、发展乃至影响等方面都体现着明显的现代性

---

* 孙学美，聊城大学历史文化与旅游学院讲师，博士。

特征。

一 "遗产税"自继承金的分离

征税的实践早已以不同的原则而实行过。在英格兰,现代化之前的基本税收制度建立于 14 世纪,旧丹麦税和其他偶然的封建税收被取代,首先,是对动产的一种灵活的税收制度。1166 年该种税开始偶然征收,但其假定的成熟的模式出现于 13 世纪的 1207 年(征收谷物、牲畜、木材、家具设施和货币的 1/13)。这种税是约翰国王对税收的巨大贡献,它在 1334 年被改为征收固定量。按照"惯例"指派给郡、市镇和教区,由地方当局征收。① 与此相同,中世纪时期的遗产税(heriort②)也由各地惯例作解释,且当时的遗产税常与继承金(relief③)混为一谈,之后才慢慢自后者中分离出来。那么何谓继承金?何谓遗产税?遗产税又是如何自继承金中逐渐分离出来的呢?

继承金最初是针对可继承的骑士役封地而言的,封建主义围绕着"beneficium"(馈赠封地)而展开,国王将一部分土地赠予其封臣,而封臣为此承担特定义务,起初,土地仅由受赠人享用一生,之后则逐渐获得了可继承性。不过,受赠人的继承人并不能立即获得该土地,他需要被重新授予才能获得对土地的占有权,为此,他需要支付一笔费用,即继承金。这是他获得土地继承权的法定要求,且继承金的数量由各地惯例规定,因各地惯例的不同而不同。该费用常要在接

---

① Edward Ames and Richard T. Rapp, "The Birth and Death of Taxes: A Hypothesis, The Jurnal of Economic History", *The Taskes of Economic History*, Vol. 37, No. 1, Mar., 1977, p. 163.

② 遗产税又称继承捐(heriort),(《原照词典》将其解释为上佳牲畜贡赋权,笔者在此采用了史学界较通用的译法)它是领主拥有的一种权利,在封臣死亡时,其上佳的牲畜应上供给领主,即使牲畜不在领地内,领主仍可以获捕它。早期这种贡赋权主要是死亡的封臣的马匹及装备上贡给领主,以利于后来的封臣利用这些马匹及装备做军事防御(另注——本论文中的专业法律词汇的解释主要以《原照英美法词典》为依照。参见薛波主编《原照英美法词典》,北京法律出版社 2003 年版)。

③ 继承金(relief),指封臣的继承人在继承遗产时向领主上缴的款项,在采邑法上,这是保有土地的一种附属义务,即保有人的继承人必须向领主缴纳一笔款项,以使其能继承其长辈的财产,并以此表示对领主权的承认。作为对此的回报,继承人对土地的世袭权便得到了领主的认可。

受土地之时缴纳。它是封建的领主与附庸长期争论的一个重要问题，领主们习惯于借此大捞一笔，但逐渐地，法律对其量做了明确的规定。骑士役封地的继承金为 100 先令，男爵领地的继承金为 100 英镑，奴役地的继承人支付一年的租金。① 亨利一世时期的法律规定："如果我的任何伯爵、男爵或其他封臣去世，其继承人无须回赎其土地，而只需要缴纳正当合法的继承金即可继承。"② 该法律一方面确认了继承金制度，另一方面也显示了继承金已远较以前淡化了。由此可见，继承金是封建的领主附庸关系在处理封土问题的过程中达成的一种税收制度，固着于封建社会的上层，具有较强的封建性，但也呈现逐渐淡化的趋势。

遗产税则是庄园领主对他死亡佃农提出的一种财产要求，它源自一种古老的惯例，根据该惯例，所有的依附农在死后必须将领主提供给他的作战工具，包括马匹、马具和武器等一并交还给领主，后逐渐演化为在农奴死亡时必须缴纳一笔遗产税，它通常是一头最好的家畜或物件。但这仅是就理论而言的，实际上，作为领主的一项重要收入来源，遗产税在当时是一个很沉重的负担。例如，1300 年约克郡的某自由人在他死时为他自圣约翰修道院院长处持有的土地缴纳了他所有财产的 1/3。1381 年前后的塔坦希尔（Tatenhill）账簿也记载某人缴纳的遗产税是 1 英镑 7 先令，此人的全部财产为 4 英镑 3 先令 11便士，"有三分之一归了领主"。③ 波洛克和梅特兰认为：中世纪晚期的遗产税至少有着四种古代的因素：（1）曾经接受领主装备的士兵在死后要将装备归还给领主；（2）自领主处取得耕畜的农民在其死亡时也需归还，若其后人要继续保留，就必须为此以放弃某种最好的物件的形式做补偿；（3）就严格的法律理论而言，农奴的全部财产都属于领主，因而领主取走其中最好的一件仅是其权力的象征；（4）在依据遗嘱处分财产之始，欲立遗嘱者必须用金钱自国王或领

---

① 参见［英］克里斯托弗·戴尔《转型的时代——中世纪晚期英国的经济与社会》，莫玉梅译，社会科学文献出版社 2010 年版，第 19 页。

② 同上书，第 104 页。

③ H. S. Bennett, M. A, *Life on the Englsih Manor: a Study of Peasant Condtion 1150 – 1400*, Cambridge: Cambridge University Press, 1938, p. 145.

主处换取同意或授权,否则遗嘱不成立。① 由此可见,中世纪时期的遗产税源于封建社会基层组织结构中的领主与佃农在处理彼此关系的过程逐渐达成的一种税收制度。与继承金的发展趋势不同,该种税收制度逐渐强化,且最终成长为英国现代意义上的遗产税制度。那么,又是哪些因素促使了中世纪的遗产税的不断成熟呢? 这正是笔者接下来要说明的内容。

二 "遗产税"中"遗嘱"要素的发展

古代遗产税所包含的"遗嘱"要素,是一种现代性的事物,英国的遗产税制度是在遗嘱制度日渐成熟的基础上发展而来的。早自 15 世纪 30 年代起,在英格兰的东部地区就已经出现了大量的"遗嘱"。遗嘱制度的出现,与基督教会对死者财产的安排密切相关,且其"现代性"成分随英国教会与世俗当局对"土地遗赠"问题的争夺而日渐增多。

首先,遗嘱的出现与教会对死者财产的安排密切相关。在诺曼征服之前的英格兰,死者的权利和义务向其继承人的转移最初是由部落习惯、村社习惯调整的,死者的个人所有财产除了保留给死者作为陪葬品的一部分要与死者的尸体一起埋葬和焚烧外,其余则分配给活着的配偶和子嗣。在基督教传入后,为了死者灵魂的利益,死者的保留份被用作虔诚的宗教善行。惯常的做法是将死者的全部财产分作三份:1/3 归部落首领或国王;1/3 归其配偶和子嗣;1/3 归上帝(即教会)。这种做法至封建制度确立后,一直作为一种惯例而存续,仅将原归部落首领或国王的部分转为归封建领主,其他部分保持不变。在涉及有关土地的死后赠予之时,土地所有者会在其遗书中陈明"在我死后我将此土地给予"类的字样。但梅特兰认为这还并非现代意义上的遗嘱。因为:它无法撤销,不可变更,且没有规定任何赠与人死

---

① H. S. Bennett, M. A, *Life on the English Manor: a Study of Peasant Condition 1150 – 1400*, Cambridge: Cambridge University Press, 1938, p. 144.

亡时的代表或其他用于其财产管理的程序。① 至 12 世纪时，教会创制了一种新的遗嘱法，并确立了一种遗嘱有效性以及解释和执行遗嘱的规则体系，不仅大大简化了遗嘱的程序，且将死者临终前对神父的"忏悔"和口头遗嘱等都视为是有效的。根据新的遗嘱执行规则制度，在遗嘱人死后，继承人并不能立即继承遗产，而需要由遗嘱中所任命的遗嘱执行人先行占有全部遗产，并依照遗嘱对遗产进行处理。"行使遗嘱人权利和承担他的债务的不是继承人，而是执行人。"② 不止如此，无遗嘱死者的财产也要由教会法官（主教或其"教会法院推事"的代理人）进行处理，后发展为任命一名管理人负责分配无遗嘱死亡者的财产，管理人的职能类似于遗嘱执行人。此后英国遗嘱法中的死者遗产由执行人和管理人予以管理的制度正源于此。彼时，所有有关遗产继承的争议都隶属教会法院管辖，这构成对封建经济政治关系的一种干预，封建法和世俗当局反对土地遗赠权，并为此做了诸多的努力。

其次，英国的继承制度主要区分为不动产（主要是土地）继承和动产继承两套不同的体系。非限定继承地产一般依长子继承制传给法定继承人，仅在某些地区依据某些特定的地方习惯而依据遗嘱继承方式进行处理。动产则通过遗嘱方式继承并由教会管辖，若被继承人无遗嘱而终，则由教会法庭对死者的动产依据一定的原则进行分配。此外，该时期的数年租借地产权被视为一种动产性收益，而与动产的继承原则无异。

不动产（主要是土地）继承体系的形成，与长子继承制的实行，以及土地不能通过遗嘱继承原则来实施有关。中世纪的封建法规定，土地不能通过遗嘱进行传承，未经国王允许其直接封臣不得转让土地。格兰维尔也称，只有上帝才可以创设土地的继承人，而人则不能。③ 为此，立遗嘱人需要将他们的土地转换成金钱才能以

① Pollock and Maitland, *History of English Law* (I), 2nd ed, Cambridge, 1968, p. 314.
② ［美］哈德罗·J. 伯尔曼：《法律与革命——西方法律传统的形成》，中国大百科全书出版社 1993 年版，第 288 页。
③ 参见［英］克里斯托弗·戴尔《转型的时代——中世纪晚期英国的经济与社会》，莫玉梅译，社会科学文献出版社 2010 年版，第 65 页。

货币形式进行遗赠，他们指示遗嘱执行人出售土地，且常是安排他们的儿子们购买，要求他们在一定时期内缴纳规定量的钱款。诺曼征服之前的英格兰人并没有长子继承制的概念，彼时若一个人临终时有几个儿子，通行的规则是将其包括土地和动产在内的所有财产在几个儿子之间平均分割。"长子继承制"随诺曼征服而融入英格兰，诺曼之封建制度的确立，凸显了长子继承制的优越性，随之成为中世纪英格兰通行的土地继承规则。长子继承制首先是自骑士役封地上推行的，后逐渐地扩展到其他类型的土地，至爱德华统治末期，长子继承制已经扩展到奴役保有地。其他的继承制度则仅以某些地方习惯的形式而存续，例如，肯特郡的诸子平分继承制，或将土地归于最年幼的儿子的继承制度。但总体而论，英格兰逐渐通过长子继承制的形式而于土地之上确立了一种永久限定继承的制度，这种制度是与封建制度相伴生的，其得以实行的主要手段是"严格家族定序授产制"。最后，就连法律本身也开始遵行这一根深蒂固的习惯。在许多习惯法中，长子及其支系有优先继承自由保有和军役保有土地的权利。然而，长子继承制的广为流传，是因为在封建制度下，封地的分裂会使家族中的每个人受到损害，而封地的巩固则能使每一个人得到好处。封建家族的力量会因土地权利集中掌握在一人之手而变得更为强大，而其他法律、制度等的实施又使得获得土地继承权的长子们并不会因此而在占有、利益等方面获得更为优越的条件。总之，长子继承制的实行，以及土地不能通过遗嘱继承原则来实施，使英国的土地（不动产）继承逐渐受制于"严格家庭定序授产制"原则。但这一原则的实施并非坚不可摧，它自始至终受到教会遗嘱继承实施的挑战。

动产继承体系是在教会和世俗当局对"土地遗赠"权的争夺过程中，由教会逐渐确立起来的，但对遗嘱管辖权的控制最终由教会转移至世俗当局。起初，教会主要通过设定"生前赠予"的方式规避世俗当局对土地遗赠的禁止，世俗当局通过设定永久产业法的方式制止教会的"生前赠予"行为。此后，土地所有者或采取将土地弃给教会团体，或以相当长的期限（比如1000年）租给教会团体，进而以附庸身份或保留在土地上终身权利的形式规避世俗当局的永久产业法的限制。最后，教会又发展起了信托遗赠制度，将土地所有权转给一位俗人，后者以受托人身份占有该地，在赠予人死后，教会团体将拥有该土地的收益权。在一段相当长的历史时间内，不管是遗嘱执行人还是后来的受托人，凡涉及依照遗赠人愿望进行财产分配的义务，都要由教会法院进行实施和监督，凡涉及动产的遗嘱都需经由主教或教会大法官法庭法院进行验证，教会所享有的这一庞大的司法管辖权一直存至 1857 年，在该年，英格兰创设了遗嘱检验法庭（Court for Probate），自此之后，原属教会法庭管辖的有关遗嘱案件转移至该法庭。

综上所述，在一段相当长的历史时期内，英格兰存在土地（不动产）和动产继承两套继承制度。土地一般依照严格家庭定序授产制的原则进行传承，动产则通过遗嘱方式继承并由教会管辖，若被继承人无遗嘱而终，则由教会法庭对死者的动产依据一定的原则进行分配。[①] 但 1857 年遗嘱检验法庭的创设则将教会的这一管辖权转归世俗当局所有，自此之后，英国的遗产税制度成为一种现代国家框架下的税收制度。不止如此，两套继承体系之间的差异还有着逐渐淡化的趋势，它主要表现在遗产税征收属性的变更上。那么，"遗产税"属性又经历了一个怎样的历史蜕变呢？接下来笔者将详述之。

三 "遗产税"属性的历史蜕变

"遗产税"的原初形式是遗嘱检验税（probate duty[②]），首征于 1694 年。在该年里，英格兰开始以印花税（stamp duties[③]）的形式，

---

① 就土地的继承原则而论，也存在某些例外，例如，在某些地区土地的继承会按照某些特定的地方习惯根据遗嘱继承方式进行处理；且该时期地产中的数年租借地产被视为一种动产性收益，按照动产的继承原则进行处理。

② 遗嘱检验税（probate duty），用作死者遗产管理费用的税种。它是英国遗产税的最初形式。该税种创立于 1694 年，仅对遗嘱人动产的总价值计征。1894 年《财政法》（Finance Act）用遗产税（estate duty）取代该税，从而凡属死者的遗产，无论是动产还是不动产均应纳税。

③ 印花税（stamp duties），（英格兰古法）规定所有正式文契必须加贴印花税票，通过在契据及其他法律文件上加盖印花税而征收的税。该税构成王室常年岁入的一个部分。

在全国范围内对动产的继承征收一种固定税种，即遗嘱检验税。起初仅对价值超过£20的遗产收取5S的遗嘱检验和管理税。后来发生了很大的变化，自1881年开始根据财产的价值征收一种从价税，但在确定需要征收的税务量前需要先行扣除其中的债务和殡殓费。在它施行前的遗嘱检验的费用是就未扣除债务和殡殓费的财产总额征收的，作为一种债务回报，它允许以代金券的形式支付，但需要一个誓章的支持。遗嘱检验税仅就死者的动产，包括租借持有的地产征收。遗嘱检验税的税率见表1。

表1　　　　　　　　　　遗产检验税的税率

动产价值		税率
超过（£）	不超过（£）	
……	100	免除
100	500	每£50及其余数收取£1
500	1000	每£50及其余数收取£1, 5S
1000	……	每£100及其余数收取£3
遗嘱检验税	仅就死者的动产包括租借持有财产征收	

资料来源：Charles Beatty, *A Practical Guide to the Death Duties and to the Preparation of Death Duty Accounts*, London：Effingham Wilson Threadneedle Street, E. C. , 1907, p. 3.

1881年7月1日以后开始实行的新法案对遗嘱检验税作了修改，规定不管死亡发生的时间如何，都要对遗嘱检验或管理部门的证明信的获得缴纳一种新税。在旧法案下，一些财产很容易自遗嘱检验税的征收范围内逃脱。根据这一实际，而采用了一种新的称作遗嘱清算税（account duty）的税收制度，其目的正在于抵制任何此类的企图。它仅对包括租借持有在内的动产征收，其税率与遗嘱检验税相同。遗嘱清算税就发生在死者死前一年内的所有未经清算的动产征税，任何可能逃避遗嘱检验税的财产都将计入遗产清算税的范围之内。

1780年就遗嘱检验税之外增加了一个新的税种——动产遗产税

(legacy duty①)②。动产遗产税就因遗嘱或非遗嘱方式传下的礼物征税，这些礼物或收益自死者的动产缴纳，但要排除整个财产中已经缴纳过遗嘱检验税或遗产税的部分。对于临终前的礼物、临终前所做的捐赠，尤其需要缴纳动产遗产税。动产遗产税的税率因受益人与死者之间关系的亲疏程度的不同而不同，具体见表2。

表2 动产遗产税的税率

继承者与死者的关系	税率（%）
死者的妻子或丈夫	免除
死者的直系亲属或后代，以及他们任何一方的妻子或丈夫	1
死者的兄弟和姐妹，或他们的后代，或他们任何一方的妻子或丈夫	3
死者的父亲和母亲的兄弟和姐妹，或他们的后代，或他们任何一方的妻子或丈夫	5
死者的外祖父和外祖母的兄弟和姐妹，或他们的后代，或他们任何一方的妻子或丈夫	6
死者的家族旁系远亲或没有血缘关系的人	10

资料来源：Charles Beatty, *A Practical Guide to the Death Duties and to the Preparation of Death Duty Accounts*, London: Effingham Wilson Threadneedle Street, E. C., 1907, p. 69.

1853 年的《继承税法案》又创制了继承税（succession duty）。它就不管是以遗嘱方式还是其他方式继承的动产和不动产征税，但不附加于已就受益自相同财产征收了动产遗产税的财产之上。这一法案免除了租借持有的动产遗产税，开始以继承税的方式征收。与动产遗产税一样，继承税的税率取决于受益人与死者之间的关系亲疏程度，且在实际征收的过程中其税率有所变化，具体见表3。

---

① 动产遗产税（legacy duty），以遗嘱方式授予动产时应缴纳的税。英国 1779 年的法律第一次规定了动产遗产税，即价值 20 英镑以上的动产遗嘱物应当纳税。1796 年《动产遗产税税法》（*Legacy Duty Act*）与之相同，同时规定价值在 100 英镑以上的剩余动产（residuary personal estate）也应征税；税率视继承人与遗嘱人的关系亲疏而不同，关系越疏远者，所征税率越高。以后几经修改，1949 年的《财政法》（*Finance Act*）废除了动产遗产税。

② R. W. Carrington, "Death Duties", *Virginia Law Review*, Vol. 6, No. 8, May 1920, p. 568.

表3 继承税的税率变化

继承者与死者的关系	税率（%）		
	死于 1888 年 7 月 1 日以前	死于 1888 年 7 月 1 日以后，至 1894 年 8 月 2 日以前	死于 1894 年 8 月 2 日以后
死者的妻子或丈夫	免除	免除	免除
死者的直系亲属或后代，以及他们任何一方的妻子或丈夫	1	1.5	免除
死者的兄弟和姐妹，或他们的后代，或他们任何一方的妻子或丈夫	3	4.5	3
死者的父亲和母亲的兄弟和姐妹，或他们的后代，或他们任何一方的妻子或丈夫	5	6.5	5
死者的外祖父和外祖母的兄弟和姐妹，或他们的后代，或他们任何一方的妻子或丈夫	6	7.5	6
死者的家族旁系远亲或没有血缘关系的人	10	11.5	11
继承税的税率以继承人与死者的关系亲疏程度而定	—	该时间段内的继承税的税率较高	

资料来源：Charles Beatty, *A Practical Guide to the Death Duties and to the Preparation of Death Duty Accounts*, London：Effingham Wilson Threadneedle Street, E. C., 1907, p. 80. ［数据来源：Succession Duty Act of 1853. S. 10, 11, as amended by Customs and Inland Revenue Act of 1881. S. 41, and Customs and Inland Revenue Act of 1888. S21 (1), F. A. 1894. S. 1］

    1894 年的《财政法》最终确立了英国真正意义上的遗产税。该法案规定就发生在 1894 年 8 月 2 日及以后的基于死亡而发生的全部财产，包括动产或不动产、限定授予或非限定授予的，附带的或推定的主要资本价值进行征税。它实际取代了原先的遗嘱检验税和遗产清算税。① 时任 1894 年制定财政法时的司法部部长贾斯蒂斯·沃恩·威廉姆斯先生评价该法案："我认为这一法案的规划目标不仅包含着死亡发生时的任何转移财产，同样涵盖着死亡发生时的任何受益产，尽管这些财产并非是因为死亡而发生的转移。"② 遗产税一生只征一次③，在死者死亡④之时根据死者全部财产的主要价值实行累进征收原则，且其税率不受继承者的收益及与死者的关系亲疏程度的影响。自 1894 年始征遗产税起，其税率有着较大的变化，具体如表4。

表4　　　　　　　不同时期遗产税的税率汇总

主要遗产价值超过（£）	且不超过（£）	1894 年 8 月 1 日至 1907 年 4 月 19 日	1907 年 4 月 18 日至 1909 年 4 月 30 日	1909 年 4 月 29 日至 1914 年	1914—1919 年	1919 年—至今
100	500	1	1	1	1	1
500	1000	2	2	2	2	2
1000	5000	3	3	3	3	3
5000	10000	3	3	4	4	4
10000	15000	4	4	5	5	5
15000	20000	4	4	5	5	6
20000	25000	4	4	6	6	7
25000	30000	4½	4½	6	6	8
30000	40000	4½	4½	6	6	9
40000	50000	4½	4½	7	7	10
50000	60000	5	5	7	7	11
60000	70000	5	5	7	8	12

① Robert Dymond, *The Death Duties*, London: The Solicitor's Law Stationery, Limited 22, Chancery Lane, W. C., 1920, p. 1.

② Charles Beatty, *A Practical Guide to the Death Duties and to the Preparation of Death Duty Accounts*, London: Effingham Wilson Threadneedle Street, E. C., 1907, p. 15.

③ Tibor Borna, "The Bueden of Death Duties in Terms of an Annual Tax", *The Review of Ecinomic Studies*, Vol. 9, No. 1, Nov. 1941, p. 28.

④ 在 1919 年《财政法》通过后，除非另作说明，则"死亡"的判定是以一个人死亡之日算起的。

主要遗产价值 超过（£）	且不超过 （£）	1894年8月 1日至1907年 4月19日	1907年4月 18日至1909年 4月30日	1909年4月 29日至 1914年	1914— 1919年	1919年— 至今
70000	75000	5	5	8	8	13
75000	80000	5½	5½	8	8	13
80000	90000	5½	5½	8	9	13
90000	100000	5½	5½	8	9	14
100000	110000	6	6	9	10	14
110000	130000	6	6	9	10	15
130000	150000	6	6	9	10	16
150000	175000	6½	7	10	11	17
175000	200000	6½	7	10	11	18
200000	225000	6½	7	11	12	19
225000	250000	6½	7	11	12	20
250000	300000	7	7	13	13	21
300000	350000	7	8	11	13	22
350000	400000	7	8	11	15	23
400000	450000	7	8	12	16	24
450000	500000	7	8	12	16	25
500000	600000	7½	9	12	17	26
600000	750000	7½	9	13	18	27
750000	800000	7½	10	13	18	28
800000	1000000	7½	10	14	19	28
			每一百万 剩余部分			
1000000	1250000	8	10 11	15	20	30
1250000	1500000	8	10 11	15	20	32
1500000	2000000	8	10 12	15	20	35
2000000	2500000	8	10 13	15	20	40
2500000	3000000	8	10 14	15	20	40

续表

主要遗产价值超过（£）	且不超过（£）	1894年8月1日至1907年4月19日	1907年4月18日至1909年4月30日	1909年4月29日至1914年	1914—1919年	1919年—至今
3000000	……	8	10　15	15	20	40
处置遗产税税率等级		1　12	1　17	2　15	—20	—32

资料来源：（1）Robert Dymond, *The Death Duties*, London：The Solicitor's Law Stationery, Limited 22, Chancery Lane, W. C., 1920, pp. 386, 399, 407, 412, 417.

（2）J. Watson Grice, "Recent Developments in Taxation in England", *The American Economic Review*, Vol. 1, No. 3, Eep., 1911, p. 492.

综上所述，英国的"遗产税"属性有着较大的历史变革。起初，遗产税的征收主要针对动产的继承而论，包括遗嘱检验税和动产遗产税两类，直至1853年继承税的出台，才首次规定将遗产税的征收范围扩展至不动产继承领域。遗产税对不动产（土地）继承的征收意味着动产继承与不动产继承体系之间差异性的消除，遗产税逐渐成为调节两类财产继承的单一税收手段，教会的管辖权消除成为必然，而在统一的国家遗产税制度下，遗产税又经历了一个由对继承者向死者征收转移的过程，并最终于1894年确立起英国真正意义上的遗产税制度。

四　遗产税的社会价值

遗产税的征收，对大地产的继承者们产生了较大的影响。我们不妨从一个具体的案例谈起。

A 和 B 同为外交部的两名职员，每人的年薪分别为£ 500。有一天早上，A 收到了一个通知：他曾经下水救过的一名陌生人给他留下了一笔超过£ 100000 的动产。同时，通知 B：他父亲的朋友留给他一块在贝德福德郡的地产，其价值经过委员会的估算，同样为£ 100000。几周之后，被执行遗嘱者支付了£ 6000 的国内税收，将剩余£ 94000，以现金或有价证券的方式给予了 A，这成为他绝对的财产，他需要支付的只是动产遗产税。他由此即刻占有了一份每年£3000的额外收入。他新获得的财富无疑提升他的地位，他也无须放弃他的公共职位和薪水。但B的困难却在A的这一系列事情完成之后迅速出现。他所获得的财产在1874年的价值是£400000，但现在，因为农业的不景气，仅值£300000。最后的所有者在困难时期为维持地产的安全借了£200000，其利息为4%，他仍需要支付。在该地产上有一所大房子，配有马厩和花园，一批旧奴仆和侍从，以及1500英亩的贫瘠土地。在其被继承人的最后几年里"因年老而无力照管"，农舍、建筑等都已失修。许多佃农在应付困难年月里也有赊欠地租，且吵着要离开，现在则希望新地主能就地产进行免费投资，将在旧乡绅时不景气年月里失修的排水和其他设施重新修缮、运转起来。作为执行者，B的解决方案迅速出台。他认为这一事务无法在他公共职务之外的闲暇时间里完成，因此，它写信给他的上级辞掉了这份公职。之后，他派遣他的代理人和管家仔细地勘察了现在的形势。发现£10000的支出可使地产恢复正常的秩序，因此回到伦敦筹措这笔钱，但仅有的方式是——就土地进行二次抵押。家庭律师认为这是可行的，尽管投资人不愿意这样做。不止如此，他还需要缴纳£11000的遗产税。B很崩溃——他如何还能再筹措到额外的款项以缴纳巨额的遗产税？如果他放弃改善地产上的基础设施，他又如何能留得住佃农？如果佃农离开了，他又如何寻找资本运作农场？"能否卖出地产的一部分？"他向他的家庭律师询问。"不能，地产上并没有可以分离的部分，且如果分离会遭遇现在地产所属抵押人的警告，虽有一部分预期价值可偿付所担心的遗产税，但它远非现有价值。"无奈的B有且只有两种办法可供选择：其一，B可以为了改善设施而借款，并解散所有的园丁、管理人、马夫和工人等其服务不是十分必需之人，将该地关闭4年，在此期间，可以将他所有的收入支付分期付款的税务。其二，他可以卖出整块的地产。让我们假定他采用了第二种方案，将地产拍卖。这时他还有另外一个困难，土地在市场上是滞销品。抵押者同其抵押人进行竞价，最后以£215000成交，财产的价值已然缩水。抵押者以£200000获得，政府收走£11000，拍卖委员会取走£2150，而他还要为地产支付的立遗嘱人的债务则吸走了剩余部分。B 一身狼狈地回到伦敦，仅仅发现他的职位已被他人所取代，而 A 则依然享受着他的职位薪资和自他遗产处所得的每年£ 3000 的额外收益。就其内在性质而言，土地并非金钱，且当政府迫使他们将它的价值换算成金钱而实为滞销品之时，无疑会造成他不计损失地将土地以低于市场价值之价格卖出。①

上述事例足见遗产税的征收对地产继承者所造成的沉重负担。可以说就土地继承开始征收遗产税的实践，极大地加速了当时盛行的大土地所有者社会的瓦解。更具说明性的史实是，涵盖地产继承的遗产税 "estate duty" 于英国历史上存在的时间，刚好是英国大地产解体的时间。"estate duty" 首征于 1894 年，至 1975 年被资本转让税取代。而大地产的解体始于 19 世纪末期，终于 20 世纪六七十年代。英国历史上大规模的大地产出售活动共有两次：第一次是在 1919—1921 年，至 1919 年对遗产价值超过两百万者征收的税率达到了 40%，加上 "一战" 及其他一些因素的综合作用，迫使大地产者大规模地出售土地。据统计，从 1918 年至 1921 年，有 600 万至 800 万英亩的土地易手②，至 1921 年，共计有超过 1/4 的土地被转手。③ 第二次是在 20 世纪四五十年代，1940 年以后大地产的遗产税税率很快高达 65%。不久之后又升至 80%。为了筹措资金缴纳遗产税，很多土地贵族被迫再次大规模出售其家族地产。至 1976 年，英格兰和威尔士土地贵族的地产减少了 76%，苏格兰减幅为 65%。至此，英国大地产解体基本完成。总之，英国遗产税的出现及其实践，与英国大地产解体之间有着密切的联系，可以说，英国遗产税的主要社会价值正在于促进了英国大地产的解体，推动了英国大土地所有者社会的瓦解。

---

① The Earl of Winchilsea and Nottingham, "The New Duties in England", *The North American Review*, Vol. 160, No. 458, Jan. 1895, pp. 106 – 108.

② F. M. L. Thompson, *Presidential Address: English Landed Society in the Twentieth Century I Property: Collapse and Survival*, Transactions of the Royal History Society, fifth series, Vol. 40, 1990, pp. 1 – 24.

③ Eileen Spring, "Landowners, Lawyers, and Land Law Reform in Nineteenth-century England", *The American of Legal History*, Vol. 21, No. 1, Jan. 1977, pp. 40 – 59.

结 论

　　早在中世纪时期的英格兰，已经出现"遗产税"征税的实践，但当时的遗产税常与继承金混为一谈，之后才逐渐自后者中分离出来。中世纪时期遗产税中的"遗嘱"要素，作为一种具有现代性因素的事物，其不断的成熟与发展是遗产税得以成形的基础前提。遗产税的征收起初主要因遗嘱继承原则就动产的继承而论，且受教会的管辖；而不动产（土地）的继承则主要遵循"严格家庭定序授产制"的原则，之后遗产税的征收范围开始逐渐由动产向不动产（土地）范围扩展，其标志是1853年就继承者的动产或不动产征收的继承税的创制。在这一过程中，教会的管辖权逐渐转归世俗当局，其标志是1857年英格兰遗嘱检验法庭的创设。自此，英国政府逐渐取得了遗产税制定与实施的完全权力，并根据国家社会形势发展的需要不断地调整和完善遗产税制度，至1894年《财政法》确立起现代意义上的遗产税制度，且为肢解当时的大地产社会而不断地提高遗产税的税率，从而发挥了遗产税的巨大社会价值。总之，英国遗产税的产生、发展乃至实施都体现着浓厚的现代性特征，值得人们仔细研究。

中世纪和近代早期英国
关税性质的演变

于 民[*]

摘要： 英国关税性质在中世纪和近代早期发生了根本变化，从国王的一种特权税，逐渐演变为处于议会严格控制下的议会间接税。中世纪和 1625 年前的近代早期，关税主要是国王的一种特权税；随着议会和王权斗争的高涨，以及议会的暂时性胜利，关税在 1625—1660 年一度转变为处于议会直接控制下的间接税；复辟时期，关税的课征权继续掌控在议会手中，但因缺少关税的日常操控权，其关税权残缺不全；光荣革命以后，随着议会与王权斗争的最终胜利，关税最终彻底演变为由议会严格控制的间接税。

关键词： 中世纪和近代早期；关税性质；演变

西方学术界关于英国关税的研究起步较早，著述相当丰富，其中不少研究成果钩深致远、见解独到。[①] 然而，令人遗憾的是，除 M. J. 布拉迪克外，学者们的著作主要着眼于关税的起源、组织管理和收入状况，很少对关税性质的演变进行研究。鉴于此，笔者以中世纪和近

---

[*] 于民，男，山东肥城人，历史学博士，潍坊学院历史文化与旅游学院教授。

[①] 西方学术界具有代表性的研究成果，主要有：H. Hall, *A History of the Custom-Revenue in England*, London: Elliot Stock, 1885; H. Atton & H. H. Holland, *The Kings Customs*, London: Murray, 1908; E. Hoon, *The Organization of the English Customs System, 1696 - 1786*, Newton Abbot: George Allen & Unwin Ltd, 1966; N. S. B. Gras, *The Early English Custom System*, London: Oxford University Press, 1918; E. Carson, *The Ancient and the Rightful Customs*, London: Faber & Faber Limited, 1966; W. D. Chester, *Chronicles of the Customs Department*, London: Faber & Faber Limited, 1885。

代早期为研究时段，对关税从国王的一种特权税，演变为议会间接税的历史进程加以分析，以期能推进该问题的深入研究。

一 作为国王"特权税"的关税

中世纪和 1625 年前的近代早期，议会仅名义上部分享有关税权，实际上其课征多"源自各种特定权力和国王个人特权"①，因此，这时关税还主要是国王的一种特权税。这可从国王财政自理原则、关税起源与课征确立、关税课征权控制中，找到有力证据。

首先，中世纪英国长久存在的国王财政自理原则表明，关税是国王的一种特权"税"，基本与议会无关。国王财政自理原则即国王必须自理生计，主要是指拥有王室领地的国王，应主要靠领地收入，以及封建法所允许的收入维持自己的生活。在这一原则下，王室财政收入划分为正常收入和额外收入两类，前者指王室领地收入和封建法所允许的收入，而后者指议会授权的税收收入。关税因其课征授权上的复杂性，很难笼统地说究竟是国王还是议会拥有其课征权。但到 14世纪晚期，人们关于税收的一个普遍性分类概括却已表明，关税不是由议会批准的，而是国王凭借特权课征的。到 1538 年，这一普遍性的分类概括进一步明确，并且直到 16 世纪和更晚的一些时期内，这种普遍性的分类概括一直延续存在，并且一再重复。② 简言之，自 14世纪晚期，甚至从更早的时候开始，在英国人的思想意识中，关税是一种无须议会批准的国王特权税，关税收入应是王室正常财政收入的一部分。

在国王财政自理的实践中，也可以发现，关税确实是王室正常财政收入的重要来源之一。尽管，中世纪时，议会在与国王的关税权争夺中，取得了一定程度的胜利，但这种胜利因为国王可终身享有关税

---

① M. J. Braddick, *The Nerves of the State: Taxation and the Financing of the English State, 1558 – 1714*, Manchester and New York: Manchester University Press, 1996, p. 12.

② N. S. B. Gras, *The Early English Custom System: A Documentary Study of the Institutional and Economic History of the Custom from the Thirteenth to the Sixteenth Century*, London: Oxford University Press, 1918, pp. 64 – 65.

课征权而变得有名无实。1415 年，议会因亨利五世辉煌的军事战绩而授予其羊毛等关税补助金和桶税与镑税的终身课征权。1453 年和 1465 年，亨利六世和爱德华四世也分别获得了同样的关税终身享用权。到都铎王朝建立时，议会在国王登基伊始即授予其关税的终身课征权，早已成为惯例，因此，"关税越来越成为国王收入中'正式'的一个组成部分"①，与特权收入毫无二致。

其次，关税不但在起源上与国王特权有关，而且关税三大组成部分课征的确立，凭借的也主要是国王特权。在关税起源问题上，学术界看法不尽一致，但绝大多数学者认为，它主要源于国王特权。H. 霍尔简洁精要地指出："王之商业贸易特权，可溯至部落对初具王权性质国家的捐献，后来这一捐献形式演变为伙食承办、先买权、抽征酒税②、王室管家酒税、十里抽一税、最终的关税。"③ 也就是说，H. 霍尔认为，关税起源于作为原先部落权力继承者的君主，对需要货物的"特权"夺占或抽征。N. S. B. 格拉斯虽不同意关税源于夺占或抽征，但也认为关税是凭借国王特权创建的。④ R. 道格拉斯同样认为关税在起源上与国王特权有关，是对国王特权的交换，其"征收，至少在理论上是为了资助国王建立海军，以保护商人免受海盗和外敌的劫掠"。⑤ 对关

---

① ［英］M. M. 波斯坦等主编：《剑桥欧洲经济史》第 3 卷，经济科学出版社 2002 年版，第 269 页。

② 西方学术界一般都认为，抽征酒税与国王特权有关，但在具体问题认识上存在分歧。以 H. 阿顿为代表的一大批学者倾向于把抽征酒税分为两类：一类是只支付运费的抽征酒税；另一类是对酒的先买。前者虽然是一种完全的夺占，但商人们却乐意被"抽征"，因为它是一种税收，是"合理正义的抽征"；而后者虽然由国王按价购买，但因其"价"是"王之价格"，而不是市场价格，因此，成了一种"邪恶抽征"，为商人们所憎恨。（参见 H. Atton & H. H. Holland, *The Kings Customs: An Account of Maritime Revenue & Contraband Traffic in England, Scotland, and Ireland, from the Earliest Times to the Year 1800*, London: Murray, 1908, p. 5）N. S. B. 格拉斯则持不同看法，认为无偿的"抽征"实际上是不存在的，国王一直都以一个特定的价格支付"抽征"的酒价，只不过是支付价比市场价格要低。在 13 世纪物价上涨之后，对抽征酒的估价和支付保持不变，因此，之间的差价实际上成了一种税收。（参见 N. S. B. Gras, *The Early English Custom System: A Documentary Study of the Institutional and Economic History of the Custom from the Thirteenth to the Sixteenth Century*, London: Oxford University Press, 1918, pp. 6 – 7. ）

③ N. S. B. Gras, *The Early English Custom System: A Documentary Study of the Institutional and Economic History of the Custom from the Thirteenth to the Sixteenth Century*, London: Oxford University Press, 1918, pp. 15 – 16.

④ Ibid. , pp. 19 – 20.

⑤ R. Douglas, *Taxation in Britain since 1660*, London: Macmillan Press Ltd. , 1999, p. 4.

税的这种交换性质，日本学者坂入长太郎的分析更具代表性，认为
"关税是基于国王特权的财政关税，它作为保护商品运输的代价而被
征课，充当海军的经费，但在这一时代，这种关税具有减轻王室财政
的贫困化，将其转嫁于国民的性质"。① 威廉·配第也认为："关税是
对输入或输出君主领土的货物所课的一种捐税"，"关税最初是为了
保护进出口的货物免遭海盗劫掠而送给君主的报酬"，"是由于商人
计算到在达成这种协议之前他们遭遇海盗劫夺往往损失更大，才确定
下来的"。② 查理二世统治早期的财政署首席男爵马修斯·黑尔爵士，
在关税起源性质的看法上，与以上学者存在较大差异。他认为关税起
源的性质复杂，不能一概而论。有些关税依据普通法课征，如抽征酒
税；有的根据原来的习惯课征，如有些港口课征的关税；有些是议会
批准课征，如对羊毛、毛皮和皮革课征的大关税；有的是根据国王特
权课征，如对布类课征的关税；有的是根据契约课征，如根据《商人
宪章》课征的关税。③ 但毫无疑问，他也认为关税在起源上与国王的
特权有着千丝万缕的联系。

　　尽管学术界对关税起源究竟在何种程度上与国王特权有关，并
与国王的哪一特权有关的认识上不尽相同，但这并不影响我们得出
关税基本上是国王的特权税这一结论。因为关税三大组成部分，即
古关税和小关税④、羊毛等的关税补助金及桶税和镑税⑤、关税附加

---

① 坂入长太郎：《欧美财政思想史》，中国经济出版社 1987 年版，第 34 页。

② 威廉·配第：《赋税论》，《配第经济著作选集》，商务印书馆 1997 年版，第 52 页。

③ F. Hargrave, *A Collection of Tracts Relative to the Law of England from Manuscripts*, Vol. I, Dublin: E. Lynch, 1787, p. 115.

④ 古关税最初指 1275 年的关税，课征对象主要是出口的羊毛、毛皮和皮革。小关税原指 1303 年的关税，课征对象主要包括出口的酒、羊毛、毛皮和皮革、出口及进口的布匹。但后来古关税和小关税的内涵有所变化。1347 年新布类关税开征后不久，1275 年的关税即与 1303 年的出口羊毛、毛皮和皮革的关税合并，被统称为"古关税"或"大关税"，1303 年的布类关税则与 1347 年的新布类关税合并，被冠以"小关税"之名。

⑤ 国内学者多把"桶税和镑税"翻译成"吨税和磅税"，以前笔者也曾使用过"吨税和磅税"这一译法。但这是一种误译，在理解上存在错误。"桶税"的原型是 1302 年和 1303 年前后课征的"新的输入酒税"，即后来的"王室管家酒税"，以"桶"为课税的计算单位；"镑税"主要是对布类、牲畜、谷物和其他一些商品课征的从价关税，并不以重量单位"磅"确定其税率。

税课征的确立，主要是国王特权作用的结果。古关税和小关税是经过 1275 年、1303 年和 1347 年的三次课征而最终确立下来的。在这三次课征中，1303 年的课征毫无疑问几乎是国王特权的结果，因为它是由作为一个王室宪章的《商人宪章》批准的，也正基于此，N. S. B. 格拉斯认为，这即是国王关税课征权的起源。[①] 1347 年的关税则是经由一个扩大的咨议会同意而由国王课征的，这是英国关税制度史上未经议会同意而确立关税课征的一个确凿例证。[②] 只有 1275 年的关税课征是在商人的恳请下由议会批准课征的，其课征似乎由议会确立，但实际上，议会在其课征确立中并没有多少权力，原因是 1303 年和 1347 年的课征事实表明，1275 年经议会批准课税的一些商品，国王同样拥有课征权。因此，古关税和小关税课征的确立凭借的主要是国王的特权。关税补助金开课于 1332 年，是由商人独自同意或者建议课征的，而且在 1340 年以前，其课征都是由咨议会中的国王，或商人，抑或是富商巨贾批准或同意的；桶税和镑税源于 1347 年的酒类和其他商品的关税课征，是由咨议会开课的。所以，二者均与议会无关，是由国王凭借特权确立的。关税附加税在都铎王朝之前曾有课征的先例，但其征收成为经常之举，始自都铎王朝，因此，关税附加税的创立期应定在都铎时代。与关税的前两大组成部分相比，关税附加税的确立完全仰仗国王特权，无须得到议会的批准，"并明显得到了法律的认可与支持"[③]，是彻头彻尾的国王特权税。

最后，关税课征权主要控制在国王手中。其一，关税补助金及桶税和镑税的课征权事实上一直控制在国王手中。虽然，自 1362 年起，关税补助金只有得到议会的批准才能课征，桶税和镑税的课征批准权也在其确立后不久即为议会获得，然而，早在 1398 年理

---

① N. S. B. Gras, *The Early English Custom System: A Documentary Study of the Institutional and Economic History of the Custom from the Thirteenth to the Sixteenth Century*, London: Oxford University Press, 1918, p. 50.

② Ibid., p. 52.

③ M. J. Braddick, *The Nerves of the State: Taxation and the Financing of the English State, 1558–1714*, Manchester and New York: Manchester University Press, 1996, p. 12.

查德二世就获准可终身课征关税补助金，1415 年、1453 年、1465
年亨利五世、亨利六世、爱德华四世分别获得了关税补助金和桶税
与镑税的终身课征权，以及自理查德三世起一直到查理一世登基为
止，国王在即位之初就获准可终身课征上述关税的史实，都表明了
国王对这些关税课征的实际控制权。其二，关税附加税的课征权完
全控制在国王手中。国王不但可以在调整外贸政策时公开课征关税
附加税，而且还可以通过调整关税税率册进行隐蔽性课征。通过公
开课征关税附加税，以及经过 1545 年、1550 年、1558 年、1613
年、1615 年、1622 年和 1635 年的税率册调整，在 1640 年前，关
税附加税和其他特权关税能带来高达 25 万镑的年收入。[①] 可见，这
时的关税事实上与国王特权税并无本质区别，而且也正因此，英国
学术界才倾向于认为，国王"需依赖于有限的土地收入和关税收入
生活"[②]，把关税等同于国王的特权税。

二　议会关税权的暂时性强化

1625—1660 年，随着议会夺权斗争的高涨，特别是国家主权一
度掌握在了议会手中，关税的课征权及税率的制定与调整权完全落入
议会手中，议会关税权暂时空前强化。相应地，关税性质也暂时性地
发生了根本性变化，由国王的特权税转而成为由议会直接控制的间
接税。

内战爆发前，议会就展开了争夺关税课征权的全面攻势。议会与
国王的关税权争夺虽然由来已久，但 1625 年前并未展开多少实质性
"夺权"斗争，仅限于对国王关税权的逐渐蚕食。查理一世即位后，
局面彻底改变，议会一反多年来在新王登基之初便授予他关税补助金
和桶税与镑税终身课征权的传统，而只批准他一年的课征权。尽管一
年后，查理一世仍无视议会的抗议而继续征收不止，但仅授予国王一

---

①　M. J. Braddick, *The Nerves of the State*: *Taxation and the Financing of the English State*, *1558 – 1714*, Manchester and New York: Manchester University Press, 1996, p. 53.

②　R. W. Hoyle, Crown, "Parliament and Taxation in Sixteenth-Century England", *The English Historical Review*, Vol. 109, 1994, p. 1174.

年课征权的事实表明，议会对国王的关税"夺权"斗争开始由蚕食转为鲸吞虎据。1629年，议会与国王争夺关税权的斗争达到新高潮。"革命的一幕"在该年的议会上出演。当时，群情激愤的议员把宣读议会休会令的议长强行按在椅子上，通过了一项坚决抵制国王不经议会同意而课征桶税和镑税的决议案，宣布：凡教唆国王不经议会批准而课征桶税和镑税者，以及自愿缴纳未经议会批准之桶税和镑税者，都是"国家和人民的死敌"。[①] 该决议案标志着议会与国王争夺关税权的斗争趋于白热化。1640年11月3日，"长期国会"开幕伊始就对国王关税权展开了猛烈攻击，宣布废除船税、桶税和镑税等一切未经议会同意的非法税收。查理一世迫于压力也只得承认，只有议会才拥有桶税和镑税的课征批准权。这一切表明，关税权开始由国王手中向议会手中转移。

内战爆发后，关税权完全落入议会手中。首先，议会再次重申，课征任何未经议会批准的桶税和镑税都属非法，并委任一个议会委员会对非法课征事宜着手调查。调查以"清算旧账"的方式进行，在查明了以前关税包税商的包税情况之后，即给予了他们一笔15万镑的罚款，理由是他们从未经议会批准的关税包税中非法获利。其次，确定了议会的关税税率制定权。"长期国会"在广泛征求意见的基础上，制定了作为关税课税依据的新税率册，并以议会法案的形式予以确认，从而把关税税率的制定权从国王手中转移到自己手里。最后，议会对关税税收实行直接征管制，由忠于议会的关税税收委员会负责。首个关税税收委员会主要由忠于议会的伦敦银行家组成，其中有托马斯·安德鲁斯和约翰·福克。1645年2月，新一届关税税收委员会成立，塞缪尔·埃弗里和克里斯托弗·帕克名列其中。后来，关税税收委员会虽又几经调整，但其成员多忠于议会。1654年财政署复设前，关税税收委员会所征敛的关税收入，都直接送交海军司库处或者用于指定的用途。财政署复设后，除关税管理官员薪俸外的所有关税收入，都要上缴财政署，每周上交一次。此外，财政署每年都要

---

① C. Hill, *The Century of Revolution*, *1603 – 1714*, Surrey: Thomas Nelson & Sons Limited, 1980, p. 45.

对关税税收委员会的账目进行审核。① 这样，议会就通过自己控制的关税税收委员会和财政署加强了对关税的全面管理。

这一时期，已经深入民心并为民众自觉维护的不经议会批准而课征关税为非法的观念，也从客观上强化了议会对关税权的控制。克伦威尔就任护国主后，曾试图追随以前的先例，一度不经议会批准而继续课征关税。这引起了广泛的民众骚动，遭到了坚决抵制，其中最为典型的是乔治·科尼兄弟讼案。当科尼兄弟因不经过海关私自储存入关货物而受到指控，并遭到处罚时，他们拒交罚金，因为他们认为不经议会同意课征关税为非法，克伦威尔单凭法令根本无权课征关税。尽管该讼案中有三名律师因之入狱，并且小乔治·科尼与护国政府达成了庭外和解，但鉴于此次教训，特别是面对民众的坚决抵制，之后，克伦威尔总是在议会批准后方才课征关税。② 可见，民众有关关税课征批准权在议会的观念，以及他们对这一议会权力的维护，有力地推动了议会关税权的强化。

由上可见，1625—1660 年，由于王权倾覆和议会胜利，关税演变为了处于议会直接控制下的间接税。但需要注意的是，关税性质是由政体性质决定的，而议会胜利和议会主权还是暂时的，1660 年的王权复辟宣告了它的结束，因而，议会关税权的强化自然不可避免地具有了"暂时性"的特征。

三　缺乏日常操控权的议会关税

1660 年的王权复辟，从表面上看来，似乎意味着历史的车轮在前进了一圈之后又倒转回了原地。但实际上，长期以来议会与王权斗争的成果，特别是自内战爆发 18 年以来所发生的许多变化，是不可逆转的，关税性质在动荡中所发生的演变，在复辟时期得到了维持，这时期的关税仍然是一种议会间接税。

---

① M. Ashley, *Financial and Commercial Policy under the Cromwellian Protectorate*, London: Frank Cass, 1972, pp. 51 – 52.

② Ibid. , p. 55.

王权复辟后，确认了自 1641 年以来关税权所发生的巨大变化。首先，国王承认桶税和镑税的课征权在议会，其课征有赖议会的批准。其次，确认关税附加税为非法关税。最后，议会获得了新关税税率的制定权。由于关税附加税根据单独的税率册课征，因此，为弥补关税附加税停止课征带来的收入损失，就有必要制定新的关税税率册。关税税率册由议会签署发布，国王和咨议会无权干涉，所以，自此以后关税的征缴凭借的是议会的权威，根据的是议会制定的税率册。① 正因此，M. J. 布拉迪克指出，人们对 1640 年以前关税的性质有不同看法，争议较大，但 1660 年之后，毫无疑问，关税已处于议会的控制之下。②

但需要看到的是，这时议会对关税的控制因为缺乏日常操控权而大打折扣。这主要是由非常国会批准国王可终身课征关税造成的。查理二世即位后财政状况极为窘迫，护国主留下了 1555763 镑 12 先令 10 便士③的债务，他自己流亡期间的债款和父王在位时的欠债，总额也高达 529600 镑④，此外还要支付每天 61000 镑的海陆军军费。⑤ 在这种情况下，非常国会批准国王可终身课征关税和消费税，以维持其日常财政运作，关税和消费税收入即成了国王的正常财政收入。与 1625 年之前相比，不同的是，现在这些正常财政收入有赖议会批准，其主要组成部分是议会税收，而之前却主要凭借国王的特权课征，无须经过议会同意⑥，主要组成部分是非议会税收收入。这是一种本质

---

① 新关税税率册是由 1660 年 7 月 28 日的桶税和镑税法案确认的。法案重新调整了 71 种进口商品（约占进口商品门类总数的 1/6）和 58 种出口商品（约占出口商品门类总数的 1/3）的税率。参见 C. D. Chandaman, *The English Public Revenue 1660 - 1688*, Oxford: Clarendon Press, 1975, pp. 12 - 13。

② M. J. Braddick, *The Nerves of the State: Taxation and the Financing of the English State, 1558 - 1714*, Manchester and New York: Manchester University Press, 1996, p. 49.

③ W. A. Shaw, *Calendar of Treasury Books, 1681 - 1685*, Vol. VII, London: His Majesty's Stationary Office, 1916, PXII.

④ M. Jurkowski, C. I. Smith & D. Crook, *Lay Taxes in England and Wales, 1188 - 1688*, Richmond: PRO Publications, 1998, PLVI.

⑤ W. A. Shaw, *Calendar of Treasury Books, 1660 - 1667*, Vol. I, London: His Majesty's Stationary Office, 1904, PXXV.

⑥ D. L. Smith, *The Stuart Parliaments, 1603 - 1689*, London: Arnold, 1999, p. 60.

上的区别。它意味着之前的关税，在性质上属于国王特权税，而现在的关税，尽管同样是国王正常收入的重要组成部分，但在性质上却属于议会间接税。

不过，由于赋予了国王关税的终身课征权，议会实际上失去了对关税的日常操控权。这主要表现在对关税的日常管理上。复辟初年，关税继续由关税税收委员会管理，但由于按照议会颁行的新税税率册课征的关税实际收入，还不到预先估计的 40 万镑收入的 75%①，复辟王权因而于 1662 年再次实行了关税的包税制。在关税包税制下，关税收入虽然能在很大程度上得以保证，但这也意味着，根据包税合同，议会无权操控关税的日常管理。而且，即使在 1671 年抛弃了包税制，实行关税税收委员会管理后，关税的日常管理仍主要操控在国王手中，因为关税税收委员会的成员任命主要由国王决定，如 1684 年 3 月，达德利·诺斯爵士在国王查理二世的授意下进入了关税税收委员会；詹姆斯二世继承王位后，立即将忠于自己的约翰·沃顿安插进了该委员会。可见，负责关税日常管理的关税税收委员会，实际上是处于国王控制下的便宜管理机构。

由上可见，复辟时期的关税性质极其特殊，是一个复杂的矛盾结合体。一方面，从根本上说，由于议会拥有关税的课征批准权和税率册的制定权，其性质当属于议会间接税；但从另一方面看，由于国王可终身课征关税，且控制着关税的日常管理权，其议会间接税属性必然要受到相当程度的冲击，议会的关税权变得残缺不全。

四 议会关税权的全面加强

光荣革命标志着英国近一个世纪以来的主权之争以议会的胜利而告终。自此以后，王权逐渐衰弱，议会权势日增，逐渐建立起了一套近代议会财政管理制度，完善了对国家的财政控制，国家权力的平衡越来越倾向于议会一边。与这一权力结构转变同步，议会的关税权也

---

① D. Ogg, *England in the Reign of Charles II*, Vol. II, London: Oxford University Press, 1956, p. 421.

全面加强，最终关税转变为完全处于议会严格控制下的间接税。

议会全面加强关税权的原因，总的看来，主要是基于对复辟时期在财政拨款上过于慷慨的历史教训的反思。复辟初期议会之所以授予国王关税的终身课征权，除前已述及的原因外，还因为议会预计国王年收入只有达到120万镑才能满足正常支出需求，而1661—1662年，包括关税在内的国王正常财政收入只有544911镑。在这种情况下，议会根本无须担心王权对财政的控制权，因为显而易见的是，国王必须依赖议会的临时性税收才能满足支付需求。但事情的发展完全出乎议会意料，随着贸易的繁荣，关税收入由17世纪60年代的年均372440镑，增至1675—1685年的年均56万镑①，1685—1688年国王的合计财政盈余已高达298599镑1先令10.25便士②，这自然就削弱了议会的"钱袋子控制权"。结果，随着关税和消费税收入的增加，国王的日常财政收入迅速增长，其财政状况从债台高筑转向多有盈余，相应地，詹姆斯二世也试图借此摆脱议会的控制，建立绝对专制王权。

有鉴于此，光荣革命后，下院议员反思认为，他们及其先辈最大的不幸，在于过于慷慨地批拨给了国王过多的款项，否则，詹姆斯二世也就不敢有恃无恐地以身试险，试图建立绝对专制王权统治了。因此，1690年3月至4月间，议会通过财政法案，把国王收入分为正常财政收入和议会特别拨款两部分。国王的正常财政收入仍由关税和消费税提供。但与以前不同的是，议会仅允许国王威廉三世终身课征一部分消费税，不再授予关税的终身课征权，仅批准其可连续课征4年（1694年时又改为5年）。③

议会的这一做法至少有两方面的重要意义：其一，再次打破了原来的关税批准课征传统，确保了议会的关税课征批准权。长久以来，议会在新王登基之初便授予其关税终身课征权已成惯例，只有查理一世即位时的1625年，议会曾一度打破过这一传统，仅批准其课征为

---

① D. L. Smith, *The Stuart Parliaments*, *1603 – 1689*, London: Arnold, 1999, p.60.

② Public Record Office, T35/5.

③ C. Roberts, "The Constitutional Significance of the Financial Settlement of 1690", *The Historical Journal*, Vol. 20, 1994, p.62.

期一年的关税。但这却并没有妨碍查理一世继续自行课征关税，也即议会对这一传统的突破并未取得多少实质性效果。而且，更为重要的是，王权复辟后又恢复了以往的传统，使议会的关税课征批准权在很大程度上流于形式。因而，光荣革命后，议会对原来关税批准课征传统的再次打破，并且予以严格执行，自然就具有了非同寻常的意义，因为在特定的国王关税课征期满后，只有经议会的再次批准才能课税，就使得关税课征批准权牢牢控制在了议会手中。其二，仅仅授予国王 4 年或 5 年的关税课征权，就在确保议会经常召开的基础上，全面加强了议会的关税权课征权和对关税日常管理的控制权。1689—1691 年、1692—1694 年、1699—1701 年，国王的年均财政支出分别高达 1448824 镑、1519782 镑和 2202492 镑，而年均财政收入却仅为 1041066 镑、942179 镑和 979552 镑，这其中关税年均收入为 372772 镑、392196 镑和 465496 镑①，分别占财政收入的 35.81%、41.63%、47.52%，具有极其重要的地位。这就意味着，如果不定期召开议会，以获得关税课征权继续课征关税的话，原本巨额的财政赤字将进一步迅速增加。因此，在这种国王再也无法"靠自己生活"，只有依靠议会才能维持生计的情况下，国王就必须经常召开议会，以获得议会的财政支持。以此为契机，议会不但确保了关税的课征批准权，而且还通过处于自己严格控制下的国库委员会，全面加强了对关税的日常管理权，从而使关税转变为彻头彻尾的议会间接税。

五　结论

综上所述，可以认为，中世纪和近代早期英国关税性质的演变大体可划分为四个阶段：中世纪和 1625 年前的近代早期为第一阶段，这时，议会的关税权有名无实，关税还主要是国王的一种特权税；1625—1660 年为第二阶段，其间，议会与王权争夺关税权的斗争日益高涨，随着议会的胜利，关税一度转变为处于议会直接控制下的间

---

① C. Roberts, "The Constitutional Significance of the Financial Settlement of 1690", *The Historical Journal*, Vol. 20, 1994, p. 63.

接税；第三阶段为复辟时期，在本阶段，关税的课征大权虽然仍继续掌握在议会手中，但由于议会缺少日常操控权，其关税权变得残缺不全；光荣革命以后是第四阶段，这一时期，随着议会在与国王斗争中的最终胜利，全面加强了对财政的控制权，关税最终彻底演变为处于议会全面控制下的间接税。

世界历史专题和教学问题研究

"通史家风"对世界通史编纂的意义

李增洪[*]

摘要：一个时代有一个时代的学术，一个时代有一个时代的史学，史学研究作为人的思想意识活动，离不开研究者所处时代的大场景和大背景。生活于不同地区和国家的民族，思考问题的脉络不尽相同。中华民族有着悠久的历史文化传统，史学传统源远流长，史学理论、史学思想和史学方法丰富而多彩，通史理论与方法尤为引人注目，中国史学传统对世界通史编纂的启发意义值得进一步探究。

关键词：通史家风；中国史学；世界通史编纂

一 "通史家风"的含义

我国史学有贯通古今的传统，清代学者章学诚称之谓"通史家风"。而这一家风的内涵有二：一是"通义（意）"；二是"通变"。

所谓"通义（意）"，是讲史书要"疏通知远"，厘清自古至今历史发展的脉络和规律，讲清楚历史之于今天的人们的意义，而非为历史而讲述历史。

著名的以"通"字命名的著作有《通典》《通志》《文献通考》《史通》《资治通鉴》《文史通义》，简称"六通"，到最后即是落脚到了"史意（义）"。唐代杜佑的《通典》，记载了唐代天宝年间以前

---

[*] 李增洪，聊城大学历史文化与旅游学院教授，博士，聊城大学太平洋岛国研究中心研究人员。

历代的经济、政治、礼法、兵刑等典章制度，略古详今，志在阐发治国理政的要务及其各要务之间的关系。在"自序"中，杜佑对《通典》所列九门治国要务作了系统论述。"既富而教，故先食货。行教化在设官，任官在审才，审才在精选举，故选举、职官次焉。人才得而治以理，乃兴礼乐，故次礼、次乐。教化堕则用刑罚，故次兵、次刑。设州郡分领，故次州郡。而终之以边防。"①

南宋郑樵的《通志》，则是一部以人物传记为中心的纪传体通史，本纪自三皇五帝至隋，列传自周至隋。生于金人占据北方、南宋王朝偏安江南一隅的郑樵，著史的最终目的是会通古今，以古鉴今。他说："百川异趋，必会于海，然后九州无浸淫之患；万国殊途，必通诸夏，然后八荒无壅滞之忧。会通之义大矣哉！"② 所以，在他的认识当中，司马迁的《史记》是著史者的楷模，班固的《汉书》则遭到激烈抨击。他认为，班固断汉为代，致使"前王不列于后王，后事不接于前事，郡县各为区域，而昧迁革之源；礼乐自为更张，遂成殊俗之政"③，割断了历史前后之间的联系。郑樵倡导"会通"的目的在今而不在古，他的许多评论都联系到宋代的历史，加之他多次将自己的著作进献南宋皇帝恳求圣览，其读史、著史的致用之心显而易见。

元代马端临的《文献通考》，则是一部自上古至南宋宁宗时期的典章制度通史。与《通典》相比，《文献通考》除了将唐天宝年间至宋的内容之外，还增加了《通典》中所没有的《帝系》《田赋》等篇目。唐代刘知几的《史通》则为我国历史上首部史学理论方面的专著，对我国历代史家的著史方法作了很好的总结。北宋政治家、史学家司马光的《资治通鉴》，则是以政治兴替为主线的编年体史书，起笔自周威烈王二十三年（前403）周王室承认韩、赵、魏三家分晋，落笔至五代后周世宗显德六年（959）。清代章学诚的《文史通义》，是继刘知几之后，中国历史上又一部史学理论方面的专著。正如章学

---

① 杜佑：《通典·自序》。
② 郑樵：《通志·总序》。
③ 同上。

诚自己所说："郑樵有史识而未有史学，曾巩具史学而不具史法，刘知几得史法而不得史意，此予《文史通义》所为作也。"① "刘言史法，吾言史意；刘议馆局纂修，吾议一家著述。"② 著史贵在"史义"，并非始于章氏，"但直到章学诚才真正对它进行了理论总结"。③

通史贵在"通义"，亦即章学诚所著"文史通义"，而"通义"的源头在孔子的《春秋》。

二 孔子的《春秋》与史意（义）传统的确立

任何人均有其时代的局限性，无论是今人还是古人，我们不可能脱离时代而生活，每一个人的思想和行为均不同程度地打上时代的烙印，历史学家也不例外。"春秋笔法"的"笔削"原则，是孔子身处特殊时代而采取的一种传达史意的方法，但奠定了我国史学重在通"义"、通"道"的传统。

孔子写《春秋》是对时代的呼应。提及《春秋》，我们会立刻想到春秋笔法，或者是《春秋》五例。然而，欲真正理解春秋笔法，我们便不得不看一看孔子所生活的时代，以及孔子对其所处时代的思考。

关于孔子为什么要写《春秋》，最早予以解释的是孟子。孟子称："世衰道微，邪说暴行有作，臣弑其君者有之，子弑其父者有之。孔子惧，作《春秋》。"④ 孟子并对孔子的这一作为给予了高度评价，"孔子成《春秋》而乱臣贼子惧。"⑤《春秋》一书果真会有如此大的影响力和作用吗？如果我们深究一下孔子所处时代，以及作《春秋》的时间，便会看到孔子修史行为背后更深层的用意。

言及孔子（公元前551—前479年），今人多生敬畏，然其一生

① 《文史通义新编新注》外编四《和州志·志隅自叙》。
② 章学诚：《文史通义·家书二》。
③ 吴怀祺主编：《中国史学思想通论·历史编纂学思想卷》，福建人民出版社2011年版，第81页。
④ 《孟子·滕文公下》。
⑤ 同上。

坎坷孤独则少人知晓。孔子生于鲁国，祖先曾为宋国贵族。幼不识事的时候父亡，15 岁有志于学，17 岁之前母亲也去世了。[①] 由于家道中衰，迫于生计，中年时孔子开始设教授徒讲学。直到 51 岁的时候才步入仕途，虽做过鲁国的中都宰、小司空和大司寇，但也仅有 4 年的时间，至 54 岁时便被迫去鲁而周游列国了。[②] 离开鲁国的主要原因是抱负得不到施展。当时鲁国同周朝的天下大势相同，国君势微，三卿（季孙氏、叔孙氏和孟孙氏）擅权，其中季孙氏势力最大。然而三卿之家又为家臣所左右，如阳货之于季氏。正所谓"天下无道""礼崩乐坏""陪臣执国命"。对此，孔子并没有坐视，力图在鲁国抑制三卿的势力，按周礼恢复鲁国公室的地位与尊严。然而在"堕三都"一事上失利后，不仅鲁国公室未能挽救，孔子却因而获罪于季氏，不仅失去官职，其性命也处于堪忧的境地。出游列国，虽有保命之意，但于孔子来讲，更有"求仕"而"行道"之心。

孔子历时 14 年，周游 6 国，可最终不得所愿，"莫能用"，即不为各国君王所任用。究其"莫能用"之原因：一是，孔子"仁政德治"的理想和治国之策不为各国诸侯所理解和认同；二是，孔子也不愿意放弃自己的主张屈就食俸。[③] 正是在这样一个背景下，周游列国四处碰壁的孔子，晚年回到鲁国后始作《春秋》，将其一生的理想和政治抱负寄托其中。

了解了上述情形，我们便不难理解《春秋》为什么以"微言大义"为著史原则了。在其有生之年不能将天下归周变为现实的情况下，孔子便以《春秋》之例来表达自己以周礼匡扶天下的理想。[④] 因此，《春秋》作为我国第一部编体史书，无论是在主题选择上，还是在著史方法上，都带有时代的烙印。

《春秋》是孔子表达理想和愿望的工具，"经世致用"思想贯穿

---

① 参见司马迁《史记·孔子世家》。

② 孔子出仕的时间，说法历来不一，历史记载就不明确。如《史记·孔子世家》便有相互矛盾之处。按照钱穆的考证，30 岁之前，孔子迫于生计曾经出仕，做过委吏和乘田这样的小官。

③ 参见匡亚明《孔子评传》，南京大学出版社 1990 年版，第 63—75 页。

④ 同上书，第 364 页。

始终。由于时代的局限，采取的是一种间接的表达方式。孔子身居乱世，心思善治，《春秋》便是他"知其不可为而为之"的美好愿望之寄托。历史是事物发生、发展的过程，任何历史事件均具有一次性和不可重复性的特点，过去发生的事情是永远无法改变的。然而，对历史事件评价则是一个价值判断，而非单纯史实有无的推定，是可以随视角的转换而改变的。孔子正是在史实表述上用特有的字或词褒贬事件、臧否人物，也正是在这种褒贬与臧否之间，以折射的方式传达着自己的处世理念和治国方略。基于恢复社会秩序的渴望，孔子盛赞并向往着周天子治下的社会，"郁郁乎文哉！吾宗周"，以"克己复礼"方式表达了宗周的"大一统"观念。如孟子所言："《春秋》，天子之事也。"① 即《春秋》是以恢复周王室的正统地位，来描画未来理想社会的状态。因此，《春秋》记事方式中，最明显的是对周王室和周天子的尊崇，如每年的记事必以"王正月"开其端，以显示周王室的正统。再如，春秋时期的周天子已沦落为众多诸侯手中的玩偶，经常被各大诸侯呼来唤去，颜面尽失，但孔子在记载此类事件时，用词格外讲究。如"吴楚之君自称王，而《春秋》贬之曰'子'；践土之会实召周天子，而《春秋》讳之曰'天王狩于河阳'"等。② 其目的只在于突出周天子的权威地位。正如司马迁所说："孔子知言之不用，道之不行也，是非二百四十二年之中，以为天下仪表，贬天子，退诸侯，讨大夫，以达王事而已矣。"③

同样，一部《春秋》也凸显出孔子大气豪迈的时代担当。首先，《春秋》虽记载的是鲁国的旧史，但视野则广及周天下，所做的是一部通史而非国别史。正如钱穆先生所言："孔子《春秋》因于鲁史旧文，故曰其文则史。然其内容不专着眼在鲁，而以有关当时列国共通大局为主，故曰其事则齐桓晋文。换言之，孔子《春秋》已非一部国别史，而实为当时天下一部通史。"④ 其次，《春秋》所表达的"史

---

① 《孟子·滕文公下》。
② 司马迁：《史记·孔子世家》。
③ 司马迁：《史记·太史公自序》。
④ 钱穆：《孔子传》，三联书店 2002 年版，第 99 页。亦可参见白寿彝《说"疏通知远"》，《史学史研究》1984 年第 2 期。

义"赋予通史以灵魂。《春秋》记载的仅为鲁隐公元年至鲁哀公十四年（前722—前481）共计242年的历史，但却有着"思接千载"和"视通万里"①的通史气魄，这便是其中所体现的"史义"。"史义"就是《春秋》的"微言"中的"大义"。《春秋》中的"大义"便是：如司马迁所言，"上明三王之道，下辨人事之纪，别嫌疑，明是非，定犹豫，善善恶恶，贤贤贱不肖"②，以此由乱到治。亦如孔子自己所言之"齐一变，至于鲁，鲁一变，至于道"③ 这样的社会变迁之道；"政不在大夫""庶人不议"而"礼乐征伐自天子出"的"君君、臣臣、父父、子子"理想社会的实现。"史义"就是章学诚所言之"道"："古人所欲通者，道也，不得已而有言……若夫道之所在，学以趋之，学之所在，类以聚之，古人有言，先得我心之同然者，即我之言也。何也？其道同也。传之其人，能得我说而变通者，即我之言也。何也？其道同也。穷毕生之学问思辨于一定之道，而上通千古同道之人以为之藉，下俟千古同道之人以为之辅，其立言也，是易然哉？"④ 古人云"文以载道""言贵有道"，言说与著文意在传道，著史也不例外。显然，孔子编《春秋》绝非单纯记载历史事实，而重在评说，这是要担风险的，是故孔子感叹道："知我者，其惟《春秋》乎，罪我者，其惟《春秋》乎！"⑤

孔子虽未明确提出"史意"的概念，但其《春秋》笔法，却是以对前言往行的评判来为后人确立行为标准，显然其"意"不在过去，而在当下和未来。因此，"史意"（"史义"）是史学的灵魂，是联系过去和通往未来的桥梁，解决了历史撰写的意义问题。接下来的问题便是如何撰写？即通史的内容和主线应是什么的问题，而司马迁的《史记》则为我们提供了可资借鉴的方法。

---

① 刘勰：《文心雕龙·神思》。
② 《史记·太史公自序》。
③ 《论语·雍也》。
④ 章学诚：《文史通义·言公中》。
⑤ 《孟子·滕文公下》。

三 司马迁与《史记》的"通变"之义

司马迁的《史记》是对孔子著史行为的继承和发展，太史公曰："先人有言：'自周公卒五百岁而有孔子。孔子卒后至于今五百岁，有能绍明世，正易传，继春秋，本诗书礼乐之际？'意在斯乎！意在斯乎！小子何敢让焉。"① 然而，与孔子相比，司马迁更注重对历史变迁的分析和总结。

司马迁《太史公自序》明确提出了"究天人之际，通古今之变，成一家之言"的编史目标，认为历史著作贵在"通变"或者"变通"，在历史变迁中找到不变之道，在历史变迁中看到历史发展的方向。

纵观《史记》所载十二《本纪》、十《表》、八《书》、三十《世家》和七十《列传》，凡一百三十篇，对社会变迁格外关注。对西周建国而代殷、战国纷争、秦汉之际的政权更迭、汉武帝建元至元封年间的政令和政制的变迁，司马迁均有所论述和阐发。本着厚今薄古的原则，司马迁用了一半以上的篇幅来谈秦汉之际的历史演变轨迹。概而言之，司马迁侧重于搞清楚两件事情：第一，"天"与"人"之间的关系，即所谓"究天人之际"，试图回答历史是由谁来创造的问题。第二，古往今来之中，制度的变更、人事的更替有无规律，即"通古今之变"，试图回答历史发展中的决定因素及其规律是什么的问题。在对这两个问题的回答中，司马迁试图得出与前人不同的见解，亦即"成一家之言"。

我们先来看"究天人之际"。在"天人感应"盛行之时，《史记》中虽然不时出现历史事件与天象相附会，以示神秘的"天"的存在，但在根本基调上，司马迁突出的是人，而非天的作用，这是非常难能可贵的。

《本纪》《世家》和《列传》均是写人的，《表》和《书》也写的是围绕着人事而展开的活动。在分析历史变迁的原因时，司马迁关

---

① 《史记·太史公自序》。

注的是人事而非天意，而且天意往往被置之度外。如在对夏、商、周三代兴衰的分析中，司马迁强调兴于大禹、商汤、周文王和周武王的文治武功，衰于夏桀、商纣、周幽王和周厉王的昏庸残暴。在讲项羽败亡原因时，司马迁是这样说的："自矜功伐，奋其私智而不师古，谓霸王之业，欲以力征经营天下，五年卒亡其国，身死东城，尚不觉寤而不自责，过矣。乃引'天亡我，非用兵之罪也'，岂不谬哉！"① 当谈及刘邦在楚汉之争中取胜的原因时，司马迁则引用了刘邦自己说过的一段话："夫运筹策帷帐之中，决胜于千里之外，吾不如子房。镇国家，抚百姓，给馈饷，不绝粮道，吾不如萧何。连百万之军，战必胜，攻必取，吾不如韩信。此三者，皆人杰也，吾得能用之，此吾所以取天下也。"② 显然，项羽的败亡和刘邦的建汉，绝非天命，而是用人是否得当所致。正所谓"国之将兴，必有祯祥，君子用而小人退。国之将亡，贤人隐，乱臣贵"。③

司马迁持英雄史观，将帝王将相视为历史发展中的决定性力量，但其与众不同之处在于，除了关注帝王将相之外，他还注意人物群体在历史发展中的作用，认为历史是群体智慧的结果。为体现历史发展过程中群体所发挥的作用，司马迁专门在《列传》中展现了某些群体的风采。其中有以社会分工来划分的人物群体：刺客、游侠、儒林、货殖、滑稽等的列传；也有以一位主体人物带动而产生的一批各怀奇技、异能的人物群体：如孔子及其弟子，孟尝君、平原君、信陵君、春申君及其门客们的传记。

在天人关系中，虽然将人的作用放在了重要地位，但司马迁认为，任何人只有顺势而为才能真正发挥其应有的作用。正所谓"且君子得其时则驾，不得其时则蓬累而行"。④ 司马迁所记载的秦汉之际的众多人物中，许多名不见经传的小人物，在历史变迁的大环境下则成为显赫一时的重要人物。例如刘邦手下的萧何、曹参、韩信等人，如果没有秦楚之际的天下大变，他们也不可能成为治国、将兵的

① 《史记·项羽本纪》。
② 《史记·高祖本纪》。
③ 《史记·楚元王世家》。
④ 《史记·老子韩非列传》。

人才。

我们再来看"通古今之变"。世界变化万端，"变"是一个永恒的主题，然而"变"的规律是什么？这一规律能否为人所把握？这也是伴随并困扰人类的永久性命题。司马迁在《史记》中提出了他独到的见解。如他承认历史是不断变化的，如"天人之际，承敝通变"。"略协古今之变"，"臣弑君，子弑父，非一旦一夕之故也，其渐久矣"。① 又例如，"物盛而衰，固其变也"。"物盛则衰，时极而转，一质一文，终始之变也。"② 变化随处可见，无处不在。如十二《本纪》以编年记正朔，以王朝为体系，反映朝代变迁大势。十《表》则打破王朝体系，以时代变革来划分时间段，对天下大势作了更加明晰的描述。"十表上下贯通构成一个有机的系列。分开来看，每一个表反映了一个历史时期的历史变化和特点，合起来来看，便反映了上起黄帝，下讫太初首尾三千年间巨大的历史变化。"③ 八《书》则侧重于探讨天道观和典章制度的演变。而观变的目的不在于搞清楚变化的事实层面，而则在于"稽其成败兴坏之理"，亦即探索社会历史发展的规律。如在《货殖列传》的序言中，司马迁总结道："待农而食之，虞而出之，工而成之，商而通之。此宁有政教发征期会哉？人各任其能，竭其力，以得所欲。故物贱之征贵，贵之征贱，各劝其业，乐其事，若水之趋下，日夜无休时，不召而自来，不求而民出之。"④ 这是司马迁从经济社会史的角度看待社会发展规律而得出的结论，带有明显的朴素唯物主义色彩。在论及秦统一六国之事时，司马迁是这样讲的："秦起襄公，章于文、缪，献、孝之后，稍以蚕食六国，百有余载，至始皇乃能并冠带之伦。以德若彼，用力如此，盖一统若斯之难也！"⑤ 秦国由小到大、由弱变强是一个循序渐进的过程，是长期发展的结果而绝非偶然。

《史记》所载近三千年的历史，司马迁并非平均用力，而是有所

---

① 《史记·太史公自序》。
② 《史记·平准书》。
③ 张大可：《司马迁评传》，南京大学出版社 1994 年版，第 187 页。
④ 《史记·货殖列传》。
⑤ 《史记·秦楚之际月表》。

侧重的，其大致原则是"详今略古和详变略渐"。① "详今略古"从《史记》一书的篇目安排便一目了然了。《史记》共计130篇，百年汉史及其与汉史有关的即有75篇，占总数的一半以上。"详变略渐"从如下两方面可见一斑：第一，《史记》着墨最多的是社会变迁时期的历史，而对西周建国、春秋战国、秦汉之际、汉武帝建元至元封之间的历史记载尤为详细。这四个阶段总计不到300年的历史，却在篇幅上占据了3/4的内容。原因就在于，这四个时期是历史变革最为剧烈的阶段，对之作详细记载和分析，有利于把握历史发展的脉络和规律。第二，《史记》作为纪传体史书，人物传记是主体内容，司马迁以类传和合传的形式，对历史作出了纵向和横向的比较，由此呈现历史的变迁。如《仲尼弟子列传》《孟子荀卿列传》《老庄申韩列传》《儒林列传》《屈原贾生列传》《扁鹊仓公列传》等，有的从学术传承看历史的变化，有的从学术渊源看发展方向的异同，有的从人物个性看历史的相似性，有的从行业发展看历史的继承性。

历史是在人类社会的变迁中得以体现的，没有变化即无历史，因此说来，司马迁的"通变"思想是切中了史学研究的要害，通史"通"什么？只有在对人类社会变迁的把握中才能看到历史的脉动和意蕴。所以，通史所要"通"的就是历史的变迁，在变迁中寻找历史发展的方向和规律。

四 世界历史的"义通"与"变通"

缺乏"史义"，史学论著便少了"灵魂"，所言便不知所终。而无"变通"，史家便迷失于故纸堆而不能自拔，为细枝末节的琐事所困。

以"史意"和"通变"两项标准加以衡量，我国世界史学界的通史著作现可分为五大理路，即以五种"史义"来贯通整个人类历史。

---

① 张大可：《司马迁评传》，南京大学出版社1994年版，第193页。

（一）五种社会形态理路

以苏联的多卷本《世界通史》为代表，我国 1962 年出版的由周一良和吴于廑主编的四卷本《世界通史》① 及其以后至 20 世纪 80 年代的大学世界通史教材也都属于此列。

该理路以马克思主义唯物史观为指导，认为整个人类社会历史的发展，以生产力的发展水平为基础，根据生产关系的演进由简单到复杂、由低级到高级发展趋势，依次经过原始社会、奴隶社会、封建社会、资本主义社会，经过社会主义到达未来的共产主义社会。虽然承认世界历史发展的不平衡，但人类历史演进的五种社会形态是单线的、依次递进的关系。虽然"也讲某些国家、民族在共同发展规律上的不同表现和在同一社会形态上的彼此变异。若干年来我国史学界讨论的'典型'、'非典型'、'发达的'、'不发达的'等问题，都由此而来。表面上，都以多样性补充统一性，但所强调的，还是在于统一性，在于以不同国家、不同民族、不同地区的历史，说明在各自过程中存在着共性"。②

值得一提的是，苏联科学院多卷本《世界通史》是将俄国及苏联的历史包含其中的，而周一良和吴于廑主编的四卷本《世界通史》则是把中国史的内容去除了的，因此是去除了中国史的世界史，严格说来应称之谓外国史。

（二）分散到整体的世界史理路

以吴于廑、齐世荣主编的六卷本《世界史》以及陈隆波、尹元超、周友光、李植枏等人主编的《从分散到整体世界史》③ 为代表。

正是基于以五种社会形态为发展主线编写世界历史重点强调统一

---

① 周一良、吴于廑主编：《世界通史》，齐思和主编上古部分，朱寰主编中古部分，张芝联、杨生茂、程秋原主编近代部分（上、下），人民出版社 1962 年版。

② 吴于廑：《世界史学科前景杂说》，《吴于廑文选》，武汉大学出版社 2007 年版，第 34 页。

③ 该套书共分五册，陈隆波、罗静兰主编上古分册，尹元超主编中古分册，周友光、郑昌发、郑祖铤主编近代分册，李植枏、高明振、唐希中主编现代和当代分册，1988—1991 年由湖南人民出版社出版。作为大学通用教材流传并不广泛。

性所带来的弊端,六卷本《世界史》,以吴于廑先生的"分散到整体世界"和"宏观世界史"的思想为指导,认为"研究世界历史就必须以世界为一全局,考察它怎样由相互闭塞发展为密切联系,由分散演变为整体的全部历程"。① 它包含纵向和横向两个方面:"纵向发展指由生产力推动的生产方式的变革,人类社会形态依次由低级向高级的演进;横向发展指与社会生产力不断提高相适应的各民族、各地区交换、交往的增长,闭塞和隔绝状态的突破,文化的扩散和汇合,以及由此导致的整体世界的形成。"②

(三) 现代化理路

以罗荣渠的《现代化新论——世界与中国的现代化进程》③、钱乘旦的《以现代化为主题构建世界近现代史新的学科体系》④ 和《世界现代化历程·总论卷》为代表。

现代化理路以对当今世界发展趋势的研判为出发点,认为现代化是世界历史发展的大潮流,世界上每一个国家和地区,无论情愿与否,均被卷入其中。据此,罗荣渠"从宏观历史的角度,把现代化作为一个全球性大转变的过程,从传统农业社会向现代化工业社会转变的大过程"。⑤ 并将世界范围内的现代化分为内源型和外源型两种类型。

内源型以早期西欧国家现代化为代表。"是在西方基督教文明的历史背景和传统下孕育起来的,它的原动力即现代生产力是内部孕育成长起来的,具有较强的自我发挥能力。"⑥ 如图 1 所示⑦。

---

① 吴于廑:《世界历史——为〈中国大百科全书·外国历史卷〉作》,《吴于廑文选》,武汉大学出版社 2007 年版,第 66 页。

② 吴于廑:《从分散到整体的世界史·序》,载《从分散到整体的世界史》上古分册或中古分册,湖南人民出版社 1989 年版。

③ 参见罗荣渠《现代化新论——世界与中国的现代化进程》,北京大学出版社 1993 年版。

④ 钱乘旦:《以现代化为主题构建世界近现代史新的学科体系》,《世界历史》2003年第 3 期;另见钱乘旦主编《世界现代化历程·总论卷》,江苏人民出版社 2010 年版。

⑤ 罗荣渠:《现代化新论——世界与中国的现代化进程·序言》,北京大学出版社 1993年版,第 2 页。

⑥ 同上书,第 124 页。

⑦ 同上书,第 106 页。

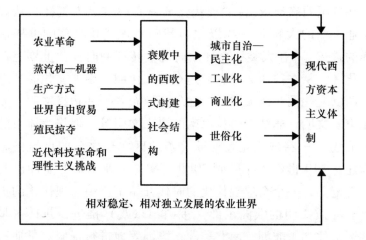

图 1　早期西欧国家现代化的一般进程

外源型以第三世界的现代化为代表。其"现代生产力要素和现代化的文化要素都是从外部移植或引进的，工业化投资在很大程度上借用外国资本，甚至受外国支配；市场发育不成熟，在经济生活中未形成自动运转机制，政治权力即中央国家作为一种超经济的组织力量，就在现代化过程中一度或长期发挥巨大的控制与管理作用"。① 如图 2 所示②。

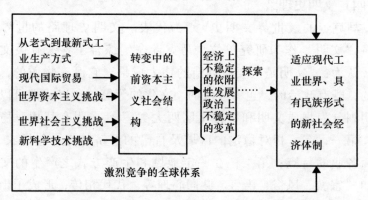

图 2　晚近第三世界国家现代化的一般进程

---

①　罗荣渠：《现代化新论——世界与中国的现代化进程》，北京大学出版社 1993 年版，第 124 页。

②　同上书，第 106 页。

　　钱乘旦更明确地指出："现代化的核心内容是人类社会从农业文明向工业文明的大转变。"① 以此为基础将现代化之前的世界格局作了这样的描述："在人类社会开始向现代转型的时候，世界上存在着四大文化圈，从东往西数，它们是东亚文化圈、南亚文化圈、中东文化圈、西欧文化圈。四大文化圈之外还散布着一些边缘文明，如南美洲的印第安文明，非洲撒哈拉以南的黑人文明等，但作为体系的文化圈尚未形成。"② 将现代化在西欧北美地区实现之后的世界格局作了如下描述："19世纪下半叶到20世纪初，工业革命开始冲出西欧北美的地理范围，一个全球现代化的时代开始了。……现代化的扩张最初在具有异质文明的欧洲东部（俄国与东欧）推进，并且在非常落后的地区，比如黑非洲、南北美洲、澳洲等地进行征服。早期殖民扩张为西欧集聚了资本，使其以后的发展更为迅速。工业化开始后，西欧的力量变强大了，最终形成绝对优势。这时，西欧的殖民扩张就不限于最落后地区了，它逐渐向世界各个已有文明的核心区推进，西亚北非、印度、中国等古代文明最发达的地区也相继落入它的控制，随着世界各文明区连成一体，现代化慢慢地推进到全球扩张的阶段。"③

（四）文明史理路

　　以马克垚的《世界文明史》④ 为代表。文明史理路的世界史编纂，将"文明"作为研究单位。马克垚先生综合了各家有关文明的定义，认为："文明是人类所创造的伟大成果，它既有物质的，也有精神的，既有政治的，也有经济的、文化的等等，所以我们可以大致把文明划分为物质文明和精神文明两大类。"⑤ 文明有其相对稳定的一面：第一，有一相对稳定的区域及自己的经济特点，包括农、工、牧、商各业的特点；第二，在一定地域和生产方式之产生的文化因素，如"宗教、风俗、语言、共同心理等，代代相传，形成了十分稳

---

① 钱乘旦主编：《世界现代化历程·总论卷》，江苏人民出版社2010年版，第129页。
② 同上。
③ 同上书，第192页。
④ 马克垚主编：《世界文明史》，北京大学出版社2004年版。
⑤ 同上书，导言，第3页。

定的文明特征"。与此同时，文明也有变动发展的一面："它的物质内容和精神内容，随着时间的推移，在自己的发展和外力作用下，不断发生变化。"正是在这一意义上，"文明史也就是世界通史"。①

正因为文明史内容的广泛性，所以其研究方法也具有综合性和跨学科的特点。"文明史统括着一切的学科门类，她和通史很难分开，对她的研究要采用社会科学和人文科学的所有方法。"②

但与施本格勒和汤因比的文明史理路所不同的是，马克垚先生的《世界文明史》将人类社会产生以来至今的历史划分为"农业文明时代"和"工业文明时代"，区分两者的主要依据是"生产力发展变化"。③

农业文明时代"各文明的共同特点是农业成为文明社会发展的主要动力"。具体说来，第一，使用人力、畜力、风力和水力等可再生能源；第二，农民占人口的大多数，分散居住于乡村；第三，社会分层以政治、法律、习俗等手段加以固定；第四，统治政权一般采取帝王个人或贵族寡头专政的形式；第五，虽然人类精神开始觉醒，但宗教迷信思想依然是这时人类的主导意识。"由于农业文明时代生产力发展缓慢，所以这一时代在世界各地都长达数千年。"④

工业文明时代始于蒸汽机的使用。具体特点如下：第一，使用煤炭、石油、天然气等不可再生能源，科学和技术在生产力中的作用日益重要；第二，工业和商业逐渐取代农业成为人类文明发展的主要支柱，并且逐渐改变了农业的面貌和性质；第三，城市发展成为经济、政治、文化、教育等的中心，在文明发展中起着火车头的作用；第四，政治上的平等渐得实现，不过经济上的不平等依然困扰着广大人类；第五，民主成为人类政治的最大诉求，科学和理性日益主宰人类的意识形态、思维方式，但宗教仍然构成各文明不可忽视的内容和标志。⑤ 工业文明自西欧开始，严格说来自英国开始。工业革命的完成，

---

① 马克垚主编：《世界文明史·导言》，北京大学出版社 2004 年版，第 7 页。
② 同上书，第 8 页。
③ 同上书，第 9 页。
④ 同上书，第 10—11 页。
⑤ 同上书，第 11 页。

使"西欧文明在各个方面都得到了大发展,无论在生产力、经济、政治制度,还是在文学艺术等方面,都创造出了辉煌灿烂的成就"。①"19世纪末、20世纪初,工业文明开始了全球性扩展。以电力、钢铁、化工为代表的第二次工业革命占据了20世纪上半期;而20世纪下半期,以原子能、生物技术、新材料、新能源等为代表的新技术革命更把人类的创造力发展到十分惊人的程度。人类的劳动生产率得到空前的提高。"②

(五)专题通史理路

以中国社会科学院世界历史研究所的研究人员牵头完成的多卷本《世界历史》③为代表。该书采取专题与编年相结合的撰写体例,从大的方面把世界历史划分为8个专题:理论与方法、经济发展、政治制度、民族与宗教、战争与和平、国际关系、思想文化、中国与世界。另附有两卷本《世界历史大事年表》,对世界历史自上古以来到2006年所发生的主要事件作了整理和排列。

这套多卷本《世界历史》的"史义"非常明确,力图在对世界历史进行系统的、科学的认识基础上,"从时代的角度,回答当代社会发展中的一系列重大理论问题,从而在建设中国特色社会主义的伟大事业中,充分发挥世界史学科的科学认识功能和社会功能"。④

一部通史关键在于"通"字。"通"什么呢?就是"通变"。通过历史的变迁,看历史发展的趋势和规律;通过对历史上纷繁复杂现象的分析,看人类社会永恒不变的东西是什么。一部世界通史,就是通过对整个人类历史变迁的系统考察,在"同"中见"异",在"异"中求"同",探寻人类历史发展的规律。在此"史义",亦即研究问题的切入点或出发点显得尤其重要。在中国传统史学中历来强调

① 马克垚主编:《世界文明史·导言》,北京大学出版社2004年版,第13—14页。

② 同上书,第14页。

③ 参见中国社会科学院世界历史研究所《世界历史》,江西人民出版社2010年版。

④ 中国社会科学院世界历史研究所:《世界历史·总序》,江西人民出版社2010年版,第3—4页。

三要素，即"曰事、曰文、曰义"，而三者之中又尤为强调史义，即"史学所重者在义也"，"徒骛事迹，或精究文辞，皆未得治史之究竟"。①

"义"在何处？"义"在当下。纵观上述我国世界通史编纂的五大理路，不难发现，每部通史都是针对当下社会问题对历史作出的追问。如苏联科学院多卷本《世界通史》构建的五种社会形态体系，"是在苏联特殊的历史条件下形成的，当时，十月革命刚完成不久，国内形势十分复杂，苏维埃政府需要一种历史学说，为十月革命的合法性寻找历史依据"。② 吴于廑先生提出的"分散到整体世界史"的理路，与全球化的发展不无关系。罗荣渠先生提出的"现代化"理路及马克垚先生提出的"农业文明时代与工业文明时代"划分世界史的理路，无不反映着包括中国在内的第三世界国家和地区的现实追求。

然而，"任何一部世界通史著作，都不可能涵盖世界历史上的一切问题、穷极历史认识的真理，并做出最后的结论"。③ 因此，我们应以历史事实为基础，以现实社会问题和时代发展主题为出发点，从不同视角切入，编纂出丰富多样、适合不同层次需要的世界通史。

---

① 柳诒徵：《国史要义》，吉林人民出版社 2013 年版，第 153 页。
② 钱乘旦：《世界现代化历程·总论卷》，江苏人民出版社 2010 年版，第 226 页；另见钱乘旦《以现代化为主题构建世界近现代史新的学科体系》，《世界历史》2003 年第 3 期。
③ 同上书，总序，第 4 页。

简论 19 世纪末中日两国间的修约交涉

张兆敏[*]

摘要： 1870 年至 1871 年间，日本积极寻求与中国立约通商，企图仿效欧美列强从中国攫取特权。在清廷涉外政要的坚拒下，双方于 1871 年 9 月签订了权利和义务对等的《清日修好条规》和《通商章程》，从而在 19 世纪中后期中国与外国多签不平等条约的惯例中出现了一个少见的例外。未达目的的日本在 19 世纪 80 年代或趁中国外交陷入困境，或利用中日关系的相对缓和对中国发起了两轮修改 1871 年约章的交涉。清醒地认识到不平等条约危害性的清廷涉外官员有礼有节地阻止了日本的修约要求，使后者一直到甲午战前终未在中国享受到内地通商和片面最惠国待遇等不平等权利。对当时中日两国间的这项重要外交活动，目前尚未见到专文论及。笔者将梳理该修约交涉的基本事实和发展脉络，并进而批驳日本近代军国主义的侵华野心、揭示晚清中国人在条约认识史上所取得的重大进步。

关键词： 《清日修好条规》；日本；中国；修约交涉

一 19 世纪 70 年代初中日立约、换约的艰难实现

1870 年 9 月，日本政府派遣外务大丞柳原前光等人来到天津，要求与中国订约通商。日本之所以主动向中国求约，出于诸多切实的政治、外交需求：想借助可能获得的外交成果以提升自身的国际地位、

---

* 张兆敏，山东菏泽人，1964 年出生，曲阜师范大学历史文化学院副教授，历史学博士。

稳定国内政局，并企图从中国、朝鲜方面捞取或多或少的好处。中国应允来年议约，则耽于笼络羁縻日本、联东制西的幻想。

1868 年，日本倒幕派推翻了德川幕府的封建统治，建立了以改革派武士为中心的明治政权。新政权建立伊始，一些内政举措导致众多势力对政府不满。如实行"奉还版籍"和"削藩"（即废除藩主对土地和人民的领有权并减少藩主、藩士的俸禄）政策，引发了众多藩主、藩士对新政府的不满。继续按旧年贡标准向农民征收沉重的土地税，导致多地多次出现农民的反抗事件。在此情况下，新政府欲以外交的进展来转移内部矛盾。1869 年 2 月，向美国和荷兰公使表示希望提前修改不平等条约，被答以期限到达前不予考虑。同年 1 月起，日本试图与最近的邻国——朝鲜建立近代的外交关系，并向后者通报天皇新政权的成立。因为改变了交往惯例及文书中充斥"皇""敕"字样，朝鲜一直拒绝接受来书。由于与欧美和朝鲜的交涉均不顺手，新政府无法以两者的进展来转移内部斗争的视线。鉴于中国已与欧美多国订立近代条约，新政府认为与中国议约将会比较顺利，很希望借此走出外交困境，提升政府权威并稳定国内政局。日本政要也了解到不少清廷要员昧于近代国际关系大局和国际法知识，认为利用该有利情况，求约于中国，可能同欧美列强一样在中国享受到特权，自然会大大提高自身的国际地位。借助与中国立约，铺平与朝鲜的缔约之路，更是日本政府的一个重要考虑。在日本看来，与中国签约后，日本就取得了与中国平等的国际地位，而此时的朝鲜仍是中国的藩属国，自己得享与朝鲜宗主国平等的地位后再与朝方交往，定能取得优势地位；况且，朝鲜尚未与任何国家签订近代条约，若见宗主国与日方立约，就有可能答应日本的立约要求，甚至有可能让自己享受条约特权。至于清廷在 1870 年 10 月底应允来年与日本议约，则是幻想用"天朝的恩德"笼络日方，并借以联合抵御欧美诸强。出于如此考虑，总署于 10 月 31 日照会日方，允许日本次年派大员来华议约。

1871 年 6 月，日本政府任命大藏卿伊达宗城为与中国订约的全权正使，外务大丞柳原前光为副使，择期来华立约。7 月 29 日，伊达一行在天津与清廷任命的全权代表、直隶总督兼北洋大臣李鸿章正式开始缔约谈判。8 月 1 日，日方向中国代表提交了柳原拟订的约章草案。该草案充斥着领事裁判权、协定关税和最惠国待遇等规定，而且将上年旧草案中的有关对等原则和"双向条文"一笔勾销，只载明日方享有各项特权。至此，日本欲在中国攫取条约特权的野心彻底曝光。奕䜣、曾国藩、李鸿章等清廷政要此时已初步认识到中国与欧美列强所签不平等条约的危害性。曾、李等人在年初有关中日议约的奏折、书函中都提出，将来的中日条约中要载明两国有对等的领事裁判权，并且废除最惠国待遇的条款，双方均不享受此前各自出让给欧美国家的权益。针对日本的企图，李鸿章于 2 日提出了贯彻中方上述原则的约章草案，并坚持不对日本人让步。日方代表见初衷无法奏效，也只能在 9 月 13 日与中国签订了权利和义务对等的《清日修好条规》（以下简称《条规》）和《通商章程》（以下简称《章程》）。归纳《条规》和《通商章程》的诸多条款，包含如下主要内容：相互尊重领土主权，互不干涉内政；两国均可派使臣进驻对方首都；建立正常的通商关系，但两国商民只准在对方已开放的口岸经商，均不得进入对方内地；两国均根据对方与欧美国家确定的协定关税进行通商；两国均可在对方通商口岸设立领事，均可对本国商民行使领事裁判权。[①]可以看出，日本向中国求约的主要目的之一落空了——没有在中国攫取到内地通商权、片面领事裁判权和片面最惠国待遇。

日本政府对贯彻对等原则的约章甚是不满。加上欧美列强对写有"通好后自必相互关切"字样的《条规》第 2 条[②]的质疑，也助长了其换约前即想改约的决心。日本政府隐忍数月后，便迫不及待地遣使来华，决心打破国际惯例，在换约之前修改条约。1872 年春，日本派柳原前光第三次来华交涉。柳原于 5 月间在天津向李鸿章面呈了日本外务卿副岛种臣要求改约的照会：撤销中国在日本行使领事裁判权

<hr>

① 参见王铁崖《中外旧约章汇编》第 1 册，三联书店 1957 年版，第 317—324 页。
② （1）《清日修好条规》第 2 条的原文："两国既经通好，自必相互关切。若他国偶有不公及轻藐之事，一经知照，必须彼此相助，或从中善为调处，以敦友谊。"（2）《清日修好条规》第 2 条实际上模仿了 1858 年《中美天津条约》的第 1 款——"嗣后大清与大合众国并其民人，各皆照前和平友好，毋得或异；更不得互相欺凌，偶因小故而起争端。若他国有何不公轻藐之事，一经照知，必须相助，从中善为调处，以示友谊关切。"（3）这种条款在当时的国际政治生活中并无任何得以实现的可能性，但西方国家获知中日约章有此条款后，却颇为疑忌，因为他们不喜欢东方国家哪怕字面上的联合团结。

的规定，而不废止日本在中国运用领事裁判权的条款；取消一度引起西方国家不满的《条规》第 2 条。对于日本这种破坏两国立约对等原则、违反国际法的举动，中国坚决抵制，柳原的交涉只能无果而终。到了 1873 年，日本当局感到短期内难以实现对中日约章的修改，加上想利用琉球渔民在台湾被害事件，其外务卿副岛种臣最终于 4 月间在天津与中国全权大臣李鸿章完成了换约事宜。此时距约章签署已过一年半之久，纯粹因为日方的原因，违背了缔约双方理应在一年之内完成换约手续的国际惯例。

中日作为具有悠久友好关系的东亚邻国，在近代之初又同受欧美列强侵略，在自愿的基础上缔结平等的条约本非难事。日本在立约谈判中的企图，是造成缔约艰难实现的唯一原因。当然，换约遭延宕，同样是日本不改对中国觊觎之心的结果。纵观日本方面从遣约到换约的所作所为，足可以预示以后只要有合适的机会，日方必将提出修约要求以期从中国获得特权；修约与反修约的交涉将成为中日之间的一项长期外交斗争。

二　80 年代初的修约交涉

如上所述，《清日修好条规》未载明最惠国待遇条款和可以修改条款事宜，并规定两国对等享受领事裁判权，也严禁两国商民进入对方内地进行贸易。它作为两国签署的基本条约，应具有长期的稳定性。短期内不修改基本条约，也是当时国际法的通识。看来，无论是按照《条规》具体条款，还是援引近代国际法准则，日本都无理由在短期内向中国提出改约。实际上，日本在 19 世纪 80 年代屡次提出改约的依据是与《条规》同时签署的《通商章程》。

《章程》第 32 款规定："两国现定章程，嗣后若彼此皆愿重修，应自互换之年起至十年为限，可先行知照，会商酌改。"《通商章程》只谈两国货物进入对方开放口岸应纳税则等通商问题，并不涉及最惠国待遇和领事裁判权的规定。日本人以其为据提出修约，自然只能修改《通商章程》，不能奢求修改《条规》以得到片面的最惠国待遇和领事裁判权。不遵守既定约章和国际法，是近代日本政要对待东亚邻国的惯用伎俩。日本政府为借修约在中国攫取特权，于是故意混淆《条规》和《通商章程》的区别，以后者的条款为据，从1873年起到甲午战前，在中国外交困窘或中日关系相对缓和之时，多次提议修改中日约章。两次大规模的交涉集中在80年代，发生在1880年至1881年间的交涉是约章生效后的日本首次强求修约。

1879年3月底4月初，日本不顾琉球自为一国和500年来臣属中国的事实，悍然吞并了琉球。其后，清政府基于"兴亡继绝"的传统政治理念，对日本开展了复琉运动，以使琉球王室后裔能世代相传宗庙祭祀权为基本目标，要求日本让琉球完整复国或部分复国。1879年夏秋间中国从事的复琉斗争，目标是使之完整复国，并维持与中国的传统关系。其间，清廷先是与日本进行单纯的外交交涉，后又敦请美国前总统格兰特调处，均没有整军备武以配合相关的外交活动，自然无法让日本吐出到口的果实。首轮复琉交涉虽无果而终，但日本政要也认识到如果中国不停止复琉活动，自己也难以稳定地对琉球进行统治；倒不如在琉球问题上让中国接受日本微小的让步以消除中方复琉的口实，同时借机提出修改1871年约章从而在中国享受特权。1880年2月，清廷正式声明拒绝批准崇厚与俄国擅自签订的丧权辱国的《里瓦基亚条约》，后者即向两国边境地区增派军队，威胁要与中国开战以期使中国屈服。眼见中国外交陷入困境，日本政要认为有机可乘，一致认为己方可做出与俄联手的姿态，配合琉案上的微小退让，清廷定然不敢拒绝修约。3—4月，日本政府制订了"改约分琉"的方案：（1）琉球的北部和中部划归日本，南部的宫古、八重山二列岛划归中国。（2）不待《通商章程》第32款所定修约需换约后的十年之期到来，提前修改《条规》和《章程》，抽去两约章程中不允许日本在中国内地通商的规定，并加入"一体均沾"条款。（3）以日本将取消欧美国家在日领事裁判权和提高关税率为借口，要求中国放弃在日本的领事裁判权，并同意日本大幅度增加中国货物进入日本的关税。①

6月29日，日方任命驻华公使宍户玑为全权办理大臣。7月30

---

① 参见［日］东亚同文会编《对华回忆录》，商务印书馆1959年版，第116—118页。

日，清廷也下达上谕，派总署王大臣与日本使臣交涉琉案及改约之事。8 月 18 日，交涉正式开始。24 日，日方向中方正式提出了"改约分琉"方案。此后，双方围绕着日方草案开始反复交涉。奕䜣等总署王大臣对日俄勾结的情形深信不疑，认为分琉与改约联结，是了结琉案、杜绝日俄共谋的良策。10 月 21 日，总署参照日方草案与日本全权公使宍户玑议定了分琉联结改约的一系列条约约稿，允许日本在中国享有内地通商权和片面最惠国待遇，至于日方要求的按照日本法律管理在日中国商民及提高海关税则诸事，则"俟（日本）与他各国订定后，再行彼此酌议"。另外，双方还商定：一俟约稿为两国御笔批准，即于三个月内在大清国都互换，并在光绪七年正月交割两岛后之次月，开办加约事宜。① 28 日，总署将琉案专条底稿和加约底稿一并奏请朝廷批准。至此，日本梦寐以求的改约企图眼看即将实现。虽然总署王大臣相信存在日俄勾结的情形，不惜答应日本修约要求以求得杜绝日俄共谋并借机了结琉案。但李鸿章、何如璋等清廷官员基于对国际事务较多的了解，认为日本不可能与俄国勾结起来对付中国，同时感到采用日方的分琉方案不足以使琉球复国，更反对在修约问题上对日本让步。这年 7 月间，清廷驻日公使何如璋向总署寄送了一份新的讨论琉球问题的信函，认为日本政局动荡、财政困难，难以与俄联手对华开战。直隶总督兼北洋大臣、晚清外交的实际负责人李鸿章也在 10 月 19 日致书总署，认为日俄不会真正勾结，中国无须因畏惧日俄勾结而匆忙与日本敲定"改约分琉"约稿。同时何如璋、李鸿章通过寻访琉球王后嗣或流亡在华的琉球官员，也认识到接受贫瘠的南二岛无法让琉球复国。使日近三年、熟悉日本国情及近代国际事务的何如璋写下了《内地通商利害议》，在 10 月间和 11 月初先后寄呈总署和李鸿章，全面批驳了日本的修约要求。在这篇著述中，何如璋提出，对于日本的修约要求，"盖有不可轻许者故五"；若允许日本内地通商和享有片面最惠国待遇，则"有贻害极大者四"。纵观何如璋所列举的九点，如影响国内产品的生产、销售，减少国家财政收

---

① 参见《总署奏与日本使臣议结琉球案折》（光绪六年九月二十五日），载《清光绪朝中日交涉史料》卷 2，第 8—10 页。

入，加大中国的外贸入超和白银外流从而进一步动摇国家的根本，另外谈及引发犯罪现象飙升，中国国威下降，人民怨声载道，促使日本和欧美列强竞相掠取在中国的权益等，总之会多方面损害中国的经济和政治生活。何如璋全面和深刻的分析极大地影响了正准备上奏折大力反对总署做法的李鸿章，在接到何的书函后，对其给予了高度评价："正筹思善全之策，适接出使大臣何如璋来书，并抄所寄总理衙门两函，力陈利益均沾及内地通商之弊，语多切实。"① 李鸿章吸取了《内地通商利害议》中的大量论据，本着自己对与日立约的一贯立场，于 1880 年 11 月 11 日呈上了一份非常具有说服力的奏折。此时俄国态度转缓，也证明日本借助俄国势力共同谋华只不过是虚声恫吓。因此，李氏在此奏折中再次说明了自己 10 月 19 日给总署复书中的观点，认为日俄不会真正勾结，中国无须因畏惧日俄勾结而匆忙与日本敲定"改约分琉"约稿；中国应明确拒绝日本图谋单方面获得特权的修约要求："日本必欲得均沾之益，倘彼亦有大益于中国者以相抵，未尝不可允行。若有施无报，一意贪求，此又当内外合力坚持勿允者也。"② 李鸿章还建议朝廷："此时似宜用支展之法，专听俄事消息，以分缓急……若俄事于三个月内即已议结，拟请旨明指其不能批准之由，宣示该使。"③ 清廷非常重视李鸿章提出的意见，随即对总署与日方议定的"改约分琉"约稿采取了暂不批准的策略。宍户见议定约稿难以被清廷批准，遂于 1881 年 1 月 17 日向总理衙门发出照会，指斥中国"自弃前议"，声言"琉案破约之责在中国"。④ 20 日，宍户奉命离开北京回国。2 月 24 日，曾纪泽与俄国签订了《中俄伊犁条约》，使上年年初以来的中俄伊犁危机得以解除。清廷信心大增，认为不必再顾忌日本利用中俄争执，遂于 1881 年 3 月 5 日发布上谕，正式否决了总署同宍户玑商定的"分琉改约"约稿，同时

---

① 《直隶总督李复奏球案宜缓允折》（光绪六年十月初九日），载《清光绪朝中日交涉史料》卷 2，第 14—17 页。

② 同上。

③ 同上。

④ ［日］外务省：《日本外交文书》第 14 卷，日本国际联合协会 1951 年版，第 283—284 页。

命令总署继续与日使商议。① 至此，中国击败了日本 1873 年来的第一次修约阴谋。

三 80 年代中后期双方的再度修约交涉

1885 年 4 月，中国与日本签订了《天津条约》，最终了结了上年 12 月发生的中、朝军民与驻朝日军的冲突问题。7 月下旬，中日军队均按约如期从朝鲜撤军。此后，日本面对俄国欲染指朝鲜半岛的最新举动，基于自身尚无实力立即驱逐中国在朝力量并占有朝鲜，开始执行一种与中国"妥协"、支持中国干涉国政、利用中国来对抗俄国的政策。1885 年 10 月，李鸿章借助在朝鲜问题上英国、日本支持中国的有利形势，应朝方所请，委任袁世凯为驻扎朝鲜总理交涉通商事宜大臣，赋予其干涉朝鲜国政的权力，从而使清廷能以一种新的方式继续保持中国在朝鲜的优势地位。如此一来，自 1885 年下半年起，日本在朝鲜半岛上与中国争夺优势的斗争出现了缓和的局面。日本高层即决心利用中日关系间这一新形势，引诱中国同意改约，同时也想以此推进与欧美国家改约的步伐。

1885 年 12 月，日本任命盐田三郎为新一届驻华公使，令其承担在华与清廷交涉改约的任务。次年 3 月，盐田来华就职，在途经天津时，即向李鸿章表露了日本的修约意图。9 月 4 日，盐田向总理衙门正式提交了日方改订约章的底稿。这次日本向中国提交的改约方案，与其 1880 年所提草案基本相同：仍是要求加入"一体均沾"的条款，允许日本到中国的内地通商；另外，还以日本将取消欧美国家在日本的领事裁判权为由，要求在保留日本在中国领事裁判权的情况下取消中国在日本的领事裁判权。这次修约活动正式开议不久很快因 8 月中旬发生事涉两国的"长崎事件"而暂时终止。在该事件中，长崎地方排华势力殴杀访日中国水师官兵 50 余人，日本方面却采取拖延解决的手段企图使案件不了了之。中国只能被迫把它作为 1886 年秋冬

---

① 参见《军机处寄直隶总督李鸿章等上谕》（光绪七年二月初六日），载《清光绪朝中日交涉史料》卷 2，第 37 页。

对日外交的中心任务，暂时中止了与日本的修约谈判。延至次年2月8日，双方才最终了结了"崎案"，中国方有较多余力应对日本的改约交涉。即便如此，在1886年秋冬两国修约谈判暂时停止期间，总署王大臣、李鸿章对日本的改约方案也进行了研究，同时饬令属员和第三任驻日公使徐承祖等人对日方草案提出意见。1886年10月21日，熟悉日本情势和近代国际法的徐承祖致电李鸿章，对日方草案痛加批驳。如徐氏指出日本以与欧美国家改约成功后将取消后者在日本的领事裁判权为说辞，其实是要提前废除中国在日本的领事裁判权，属于"西人给倭权利，我皆遵行"。还谈及日本准备按西方法典修改本国法律并在本国法院中聘请外籍法官以换得西人取消在日本的领事裁判权却不给中国法律和华籍法官同样的地位是"倭给西人利益，我则概无所要"。徐承祖更反对日本欲在中日约章中加入"利益均沾"条款，认为该条款是"语多含混，流弊甚多"。徐氏由此提议李鸿章和总署王大臣拒绝以日本的草案为基础讨论修约："鄙意请明却盐田，云条约必彼此利便，兹来稿非特无益我商，且多窒碍，未便商改。"①天津通商委员朱干臣也对日方草案"逐细复校，加以按语"。李鸿章对二人的工作特别满意，故在1887年2月27日给总署的信函中对他们大加赞语："徐（承祖）朱（干臣）两人之议较为简明醒目。"李鸿章还决定把天津海关道周馥等人所呈旁注稿一本、盐田三郎的原约稿、徐承祖的改稿和朱干臣的驳语一并上呈总署，请后者参酌。面对本轮日本的修约要求，李鸿章仍然坚持自己1871年以来与日立约的基本立场。故在这件寄交总署的信函中明确要求后者应继续维持中国与日本的旧约："原约分《修好条规》、《通商章程》为二，颇具深心。《条规》首段声明，彼此信守，历久弗逾。《通商章程》第三十二款则声明现定《章程》十年重修，是《章程》可会商酌改，《条规》并无可改之说。今日稿混《条规》、《章程》为一……我既不能拒绝（日方修约要求），唯有多方辩难，籍词延宕；或将无甚关系利

①《徐使致译署》（光绪十二年九月二十四日），载《李鸿章全集》电稿一，上海人民出版社1985年版，第732页。

害之事酌改一二。"① 鉴于 1886 年至 1887 年间并不存在中国外交特别困难的情况，总署王大臣这次也决定不屈服日本的修约要求，早在 1887 年 2 月 19 日致函李鸿章时，即表明了自身对日本方案的态度："旧约只可酌量修改；（日本）所开方案不可行者居多。"② 总署王大臣 2 月底了解到李鸿章、徐承祖等人的意见后，更坚定了其保持两国旧约章的态度。6 月 17 日，总署向盐田公使正式提交了中国方面的改约方案，断然驳回了日方的要求，继续坚守 1871 年约章的对等原则。两个方案所持原则如此大相径庭，两国开议修约自然不会出现日方满意的结果。延至 1888 年 9 月，日本政府见本轮修约谈判无法压服中国，只好训令盐田向总署通告中止改正条约的谈判，日方仍未能从中国获取特权。

甲午战前的中日改约交涉主要发生在 1880 年至 1881 年及 1886 年至 1888 年间，两轮交涉均为日方发起，规模也较大。除这两轮之外，中日之间就改约问题还进行过两次小规模交涉，分别发生于 1882 年至 1883 年、1889 年至 1891 年。前者由中方发起，后者则是中日双方相互试探。这两轮小型交涉活动的中方主角是中国第二任及第四任驻日公使黎庶昌，经朝廷允许，他向日方有关官员提出琉案与修约并议，意欲借商谈修约让日本与中国再议琉案以实现琉球复国。对黎氏的试探，日方官员均以 1881 年初其政府的表态来回复——中日间的琉案已结，而只愿与中国商议改约以期取得在华特权。看来，在修约问题上日本方面的意图与两轮正式谈判所持立场并无不同，与中方的态度仍大相径庭，双方均不愿做出大的让步以进行紧凑的谈判，故两轮交涉均没发展成大规模谈判，双方的交涉初衷没得到实现，相关交涉自然是无果而收场。

综观 19 世纪末中日间的修约交涉，两国围绕改约问题的大规模交涉谈判有两次，小规模的试探也不少于两次，但由于双方目标迥异

---

① 《论日本修约》（光绪十三年二月初五日），载《李文忠公全书·译署函稿》卷 19，第 1—2 页。

② 同上。

又互不让步，这些交涉均无果而终。就两轮正式谈判而言，从修约交涉的结果来看，主动出击的日本并没有达到目的，日本始终没有从中国获得内地通商、片面的领事裁判权和最惠国待遇等特权；而被动防御的中国方面则始终坚持了立约对等的原则，中方在立约之时从日本获得的协定关税、领事裁判权等项权利也得以保留下来。从这个意义上说，中国在修约交涉中取得了胜利，挫败了日本的企图，保护了国家主权。从这一结果而言，也体现了中国涉外官员在条约认识问题上的重大进步，他们的相关认识为中国维护条约权利奠定了重要基础。

比较视野下的犹太社会与徽州社会

戴　昇[*]

摘要： 犹太社会与徽州社会是高度契合的。两者因在物质财富、精神思想、世俗荣誉等方面取得巨大成功而让世人高度瞩目。殊荣的背后更有深层次的相似境遇与相类的文化内涵，其中包括社群早期的迁徙、世俗性质的团体组织即宗教与宗族、屡遭磨难的经历、乡约和契约为核心的自治社会、流动性的文化交流、文化教育与商业的突出、思想家的涌现以及早熟社会的形成等面向。犹太社会与徽州社会的比较研究，是首次全面观照两大契合社会的尝试。两者具体契合之处与共通性的阐释，有助于深化相关学术问题的认识。此外，比较视野下犹太社会与徽州社会的形成原因以及相关规律性质的提出，是理解马克思所谓"早熟社会"的关键。

关键词： 犹太社会；徽州社会；比较研究；早熟社会

中国大陆的徽学研究与犹太学研究滥觞于 20 世纪 80 年代。80 年代以降，徽学与犹太学的研究事业方兴未艾。[①] 徽学事业被盛赞为"不能不是我们这个时代学术潮流中的一个主流"。[②] 犹太学的深入更

＊ 戴昇，安徽省歙县人，现为聊城大学历史系本科生，立志于中国史、比较史学、徽学与戴震思想研究。

① 仅就国内情形视，徽学与犹太学研究成果数不胜数，著述论著数以千万计。徽学研究机构、团体包括中国社会科学院徽学研究中心，安徽大学徽学研究中心，安徽师范大学皖南历史文化研究中心，安徽省徽学学会等；犹太学研究机构、团体包括中国犹太文化研究联盟，南京大学犹太文化研究所，上海社会科学院上海犹太研究中心，山东大学犹太教与跨宗教研究中心，河南大学犹太—以色列研究中心等。

② 周绍泉：《徽州文书与徽学》，《历史研究》2000 年第 1 期。

在于"不了解犹太文化，就不了解世界"。① 然而，被高度关注的两大学术研究对象却在世俗文化中被视为"异类"。在中国的疆域内去审视徽州社会，徽州文化在与中华文明各子文明或亚文化的比较中显得尤为另类。而在世界文明的视域下检视犹太文化，人们会发现犹太文明总是显得突兀而有别于其他世界文明。而我们认为，犹太社会与徽州社会这两大"异类社会"是极具契合之处的。正如胡适先生所断言的"徽州人可算是中国的犹太人"。② 徽州社会是中国疆域内的犹太社会，犹太文化是世界文明之林中的徽州文化。从徽州社会的视角看犹太社会，可以使中国学者在参照基础上加深对犹太社会的体认；从犹太社会的视角看徽州社会，可以有助于阐释徽学研究中一些悬而未决的学术争鸣。③

言及犹太社会与徽州社会的共通性，首先映入人们眼帘的是几个特征明显的面向。

（1）文化发生的主体区域，即其冠名之地：徽州、以色列的区域面积狭小，生态环境恶劣，自然资源缺乏。徽州的"七山一水一分田，一分道路加田园"自不待言。虽然以色列地（Eretz Yisrael）曾被冠以"流着奶与蜜"的迦南之地，但却是一个被沙漠与荒原所环绕的区域，生存环境与其说恶劣，毋宁说是难以生存的。

（2）流动特征明显，两地生存环境恶劣加之人多地狭等因素制约，导致大量人口不得不在外谋生。大部分的徽州人与犹太人在大部

---

① 张倩红、艾仁贵：《犹太文化》，人民出版社 2013 年版，第 1 页。

② 胡适：《四十自述残稿六件》，载耿云志主编《胡适遗稿及秘藏书信》（五），黄山书社 1994 年版，第 496 页。这里犹太人与徽州人的比拟，并没有出现在胡适的《四十自述》，更没有出现在胡适晚年在美国哥伦比亚所作的《口述自传》中。大抵是源于当时美国反犹主义的盛行，美国社会主流舆论依然对犹太人持歧视态度。此外，根据胡适先生在文中的描述，仅是从商业发展角度对犹太人与徽州人进行比较，笔者妄自尊大，在这里将二者进行全面深入的对比。

③ 譬如"徽州进入近世社会为什么迅速衰落？"；"为什么犹太人马克思在《资本论》中唯一提及的中国人是徽州人王茂荫？"等议题。管及所见，学者们在论述"徽商、徽州社会缘何进入近代迅速衰落"的问题时，多从徽商、徽州社会所处的社会大背景出发，各抒己见。我们认为，从另一其他社会的角度尤其是从与徽州社会高度契合的犹太社会的角度解析此一问题，犹如"照镜子"的原理般，是极具意义的；另，在以往的研究之中，从《资本论》的作者——犹太人马克思与被《资本论》唯一提及的徽州人王茂荫的社群背景、生活背景诸如此类思想背后的社会史探索几无述及。

分时间里都处于流动状态。

（3）社群①人口的大多数流散在外，少数人聚居在文化认同之地。徽俗有云"邑人十三在邑，十七在天下"。虽难免有夸张之嫌，却道出了徽州人口分布的尴尬。20 世纪 90 年代初全世界的犹太人口大约为 1280 万。其中以色列的犹太人口为 420 万，约占世界犹太人口的 30%。②

（4）社群间保持高度的认同感。徽州人以徽州宗族文化为核心实现对乡邦的认同，而犹太人则以犹太教文化为核心保持社群间的认同感。

（5）两者在财富领域、思想领域、学术领域和对人类的贡献等方面取得了世人高度瞩目的成就。徽商有着称雄中国商界四百年的传说，而犹太商人更是在现代世界市场经济之中占据着举足轻重的位置。以徽州人、犹太人自居的具有较大影响力的思想家、学者更是不胜枚举。③

以上几个共通之处的提出只是个引子：外向型共同特征到底是怎么演化而来的？它们之间有何联系？以及各部分契合基础上的规律总结将是接下来我们的工作。在此特别需要申明的是，笔者才疏学浅、涉世未深，疏漏之处还望前辈学人们不吝赐教。

一　迁徙族群：古老文明的积淀与安居乐业的向往

纵观徽州文化与犹太文明的早期历史抑或称之为社群初始记忆

---

① 社群即社会群体。概而观之，徽州人与犹太人在语言、宗教、信仰、习俗等多方面与其他社群有较大的差异，并在其内部形成高度的认同与统一。此外，"社群"一词可以超越行政区划和地域疆界而鉴定两大流动性强的社会群体。

② 参见肖宪《中东国家通史·以色列卷》，商务印书馆 2000 年版，第 289 页。不过，本书作者通过以往的数据进行比较分析，得出了"大约到 2010 年，生活在以色列的犹太人数就将超过生活在以色列以外的犹太人，届时，以色列就真正成了世界犹太人的'祖国'了"的结论。

③ 仅以中国近现代社会知名学者中的徽州人做一例证：思想学术大师胡适，经学大师吴承仕，哲学家洪谦，社会学家吴景超，世界史大家吴于廑，等等。尤其值得注意的是，不少学者不仅不是徽州出生而且寄籍他处多代，但对"徽州籍"依然向往且以"徽州人"自居。

时，我们会发现两者曾经都有过一段不堪回首的迁徙历程。

据《圣经》①记载，因饥荒从阿拉伯半岛到埃及避居的犹太先民在经过数百年的休养生息后人口增长很快，以至于引起了埃及统治者法老的恐慌。在采取屠杀以色列男婴的同时，加大了对犹太成人的奴役。犹太人"出埃及"正源于埃及法老对寄居在埃及的希伯来后裔繁盛、强大的恐慌以及犹太人崇尚自由抵制压迫的精神显现。《出埃及记》开篇写道："看哪，这以色列民比我们还多，又比我们强盛。"（《出埃及记》1：9），犹太族群身份的认同和建构正始于埃及法老的迫害和仇视，吊诡的是，埃及法老越是残害压迫犹太族群，后者越是繁衍不止："只是越发苦害他们，他们越发多起来，越发蔓延，埃及人就因以色列人愁烦。"（《出及记》1：12）据《圣经》记载，摩西带领着犹太人出走埃及遭到了埃及法老的百般阻挠，最终在上帝的干涉与授意下才使犹太人得以"逾越"②，出埃及成功返回到"应许之地"——迦南定居生活。

徽州早期的移民历史对于徽州文化的意义重大。因为徽州在没有移民以前的汉代"几乎完全埋没在黑暗之中"。③ 东汉以前，徽州的

---

① 犹太人的早期历史是迷离朦胧的，对于其早期的历史，我们只能借助诸如《圣经》等原典文献来一窥究竟。但是，正如中华文明的早期历史中弥漫神话与传说的气息一样，《圣经》中同样有着人们难以厘清的想象和传说，但不妨碍我们对其族群的早期回忆的追述。

② 资料显示，作为犹太民族的三大朝圣节之一的"逾越节"正是来源于《出埃及记》。"上帝得知他的选民竟受如此之苦难（指法老对犹太人的奴役——编者注），遂命令摩西率领以色列人举族离开埃及，返回到'应许之地'——迦南定居生活。谁知，憎恨以色列人的法老却不愿失去为其服务的奴隶，有意刁难，不让以色列人离去。在上帝的授意下，摩西和亚伦先用魔杖威力变蛇、变水为血和蛙灾，后用虱子、苍蝇、兽疫、烂疮、雹子、蝗虫、黑暗等灾难威胁法老。尽管每当一种灾难降临时法老同意让以色列人离开，但灾难一消除，法老又出尔反尔。上帝大怒，决定用第十灾，即杀死埃及地所有长子和一切头生牲畜的办法迫使法老就范。为了防止错杀以色列人，上帝命令摩西吩咐以色列人事先在自家的门楣和门框上抹上羊血，上帝见有羊血的人家就'逾越'过去。果然，上帝在尼散月（公历4月前后）14日晓击杀埃及境内头生人畜时，以色列人都安然无恙。法老慑于上帝的威力，最终允许以色列人离开埃及。为了不忘上述犹太人在埃及遭受奴役并最终得以逃离的历史经历，犹太人在古代就设立了与犹太人出埃及经历直接相关的逾越节，以此纪念整个民族在摩西带领下摆脱奴役和获得解放的过程。"（参见徐新《论犹太文化》，世界图书出版公司2013年版，第65页）

③ 叶显恩：《明清徽州农村社会与佃仆制》，安徽人民出版社1983年版，第1页。

山越蛮族"依山阻险，不纳王租"，"勇悍尚武"，"断发文身"，"火耕水耨"。汉代以降，徽州的历史因中原世家大族的入驻从而进入人们的视域。中原衣冠大规模地举家迁徙至徽州大都是由于王朝更迭、战乱频仍而导致的兵燹不断、民不聊生的社会大背景。如西晋末年永嘉之乱、唐末黄巢起义以及宋金战争等，都是中原世家大族集中迁徽的时期。

徽州大族们将这次事关社群生死攸关的迁徙活动视为宗族历史在徽州地域内的新篇章。换言之，此次宗族迁徙活动就是徽州宗族史的开端，亦就是徽州进入"文明开化"后的历史肇端。徽州宗族出于溯本清源、追宗慕祖的目的，往往会在族谱中详细地记载家族迁徙的历史事实。如据《新安名族志》记载，徽州王氏的一支中，"五世孙仲舒……游宦江南，家于宣城之连塘。生子七人，长曰初，进士及第；初生希羽，避黄巢乱于歙之黄墩，广明元年巢渡淮，复迁泽富，今谓王村一世祖也"。[①] 从中，我们可以看到王希羽因带领族众两次迁徙最后到达泽富定居，而被王氏后世子孙尊为一世祖。实际上，徽州宗族大都会以始迁祖为始祖，从而表彰先祖为宗族的安居繁衍所做出的关乎族群发展的贡献。仅此一端，我们就可以洞悉到，徽州族群早期的迁徙历程对于慎终追远的徽州人来说是意义重大的。同样地，"出埃及"[②] 也是犹太族群一件意义重大的事宜。"尽管，《出埃及记》不是《圣经》的卷首书，但是，它是在《圣经》时期末成形的。首先而又最重要的是对往事的记忆，它以迫害和来之不易的出逃为其标志。正如《出埃及记》所讲述的，这段历史在一个民族的层面上与西奈的神圣显现有着密不可分的联系，与把其名字启示于摩西的那个

---

① （明）戴廷明、程尚宽等撰：《新安名族志》，朱万曙等点校，余国庆审订，黄山书社 2004 年版，第 573 页。

② 对于犹太族群"出埃及"史实的考辨：迄今为止，在已经出土的《圣经》以外的文献及考古资料中最早出现"以色列"一词的是梅涅普塔石碑，埃及法老在其记功石碑中宣称已将以色列人"连根拔起"。可以认定的是，"出埃及"一事至少在犹太史中，有过在埃及活动的史实。（参见 Michael G. Hasel，"Israel in the Merneptah Stela"，*Bulletin of the American Schools of Oriental Research*，No. 296，Nov. 1994，pp. 45 – 61）

上帝所立的约有着密不可分的联系。"① "出埃及" 渐渐衍变为一种犹太人的共同记忆，成为犹太社群身份认同与文化认同的标志。"作为以色列这个新民族群体出现的标志性事件就是摩西领导的出埃及事件，出埃及作为一种文化存在，其真实性已不太重要，重要的是它已经永久地定格在犹太人的集体意识之中。正是通过对出埃及历史经验的不断强调，一个新的文化与民族群体——以色列——得以成型。"② 而且 "迁出埃及不仅意味着以色列人能够摆脱奴役和自我觉醒，同时也是这个民族形成的关键性时刻。因此，在以后几代人中，每当先知警告以色列人不要丧失独立或抛弃其信仰时，总是让他们回忆迁出埃及这段历史，这种回忆既是安慰，又是告诫"。③ "出埃及" 对于犹太民族性格中反抗暴政、追崇自由、危机意识的形成都具有至关重要的作用，其影响的涟漪甚至阔及近现代历史的 "犹太复国主义" 的形成及其衍生物 "以色列国家" 的建立："不论是摆脱外国的压迫，还是从贫困和屈辱中解放出来，人们总是用以色列人迁出埃及的壮丽场景象征一种可能的变化，即'奴役将转化为自由，黑暗将变为光明'。所以，以色列历史上这一决定性篇章——出埃及——逐渐变成了推动社会前进的神话。在一切可能的国家里以及在某些历史时期，它可以代表革命的激情，甚至可以点燃革命的火种。"④ 摩西领导的出埃及事件不啻为犹太文化史的开端。

镌刻在两大社群记忆深处的 "重大迁徙" 事件不仅使他们有了社群历史的源头，更加关键的是被迫迁徙让他们的社群在反思和认同中形成了社群特有的性格，产生了非同一般的凝聚力。

徽州文化作为中华文明具有代表性的承继⑤，犹太文明作为西方

---

① ［美］米耶斯：《〈出埃及〉释义》，田海华译，华东师范大学出版社 2008 年版，"英文版前言"第 1 页。
② 张倩红、艾仁贵：《犹太文化》，人民出版社 2013 年版，第 57 页。
③ ［以］阿巴·埃班：《犹太史》，闫瑞松译，中国社会科学出版社 1986 年版，第 14—15 页。
④ 同上书，第 15 页。
⑤ 徽州文化是 "中华正统文化传承的典型"："中华正统文化的传承与创新，最具代表性的当属徽州"（参见叶显恩《徽州文化的定位及其发展大势——〈徽州文化丛书〉总序》，《黄山学院学报》2005 年第 2 期）。

文明具有典型性的源头。① 它们对世界文化的推进起到了至关重要的作用。而两大族群在其历史初始阶段的流动、流散历程以及所蕴含的流动特性，是解析两大社群历史文化的关键。

二 宗教与宗族：精神的诉求与现实的需要

"国之大事在祀与戎"，中华民族自古以来就对祭祀活动十分推重，而且对祭祀的态度非常审慎与虔诚，"神不歆非类，民不祀非族"，只有在自己宗族内祭祀本宗族的先辈才被允许，若"非其所类而祭之"则"名曰淫祀，淫祀无福"。自汉代以来，中原的世家大族大批迁居至徽州。迁徽后衣冠世族仍然聚族而居，重视宗法，崇尚儒雅，为徽州带来了中原文明，其中很重要的一项内容是宗族制度。

几千年来②，犹太人一直以"一神教"的笃信者的身份出现在世人面前。犹太教对犹太社群的影响力达到了无以复加的地步，以至于有学者认为："犹太民族的'元典'文化就是一部完全意义上的宗教学说形成史。"③ 比较世界上其他宗教既注重世俗伦理性又强调神话迷信性而言，犹太教把伦理道德视作宗教信仰的真谛。换言之，上帝以民族神的身份出现在犹太普罗大众面前时是具有造物主和道德神双重身份的，而道德神的形象更为深入人心。"Judaism"（即"犹太教"的英译）一词本义指代犹太人的神学思想体系，所以大多英汉词典中将它译为"犹太教"。但是，"Judaism"④ 本身的含义是丰富的，远

---

① 一般认为，西方文化的两大源头（即"两希文明"）：一是希腊—罗马的理性文化传统；二是希伯来—基督教的宗教文化传统（参见张倩红、艾仁贵《犹太文化》，第 1 页）。

② 按照《圣经》的说法，大约在公元前 2000 年，犹太人的始祖亚伯拉罕就开始否认"外邦神"的灵性，强调一神崇拜，并通过与上帝订立契约而确立了上帝与希伯来人的特殊关系，据此宣称上帝是最高意志的体现者，主宰着希伯来人的命运。一方面，人应该虔诚地敬畏与服从上帝；另一方面，上帝对人同样承担着不可忽略的承诺与责任，这种神人之间互为依存的关系奠定了犹太一神教的基础（参见张倩红、艾仁贵《犹太文化》，人民出版社 2013 年版，第 16 页）。

③ 张倩红、艾仁贵：《犹太文化》，人民出版社 2013 年版，第 15 页。

④ 《犹太百科全书》英文版中，把"Judaism"解释为"犹太人的宗教、哲学及生活方式"（参见 *Encyclopaedia Judaica*，Jerusalem：Keter Publishing House Ltd.，1971，Vol. 10，p. 383）。

不止宗教的内涵，它同样反映了犹太人的行为规范及生活方式。"我们不再把'Judaism'严格地理解为一种信条、行为规则或崇拜的体系，'Judaism'涵盖了所有这些内容，但并不局限于此，它包括了犹太民族全部的思想文化以及深刻影响犹太人内在生活的现象。"① 因此，对于"犹太教"的认识不能从简单的迷信性质的宗教角度来考量，而更多的是需要从传统文化和风俗习惯的视角去理性看待。

徽州宗族文化对徽州社会的影响犹如犹太教对犹太人民的塑造作用。徽州宗族是中原世家大族在徽州的地域分支与后裔，徽州人的主体是与中原世族有血缘亲情关系的。迁徙前的徽州衣冠巨族，宗法组织严密，谱牒系统有序，门第等级森严，徙至徽州后，这些世族在构筑新家园的同时，不忘保持先辈们遗留下的宗族制度，依然聚族而居、敬宗尊祖、讲究门第、尊儒崇孝，以名门望族自诩。他们定期修谱，以凝聚宗情；他们撰写家法，以垂训后代。徽州社群之所以能长时间大规模分布在中国各地甚至中国以外的外邦，而依旧保持着对徽州身份和徽州祖籍的历史认同与笃信，凭借的就是徽州宗族文化传统的承续。同样地，犹太社群能在缺失构成族群最关键的因素——地理疆域的条件下，仍以族群共同体的形式顽强地生存并得以发展，而且创造了流而不散的世界历史文化奇迹，这在很大程度上要归功于犹太教。甚至时至今日，犹太教依然是犹太精神文化体系中的重要内涵。犹太教是犹太人的崇高信仰和内心支柱，是犹太人不可或缺的精神资源。其社会功用远远大于一般维护社会秩序，促进民族文化认同，平衡过度世俗化，而且还是犹太社群鉴别犹太民族身份的标准，是以色列国家的重要文化象征。

徽州宗族文化与犹太教文化对每一个身处社群里的人都意义重大，对犹太人而言，犹太教是根源，从摇篮到坟墓人们都可以感受到宗教在其中所起到的作用。"他们几乎将生活的一切领域都纳入神学的框架或涂上神学的色彩。"② 而对徽州人来说，徽州宗族不仅在人

---

① Daniel Jeremy Silver & Bernard Martin, *A History Judaism: From Abraham to Maimonides*, New York: Basic Books, 1974, Vol. 1, Preface, p. 10.

② 刘洪一：《犹太文化要义》，商务印书馆 2004 年版，第 3 页。

们活着的时候事无巨细地进行关照，人们在逝去后依然会以进入宗祠祖坟为傲。这才有了"生在扬州，玩在杭州，死在徽州"的谚语。此外，徽州宗族文化与犹太教文化是一套自古至今、自知识分子到普罗大众、自整个社群到单个家庭的，具有时代性、普适性、广阔性特点的制度文化，这就可以解释为何徽州宗族与犹太教在其社群内部具有经久不衰的生命力了。下面就以徽州宗族家规礼法向族众普及和犹太教中戒律道德在犹太家庭中的树立为例，厘清社群意志向社群灌输的脉络。

"《周礼》—《家礼》—《族规家法》"是徽州宗族在维护徽州社会和谐促进族人而制定的文本发展逻辑。《周礼》是"三礼"之首，其作为古代华夏民族礼乐文化的理论形态，对后世的文化、风俗、礼法等方面产生了深远的影响。徽州宗族早期就参照《周礼》旧制进行宗族文化构建，但因《周礼》年代久远，不合时宜且相互矛盾之处甚多。朱熹认为"其存于今者，宫庐器服之制，出入起居之节，皆已不宜于世，世之君子虽或酌以古今之变，更为一时之法，然亦或详或略，无所折衷。至或遗其本而务其末，缓于实而急于文，自有志好礼之士，犹或不能举其要，而用于贫窭者，尤患其终不能有以及于礼也"①，遂发奋辑成《家礼》。"朱子之学虽行天下，而讲之熟、说之详、守之固，则惟推新安之士为然。"徽州宗族社会内部，"岁月伏腊，一姓村中，千丁皆集，祭用文公《家礼》，彬彬合度"。② 以文公《家礼》为圭臬的徽州宗族《族规家法》，对徽州基层社会维护秩序和社会稳定，有着十分重要的作用。

"《托拉》（Torah）—《塔木德》（Talmud）—《诺末门》（Numanint）"则是犹太社群为适应时代变化与群体受众不同而制定的社群文化发展模式。犹太文化肇始于西奈神启，接受神启后的犹太人最大的诚命就是遵行《托拉》，以在生活的各方面达到圣化。"信仰《托拉》，信仰以色列民族。正是由于对上帝的信仰和爱，我们才在行为

---

① （宋）朱熹：《家礼》，《朱子全书》（七），上海古籍出版社、安徽教育出版社 2002 年版，第 873 页。

② （清）赵吉士：《寄园寄所寄》，黄山书社 2008 年版，第 872 页。

中表现出犹太人之为犹太人的特点。信仰意味着忠诚，而做一个犹太人，就要忠于上帝，忠于《托拉》和以色列。"① 而《塔木德》作为犹太人心目中的第二《圣经》，却是在一定意义上对《托拉》的承继。"《托拉》，摩西受自西奈，传之于约书亚，约书亚传众长老，众长老传众先知，众先知则传之于大议会众成员。他们所言要事有三：慎于判决；广树门生；设屏藩以护《托拉》。"② 这是《塔木德》的编撰者在编撰前为该书建立的思想谱系和订立的编写原则。这里很明确地提及"设屏藩以护《托拉》"，指的就是应对《托拉》进行各种修订，为《托拉》在新时代新语境下继续适用进行调适。在一定程度上，《塔木德》就是《托拉》新环境下的继承者。而《诺末门》是犹太家教《圣经》，其作为培养犹太人才的教育理念和完备的教育体系，对于犹太社群规范后世的行为和教育晚辈的德行具有至关重要的作用。

三　"同是天涯沦落人"：罹难后的有所作为

"古者富贵而名磨灭，不可胜记，唯倜傥非常之人称焉。盖文王拘而演《周易》；仲尼厄而作《春秋》；屈原放逐，乃赋《离骚》；左丘失明，厥有《国语》；孙子膑脚，《兵法》修列；不韦迁蜀，世传《吕览》；韩非囚秦，《说难》、《孤愤》；《诗》三百篇，大抵圣贤发愤之所为作也。此人皆意有郁结，不得通其道，故述往事，思来者。乃如左丘无目，孙子断足，终不可用，退而论书策，以舒其愤，思垂空文以自见。"③ 正如太史公所隐喻的那样，大凡圣人必定是历经磨难而后有所作为的的。徽州精英与犹太圣杰就是在备受苦难后而奋发的。

　　审视徽州社群与犹太社群的历史，我们会发现他们的社群历史抑

---

① ［美］亚伯拉罕·赫舍尔：《觅人的上帝》，郭鹏等译，山东大学出版社 2003 年版，第 310 页。

② ［以］阿丁·施坦泽兹：《阿伯特——犹太智慧书》，张平译，中国社会科学出版社 1996 年版，第 13—14 页。

③ （汉）班固：《汉书·司马迁传》，中华书局 1962 年版，第 2735 页。

或是说集体记忆里，都有意无意地透露出那种饱受欺凌后的辛酸情愫。下面简要地概述一下犹太社群的苦难史：出埃及的希伯来人被分为12个部落，这些希伯来部落以"士师"为部落首领。"最早成为希伯来人领袖的是出身于便雅悯部落的扫罗，他于公元前1025年被挑选出来成为各希伯来部落的王。"① 此举被认为是犹太人初次实现的统一。但随后不久，希伯来国家又被分裂成两个部分：一个是北方较大的以色列王国，首都在撒马利亚；另一个是较小的南方的犹大王国，首都仍在耶路撒冷。以色列王国与犹大王国因耕地和牧场问题而导致互相攻讦、冲突不断。公元前722年北方的以色列王国被亚述帝国灭亡了。南方的犹大王国亦难逃被吞并的命运，于公元前586年被新巴比伦帝国消灭。犹大王国的覆灭，宣告了古代希伯来人国家的终结。而犹大王国的民众大多则被押到巴比伦囚禁起来，史称"巴比伦之囚"。公元前538年，波斯帝国征服了巴比伦，居鲁士大帝决定让这些掳来的犹太人返回母国，于是，大约有4万名犹太人陆续回到了巴勒斯坦，并在波斯人的帮助下，修复了耶路撒冷城，重建了犹太圣殿。公元前331年，希腊的马其顿国王亚历山大打败了波斯帝国，征服了巴勒斯坦地区，犹太人的历史随之进入"希腊化时代"。统治巴勒斯坦的塞琉古王朝对犹太人实行民族歧视与宗教压迫的政策。这当然引起了犹太人的不满与反抗，公元前165年，犹太人在哈斯蒙尼家族的老祭司塔提亚及其5个儿子的带领下举行了推翻塞琉古王朝的起义。在经过了20多年的艰苦卓绝的奋战后，起义者终建立了一个以耶路撒冷为首都的犹太人自己的独立国家，并得到了塞琉古王朝的认可，史称"马加比"。公元前63年，耶路撒冷被罗马统帅庞培攻破，马加比覆灭。大批犹太人成为奴隶被押解到罗马，犹太圣殿被拆毁得只剩圣殿西面的一堵墙。② 罗马的暴行也遭到了当地犹太人的抵抗，其中最为著名的当属"马萨达要塞抵抗"。罗马帝国时期罗马人残酷的镇压、圣殿的被毁加之罗马帝国国教基督教的产生，为了躲避政治

---

① 肖宪：《中东国家通史·以色列卷》，商务印书馆2000年版，第11页。引用过程中，后经南京大学犹太文化研究所徐新教授的点拨已做相应的修改，特此说明。

② 这堵墙被犹太人民视为"哭墙"。每年犹太教历的十一月九日，也就是圣殿被毁的纪念日这一天，大批犹太人来到这堵大墙下，抚今哀昔、追忆往事。

压迫和宗教迫害，犹太人开始了向世界各地大规模流散。一开始，他们逃向了西班牙、巴比伦、法国、阿拉伯、北非、印度等地，因为这些地方未传播基督教。但伴随着基督教在欧洲大地上的广泛传播，犹太人一时间没有了安身立命之处。十字军东征更是让犹太人身陷囹圄，因为一次次十字军东征后来演化成了大规模反犹活动。十字军东征浪潮过后，犹太人的命运并未发生改变，不少欧洲国家都颁布了专门针对犹太人的法令，法令内容大多是限制他们的自由，要求他们缴纳额外的税赋，不允许他们从事某些职业，只允许在"隔都"① 中活动等一系列歧视政策。除了歧视，最残忍的莫过于驱逐活动，其中以西班牙的"马拉诺大驱逐"最为典型。进入近代以来，反犹主义依然大行其道于欧洲。但对于整个犹太族群而言，其中最为苦难的就是第二次世界大战期间所遭遇的纳粹屠犹事件，"在犹太人的生活中，这是一场无与伦比的巨大灾难，恐怕也是有史以来全体人类生活中的一场最大的灾难……有近一半的世界上的犹太人同时受到了侵扰；惨死的人数至少是他们这个民族历史上任何其他可比时期的 20 倍"。②

徽州社群所遭受的苦难同样让人印象深刻。战乱频纷、兵燹不断的中原让久居于此的世家大族不得不举家逃难。正所谓"宁为太平犬，不为沦难人"，王莽之乱、永嘉之乱、黄巢起义、宋金靖康之役……每一次战火燃及中原，都会有大批衣冠巨族携家带幼地南渡至徽州。"险阻四塞，几类蜀之剑阁"的地势使得徽州暂时成为北方移民的世外桃源。然而"七山一水一分田，一分道路加田园"的地理格局很快让他们意识到"山地硗稀，地窄人稠"。贫瘠的土地加上耕地有限，使得徽州的人地矛盾更加突出，"一亩收入，不及吴中饥年之半"、"一岁收入，不能支十之一"。万般无奈之下，徽州人不得不从事"四民之末"的商业。"以贾为生意，不贾则无望"成为徽州人

---

① 即"Ghetto"中文译为"犹太隔离区"，一般这个犹太居住区四周有墙将它与城市其他部分隔离开，只有一个有两扇厚实大门的入口，由基督教徒看守，天黑后基督教徒就不得再进去，犹太人也不能再出来。"隔都"作为歧视犹太人、隔离犹太人的典型代表广泛存在于 16 世纪的欧洲。

② ［英］塞西尔·罗斯：《简明犹太民族史》，黄福武等译，山东大学出版社 2000 年版，第 551 页。

营生的潜意识。然而，经商的艰辛又何尝不让人唏嘘呢，"前世不修，生在徽州。十三四岁，往外一丢"，从小就在外经商的徽州人，长大成人后却依然要忍受着"一世夫妻三年半，十年夫妻九年空"的在外漂泊生活。徽州人经商营生的经历亦是令人心酸的，"出门身带三条绳，可以万事不求人"是徽商出门在外的传统，意思是说，徽商外出总是带着绳索，以防各种不备：譬如背的行囊坏了、挑物品的扁担折了等都用得上绳索，如果经商失败或是突遇什么不幸，徽州人还可以将绳索作为自我了结的工具。徽州商人通过自己顽强拼搏、努力奋斗取得财富的时候，却得不到社会正常的舆论肯定，流寓他地的徽商总被当地人所鄙夷，"松民之财，多被徽商搬去"类似的言论在当时社会氛围之中甚嚣尘上，以至于文人笔下的徽商形象大多是奸诈、贪婪、无情的"徽狗"形象。直至近现代的胡适先生还感慨道："徽州盐商一直是不讨人喜欢的，甚至是一般人憎恶的对象。你一定听过许多讽刺'徽州盐商'的故事罢！"[1] 此外，徽商悲苦的遭遇更体现在兵荒马乱的背景之下：明朝后期政局动荡，社会矛盾尖锐，晚明政府仍横征暴敛，对城市工商业的掠夺有增无减。大批徽商首当其冲地成为被勒索的对象，致使许多徽商家族倾家荡产。其中，徽商吴养春一家被残害而引起的"黄山大案"，更是激起了徽州万人民变。后来闯王李自成揭竿而起，然而李自成的农民起义军所到之处，却必以徽商为追赃助饷的对象。大批徽商以"多藏贾祸"为戒，焚债烧钱尽散家资。其后不久，明廷崩塌，清兵入关。农民军、清军、南明军遍地，兵燹不断。徽州盐商的集中之地扬州从人间天堂变成了人间炼狱。清军在进行"扬州十日"的大屠杀前，徽州盐商汪文德、汪文健兄弟特以献银 30 万两犒师，乞求清兵入城后"勿杀无辜"，却并没能阻止他们的屠杀行径。清末咸同年间，清兵、太平军在徽州相互厮杀，轮番洗劫后的徽商之家"十室九空"，成为近代徽商没落的重要因素。可以说，每至朝代更迭、兵荒马乱的年代徽州人就无辜地成为那个时代最大的牺牲者。

孟子曰："天将降大任于斯人也，必先苦其心志，劳其筋骨，饿

---

[1]　胡适：《胡适口述自传》，唐德刚整理翻译，安徽教育出版社 2005 年版，第 3 页。

其体肤，空乏其身，行拂乱其所为，所以动心忍性，曾益其所不能。"徽州社群与犹太社群两个多灾多难的群体在饱受世间磨难后，依然永葆活力并在各领域培养出杰出的人才。由此观之，挫折与磨难对于一个人、一个社群、一个民族的意义是重大的。

四　自治社会：乡约律法与契约笃践

徽州社会是聚族而居的地域社会。"新安各姓，聚姓而居，绝无一杂姓搀入者，其风最为近古。"① 其聚族而居的特征让徽州成为一个颇具特色的徽州宗族社会。但相伴而生的是，聚居在一起的族人难免会产生各类矛盾与利益纠葛，这时宗族内部的族规律法就起到了很关键的作用。"族规家法是徽州宗族履行族权的一个集中体现，其内容涉及宗族内部等级秩序、财产管理、祖先祭祀等礼仪、子弟教育、完纳赋税、婚姻继嗣、禁赌戒讼、奖赏惩罚等诸多方面，可以说是聚居乡村宗族管理宗族政治、经济、文化、思想和行为的一部综合性民间法规。"② 另外"聚族而居的乡村社会的居住特征，使得徽州族规家法不仅在宗族内部具有'法'的规范性质，而且对居住于该村庄的异姓村民同样有管辖权和约束力，是村规民约的重要组成部分"。③族规家法与宗族律法，作为村规民约的核心内容与特殊表现形式，广泛存在于徽州乡村社会之中。徽州村规民约的制定与实施对徽州自治社会的建立起到了关键作用。事实上，到了明清时期"这些乡（村）规民约就是徽州乡村社会的习惯法，它起到了维持徽州乡村社会既定秩序、维系国家与乡村社会的联系，进而维护乡村社会稳定的重要作用"。④ 基于族规家法的徽州村规民约的出台对于规范族员仪礼、消弭村民冲突、促进徽州自治社会良性循环具有必不可少的作用，正如

---

① （清）赵吉士：《寄园寄所寄》，黄山书社 2008 年版，第 872 页。

② 卞利：《作为村规民约的明清徽州族规家法初探》，第二届传统中国研究国际学术讨论会会议论文，上海，2007 年。

③ 同上。

④ 卞利：《明清徽州乡（村）规民约论纲》，《中国农史》2004 年第 4 期。

州人自述"立约本欲人人同归于善，趋利避害"。① 与徽州社会的族规民法相类似，传统犹太教认为他们需要遵行的是上帝所晓谕的 613条诫律。"613 条诫律都是上帝在西奈山启示给摩西的，其中 365 条是禁诫，这一数字与一年中 365 天相对应；248 条是训诫，这一数字与人体的骨骼数相对应。"② 这些诫律包含的内容丰富，除了祭祀与宗教礼仪外，还大量涉及了犹太人的世俗生活各方面，譬如平民的权利与义务、法律地位、财产所有、婚姻家庭、卫生习俗、犯罪与审判等。其中所涵盖的主题思想不外乎与徽州族规民法所具有的"惩恶扬善"的功能。上帝所晓谕的诫律具有至高无上的律法效应，这使得律法思想在犹太文化中占据了无比重要的地位，"律法是一种自愿接受宗教义务的制度，这些宗教义务把民众束为一体，遵奉律法与否决定着其将来的福祸"。③ 律法思想的贯彻实施无疑成为犹太社会得以自治的重要因素。

徽州民间社会是个契约社会。徽州契约的订立与施行是调解基层社会关系的重要途径。当然，徽州契约也是构建徽州社会成为自治社会的重要一环。从徽州契约的产生看，它依旧是存在于徽州社会无处不在、无时不有的现实矛盾与利益纷争的现实基础之上的，从已知的徽州契约合同就可窥一斑，如"分家阄书合同""纳粮承役合同""族产坟产合同""祭祀关系合同""解纷息讼合同"等。此外，徽州人多地狭的现实诱因，土地资源匮乏严重，人地矛盾十分突出，加之徽州商人在行商坐贾时有意无意地培养了契约精神，使得"民从私约"的风气在徽州异常盛行。"建立在合同契约基础上的民间合约关系具有很强的民间性和自发性……它是以特定区域的社会关系网络为基础，人们在长期生产生活实践活动中，或约定，或俗成，经过墨守而成规，并代代相沿而形成的'民从私约'之惯俗，是一种独立于

---

① 隆庆（祁门）文堂乡约家法，明隆庆刻本，原件藏安徽省图书馆。
② *Encyclopaedia Judaica*, Vol. 5, pp. 760 – 761. 关于 613 条诫命的具体内容，请参阅徐新《犹太文化史》（北京大学出版社 2006 年版）一书附录 1。
③ ［美］罗伯特·M. 塞尔茨：《犹太的思想》，赵立行、冯玮译，上海三联书店 1994年版，第 74 页。

国家法之外的民间法形式。"① 而对于那种发生在基层的矛盾事件，通过事先订立好的契约合同来处置，往往会起到称心如意的效果。因为如诺不成，契约合同中一般都会白纸黑字写着"自立合同文约之后，各宜禀遵奉行，如违执约鸣官理治，仍遵此文为准"②，来保障契约的顺利实施。言而总之，徽州契约对于调节徽州基层社会关系和构建徽州自治社会具有重要意义。

如果说徽州契约的签订双方是以"人"为对象贯彻合同的话，那么与犹太人签订契约的对象就是上帝。上帝在众族群之中，选"犹太人"为"上帝的选民"，作为交换条件犹太人必须接受并遵行《托拉》从而成为上帝思想的传播者。此外，犹太人"一神论"的宗教思想也决定了他们在遵行道德准则时义无反顾地贯彻上帝的旨意。然而"对于犹太教而言，检验一个人是否守教主要不是看他是否表达对上帝的'信'，而是看其是否遵守律法，是否依据这些律法而'行'，也就是说，一个人守教与否要在自己的行为上体现出来"。③ 据于此，犹太教被誉为"因行称义"的宗教而有别于基督教的"因信称义"的宗教。犹太人用行动来诠释对律法的笃践和对上帝的尊崇，从而在不经意间实现了犹太人内部的自治。

综上所述，我们会明显地发现徽州社会与犹太社会的内部都是典型的自治社会。他们在社群内部根据各自文化的核心即徽州宗族与犹太教的思想，订立翔实而又明晰的规则与律法去解决他们在实际生产生活过程中所遇到的种种冲突与矛盾，为他们实现自治的和谐社会夯实了基础。同时，也为社群凝聚团结和社群的外向型发展提供了内部稳定条件。

---

① 刘道胜：《明清徽州合同契约与民间合约关系》，《安徽大学学报》（哲学社会科学版）2009 年第 1 期。
② 乾隆六年康大周等立保役承值合同，祁门十三都康氏文书，安徽大学徽学研究中心藏。这里虽是一家之言，但是作为徽州契约文书的规定范式，一般在其他文书中都有类似的显现，以此来保障契约的顺利实施。
③ 徐新：《论犹太文化》，世界图书出版公司 2013 年版，第 36 页。

五 文化交往：基于流动社会的兼收并蓄

　　文化的交流与文明的交往对于一个社群、民族乃至国家来说，都是至关重要的。近代中国社会很大程度上就是因为缺乏与西方工业文明国家的正常交往，致使中国处于"闭关锁国"的窘态进而落后于世界潮流。"人类文明的生成和发展，人类文明程度的提高，人类智慧的升华，各大文明体系的形成，无一不是在文明对话的基础上演进。"① 我们在关注徽州文化与犹太文明时，发现二者都是在高度与其他文化抑或文明交往互动过程中实现了自己文化的升华。

　　徽州人的流动历程相较于犹太人的流散历史有太多的类似之处。首先，从流动的原因看，两者的流徙都是在迫不得已情况下的无奈之举。徽州流动社会的形成：首先，归结于蛮族的入侵中原而导致中原世家大族不得不大规模迁居到远离纷争的徽州。犹太人的流散也是帝国强权对其奴役所带来的结果。偏于一隅的徽州人在资源匮乏、人多地狭的徽州只有选择经商来营生。而流散在各地的犹太人更是在留寓地没有土地、没有生产资料的前提下不得不从事贸易工作。其次，从流寓地的社会舆论看，两者都在不同程度上被流寓地所排斥。在流寓地主要从事经商活动的徽州人和犹太人，或是受到当地人的艳羡，或是徽州人、犹太人自身问题，总是被土著的居民所厌恶。"徽狗""犹太猪"等是当地居民对徽州人和犹太人的蔑称。最后，也是最重要的一点，基于流动的文化交往对徽州文化与犹太文化以至于上升到中国文化与世界文化都意义深远。犹太文化所具有的世界性特征和徽州文化所具有的外延性特征是犹太社群、徽州社群不断与外界交往的结果。从宏观的角度看，二者的每一次集体迁徙都是一次文化交往的契机。徽州社群从中原到徽州的过程中在吸收了中原优秀文化成果的同时亦接纳了山越文化的精华。当徽州人流寓在外从事经商活动时，他们又积极地融入当地社会。尤其在那些较为发达的地区学习领悟到

---

　　① 彭树智：《文明交往和文明对话》，《西北大学学报》（哲学社会科学版）2006 年第4 期。

了较为先进的文化，从而使徽州文化得以升华。犹太社群常年生活在不同国家、不同民族的交际线上，他们能够轻而易举地感受到"风气之先"，而往往"领风气之先"的国家又较为开放和文明，使得犹太人有安居之所。20世纪左右犹太人大规模地迁至美国即为一实例，而每一次犹太人的集体迁徙都会伴随着文化的进步与提高。从微观的角度看，他们的生存能力极强，到了流寓地后，通过自己艰苦的奋斗往往成为当地较为殷实的群体，加之他们对教育的倾心，使他们很快成为当地经济上最富裕、文化上最发达的居民群体，这对提高当地整体社会经济和文化水准做出了巨大贡献。有学者指出，"与其说犹太人是一个'商业民族'，毋宁说犹太人是一个最能体现历史交往内涵和内涵本质的民族。因为商业不仅是随着分工扩大而从生产中分离出来的经济交往形态，并且就其开放的本性而论，它最能反映历史交往在人类社会发展中的作用和表达历史交往与生产力发展的关系。历史交往中的其他形式，如政治交往、社会交往、文化交往等，经常是以商业、贸易为纽带，为主渠道而沟通东方和西方的联系的"。① "试想如果犹太人仅限于巴勒斯坦的弹丸之地而不是与其他民族交往，那么犹太文化就不会成为一种具有世界性与现时性特色的文化。"②

"流散""迁徙""飘零"业已成为两大社群区别他者的标签。在不同的历史时期、具体的文化语境下，尤显突出。相比较世界其他民族稳定聚居而言，犹太民族的一大特征就是它是个地地道道的"流散民族"。犹太历史上有长达1800余年的"大流散时期"。③ 相比较中国儒家传统所推重的安土重迁习俗而言，徽州社群的突出特色就是"流徙在外"。徽州人"十三在邑，十七在外"的传统世代相延，大部分徽州人口在大部分时间里都是流寓在外的。而最让人感觉吊诡的

---

① 彭树智：《序说历史交往与犹太学研究》，载张倩红《犹太人·犹太精神》，中国文联出版社1999年版，第2页。

② 张倩红：《从历史交往看犹太民族商业特征的形成》，《南都学坛》（哲学社会科学版）1997年第4期。

③ 一种观点认为犹太的"大流散时期"是从公元135年至1948年，上限分期标准主要是以"公元132年—135年巴尔·科赫起义的失败"为标志；另一种观点认为犹太民族的"大流散时期"是从公元70年至1948年，上限分期标准主要是以"公元70年第二圣殿被毁"为标志。（参见徐新《犹太文化史》，北京大学出版社2006年版，第34页）

是，与"散而不亡"却"一以贯之"是诠释犹太文化最好的注脚一样，流动的徽州社会却几乎成为保存最为完整的中国传统社会后期文化的典型。马克思与恩格斯在其合著的《德意志意识形态》中有过重要的论断：某一地方创造出来的生产力，特别是发明，在往后的发展中是否失传，取决于交往的扩展情况。只有交往具有世界性质，并以大工业为基础的时候，只有一切民族都卷入竞争的时候，保存住已创造出来的生产力才有保障。① 尽管，马恩所论述的主题是与"工业""生产力"相关。但其背后所隐喻的关于"文明愈是交往愈是保存，才不会失传"的哲思显而易见。正是因为被冠以"中华文明标本"的徽州文化和被誉为"西方文明源头之一"的犹太文明坚持并践行"文明交往论"，这才有了学者关于"中华文明与犹太文明是世界历史上仅存的两类一以贯之的古老文明"② 的观点论述。正是因为犹太文化与徽州文化所具备的广泛性与世界性，犹太人和徽州人广泛地分布在世界各地，所以犹太人与徽州人的身份有时难以被确定，但由于徽州宗族文化与犹太教文化的底蕴沉淀，我们会发现这些流寓在外的族人会以祖籍和宗教信仰③的方式来实现对自身文化的高度认同。

六 文商互济：文化教育的重视与商业的崇尚

相比较其他社群而言，徽州人与犹太人所共有的气质中，对商业的推崇和对教育的非同寻常的重视两特征格外醒目。

徽州人经商现象的出现，一开始是出于被迫的。生活在"七山一水一分田，一分道路加田园"的徽州，唯有从事被世人所鄙视的商业才有出路。正如徽谚所云："以贾为生意，不贾则无望。"中世纪初期，犹太人大批流散至欧洲。起初，犹太人入乡随俗地从事农业生产

---

① 参见《马克思恩格斯选集》第 1 卷，人民出版社 1995 年版。

② 持类似观点的有："在遥远的过去，曾经有过许多古老文明，但他们都烟消云散了，没有给人类留下任何痕迹，只有中华文明和犹太文明是例外，从产生的时候起一直保存至今。"（参见［以］欧慕然、唐建文《从耶路撒冷到北京：一个杰出犹太家族的中国情缘》，世界知识出版社 2012 年版，第 197 页）

③ 犹太人分散在世界各地，普遍把信奉犹太教作为他们这个族群的判定标准。（参见肖宪《犹太人——谜一般的民族》，上海人民出版社 2005 年版，第 25 页）

活动。可是，广泛分布于欧洲的基督教会对犹太人的限制和歧视加上犹太人自身的教俗教规，使得犹太人从事农业时间极其有限。除此之外，当时欧洲一些国家特别是西哥特人的法律明确禁止犹太人拥有土地。犹太人因此不得不放弃农业生产而转向鲜有人闻及的手工业生产领域。然而，到了10世纪左右，随着城市的普遍兴起，手工业生产大规模流行于欧洲各地。当欧洲基督教国家手工行会制度普遍确立之后，犹太人手工业经营活动又再一次遭到了禁止。正当犹太人一次又一次地被欧洲农业和手工业拒之门外之际，商业和放债工作向犹太人敞开了大门，"西方国家的教会日益禁止基督教放债，于是基督教的欧洲便在这一方面出现了真空，人们只好放任犹太人去填补"。在市场竞争和相对公平的商业贸易前，犹太人获得了一视同仁的机会。正如弗里德曼所说的那样："哪里存在着垄断——不论它是私人的垄断还是政府的垄断——在垄断受益人的选择中，那里就存在着实行任意的选择标准的可能性，而不管这些标准是肤色、宗教、国籍或其他难以归类的东西。在存在着自由竞争的地方，唯有实际行动才能说明问题。市场是色盲的。没有哪个到市场上来买面包的人，了解或者关心这麦子是由犹太教徒、天主教徒、伊斯兰教徒，还是无神论者种植的；是由白人种植的还是由黑人种植的。那些希望通过仅向所喜爱的人购买来表示他们的个人成见的人，将处于竞争的劣势，因为他拒自己于最廉价的资源之外。他可以表示他的成见，但他必须为此付出代价：接受比另一种情况将得到较少的货币收入。"① 在取得正常的市场竞争机会后，犹太商人和徽州商人在经济领域所取得的成就是令人瞩目的。犹太人被世人誉为"世界商人""世界上最会赚钱的民族"，"全球最有钱的企业家，犹太人占一半；美国的百万富翁中，犹太人占三分之一；《福布斯》美国富豪榜前40名中，犹太人占18名……石油大王洛克菲勒，金融大鳄索罗斯，华尔街金融巨子摩根、格林斯潘、巴菲特，红色资本家哈默，壳牌石油大王塞缪尔，报界之王普利策，美

---

① ［美］弗里德曼：《资本主义与犹太人》，载《爱因斯坦论犹太人问题》附录，许良英等译，中央编译出版社2007年版，第154—155页。

国铁路大王库恩·洛布，通讯之王路透，美国哥伦比亚广播公司总裁 CBS 威廉·佩利，美国全美广播公司总裁萨尔诺夫，《纽约时报》创办者雷蒙，好莱坞巨头华纳兄弟、米高梅、派拉蒙、斯皮尔博格，英国报业巨头马克斯·韦尔，控制欧洲经济命脉 200 年的罗斯柴尔德家族，英荷壳牌公司创始人马库斯塞缪尔，南非大富豪巴纳特……这些站在金字塔尖的人都是犹太人的杰出代表"。① 对于犹太人的财富，有人更是直言不讳，世界的钱在美国人的口袋里，而美国人的钱却在犹太人的口袋里。"两淮八总商，邑人恒中其四"说的是徽州盐商执两淮盐商之牛耳的状况。而"无徽不城镇"则很好地展现了徽州商人在留寓地的巨大影响力。谢肇淛在《五杂俎》中曾指出："富室之称雄者，江南则新安，江北则推山右。新安大贾鱼盐为业，藏镪有至百万者，其他二三十万则中贾耳。"行商坐贾的徽商对留寓地的社会变迁有着极为重要的作用，以至于有人谈道："扬州之盛，实徽商开之，扬州盖徽商殖民地也。"②

　　犹太社群对于教育事业的热衷程度可以说让其他社群望尘莫及。哪怕就是在艰难的流散过程中，犹太人依然没有放弃对教育和知识的热爱，"在科皮尔，有个犹太人为了送自己的孩子去上学不惜倾家荡产。不少穷人为了缴纳学费卖掉自己最后一个枝形灯架或者仅有的枕头……"③ 徽州向来就有重视教育的传统，"十户之家，不废诵读"的现象在徽州一府六县的地域上非常普遍，"当其时，自井邑田野，以至远山深谷，居民之处莫不有学、有师、有书史之藏"。④ 两大社群对教育的重视，使得两地成为人才渊薮。下面仅以传统社会所倚重的人才选拔方式——科举和现代社会所认同的较为公正的诺贝尔学奖为例作一说明。"一科同郡两元者""连科三殿撰，十里四翰林""兄弟九进士，一榜十九进士"的科举佳话不断。徽州的进士数量与状元

① 君子编著：《跟犹太人学挣钱·前言》，天津科学技术出版社 2009 年版，第 1 页。
② 陈去病：《五石脂》。此外，关于徽商对于扬州的社会变迁的影响，可参见王振忠先生的《明清徽商与淮扬社会变迁》（三联书店 2014 年版）一书。
③ ［以］阿巴·埃班：《犹太史》，第 255 页。
④ 何应松修，方崇鼎纂：《休宁县志》卷 1《疆域志·风俗》，清道光三年刻本。

个数更是让其他州郡很难望其项背。仅就有清一代徽州一县歙县为例，"歙县本籍寄籍之取得科第者有进士296人，其中大学士4人，尚书7人，侍郎21人，都察院都御史7人，内阁学士5人，状元5人，榜眼即一甲2人，武榜眼1人，探花即一甲三名8人，传胪即二甲一名5人，会元3人，解元13人，举人约近千人"。① 而这仅为徽州六县之一例。"如果不计2名满状元，清代共有状元112名。而在这112名状元中，徽州本籍和寄籍考中的状元就有19名，占17％。"② "当今世界犹太人口大约有1300万，占世界人口总数不足0.22％。但从1901年到2005年间，获得诺贝尔奖的人数中至少21％是犹太人，是全世界获奖比例最高的族群。"③

雅斯贝尔斯曾经说过："一个民族的将来如何，全在于父母教育、学校教育和自我教育。"④ 徽州社群和犹太社群缘何在世界众多社群中能出类拔萃，很大程度上要归因于二者对教育非同一般的重视。

徽州社会的文商互济现象，使得徽州既以"东南邹鲁"之称而闻名遐迩，又以"徽商故里"而享誉海内外。徽商则被称为"贾而好儒""左贾右儒""亦贾亦儒"的儒商。而犹太人更是早已被世人冠以"经济富有且教育发达"的族群。

七　哲人摇篮：思想巨擘诞生的社群渊源

在西方学术思想中，马克思、爱因斯坦、弗洛伊德分别表征了现当代人类在人文社会科学、自然科学、心理科学领域的思想最高峰。然而，却很少有人意识到他们有一个共同的身份——犹太人。中华文化自宋以降，"程朱理学""乾嘉朴学""新文化运动"成为各时代的

---

① 许承尧：《歙事闲谭》，李明回等点校，黄山书社2001年版，第348—353页。

② 李琳琦：《明清徽州进士数量、分布特点及其原因分析》，《安徽师范大学学报》（人文社会科学版）2001年第1期。

③ ［美］杰克·罗森：《犹太成功的秘密》，徐新等译，南京出版社2008年版，第2—3页。

④ ［德］雅斯贝尔斯：《什么是教育》，邹进译，生活·读书·新知三联书店1991年版，第54页。

主流文化的标签，而其代表人物即朱熹①、戴震、胡适都是同样来自偏于中华一隅的徽州。其一以贯之的学术脉络不禁让人惊叹。正因如此，才有了徽州社会是研究中国传统社会中后期的标本一说。②

徽州社会氛围与犹太社会场域皆具有浓厚的商业性质和教育重视传统以及基于流动的对外交往不辍，这对于思想家、哲学家的横空出世至关重要，更对于思想家能提出所处时代最有力的思想哲学起到关键作用。

"天下之民寄命与农，徽民寄于商"，徽州人"业贾者什家而七"③，"以货殖为恒产"。"对于犹太人来说，生活在这个世界上挣钱是最重要的事。"④ 与其他族群相较，犹太社群与徽州社群是典型的商业性团体，他们是财富的象征、富有的群像。而"政治、法律、哲学、宗教、文学、艺术等的发展是以经济发展为基础的"。⑤ 任何一种新的学说，它的根源深藏在经济事实之中。朱熹"外家新安祝氏，世以资力顺善闻于州乡，其邸肆生业几有（歙）郡城之半，因号'半州'"。⑥ 戴震出身于徽商家庭，"震自幼为贾贩，转运千里，复具

---

① 戴震与胡适为徽州人毋庸置疑，需要特别作出说明的是朱熹之籍贯。朱熹的祖籍是徽州婺源县永平乡松岩里，此为祖籍认同。另外，在朱熹的自署中，最常用的有"新安朱熹""紫阳朱熹""新安朱元晦"等。众所周知，"新安""紫阳"皆为与徽州相关联的地名。据统计，朱熹至少在著作中216次执着地署上徽州故乡的名字（参见方利山、汪炜等《源的守望——徽州文化生态保护研究》，中国社会科学出版社2015年版，第46页）。此外，朱熹还将其堂室命名为"紫阳书室"为的是"不敢忘先君子之志也"，可见此为朱熹自身的徽州认同（参见朱熹《名堂室记》，载《朱子文集》，台北德富文教基金会2000年版，第3889页）。

② 与之相类似的文章有：刘伯山：《全面关照中国后期封建社会的徽州文化》，《探索与争鸣》1997年第11期；朱万曙：《徽州文化：明清文化的标本》，《光明日报》2001年6月12日第B04版；刘伯山：《中国传统文化的标本——徽州文化》，《中国社会科学报》2010年3月4日第16版；王振忠：《徽州何以成学？》，载《徽学研究入门》，复旦大学出版社2011年版，第1—5页；叶显恩：《徽州文化的定位及其发展大势——〈徽州文化丛书〉总序》，《黄山学院学报》2005年第2期。

③ 汪道昆：《充山汪长公六十寿序》，载《太函集》卷16，黄山书社2004年版，第349页。

④ 北史主编：《世界上最优秀商人的生意经》，中国戏剧出版社2003年版，第1页。

⑤ 《马克思恩格斯选集》第4卷，人民出版社1972年版，第506页。

⑥ 许承尧：《西干志·祝外大父祝公遗事》，载《歙事闲谭》，黄山书社2001年版，第481页。

知民生隐曲"。① 因而提出了"反映了市民阶级的要求"② 的哲学。此外，弗洛伊德亦是出自犹太商人家庭，其"父亲是一位经济拮据的犹太羊毛商人"③；爱因斯坦的"祖上均为犹太商贩"④；胡适的家族更显商风贾韵："胡家祖上都以经商为业……胡适的高祖父即在上海东边的江苏川沙厅开一'万和'茶铺，胡适的祖父不仅承继了祖业，还把业务进一步扩大，在上海又开了'茂春'字号。"⑤ 正是因为他们的家庭都或多或少沾染了商人的习气，所以他们不仅有了从事学术的物质基础，更为重要的是因为商业性质而为其创造了"洞悉世界"的机遇。同时，我们发现了他们皆出自商人社会的中下层阶级，使他们能够在保持商业性质的同时，不失与社会底层的接触的机会，从而有了"虽为贾者，咸近士风"⑥ 的风范。

对外交往不辍对于一个思想家横空出世的作用无须赘言。基于徽州社会与犹太社会所具有的流动特性对两地思想家的产生具有关键性功效。细察马克思、戴震、爱因斯坦、胡适诸人的生平经历，我们不难发现他们的学术水平随着对外交往的扩大和与其他学者互动程度的加深而提高。下面仅以戴震的游历为例加以说明：戴震自 18 岁起，就随父在江西南丰经商。清乾隆七年（1742），拜访江宁族叔戴瀚，回遇淳安方楘如。其间，还与密友郑牧、汪肇龙、程瑶田、方矩、金榜等徽商子弟共学于歙西商人汪梧凤的不疏园之中，从教于江永、方楘如二先生。乾隆二十年（1755），戴震与族豪因祖坟事宜起争执而脱身挟策赴北京，寄居于京城歙县会馆。当时著名学者纪昀、王鸣盛、钱大昕、王昶、朱筠等都折节与之相交，一时戴震之学问名动京

① 章太炎：《释戴》，《章太炎全集》（四），上海人民出版社 1985 年版，第 122 页。

② 侯外庐：《中国思想通史》第 5 卷《中国早期启蒙思想史》，人民出版社 1956 年版，第 455 页。

③ ［美］彼得·盖伊：《弗洛伊德传》（上），龚卓军等译，鹭江出版社 2006 年版，第 5 页。

④ ［美］沃尔特·艾萨克森：《爱因斯坦传》，张卜天译，湖南科学技术出版社 2012 年版，第 10 页。

⑤ 陆发春编：《胡适家书》，安徽人民出版社 1996 年版，第 2 页。

⑥ 戴震：《戴节妇家传》，戴震研究会等编《戴震全集》（五），清华大学出版社 1997 年版，第 2697 页。

师。乾隆二十二年（1757），南下至扬州，与惠栋、沈大成结识并进行学术研讨。乾隆二十八年（1763），赴京赶考寓居在新安会馆，段玉裁、汪元亮、胡士震从戴震学。乾隆三十二年（1767），戴震会试不第后，曾客居江右，后冬返北京。乾隆三十三年（1768），应直隶总督方恪敏的邀请赴保定修《直隶河渠书》一百十一卷。乾隆三十四年（1769），戴震第三次赶赴北京会试，仍不第。是年夏，与弟子段玉裁至山西，客于布政司使朱珪署中，同年又应汾州太守孙和相聘请，纂修《汾州府志》三十四卷。乾隆三十六年（1771），戴震由山西至北京参加恩科会试，依旧不第。再受汾阳李文起聘请而回山西，纂修《汾阳县志》。乾隆三十七年（1772），由汾阳到北京第五次参加会试，又不第。旋即决定南归，与胡亦常同舟月余，同年主讲金华书院。乾隆三十八年（1773），由于纪昀等人的极力推荐，戴震以举人特召入四库全书馆任纂修官，主要负责校订天文、算术、地理等书，此次返京竟然成了戴震学术游历的最后一站，一直到乾隆四十二年（1777）逝世止戴震再未出京。总览戴震游历、寓居的城市，大抵为"得风气之先"之地。其中扬州、南京、太原等地更是"资本主义萌芽"比较集中的地方。这对于戴震在经济上提出"富民为本"① 与在哲学上提出反对程朱理学唯心主义理本论的"以情絜情""体民之情，遂民之欲"② 的思想理论大有裨益。除大环境对学者提出符合时代需求的先进哲学外，个人的学术交往对学者思想体系的构建亦意义重大。乾隆二十二年，时年35岁的戴震与业已60岁的惠栋在扬州的学术切磋被许多学者认为是戴震学术思想的转折点③，认为戴震"批判程朱，力反宋儒"的学术观点以及"以一元单途的'以字（词）通词（辞），以词（辞）通道'的方法求取古代经典原著中的'十分之见'的古道义理"的治学主张是因结识了惠栋以后所引

---

① （清）洪榜：《戴先生行状》，载《戴震全集》（六），第3387页。

② （清）戴震：《孟子字义疏证》，何文光整理，中华书局1981年版，第2—10页。

③ 持此观点的包括钱穆先生与李开先生等［详见钱穆《中国学术思想史论丛》（五），《钱宾四先生全集》（22），台北联经出版事业公司1998年版，第613页；李开《戴震评传》，南京大学出版社1992年版，第160页］。

起的学术转向。① 甚至对这一观点持异议的学者也不得不承认"与惠栋的相见，使戴震开始重视吴派的治学思路和学术成就，因而扩大了他的学术视野倒是实情"。② 而较为折中且合乎实情的说法是，"惠栋尊崇汉学鄙视宋学的学术态度对戴震产生了重要影响"。③

八 得风气之先：徽州社会与犹太社会的前瞻性

徽州社会是个流动的社会。犹太社群是个流动的社群。徽州人"十三在邑，十七在天下"，固定的山和流动的水让徽州人有了瞭望外部世界的机遇。犹太人因在历史上大部分时间里和在疆域上大部分地区内被当地人所鄙弃，不得不在世界各地流散而在犹太文化中孕育了世界性的因素。

徽州社群，尤以徽州海商为代表，他们不顾中国传统社会"海禁"的束缚，"出海从事正常贸易，正是中国社会历史上资本主义萌芽的时代标志之一"。④ "徽州海商的活动直接促进了资本主义萌芽的滋生。"⑤ 徽州商人正是以及其迅敏的嗅觉感知到了资本主义时代的潮流，其活动已成为中国资本主义萌芽的诱因。商人对于以前一切都停滞不变，可以说由世袭的停滞不变的社会来说，是一个革命的因素。他应当是这个世界发生变革的起点。⑥ 徽州商人作为东方世界革命的因素，对于世界的变革具有深远意义。正如"千艘舳舻四海通，亦官亦贾亦儒宗，文明若论因何盛？应记徽商第一功"。⑦

马克思曾将犹太人称为"早熟的民族"，"早熟"的原因很大一

① 李开：《戴震评传》，南京大学出版社 2001 年版，第 159 页。

② 许苏民：《戴震与中国文化》，贵州人民出版社 2000 年版，第 52 页。

③ 蔡锦芳：《戴震生平与作品考论》，广西师范大学出版社 2006 年版，第 81 页。

④ 戴裔煊：《明代嘉隆间的倭寇海盗与中国资本主义的萌芽》，中国社会科学出版社 1982 年版，第 3 页。

⑤ 唐力行：《论明代徽州海商与中国资本主义萌芽》，《中国经济史研究》1990 年第 3 期。

⑥ 参见［德］马克思《资本论》第 3 卷，人民出版社 1975 年版，第 1019 页。

⑦ 刘夜烽：《徽州学学会讨论会上感作》，《夜烽诗词选》，安徽文艺出版社 1989 年版，第 168 页。

部分与犹太族群所具有的"世界性""商业性"相关。"世界上没有第二个民族像犹太民族那样，在现代商业体制及运行机制方面有过如此之多的贡献，从商法到基本经济学概念到市场运作构件，到实业组织形式，都留有犹太民族不可消除的印记……一句话，世界上没有第二个民族像犹太民族那样，同人类社会商业发展有着如此原初、如此密切、如此连贯、如此成功、如此超越时代的吻合。甚至可以说，犹太商人是真正的世界级商人，是真正的现代商人，是最纯粹的资本主义精神的人格化。"① 犹太商人所具有的商业性和世界性特征代表了近代资本主义锐意进取的开拓品质，甚至有学者认为，犹太文化就是现代资本主义的精神之源。此外，由于犹太文化中包含了世界性因素，而使得其兼有了先进性。"犹太民族的流散方向，恰恰与世界历史发展的潮流相吻合，也就是说，他们的迁徙方向，基本上是'与时俱进'的，他们总是走在世界发展大潮的最前沿。"② "作为犹太人，他们的'超前'优势恰恰在于生活在不同文明、宗教和民族文化的交界线上，他们诞生和成长在不同时代的交替点上。他们的思想成长在最为扑朔迷离的相互沟通、相互滋养的文化影响之中，他们生活在他们所居住的国家的隐蔽处和偏僻角落。他们中的每一位都既在其社会之中又超然其外，既属于它而又超乎于它。正因为如此，才使得他们创造了超越其社会、超越其国家，也超越其时代和同代人之上的思想，才使得他们的精神能遨游在宽阔的地平线上，遨游向遥远的未来。"③

九　构建与影响：比较视野下犹太社会与徽州社会之形成

徽州社群与犹太社群在一定程度上被普罗大众视为"异类"。它们的"异类"特征无外乎三点：社群规模较小而且在内部形成高度

---

① 顾骏：《犹太商人·前言》，江西人民出版社 1995 年版，第 1—2 页。

② 刘军：《美国犹太人：从边缘到主流的少数族群》，云南大学出版社 2009 年版，第 10 页。

③ Paul R. Mends-Flohr & Jehuda Reinharz, eds., *The Jew in the Modern World: A Documentary History*, New York: Oxford University Press, 1980, p. 231.

的认同；无论是文化认同的主体区域还是流寓在外的环境都可以说是条件恶劣的；社群人所取得的各方面成就是令人瞩目的。

在知晓了二者的特征基础之上，我们尝试着对马克思所谓的"早熟社会"亦即本文所论述的犹太、徽州型社会进行归纳和解读。

首先，由于二者社群规模较小较弱，在与其他强势性文化社群进行对抗不占优势的前提下，而不得不通过社群整体迁徙来实现对安居乐业的向往。这可以体现在徽州社群与犹太社群的早期历史或社群初始记忆之中。同样是因为社群的规模小、力量弱的原因，迫使他们必须建立一整套凝聚力极强的文化机制来实现社群内部的认同，徽州宗族与犹太教的应运而生即是因为社群认同的需要。徽州宗族和犹太教至高无上地位的确立，徽州宗族族规与犹太教教义从一而终地贯彻实施又使得徽州社群与犹太社群内部成为名副其实的自治社会，自治社会的形成又为以后二者对外交往奠定了稳定的基础。此外具有高度凝聚力的徽州宗族文化的构建，使得徽州人确立了对徽州文化、徽州地域的高度认同；同样地，犹太教文化的构建过程之中，也实现了犹太人对犹太文化、以色列地的认同。从而出现了两地人民对于相对偏僻的故土反而高度依恋的现象。①

其次，生存环境的恶劣以及大规模社群在相对优越的地理环境下已充分占有生产资料等原因，使他们走上了与其他大多数社群不一样的道路，即为传统社会所鄙夷的商业。商业自身所必需的外向性和流动性又使得犹太人与徽州人自然而然地与外界产生了频率极高的接触与交往。在与外界交流时，自身文化与留寓地文化不自觉地产生了交往，而基于流动社会的兼收并蓄文化往往会成为社会变迁的重要因素。

---

① 历史上，犹太人多次被入侵者赶离家园过着集体流亡的生活。但在犹太人心中一直怀揣着返回故土重建家园的心愿，并不断地努力尝试，终于在 1948 年 5 月 14 日建立了以色列国从而实现了他们的梦想，结束了千年的流散生涯。令人吊诡的是，作为徽文化必不可少的婺源，在 20 世纪 30 年代，也被蒋介石以"剿共"政治需要为名，强行划入江西。婺源划出徽州并入江西时，婺源百姓无反顾地呼喊的"宁当徽州鬼，不做江西人"的口号，如今真让人唏嘘不已。在婺源和徽州各地人民长达十年的"回皖运动"的顽强抗争和胡适先生的据理力争下，20 世纪 40 年代末，婺源又重新划回徽州。由于种种原因，80 年代末徽州被改名为"黄山市"。

　　再次，社群的弱小、所处环境的恶劣使得徽州人与犹太人与生俱来就有一种危机的意识，这种基于社群共同意识的危机感对于身处社群的每一个成员的意义都是十分深远的。正是因为有了这种危机，使得他们倍加重视教育的投入来实现社群整体的提高；正是因为有了这种危机，使得他们更加懂得勤劳致富、通过奋斗实现人生价值的真谛；正是因为有了这种危机感，使得他们珍视每一次来之不易的机会，无论是发财致富的机会还是晋升社会地位的机遇。纵观徽州社群与犹太社群的历史，不啻为两部独具一格的社群奋斗史。

　　最后，基于文化认同、文化交往、商业特性三者之上的互动互补，对实现在特定时空下的犹太、徽州式社会的良性循环具有重要意义。而良性循环结果的显现就是犹太社会、徽州社会是一种具有前瞻性特征的"早熟"社会，大批具有高屋建瓴思想的哲人往往会出自这类社群，从而引领社会风潮促进社会进步。

新正统派犹太教初探

考艳丽[*]

摘要： 18—19 世纪的欧洲社会为新正统派的产生提供了必要的精神养料和社会基础。以摩西·门德尔松为代表的犹太启蒙运动和以里奥波德·聪茨为代表的犹太科学运动都加速了新正统派的出现。正统派拉比萨姆森·拉斐尔·希尔施和以色列·希尔德夏默是新正统派的代表人物，他们努力促进犹太民族与现代文明世界的融合。一方面，尽可能地保存犹太传统；另一方面，在一定程度上使犹太人融入现代欧洲社会。

关键词： 新正统派；犹太启蒙运动；犹太科学运动；希尔施；希尔德夏默

随着 18 世纪欧洲社会的发展，在如何面对现代化的问题上，犹太教出现分裂，产生了改革派、正统派和保守派三个派别。改革派认为犹太教与其他意识形态一样，应该根据时代的发展变化而变化，摒弃其中过时的成分；正统派最主要的是坚持"天不变，道亦不变"的原则，拒绝对犹太教进行任何改革；保守派是介于两者之间的温和派别。而后正统派内部分化，出现了极端正统派、新正统派（又叫现代正统派）和哈西迪派三个派别。极端正统派要求严格按照《托拉》以及其他犹太经典的要求生活；哈西迪派发展成为神秘主义派别；新正统派则主张犹太教在坚守犹太信仰、承认《圣经》和《塔木德》

---

* 考艳丽，女，鲁东大学历史文化学院 2015 级硕士研究生。

权威的原则下，采取一定灵活性，进行适当调整，从而为处在变革洪流中的犹太教找到了一条既可以保留自己民族传统又适应时代新发展的可取道路。本文拟在阐释新正统派犹太教诞生背景的基础上，探讨新正统派的主导思想及其独特性，以此透视获得解放的犹太人对新形势的积极回应以及他们在维系传统与适应新文化之间所作的抉择。

一

新正统派的产生与 18 世纪的欧洲社会有重要联系。文艺复兴后，理性主义、世俗主义、人性解放涤荡了整个欧洲社会。教皇权利的减弱，世俗人地位的上升，都使得自由的观念不断扩散。启蒙运动的领导者更是激烈地批判专制主义和宗教愚昧，大力宣传自由、平等与民主，要求建立理性的世界。此时，生活在黑暗腐朽的隔都之中的犹太人也感受到了理性之光的力量，试图通过自身的努力走出桎梏，融入新的世界潮流。

面对解放后的犹太人如何融入新社会这个难题，犹太有识之士发起了犹太启蒙运动和犹太科学运动。犹太启蒙运动为犹太人接触现代文化打开了一扇大门，而犹太科学运动将自然和科学放到犹太人的视野中。这两个运动极大地改变了传统犹太教的面貌，将现代文明带入犹太社会，促进了犹太教的世俗化、现代化，为新正统派的产生打下基础。

作为新正统派犹太教的诞生地，德国为犹太人的思想解放做出了重要的贡献。德国启蒙运动的代表哥特霍尔德·艾弗莱姆·莱辛就以宗教宽容的态度对待犹太教。在他看来，犹太教是和基督教同样平等的宗教，犹太人也不再是被扭曲的丑恶形象。为使犹太人更好地融入德国社会，莱辛还为他们争取平等的权利。于是，参照德国的启蒙运动，在 18 世纪 70 年代犹太人内部也兴起了启蒙运动。摩西·门德尔松是该运动的主要奠基人，他从小接受良好的犹太传统教育，也学习过欧洲先进文化。作为享有不受驱逐特权的犹太人，他认为德语是通往欧洲文化的必要工具，因此鼓励德国犹太人用德语说话、写作。为了与外族更好地沟通，同时为他们接受欧洲语言打下良好基础，又将希伯来文的《托拉》《诗篇》《雅歌》等译成德文。他还积极地支持人们对犹太教育进行改革，并督办了一所犹太自由学校，进行世俗教育。门德尔松是"近代犹太历史上最早突破犹太教藩篱的著名犹太学者，也是当时第一位被非犹太世界认同的著名犹太思想家，对犹太启蒙运动做出了划时代的贡献"。①

受门德尔松的引导，其他启蒙运动家开始对犹太教进行较为明显的改革。希望通过改革来唤醒犹太伙伴并借此实现犹太文化的复兴。他们模仿基督教的崇拜仪式，拉比学习基督教牧师的穿着，连他们的布道风格也模仿。他们主张顺应时代的潮流，采取现代化的生活方式并大力发展现代教育，要求去除教内的愚昧落后成分以至于彻底否定《塔木德》的现实意义，认为在科学时代仍然把《塔木德》作为生活的指南是不正确的。

犹太启蒙运动在促进欧洲犹太人的思想解放和文化革新方面确实起到了一定的作用。但不可否认的是，犹太启蒙运动的参与者都是犹太人中的精英阶层，没有渗透到普通犹太人的生活当中去，缺乏一定的社会生活基础。"对传统文化的不合理定位、对现代化理解的偏差以及缺少文化转型所必需的社会条件和文化根基，解放后的犹太人面对突如其来的欧洲社会新文化有些措手不及。"② 有人为更好地融入社会，改信基督教（最具代表性的人物是著名犹太诗人海涅和门德尔松的子女）；也有人被完全地世俗化。尤其是法国大革命之后，犹太人的民族性和宗教性被极大地削弱，犹太人在欧洲的生存面临巨大危机。加之后期反动势力在西欧复辟，反犹浪潮又开始兴起，犹太人遭到种种限制，犹太启蒙运动便在 19 世纪中后期衰落。

19 世纪初，在犹太启蒙运动的影响下，极端同化的浪潮席卷了整个犹太社区。为纠正犹太启蒙运动引起的极端同化的倾向，一部分有识之士希望通过用比较科学的方式来重新定义和解释犹太教，兴起了犹太科学运动。

里奥波德·聪茨作为犹太科学运动的奠基人，"受到了黑格尔历

---

① 黄陵瑜：《犹太教》，中国社会科学出版社 2008 年版，第 30—31 页。
② 张倩红：《犹太启蒙运动初探》，《世界历史》2002 年第 5 期。

史观的影响，主张对犹太人用的拉比文献进行客观而谨慎的批判性研究，从而掀开了犹太科学运动的大幕"。① 聪茨认为拉比文献是犹太民族精神的一个巨大成就，也是反映不同历史时代的重要史料。1819年，他与其他运动家在柏林建立"犹太文化和科学协会"，这标志着犹太科学运动正式出现。聪茨指出，犹太教、犹太历史以及犹太文化都应该进行科学的研究，这样就能够站在客观的立场来描述犹太教的发展历程。他在《论历史与文学》一书中，将所有的犹太文学活动放到欧洲文学和政治的范围内进行考察研究，用事实纠正了当时学术界对于犹太文学的偏见。② 在他看来，科学地研究犹太教可以让人们知道哪些传统是有用的，哪些传统是要抛弃的，这样就可以尽可能地减少犹太人与世俗世界产生的摩擦。

在承认犹太教律法方面，他们认为成文律法是神启的、不可侵犯的，是不可以随人的意志更改的。但"口传律法和犹太传统是犹太人民的创造，是可以根据历史的发展需要进行修改和变动的"。③ 这就体现出犹太人民在历史上的重要性，弱化了神的意志，从而反映出人地位的提高。犹太科学和文化协会的成员们致力于让德国犹太人看到犹太教存在的意义和主要成就，将犹太教作为一个学科来研究，在一定程度上提高了犹太教的影响力，从而提高了犹太教的地位，以降低他们的改宗热情。

新正统派产生的另外一个重要原因在于犹太人民的主观力量。当犹太民族发展遇到危机时，勇敢智慧的犹太人总会挺身而出，扛起民族复兴这面大旗。启蒙思想家们如此，科学运动家们也是如此。他们虔诚地爱着自己的民族，用强大的精神力量和强烈的责任感使犹太民族坚定向前。由此，"犹太教科学运动被看作犹太历史上的一次文化和宗教的更新运动。因为它不仅为十九世纪犹太改革运动的发展提供了理论基础，更改变了传统犹太教的宗教范式，为现代犹太教的形成打下了坚实的基础。现代犹太教各宗派在接受了启蒙运动和科学运动

---

① 胡浩：《犹太教科学运动及其影响》，《宗教学研究》2013 年第 1 期。

② 同上。

③ ［美］大卫·鲁达夫斯基：《近现代犹太宗教运动——解放与调整的历史》，傅有德等译，山东大学出版社 2004 年版，第 211—220 页。

的洗礼之后，都在不同程度上采纳了理性主义的原则，出现了世俗化的倾向。当然，正统派也不例外。"①

二

经历了犹太启蒙运动和科学运动的犹太世界，加上正在盛行的犹太教改革派的活动，使得解放后的犹太人对犹太信仰产生怀疑。犹太教的存在究竟是不是合理的？他们需要一个解释。而这个重任就落到了萨姆森·拉斐尔·希尔施身上。1851 年，他正式担任犹太人宗教联合会的拉比。在此期间，他的思想体系得到实践，于是便产生了新正统派犹太教。

希尔施生活在犹太人被广泛授予公民权利的后拿破仑时代，这个时代也导致了犹太民族的同化以及对于改革的呼唤。他的著作，像《何烈山》《书信十九封》等都将关注点放在正统派犹太教存在的可能性上面。因为当宗教自由来临的时候，也意味着为了防止自己被迫害和嘲笑就可以自由地解释和践行托拉的诫律。希尔施作为接受过现代世俗教育的代表，在面对改革派对犹太教进行彻底改革的时候，提出犹太人不仅要坚持自己的民族传统，也要积极地接受现代社会。

希尔施认为犹太民族是一个以犹太教为内在因素、以以色列地和希伯来语等为外在因素的民族。犹太教不仅仅是生活的附属物，它存在于生活的方方面面。因而，托拉就成为这个民族的根基。"不是犹太人造就了《圣经》，而是《圣经》造就了犹太人。"② 如果丢失了托拉，这个民族的存在就变得没有意义。因为世世代代的犹太人虔诚地信着托拉，所以上帝会按照约定给予犹太人足够的保护。在上帝的保护下，犹太人就可以流而不散，散而不亡。作为犹太民族圣地的耶路撒冷，一直是每个流亡的犹太人灵魂最深处的归宿。希尔施在对托拉评论的第七卷里说"犹太民族和以色列地是紧紧联系在一起的，他们

---

① 胡浩：《犹太教科学运动及其影响》，《宗教学研究》2013 年第 1 期。
② 张倩红：《试论摩西·门德尔松的启蒙思想》，《世界宗教研究》2003 年第 3 期。

两者缺少任何一个都不能得到繁荣"。① 那里是上帝赐予的地方，是他们最向往的地方，又怎么忘得掉呢？希尔施在对待希伯来语的问题上提出，个别地方的犹太人不懂希伯来语，可以用本地语言进行祷告，但会众祈祷必须用希伯来语。因为对犹太人来说，希伯来语承载了太多民族情感，是任何外族语言无法表达和传递的。因而希尔施认为只有坚持犹太民族的民族性，犹太民族才能够在未来的某一天按照上帝的指引，回到应许之地。

在律法方面，希尔施认为犹太律法是上帝意志的体现，是永恒不变的，人是不可以而且不能改变上帝的意志的。上帝是全知全能的，人类的一切都掌握在上帝手中，现世人类所进行的活动都只是为了将上帝的意志付诸实践。在他看来，整个世界都是按照上帝的意志来向前发展的，因而要让历史的发展顺应上帝的意志，而不是使上帝的意志根据历史的发展而改变。犹太教正统派认为无论是口传托拉还是成文托拉都是上帝在西奈山上赐予犹太人民的，所以口传托拉和成文托拉都是上帝意志的体现。托拉的起源在希尔施看来是神圣且无须怀疑的。他在作品中提到托拉起源的时候，说道："托拉的真实就如同天和地的存在一样。"②《托拉》不可能是一部人为书写的书，它来自神的启示，像大自然一样处处体现着神的意志。他指出犹太传统的存在就是口传律法权威性的证据，如果一个民族从古老流传下来的、所有人民都一直遵守的传统都不可信的话，那这个民族还有什么值得相信呢？"托拉是上帝给人的教诲，不是人对上帝的思考，因而必须要清楚成文托拉和口传托拉存在的目的是为人们的生活提供更好的指导。"③

在犹太民族的教育方面，希尔施认为犹太教育首先是要以托拉教育为基础的，其次是托拉教育与世俗教育的结合。主张把托拉教育作

---

① Samson Raphael Hirsh, *Commentary on the Torah*, London: The Judaica Press, 1999, p. 430.

② 纪银平：《希尔施犹太教思想研究》，博士学位论文，山东大学，2008 年，第 64 页。

③ Samson Raphael Hirsh, *The Nineteen Letters*, commented by Joseph Elies, New York: Feldheim Publishers, 1996, p. 16.

为基础，希尔施并不是首创。在古希伯来语中，"教育"就是 Talmud Torah，意思为"学习托拉"。摩西·迈蒙尼德也说："不管你身体强壮还是虚弱，不论你年龄的大小，每个犹太人都应该学习犹太经典。"① 我们不难看出自古以来托拉对于犹太教育的重要性。在希尔施看来，托拉是可以为任何一个现世的问题找到答案的，所以犹太人可以用托拉永恒不变的真理去面对不断变化的世俗世界。无论是口传托拉还是成文托拉，都可以指导我们正确地认识世界。我们要做的不是证明托拉的准确性，而是践行托拉告诉我们的一切。希尔施提出防止犹太人脱离犹太教的唯一办法就是将犹太教育和世俗教育相结合。两者的结合并不意味着将它们整合在一起，而是说托拉永恒不变的真理可以为任何的世俗文化提供正确的指导，而世俗文明又是践行托拉的最好的实践场所。在希尔施看来，"犹太教育和世俗教育是相互支撑的，我们都要给这两者一定的重视，但这两者的地位是不一样的"。② 犹太教育一定要处在主导地位，世俗文化的学习只是从属。只有同时学习两种文化，才有可能成为"理想的犹太人"，成为人类的理想样子。

　　新正统派的另外一个代表是以色列·希尔德夏默，他被认为是德国现代正统派犹太教的先驱，也是现代正统犹太教的奠基者，他和希尔施的哲学在正统犹太教发展史上具有十分重大的影响。他认为对于那些生活在西方的正统派犹太人来说，要使自己生活在与欧洲社会完全隔离的社会中是不可能的。相反地，现代犹太人的教育必须教会犹太人如何更好地面对以及处理在方方面面可能遇到的一切现代化的东西。在他任职犹太教神学院表明他自己的立场时，他明确地提出"培养正统"的概念，解释为要无条件地同意当今的文化；犹太教和科学之间要和谐共存，但是在信仰和遵循犹太教传统方面也要无条件且坚定不移地坚持；所有以上这些组成了新犹太社区的大纲，而这个标准的建立，也使那些忠诚于律法、生活在柏林的以色列人聚集起来。最

---

① 石涵月：《犹太民族的教育理念及教育实践》，《历史教学问题》2005 年第 5 期。

② Samson Raphael Hirsh, *Judaism Eternal: Selected Essays from the Writings of S. R. Hirsch*, New York: The Soncino Press, 1956, p. 204.

开始他在德国和匈牙利对待欧洲文化的态度以及采取的行动都给了他一个十分明确的目标——坚定地相信传统的犹太教不应该害怕来自欧洲先进文化的光芒。相较于一个哲学家，他更像是一个实用主义者，因为是他的行动而非其哲学使现代正统派犹太教制度化，而这个影响现今依然存在。由于他采取了许多现代化的行动，人们把他称作现代化积极分子和制度机构建立者，主要的思想概括为以下四点：第一，他要求的犹太教教育，无论是对女性还是男性，都应该包括宗教教育和世俗教育两部分。第二，他建立的希尔德夏默拉比神学院是第一个在课程中融合了现代犹太学习、世俗学习和学术著作学习的正统派耶希瓦（犹太神学院）。第三，维持附着于以色列地的犹太教的传统，并与非正统的代表一起工作。第四，与能够在重要问题上影响社区的公共领导一起工作，即使他们是非正统的，比如管理反犹主义和屠宰仪式的人。由此可见，希尔德夏默开始主张对广大女性进行教育，也就意味着女性地位的提高。他提倡的学习世俗文化并鼓励犹太人民主动与非犹太人一起工作生活，这都为欧洲犹太人融入西方现代社会打下基础。

希尔施和希尔德夏默都被认为是现代正统派哲学的间接的建设者。事实上，希尔施的思想更好划分一些。希尔施的"兼及天下通道的托拉"作为一种正统犹太教的哲学，使拥有善于观察传统的犹太教和现代世界拥有了正式的联系，使它与今天的现代正统派有表面的相似之处。可后来的调查显示希尔施的哲学——犹太教是通过评判现代化并使其成为真理的唯一来源，与现代正统派哲学——犹太教和现代化是两个并存的观念，产生了分歧。希尔施更是把他自己和他的社团从保守派和改革派中分离出去，并且无视犹太复国主义者的努力（当然这并不影响后来的新正统派的领导者支持犹太复国主义）。相反地，希尔德夏默为现代正统派行动主义和制度的建立做了一个很好的蓝图。尽管希尔德夏默有许多观点与现代正统派犹太教相似，但是值得注意的是，他的哲学中关于教育的观点与希尔施是不太相同的。希尔德夏默所提倡的世俗学习仅是作为教育的一个题外话，与托拉的关系也没有像希尔施那样给予清晰明白的论述。在一定程度上，他对当时社会的需要作了一定的让步。

三

"新正统派的出现，在一定程度上是改革派和传统派在某些原则上的综合选择，标志着犹太教中最保守、最传统的派别为了在风云变幻的时代潮流中继续维持自己的生命力和影响力，开始进行现代化的努力。"① 希尔施很清楚犹太教和现代文化之间的矛盾和冲突，他从不回避这些问题，而是积极地面对。在欧洲大变革的时期，处在被改革派包围的洪流之中，我们能够理解到希尔施的不易与伟大。套用希尔施评价犹太教的观点，"要想理解犹太教，你首先要从犹太教的内部去理解，而不是以非犹太人眼中犹太教的样子去评价"。② 与改革派彻底抛弃犹太传统相比，新正统派已经在最大限度上保护了犹太传统。"虽然在他们眼中科学和世俗文化是可以被用作证明传统合法性的工具，但他们仍然坚持着犹太教的传统和信仰，认为两个托拉都是每个犹太教徒的行为准则，613 条诫律缺少任何一条也是决不允许的。他们遵从拉比法庭按照律法所作的判决，也严格地遵守各条诫令、律例和习俗。"③ 即使在犹太复国主义这个问题上，也依然体现出他们坚守传统的原则。虽然新正统派的领导者们没有像改革派那样积极地支持，但也不像极端正统派那样坚决反对。他们给予犹太复国主义者一定的宽容、理解并接受，但所有的前提是要保持犹太教的核心地位，坚持以托拉律法为原则。"他们不过分苛求，但一旦涉及犹太教信仰的原则性问题，他们是绝对不会妥协的。"④

作为对现代化回应产物的新正统派，与传统正统派坚决不改革的态度相比，他们对现代文化是持开放的、欢迎的态度的。因而，新正统派为犹太文化与世俗文化的结合做出了巨大贡献。"他们允许犹太教徒穿着现代服饰，在做礼拜时可以使用现代语言、不再用手风琴伴

---

① 徐新：《论犹太文化》，中国出版集团 2013 年版，第 132 页。

② Samson Raphael Hirsh, *Judaism Eternal: Selected Essays from the Writings of S. R. Hirsch*, New York: The Soncino Press, 1956, p. 3.

③ 徐新：《论犹太文化》，中国出版集团 2013 年版，第 132 页。

④ 同上。

奏，男子可以不用留长胡须、穿黑大衣、戴黑帽子，女子也不用再戴假发、蒙头，祈祷时可以不披祈祷披巾等。"① 另一个主要影响体现在对妇女的教育上。她们可以跟犹太男子一样进入学校学习，还被允许参与宗教生活，也可以参加政治斗争，这在当时是很进步的。他们建立的学校为犹太民族的现代化培养了一批既接受了犹太教育的犹太人，又接受了现代化教育的欧洲人，这就极大地提高了他们生活的热情和积极性。他们相信并且积极从事科学文化活动，并尽最大努力谋求与其他派别和组织的和平相处。虽然他们将"对自然和科学的概念放到神学的框架中进行研究，使科学最终屈服于神学目的"②，但这也在客观上刺激了其他犹太人对自然和科学的学习。希尔施创立的"托拉和世俗文化的结合"的教育原则，不仅在德国，而且在美国、以色列都有很大的影响；他的教育模式也依然在现代犹太社会使用。现在生活在美国和欧洲的正统派大多数是新正统派。

结　语

欧洲的解放浪潮推动了犹太民族的解放，犹太人中的有识之士已经意识到要想让犹太教生存下去就必须进行改革，吸收先进的现代文化。面对犹太传统的存留问题，以希尔施为代表的新正统派走了一条既可以保存犹太文化，又能够吸收先进欧洲文化的道路。在高呼解放和改革的环境中，相较于改革派，我们有理由相信新正统派的处境会更加困难。既要保持犹太教的根基——犹太律法的地位不被改变，又要在宗教习俗的一些方面作出恰当的调整，适应世俗生活的发展，这绝对是不容易的。像我们今天所看到的一样，新正统派既广泛地吸收了现代社会的先进成果，又沿袭着自己的宗教传统。从这个意义上讲，新正统派是成功的。但是，我们要清楚的是，无论是新正统派还是改革派，他们都是在犹太教的发展遇到危机的时候，站在如何更好地发展犹太教的立场上，作出了他们认为正确的选择。犹太民族在历

---

① 徐新、凌继尧：《犹太百科全书》，上海人民出版社 1993 年版，第 398—399 页。
② 同上书，第 134 页。

史洪流中不断地根据现世的需要进行调整，更是体现了它强大的生命力。以希尔施为代表的新正统派犹太教的产生不仅展现了犹太民族在面对现实问题时积极的应对态度和不断探索的文化内涵，也为其他国家在现代化建设中遇到的如何平衡好外来文化和本民族文化的问题提供了经验和教训。

第一次石油危机与东欧剧变

——以波兰为例

刘合波 *

摘要： 20 世纪 60 年代，美苏缓和促进了东西方经贸关系的发展。波兰充分利用当时有利的国际形势，采取了依靠西方高速发展经济的战略，这既加深了波兰卷入世界经济的程度，也使其要面对国际市场变动带来的风险。第一次石油危机的爆发，引起了世界经济的震动，波兰因外债剧增，国内经济陷于困境，从而为波兰发生剧变埋下了伏笔。石油危机使波兰经济深陷债务危机，波兰统一工人党的解决乏力导致波兰经济持续恶化、社会动荡与反对派组织的成立，加之外部诸因素的影响，波兰最终发生剧变，由此开启了东欧社会主义阵营走向瓦解的进程。

关键词： 第一次石油危机；东欧剧变；波兰统一工人党；冷战

第二次世界大战结束之后，东欧各国先后走上了社会主义道路，按照苏联模式建立了政治经济体制。到 20 世纪 50 年代中期，东欧各国都基本上建立起社会主义经济基础，但各国教条式地照搬苏联高度集中的经济体制、片面发展重工业的措施，在经济上遇到了巨大困难。冷战后期，东欧各国经济持续恶化，政治改革受挫、民众不满等问题交织在一起，加之西方国家推行"和平演变"政策、苏联放松对东欧的控制等因素，最终导致东欧发生剧变。

东欧剧变率先从波兰开始，随之波及匈牙利、捷克斯洛伐克、罗

---

* 刘合波，天津师范大学欧洲文明研究院副教授，世界史博士，主要研究方向为美国史、欧美文明史。

马尼亚、保加利亚等国家。对于东欧社会主义政权的瓦解，学界从政治、经济、文化等各个层面都已进行了深入剖析，但对1973年爆发的遍及世界范围的第一次石油危机与东欧剧变之间的关系，大多数研究仅限于背景的描述，对于石油危机在其中的作用却缺乏深入剖析。关于第一次石油危机，国内外学界主要集中于其对美国、西欧、日本等的影响，而忽视了石油危机对东欧社会主义阵营国家的影响，因之鲜有从石油危机方面研究东欧剧变的专门论述。通过研究可以发现，在引发东欧发生剧变的诸多经济因素中，第一次石油危机对东欧国家的打击，是其中一个不可忽视的变量。对东欧国家而言，第一次石油危机并没有产生像严重依赖中东石油的西方国家那样立竿见影的效果，但它给东欧社会主义国家带来的巨额外债等间接性破坏后果却是深远的，甚至延伸至政治领域。在这一方面，社会主义政权率先瓦解的波兰有代表性。本文将在梳理20世纪60年代末70年代初东西方发展经贸关系的基础上，阐述第一次石油危机对波兰经济、政治带来的影响，以此分析第一次石油危机在东欧剧变中的作用。

一　东西方经贸关系的加强与东欧国家对国际市场的依赖

从冷战爆发到20世纪50年代中后期，以美国为首的西方阵营与以苏联为首的东方阵营在政治、经济、军事等领域的激烈对抗，是东西方关系的主旋律，这种态势也严重影响了双方的经贸联系。东西方之间的冷战，使这一时期的双方经贸关系基本上有名无实，贸易额微乎其微。赫鲁晓夫上台之后，东西方贸易虽有增长但仍非常缓慢。1961年东西方的贸易额只有43亿美元，仅占西方国家世界贸易总额的2.4%。尽管在整个60年代与西方的贸易额占到了东欧社会主义国家世界贸易总额的21%，但当时在东欧各国占主导的是自给自足的经济模式，而不是对外贸易。① 双方在这一时期极为有限的贸易额，

① See Robert V. Roosa, Armin Gutowski, Michiya Matsukaw, *East-West Trade at a Cross-road: Economic Relations with the Soviet Union and Eastern Europe*, New York: New York University Press, 1982, pp. 11 – 12.

表明冷战初期东西方经济贸易间存在的巨大隔阂。自 20 世纪 60 年代以来，美苏缓和促进了东西方经贸关系的发展，东欧国家随之加强了与西方的经贸联系，从而加深了卷入世界经济的程度。但波兰等东欧国家对西方市场的过度依赖，使这些国家势必承担国际市场变动带来的风险。这些都为第一次石油危机对东欧国家产生影响提供了条件。

（一）美苏缓和与东西方经贸关系的加强

1962 年古巴导弹危机之后，美苏开启了冷战时期第一个阶段的缓和。20 世纪 60 年代末 70 年代初，美苏进入第二个缓和时期，1972 年、1973 年美国总统尼克松和苏联领导人勃列日涅夫分别在莫斯科和华盛顿的会晤，标志着美苏缓和进入高潮阶段。[1] 冷战的缓和态势为东西方的经济往来打开了大门。60 年代的西方国家社会稳定，经济发展迅速，尤其是西欧，在经过了 50 年代的稳定增长之后，到 60 年代进入繁荣发展的"黄金时代"。70 年代初，西欧经济共同体在世界经济中已发展成为与美国抗衡的重要力量。在美苏缓和及西方经济不断发展的情况下，苏联逐渐改变了过去不承认欧共体的态度，转而认可欧共体，并积极与之建立经济贸易关系。与此同时，"苏联在与东欧国家的经济发展过程中，越来越感到东欧成为其经济负担，这个 60 年代的问题在 70 年代加强了。为了摆脱来自盟国的经济负担，苏联开始鼓励东欧国家与西方国家发展经济贸易"。[2] 这进一步促进了东西方贸易的发展。此外，以苏联为首的经互会国家需要西方的技术与贷款，欧共体在发展经济的过程中则需要不断扩大市场，两大经济体互补性的需求为双方在经济上走近打下了基础，也为经互会成员国同西方国家发展经贸关系提供了条件。因此，在美苏缓和的态势下，东西方在这一时期加强了经济上的往来。美苏两大阵营间的贸易往来增多，彼此依赖度也增强了，尤其是战后缺少资金与技术的东欧各国，对西方国家有着更高的依赖程度。

---

① 关于缓和的阶段与相关概念的界定，参见刘合波《尼克松政府对中东危机的政策研究》，中国社会科学出版社 2015 年版，第 59 页。

② David Ost, *Solidarity and the Politics of Anti-politics*: *Opposition and Reform in Poland since 1968*, Philadelphia: Temple University Press, 1990, p. 192.

应当说，东西方经济联系的加强是战后经济全球化的趋向之一，但社会主义国家同时也开始承担来自全球的金融与经济风险，这为日后石油危机对东欧国家产生影响埋下了伏笔。

（二）波兰与西方经贸关系的发展

就波兰而言，由于苏联技术落后及其在波苏贸易中主要将波兰看作原材料的提供者等原因，也促使波兰积极发展与西方的经贸关系。[①]因此，在美苏缓和的形势下，波兰充分利用有利时机，积极发展与西方的关系，为改善波兰的经济状况打开局面。在哥穆尔卡执政时期，戴高乐于 1965 年访问波兰；英国和波兰关系稳定，成为波兰非社会主义阵营中重要的贸易伙伴。在盖莱克执政时期，波兰展开了强大的外交攻势，首先是与联邦德国签署了奥德—尼斯河的边界条约；其次是波兰与西方国家进行互访，盖莱克访问了法国、比利时等西方国家，而包括美国总统尼克松在内的西方国家领导人也对波兰进行了访问。这些频繁的外交互访，促进了波兰与西方国家的经贸往来。[②] 在与波兰展开经贸往来的西方国家中，美国表现得最为积极。从 20 世纪 50 年代末美国就向波兰提供贷款和出售谷物，到尼克松政府时期，美国决定由美国进出口银行对向波兰贷款提供担保，同时加大对波兰的技术与经济援助，如向波兰转让石油裂化技术、延长波兰最惠国待遇、进口波兰的产品等。[③] 波兰与西方国家经贸关系的加强，也使波兰逐渐加入世界经济一体化进程中。1967 年波兰加入关税与贸易总协定，其中波兰要履行的义务之一是其进口额的 7% 必须来自西方国家。60 年代末，西欧共同市场形成统一的农业政策及逐步引入的针对第三方的统一关税政策，都使波兰在通过与西欧发展经贸关系来获

---

① See Wanda Jarzabek, *Hope and Reality: Poland and the Conference on Security and Cooperation in Europe, 1964—1989*, Washington D. C., CWIHP of the Woodrow Wilson International Center for Scholars, 2008, pp. 9 - 10.

② See R. F. Leslie, *The History of Poland Since 1863*, New York: Cambridge University Press, 1980, p. 396, p. 428.

③ See "Highlights of a report presented to the Ninth Convention of the Polish American Congress (PAC) by its President Aloysius Mazewski", *Declassified Documents Reference System (DDRS)*, Document Number: CK3100687415, Farmington Hills, Mich. : Gale, 2015, pp. 7, 12.

取其资金与技术的过程中，不断调整经贸政策以适应国际贸易的需要。[1] 波兰与西方国家的经贸往来，加快了波兰自身经济政策的调整，也加深了对国际贸易的依赖，这集中体现在盖莱克执政时期。

20世纪60年代，西方经济的持续高速发展所形成的国际借贷资本丰富、原材料价格低的局面，及美苏缓和带来的有利政治形势，"使波兰盖莱克政府确立了通过加大对外贷款和进口的力度来发展波兰的战略"。[2] 盖莱克的前任哥穆尔卡一直寻找但却没能找到获取西方长期贷款或与西方资本主义国家形成贸易伙伴的渠道，70年代初东西方的缓和带来了当时经济气候的变化，西方国家改变了此前与东方社会主义国家开展经贸关系的态度，这为盖莱克实施改变波兰经济现状的战略提供了契机。"但盖莱克向西方大举贷款增加投资，也是70年代初波兰最初成功和最终出现困难的主要原因。"[3] "盖莱克政府在1971年底制定的雄心勃勃的新战略，与世界市场的波动产生了灾难性的互动。波兰政府依赖西方资本市场及其金融借贷体制的政策，使波兰与西方市场紧密地连接在一起，一旦西方市场发生震动，波兰也将会深受其害。"[4]

1973年第一次石油危机的爆发，给波兰经济带来了严重的后果。

二　石油危机对波兰经济的沉重打击

1973年"十月战争"爆发后，阿拉伯石油输出国组织先后采取了削减产量、贸易禁运等措施，拉开了第一次石油危机的序幕。1973

---

[1]　See Wanda Jarzabek, *Hope and Reality: Poland and the Conference on Security and Cooperation in Europe, 1964—1989*, Washington D. C. , CWIHP of the Woodrow Wilson International Center for Scholars, 2008, p. 10.

[2]　Norman Davies, *Heart of Europe: The Past in Poland's Present*, New York: Oxford University Press, 2001, p. 327.

[3]　R. F. Leslie, *The History of Poland Since 1863*, New York: Cambridge University Press, 1980, p. 415.

[4]　Egon Neubergerv, Laura D'Andrea Tyson, eds. , *The Impact of International Economic Disturbances on the Soviet Union and Eastern Europe: Transmission and Response*, New York: Pergamon Press, 1980, p. 25.

年 12 月 22—23 日，石油输出国组织各成员国的部长决定将石油价格由每桶 5.12 美元提高到 11.65 美元。基辛格称之为"第二次石油冲击"——"石油输出国组织在 48 小时内的决定，就使美国、加拿大、西欧和日本在石油上一年多支付 400 亿美元"。[1] 能源危机带来的石油价格的数倍增长，对各国经济造成了消极影响，尤其是对严重依赖石油进口的西方国家的直接打击巨大。"石油危机导致了世界经济的衰退，1973 年也因此成为世界经济进入低迷时期的标志。"[2]

在石油危机的影响之下，国际能源和原材料价格猛涨，农产品和工业成品价格下跌，从而使各国面临生产成本增加、资金相对短缺等问题，这对东欧社会主义国家产生了巨大影响。"在 1973 年后的第一个五年，东欧国家的贸易赤字不断增长，贸易额下降了 10%—20%。到 1985 年，由于严重依赖能源进口，东欧各国的对外贸易下降了 26%—32%"[3]，这给东欧社会主义国家带来了巨大困难。高度依赖西方的波兰受 1973 年经济危机的影响最为严重，这主要表现在以下两个方面：一方面是石油危机引发了西方国家的经济危机，西方因之减少对外贷款、提高贷款利率，这给严重依赖西方贷款的波兰在经济上带来了巨大冲击；另一方面是石油危机期间西方国家对波兰商品出口的限制，对波兰国际债务剧增的助推作用。这两个方面结合的产物，是波兰在 70 年代后半期至 80 年代不得不面对的债务持续走高的现实。

首先是石油危机使波兰借贷利率不断上扬而带来的巨额债务问题。依靠从西方大量贷款、进口来发展波兰的经济，是盖莱克推行波兰经济改革的主要模式，为此波兰 1971—1980 年向西方贷款达 200 亿美元。在最初的几年中，波兰利用宽松的国际经济形势取得了一定的成就，但在 1973 年石油危机之后，这种暂时的繁荣逐渐消失了。石油危机带来的通货膨胀及生产成本提高，使西方国家收缩资本，逐

---

① Henry A. Kissinger, *Years of Upheaval*, Boston: Little, Brown, 1982, p. 885.

② Fiona Venn, *The Oil Crisis*, London: Pearson Education Limited, 2002, p. 149.

③ T. Berend, *From the Soviet Bloc to the European Union: The Economic and Social Transformation of Central and Eastern Europe since 1973*, New York: Cambridge University Press, 2009, pp. 32 – 33.

渐停止和收回短期贷款，"1976—1977 年西方国家对波兰的贷款下降了"。[①] 但从 1975 年开始西方国家对波兰的贷款利率却逐年提高了，这不仅使波兰的债务不断增多，也加剧了波兰资金回笼的难度。根据波兰经济学家斯太凡·英德里霍夫斯基的估算，"1975 年的平均利率是 8%，1976 年和 1977 年为 9%，1978 年和 1979 年为 10%，1980 年为 11%。波兰的外债大幅度上升，在经互会国家中遥遥领先。1976 年为 120.87 亿美元，1977 年为 153.66 亿美元，1978 年为 185.07 亿美元，1979 年为 218.64 亿美元，1980 年达到 249.69 亿美元"。[②] 巨额外债沉重打击了波兰的经济基础，成为引发波兰国家危机的重要因素之一。

其次是西方国家对波兰商品出口的限制。1973 年是西方经济发展的分水岭，石油危机的爆发，使西方开始进入经济危机期，世界范围的通货膨胀、原材料涨价及部分市场的关闭，都深刻影响着已卷入世界市场的波兰经济。在经济危机面前，"西方国家实行关税保护政策，限制波兰商品的进口；而波兰商品质量的低下又无法在西方市场进行竞争，许多商品被迫运回国内低价销售，波兰的国际收支状况日益恶化"。[③] 在从 1970 年至 80 年代初的绝大部分时间里，波兰与西方国家的贸易都呈逆差趋势，而在石油危机爆发之后，这种趋势更为明显。在与西方国家的贸易中，波兰在 1970—1971 年尚有盈余，但从 1972 年开始就已经出现贸易逆差，尤其是从 1973 年开始，波兰的贸易逆差陡增。1972 年波兰与西方国家的贸易逆差是 3.17 亿美元，1973 年增至 13 亿美元，到 1976 年达到了 32 亿多美元，这种贸易逆差情况一直延续到 80 年代初期。[④] 伴随巨额的贸易逆差，波兰的外债节节攀高。在整个东欧社会主义国家的总债务中，1971 年波兰占

---

① Egon Neubergerv, Laura D'Andrea Tyson, eds., *The Impact of International Economic Disturbances on the Soviet Union and Eastern Europe: Transmission and Response*, New York: Pergamon Press, 1980, p. 9.

② ［波］斯太凡·英德里霍夫斯基：《波兰的债务》，世界知识出版社 1984 年版，第 5 页，转引自刘祖熙、刘邦义《波兰战后的三次危机》，世界知识出版社 1992 年版，第 149 页。

③ 刘祖熙：《波兰通史》，商务印书馆 2006 年版，第 524 页。

④ See Roger E. Kanet, ed., *The Soviet Union, Eastern Europe and the Third World*, New York: Cambridge University Press, 1987, p. 142.

16.3%，1975 年占到 39.6%，1980 年则升至 42.5%。① 债台高筑的波兰，成为当时东欧社会主义国家中外债增长速度最快、数量最大的国家，这严重影响了波兰的经济发展与社会稳定。

　　助推波兰经济进一步恶化的因素，除了波兰借贷利率的升高和西方对波兰商品出口的限制之外，还有一个重要因素，是苏联在石油危机爆发之后提高了向东欧国家输出石油的价格。"1973 年第一次石油危机爆发之后，苏联认为义务低价卖给东欧国家的石油，可以高价卖给西方换取本国必需的'硬通货'。"② 在这种情况下，苏联提高了对东欧国家的原油出口价格。苏联是东欧国家最主要的能源供应国，"鉴于国际市场上石油价格四倍的增长及其他原材料价格的猛涨，苏联提出了'布加勒斯特公式'（Bucharest Formula）——将世界石油市场价格前 5 年的平均值设定为出口给东欧国家的石油价格"。③ 按照这一公式，"1975 年苏联向东欧国家出口的石油价格是每桶 6.5 美元——远低于当时国际市场每桶 10—11 美元的价格，但仍大大高于东欧国家预期的当年每桶 3 美元的协议价，东欧国家将因之而不得不额外多支出 14 亿美元用来购买石油"。④ 这使东欧国家面临巨大的压力。尽管如此，苏联仍根据"布加勒斯特公式"不断调整石油价格。1978 年，苏联将出口东欧社会主义国家的石油价格提高到石油输出国组织所定石油价格的 75%，1983 年提高到 80%，1984 年则宣布以世界市场的石油价格为出口价格标准。作为东欧社会主义国家，波兰在整个 70 年代所进口的原油当中，有 80% 是来自苏联，苏联出口石油价格的飞涨，使得本来经济状况就日益严峻的波兰，更加雪上加

---

① See Robert V. Roosa, Armin Gutowski, Michiya Matsukaw, *East-West Trade at a Cross-road: Economic Relations with the Soviet Union and Eastern Europe*, New York: New York University Press, 1982, p. 23.

② David Ost, *Solidarity and the Politics of Anti-politics: Opposition and Reform in Poland since 1968*, Philadelphia: Temple University Press, 1990, p. 192.

③ Christopher Coker, *The Soviet Union, Eastern Europe, and the New International Economic Order*, New York: Praeger, 1984, p. 24.

④ "Developments in Oil Market", Feb. 20, 1975, *DDRS*, Document Number: CK3100201267, Farmington Hills, Mich.: Gale, 2015, p. 19.

霜，从而进一步加剧了波兰外债骤增的恶劣形势。[1]

石油危机带来的连锁反应，沉重打击了波兰的经济，波兰的经济基础因之受到严重侵蚀，盖莱克的高速发展计划因之遭受严重挫折。但盖莱克政府低估了石油危机的冲击性及其造成的破坏性后果，不仅没有从中总结经验教训，相反却进一步采取了推动经济高速发展的政策，这种不顾现实的举措很快就使改革陷于困境。对外贸易中的入不敷出及大量外债的存在，使盖莱克政府不得不采取提高物价等举措，但这些政策遭到波兰民众的极力反对。从 70 年代中期一直到 80 年代，经济形势不断恶化的波兰一直动荡不安，最终成为引发 1989 年剧变的重要因子。

三　石油危机与波兰剧变

盖莱克最初是希望国内经济改革与西方技术引进相结合，从而促进现代经济的发展。然而后来，"盖莱克抛弃了国内改革而将赌注压在与西方国家的关系上"[2]，这使波兰要面对国际经济波动带来的风险。与此同时，盖莱克的经济发展战略在波兰民众中形成的高福利、高消费心态，一方面使政府财政不堪重负，另一方面也使民众难以接受商品紧缺、物价提高的现实。第一次石油危机引发的国际经济危机，也导致波兰出现通货膨胀、物资供应紧张、债务走高等问题，这些问题严重冲击了波兰国内脆弱的经济基础，由此成为从 20 世纪 70 年代中期到 80 年代末波兰社会危机此起彼伏的关键因素之一。

（一）石油危机使盖莱克的高速发展战略受挫

1970 年底上台的盖莱克提出了借助外资和技术力量，高速度、高积累、高福利发展经济的政策，要"再建一个新波兰"，并据此制订了第四个"五年计划"即"四五计划"。盖莱克的高速发展计划在

---

① See Christopher Coker, *The Soviet Union*, *Eastern Europe*, *and the New International Economic Order*, New York: Praeger, 1984, pp. 26 – 27.

② David Ost, *Solidarity and the Politics of Anti-politics*: *Opposition and Reform in Poland since 1968*, Philadelphia: Temple University Press, 1990, p. 55.

初期阶段取得了一定的成就，1973 年的职工实际工资收入比 1970 年高 24%，从 1974 年起全部农村居民享有公费医疗待遇，现代化的生活用品日益普遍化，"普遍有了现代化的家用电器设备和现代化的生活用具，越来越多的家庭有了小汽车"。① 波兰在 70 年代上半期的投资增长了 133%，1975 年国民生产总值增长了 29%。然而，这些成就都是以巨额贷款和高投入为基础的，"是在当时有利的国际环境下通过陈旧性扩张、增容过时工业部门实现的，并不是通过结构性变革或技术更新实现的"。② 提高工资、冻结食品物价及大量进口西方消费品，在波兰制造了危险的虚假繁荣。

"20 世纪 70 年代是世界通货膨胀时期，波兰融入世界经济的程度越高，国内的通货膨胀就会越大。投资繁荣与国内的通货膨胀带来了波兰经济过热的情况，但波兰对此并没有加以控制，依然进行大规模的对外贷款。"③ 事实上，早在 1973 年第一次石油危机爆发之后不久，西方国家持续经济增长所带来的贷款利率低、原材料价格低等经济红利就迅速消失，这实际上已经为在经济上过度依赖西方贷款的波兰敲响了警钟。但"四五计划"取得的成就，使波兰统一工人党忽视了取得这些成就的国内外背景、国际市场中所暗含的不确定因素，以及哥穆尔卡时期提高物价带来的教训。盖莱克领导的波兰统一工人党在 1975 年 12 月召开的"七大"中通过了"五五计划"，继续推行"高速发展战略"。然而在石油危机影响之下，1975 年成为波兰由暂时繁荣转向长期社会危机的关键性年份，石油危机带来的通货膨胀、物价飞涨、商品供应紧张等问题，在这一年年底已经逐渐发展成为波兰社会的显性现象。从 70 年代中期到 80 年代末，盖莱克政府时期形成的债务、商品匮乏与物价等问题，一直是影响波兰稳定的顽疾。

---

① 刘祖熙：《波兰通史》，商务印书馆 2006 年版，第 523 页。

② T. Berend, *From the Soviet Bloc to the European Union: The Economic and Social Transformation of Central and Eastern Europe since 1973*, New York: Cambridge University Press, 2009, p. 32.

③ R. F. Leslie, *The History of Poland since 1863*, New York: Cambridge University Press, 1980, pp. 396, 421.

（二）石油危机成为波兰社会危机的重要诱因

在波兰，商品提价是个非常敏感的问题。早在 1970 年圣诞节前夕，哥穆尔卡领导的波兰统一工人党就因提高食品价格爆发了"十二月事件"——席卷波兰全国的罢工潮与大规模示威游行。[①] 随后哥穆尔卡被撤销波兰统一工人党第一书记职务，涨价政策也被取消。从 1970 年底到 1976 年 6 月，波兰的商品价格仍基本保持在 60 年代的水平。但哥穆尔卡的继任者盖莱克为稳定物价而实施的巨额农业补贴使波兰财政不堪重负，工资的不断增长和从 1974 年就开始出现的农业连年歉收也加大了商品供应的压力。在石油危机的打击之下，波兰脆弱的经济形势急剧恶化。在外债高筑、国内经济压力不断增大的情况下，1976 年 6 月 25 日，盖莱克不得不采取了哥穆尔卡曾采取的措施——提高商品价格。其中规定肉类提价 50%，肉制品提价 90%，糖的价格提高 1 倍，其他商品都基本提价 30%。这一食品提价政策成为引发 1976 年波兰"六月事件"的导火索。尽管波兰统一工人党为防止出现抗议事件采取了各种防范措施，但提价方案被波兰议会通过的第二天就遭到民众的强烈反对。拉多姆市、华沙郊区等地都发生了罢工、抗议活动，游行示威的群众与警察发生冲突并造成多人伤亡。[②] 在民众抗议的压力下，盖莱克被迫放弃提价方案，"六月事件"得以平息。

"六月事件"产生了两个后果：一是波兰国内的经济形势持续恶化，商品匮乏程度进一步加深。"六月事件"之后，盖莱克并没有认真总结教训解决波兰当时的经济问题，结果是波兰投机倒把盛行、黑市猖獗，市场更加混乱，这进一步加剧了波兰经济的恶劣形势。二是波兰的政治环境日趋复杂，反对派建立了"保卫工人委员会"，"指导 1977—1980 年的工人抗议行动，公开采取反对盖莱克政府的活动"。[③] 这两个后果直接促成了 1980 年危机和更大的反对派组织的成

① See Anita Prazmowska, *Poland: A Modern History*, London: I. B. Tauris, 2010, p. 195.

② See A. Kemp-Welch, *Poland under Communism: A Cold War History*, New York: Cambridge University Press, 2008, pp. 206 – 209.

③ Robert Bideleux and Ian Jeffries, *A History of Eastern Europe: Crisis and Change*, New York: Routledge, 2006, p. 514.

立，进一步削弱了波兰统一工人党的权威与领导力。到 1980 年，波兰的外债急剧增加，经济压力越来越大，7 月盖莱克政府不得不再次宣布提高食品价格。政府的决定使格但斯克、什切青等地的工人展开了战后波兰规模最大、持续时间最久的罢工。在政府与罢工工人成立的罢工委员会进行谈判的过程中，波兰统一工人党内部进行了一系列的人员更换，1980 年 9 月盖莱克被解除波兰统一工人党第一书记职务，但这并没有阻挡住 1980 年危机的发展。危机促成了团结工会的成立，1981 年团结工会提出了政治多元化及根本改变当前的政治体制等要求，遭到政府的反对。1981 年 12 月 13 日，波兰政府实施戒严令，宣布团结工会为非法，团结工会转入地下，1980 年事件基本平息下来，但波兰统一工人党的威信却遭到进一步的削弱。[①]

1982 年 1 月，盖莱克的继任者卡尼亚针对当时波兰的经济形势，对波兰的经济体制进行了部分改革，1983—1985 年，国民经济得到一定程度的提高。但自盖莱克以来波兰沉重的经济负担无法在短期内得到解决，1986 年波兰的外债达到 386 亿美元，经济陷入崩溃边缘。在这种情况下，在已被取缔的团结工会的煽动下，工人开始罢工，从而爆发了自 1982 年以来波兰规模最大的罢工潮，民众逐渐丧失了对波兰统一工人党的信心。在罢工与政治危机的双重压力之下，1988 年波兰统一工人党最终承认了团结工会的合法地位；随后又通过决议，接受"政治多元化"和"工会多元化"。波兰统一工人党的这些主张，实际上已经迈出了波兰剧变的关键一步。[②] 1989 年 6 月，团结工会在选举中大获全胜。团结工会的上台，标志着波兰社会主义政权的瓦解与政治经济制度的剧变。

（三）第一次石油危机对波兰剧变的诱发与催化作用

波兰的经济、社会变迁表明，20 世纪 60 年代末 70 年代初东西方经贸关系出现转折与第一次石油危机的爆发，是促使东欧走向剧变的

① See David Ost, *Solidarity and the Politics of Anti-politics: Opposition and Reform in Poland since 1968*, Philadelphia: Temple University Press, 1990, pp. 79, 149.
② 参见刘祖熙《波兰通史》，商务印书馆 2006 年版，第 542—543 页。

重要因素。自 1962 年古巴导弹危机以来，以美苏为首的东西方关系的缓和，使苏联、东欧社会主义国家与西方国家在经济方面接触增多。60 年代末是东欧社会主义国家进行改革的时期，同时也是西方国家开始由经济发展的"黄金时期"逐渐走向低迷的时期。西方国家的发展情势使当时的国际市场出现了国际游资多、原料成本低、贷款利率低的现状，这为东欧国家利用国际市场的有利形势来发展经济提供了契机。但 1973 年第一次石油危机的爆发带来的通货膨胀及原材料涨价等经济波动，使这种局面成为历史。严重依赖国际市场的部分东欧国家，在经济上很快陷入债务陷阱，这些国家因之不得不采取提高物价等措施来解决当前的经济困境，但这引起了民众的极大不满，进而导致反对政府的行动及组织的出现。尽管各国政府此后不断调整、改革，但始终未能改变经济形势持续恶化、社会不满情绪不断高涨及政局不稳的局面，这种情况一直持续到 1989 年东欧剧变，这些都与第一次石油危机有着必然的关系。波兰社会的发展轨迹就是其中的一个缩影。

结　语

社会主义国家在发展国民经济过程中多渠道拓展对外经贸关系本无可厚非，甚至需要大力倡导，但国家的改革与未来的发展不能完全或主要依赖西方国家。在冷战时期，采取苏联经济模式的东欧国家，其经济基础异常薄弱，而在与西方国家发展贸易的过程中过度依赖西方国家推进经济改革的措施，则进一步加剧了这些国家经济的脆弱性。已卷入世界经济的东欧国家不得不面对来自中东石油战争所产生的"蝴蝶效应"，第一次石油危机表明了战后经济全球化所带来的全球性风险。与此同时，在经济全球化的进程中，经济上相互交织与渗透的东西方国家，经济水平与抗风险能力是不对称的。在这种情况下，社会主义国家在探索适合本国国情的发展道路中，应加强风险意识、构建应对国际经济风险的相关机制，提高抵抗风险的能力。

（本文原载《当代世界与社会主义》2016 年第 6 期）

向公民化国家迈进

——加新两国处理民族关系的举措

王俊芳[*]

摘要：塑造国家认同是现代多民族国家存在和发展之需。在这方面，加拿大用"尊重民族的多元状态，强调政治社会一体"的多元文化主义政策来达到增强和提升国家认同的目的；新加坡则致力于有意无意忽略和淡化民族认同的"新加坡人"的塑造。虽然方式略显不同，但在强化国家认同方面却有着异曲同工之妙。从理论和实践方面来看，两国对国家认同的培育和强化，都是为了向"公民化国家"迈进，只是新加坡的步伐略快。它们的做法能给他国提供借鉴和启迪。

关键词：加拿大；新加坡；民族；国家认同；公民

"认同"一词源于心理学，现在广泛用于哲学、民族学、社会学、人类学等各领域。该词应算作近年来社会科学中最重要的概念之一，它已经和将继续引起"社会科学各个领域学者的广泛关注"[①]。近 30 年来，人们对"认同"问题的关注可谓是一路攀升。20 世纪 80 年代中期以前，有关"认同"的词汇仅为 742 个，但仅 1985—1989 年就增长为 4186 个，1990—1994 年有 5650 个，1995—1999 年则增加到

---

  [*] 王俊芳，潍坊学院历史文化与旅游学院副教授，博士。

  ① Bernd Simon, *Identity in Modern Society*, *A Social Psychological Perspective*, MA：Blackwell Publishing, 2004, p. 3.

7894 个。①

在当代多民族国家中，认同问题尤其受到人们的高度关注。"认同"（identity）与"身份"紧密相关，它关注的是一个人（群体、国家）的归属问题。在认同问题上，加拿大和新加坡都是国际舞台上令人艳羡的多民族国家，民族关系和谐。究其原因，其间的重要之点是，国家致力于建设和增强统一的国家认同而有意无意淡化民族认同。这样的举措使得国家的种族歧视和族裔文化歧视色彩很淡，所有的民族和族裔文化群体在本国内都能够获得平等的尊重（至少是原则上和程序上的平等）。

本文之所以选取这两国来说明，一是因为这两国的国际形象和社会宽容度得到全球的认可，二是因为它们在增强国家认同方面有类似的背景——都是多民族国家，都曾被殖民过，独立后为了国家实力（特别是软实力）的增强和社会局面的稳定，在民族关系处理问题上走出了特色道路：不仅尊重了国内民族多元的社会现实，又在增强国家认同方面可圈可点，为本国社会的稳定和国际地位的提升提供了很好的条件。所以，很有必要对它们的做法和策略进行阐释与学习。

一 塑造国家认同是现代民族国家发展的必然要求

从认同的角度看，现代民族国家"需要受束缚的、可界定的与其他国家不同的认同"。② 有了统一的国家认同，国家才能稳定、发展，人们也才能过上安乐富足的生活。简言之，作为政治认同核心的国家认同是现代民族国家存在和发展的必然要求。

在现代民族国家里，民族国家实际上是两种不同原则和结构的融

---

① James E. Cote, Charles G. Levine, *Identity Formation*, *Agency*, *and Culture*, New Jersey: Lawrence Erlbaum Associates, Inc. , Publishers, 2002, p. XI.

② Eva Mackey, *The House of Difference*: *Cultural Politics and National Identity in Canada*, New York: Routledge, 1999, p. 11.

合：一种是政治的和领土的，另一种则是历史的和文化的……①这两种原则和结构的主要外在表现形式即是国家和民族。众所周知，国家的产生基础是民族，并且，国家形成后，民族仍然活跃于各国与国际社会中，一国内的民族矛盾、族群纠纷又不时地影响着国家的和平与稳定。特别是当民族差异被政治精英拿来当作旗号时，被煽动起来的民族情感常常被引导到暴力冲突和内战之路上，这就很可能造成国家的动荡。

直到今天，几乎所有的多民族国家都面临这样的问题：要增强国家的凝聚力，怎样整合国内不同民族？如何建立一个整合不同民族的公民国家？概言之，多民族国家需要"超越种族和族属的忠诚"②。这是一种超越民族历史文化认同的政治认同，它可以将所有民族的成员整合为一个整体。

在这里，需要弄清一国的政治认同、民族历史文化认同的关系。简言之，政治认同是某个人或者群体对特定政治单位（尤其是国家）的认可及归属。在一国的政治、社会生活中，民族成员总是需要同国家、政党等多个政治单位发生关系。在互动关系中，当民族成员认可某政治单位并将自己归属于这一单位，就形成了对它的认同。③ 但政治认同绝对不能取代文化认同，后者主要和文化个体归属的民族联系在一起。如，居住于世界各地的华裔虽然在政治上认同居住国，但其文化认同却指向大中华。政治认同的核心是国家认同，是指个体对国家所持有的忠诚。

国际社会的现实也一再表明，对现代多民族国家而言，要想争取一个良好的发展空间，就必须下大力气增强国家认同，弱化历史文化认同对国家认同的消解。仔细考察民族国家的实践，不难发现这样的道理：民族认同与国家认同之间，并不是完全没有交集，两者间的龃龉和障碍，也不是完全没有办法消除。现代国家需要做的，就是要有

---

① 参见戴维·米勒等《布莱克维尔政治学百科全书》，中国政法大学出版社 2002 年版，第 528 页。

② ［美］菲利克斯·格罗斯：《公民与国家——民族、部族和族属身份》，新华出版社 2003 年版，第 179、180 页。

③ 参见周平《民族政治学》，高等教育出版社 2003 年版，第 194 页。

足够的智慧、韧性和长远的策略，透彻了解民族的状况，制定出切实
有效的、适宜的民族策略。

二 加新两国在培育和提升国家认同上的举措

在国际社会中，加拿大和新加坡在处理国家认同和民族认同关系
方面为他国作出了示范。加拿大在走过一长段时间的弯路后，找到了
多元文化主义政策这种合宜的政治社会政策，把民族问题努力导向
"文化化"，允许和鼓励各民族成员在保留族裔文化认同的同时更加
认同加拿大国家。新加坡则通过打造"新加坡人"这一独特而灵验
的方式引导所有民族自觉地认同国家。两国的做法有异曲同工之妙。
如果进行深度比较的话，新加坡在强化国家认同道路上走得更快。

（一）多元文化主义政策与国家认同的增强

加拿大在打造国家认同问题上经历了一个曲折之路。在 20 世纪
60 年代以前的长时期内，加拿大推行盎格鲁化政策。作为一种强制
性的同化政策，盎格鲁化政策的目标是建立一个完全盎格鲁化（尽管
"盎格鲁"本身从种族和生物学上是一个混合体）的社会。加拿大
1867 年总人口 350 万，非英裔、非法裔仅占总人口的 8%。[①] 那个时
期，占人口多数的英裔自觉不自觉地认为整个社会应该由他们来主
导。为了实现"同一"目标，决策者采纳了强制性同化方式。

盎格鲁化政策使得整个社会秩序呈"垂直马赛克"状态。某一族
群的社会地位决定于其与盎格·撒克森白人的体貌与文化差异。差异
越小，这一族群的社会等级就越高；反之就越低。按照该标准，英裔
处于社会的最上层，与英裔差别越大的族群，社会地位越低。如在当
时华裔的社会地位就非常低，"Chinese"甚至等同于"低劣"和"肮
脏"。那时，英美国家的移民及后裔最受欢迎，西北欧次之，其后是

---

① Dominion Bureau of Statistics, *1961 Census of Canada*, Bulletin 7, Ottawa: The Queen's
Printer, 1966, pp. 60 – 62.

中东欧，而后是亚裔，最后是黑人。①

盎格鲁化政策在加拿大社会各方面的渗透不但没有达到预想的"同一"的强化性目标，还造成了加拿大社会的严重分裂。如，那时的唐人街，不仅是地理名词，更是一个社会、文化名词；是法律上排斥华人、制度上的种族主义、社会生活中的偏见歧视三者综合作用的产物。在盎格鲁化政策的作用下，加拿大整个社会局势动荡不安。

第二次世界大战以来，盎格鲁化政策不断受到非英裔的挑战。加拿大人口结构发生了很大变化，英裔不再占有人口的绝对优势。法裔的强烈不满，少数族群人口数量不断上升，力量也不断增长，这使得加拿大联邦面临"即使整个国家不想分裂，危机都可能使之分裂"②的危险境地。这一过程，社会主流观念也发生了改变：不仅盎格鲁认同不再被大多数人所认可，熔炉思想也仅仅是昙花一现，整个社会必须接纳多元文化主义。

在世界上，加拿大成了首个接纳多元文化主义为其基本国策的国家。该政策是在 1971 年 10 月由当时的联邦总理特鲁多正式颁行的。在议会声明中，特鲁多明确指出，联邦政府必须实行统一的民族文化政策："不能够对英法裔采取一种政策，对土著采取另一种政策，对其他族裔成员实行第三种政策。"③ 加拿大在民族文化问题上只能采用多元文化主义政策。这一政策"在民主社会的框架内，保持各民族的文化和它们的相互作用，对整个国家来说具有积极价值；各族群可将他们的文化遗产直接贡献给总的国民文化，从而使之更加丰富多彩"。④ 加拿大作为一个国家的地位不会因这一政策而削弱。

多元文化主义政策大大强化了加拿大的国家认同。1980 年 9 月，加拿大进行了一次全国范围内的调查："你更愿意自己成为加拿大国家的公民，还是所在省（族群）的成员？"结果，62% 的人选择前

---

① John R. Mallea & Jonathan C. Young, *Cultural Diversity and Canadian Education*, Ottawa: Carleton University Press, 1984, p. 23.

② Royal Commission on Bilingualism and Biculturalism, *A Preliminary Report of the Royal Commission on Bilingualism and Biculturalism*, 1967, p. 133.

③ *Statement by the Prime Minister in the House of Commons*, October 8.

④ 宁骚：《民族与国家》，北京大学出版社 1995 年版，第 292 页。

者，28%的人选择后者……①这与 60 年代以前人们在认同问题上的茫然局面相比，有了天翻地覆的变化。该政策尊重加拿大多样性的现实，但它更强调"同一性"和"统一性"。它要求所有国民都应该首先遵守国家的基本政治、经济和社会规则，效忠加拿大国家，在国家属性占第一位的情形下才能够谈及保留和发扬民族文化的问题。在这一政策的影响下，1982 年宪法的"权力与自由宪章"成为特鲁多总理强化国家认同的重要工具：宪章的含义是指向国家的，宪章赋予的权力是国家的权力，其培养的公民群体是整个加拿大社群。②

针对这一政策，加拿大著名的社会学家诺曼·布基尼亚尼（Norman Buchignani）指出，它既能够提升自我群体的意识，也"有助于各种群体在保持民族身份的同时确立国家的认同感"。③ 这比刻意追求和强制民族"同一"的盎格鲁化政策更能整合国民的族属。据 2003 年多伦多在线网的调查显示，在多元文化主义政策的作用下，各民族对加拿大的归属感大大增强，特别是那些来自欧洲以外地区的移民及后裔。从华裔认同变迁中即可明显看出这一点。如，在强制性同化政策时期，加拿大的华裔一般就居住在唐人街内，认同母国；在多元文化主义政策的影响下，不少华裔迁出唐人街移居到主流民族的居住区内，与后者逐渐达到一种空间上的整合，华裔对加拿大国家的感情加深了，更加认同这一国家。简言之，加拿大的国家认同获得了质的提升，整个加拿大"开始具备了一种有把握的、自信的认同"。④

从政治发展的角度看，国家认同的培育和增强，是和公民意识与公民权的增长呈正相关关系的。随着国家认同的增强，加拿大公民身份和公民权在各种"身份"和"权利"中的首要位置越来越得到更广泛的认可。而公民身份和公民权的首要地位是建设公民化国家的基

---

① Roger Gibbins, *Regionalism: Territorial Politics in Canada and the United States*, Butterworth Group of Companies, 1982, p. 177.

② Guy Laforest, *Trudeau and the End of a Canadian Dreams*, McGill-Queen's University Press, 1995, p. 137.

③ Charles Taylor, "Shared and Divergent Values", in R. L. Watts and D. G. Brown, eds., *Options for a New Canada*, Toronto: University of Toronto press, 1991.

④ Ell Mandel and David Taras, *A Passion for Identity: Introduction to Canadian Studies*, A Division of International Thomson Limited, 1988, p. 10.

础要件。简言之,加拿大多元文化主义政策对国家认同的培育使得加拿大行进在公民化国家的道路上。

2. "新加坡人"的塑造

和加拿大多元文化主义政策相对应的是,新加坡在处理和解决民族问题、塑造国家认同方面也走出了一条颇有特色的规范道路:致力于"新加坡人"的打造。它主要表现为"一个国家,一个民族,多元文化"的建设。简言之,即"多元一体化"的架构和完善:多元意指不同民族文化的多元,一体意在国家认同和社会认同的同一指向。新加坡建国时间短,1965 年脱离马来西亚联邦而独立,是一个移民社会。该国以华人为主,但马来人、印度人、欧美人存在于其间,种族差异明显。该国从建立后,种族主义的威胁在一定程度上是致命的。为此,新加坡政府决定实行多元民族主义政策。其基本点主要表现为两个方面:一方面,国内所有民族平等,不给任何民族以特殊地位和权利。1965 年 8 月 9 日,在谈到民族问题时,李光耀明确提出:"在新加坡,我们将是一个多元种族国家。这个国家不是一个马来人的国家,不是一个华人的国家,不是一个印度人的国家。"[1] 尽管华人占人口的大多数,但他们没有把马来人或印度人看作次等人或者下等人,其政府是代表所有新加坡人的。在新加坡,人才政策的推行使得所有民族在社会各行各业享有同等机会。另一方面,承认民族差别,尊重各民族及其文化的多样性。

新加坡承认和尊重多元差异,但更强调国民一体化。"所谓国民一体化,是指所有新加坡居民的民族意识与国民意识实现重合,进而形成一个新的民族——'新加坡'人。"[2] 在这个新的民族(用"国族"表示更合适)中,公民身份跃居所有身份的首位。

对"新加坡人"这一概念,李光耀是这样诠释的:"我们应该不管人种、语言、宗教、文化方面的差别,大家作为新加坡人团结起来。"[3] 为此,新加坡努力引导人们认识和实践"同在一国、共享一

---

① [英] 亚历克斯·乔西:《李光耀》,上海人民出版社 1976 年版,第 368 页。

② 韦红:《新加坡解决民族问题的有效途径——多元一体化》,《中南民族学院学报》(哲学社会科学版) 1999 年第 1 期(总第 96 期),第 78 页。

③ [英] 亚历克斯·乔西:《李光耀》,上海人民出版社 1976 年版,第 434 页。

命"的价值。如，在政治上，大力宣传"新加坡第一"，唤醒和强化各民族的国家至上意识。在经济和文化方面，政府也为各民族提供均等的参与机会并努力培养"新加坡人"的文化认同。

1991 年新加坡政府以发表白皮书的形式，提出"国家至上，社会为先"和"家庭为根，社会为本"等五点内容作为新加坡共同价值观的基础。这些价值观的核心是：国家和社会始终比个人重要。国家和社会的优先地位表明新加坡政府力图将有着不同内涵和外延的两种认同——民族认同与政治认同——分开。此外，从法律上，新加坡"严格限制各种不利于民族关系和睦的评论"，"把民族关系和睦作为国家发展的第一要务"。① 也就是说，新加坡在培育国家认同的进程中推进多元文化的良性互动，努力实现"共同价值观"观照下的平等与和谐，构建"一体多元"的认同。

新加坡各民族的和谐共处为该国经济的发展提供了安定团结的政治局面，这是新加坡一直保持较快经济增长、迅速成为"东方的瑞士"的重要原因。今日的新加坡，开放宽容的胸怀和优越幸福的生活国度使得公民对本民族的民族认同逐渐淡化，而作为"新加坡人"的国家认同逐渐增强，人们都以自己的"新加坡人"身份而自豪。

国家和社会发展的实践也一再表明，多元一体化道路在新加坡的确很成功：它既尊重了新加坡多民族的现实，努力打造一体化的"国家认同"，禁止各民族在任何情况下无视国家和社会的利益，强调各民族成员首先和主要是新加坡国家的公民。也就是说，打造"新加坡人"的主要目的就是培育和增强所有民族成员的公民意识，促使该国向公民化国家行进。

三 加新两国快慢有别地行进在"公民国家"道路上

从解决和处理民族问题的举措考察，加新两国都力图淡化民族认

---

① 常士闇：《在包容多元中促进公民身份认同建构——比较视野中的新加坡多元文化政治实践》，《世界民族》2010 年第 6 期，第 10 页。

同，增强国家认同，致力于公民身份的建设，并向民主和谐的公民国家行进。在这条道路上，新加坡比加拿大迈出了更大的步伐。

"公民国家"这一概念是和公民身份、公民权紧密联系的。"公民权独立于族属意识、宗教、文化和种族，是一种与公民个人政治权利相联系的概念和制度。"① 公民国家建立在平等的公民权基础之上。它是一种公民的联合，而不是民族的联合。在公民国家里，只要族群行为不对国家和社会造成危害，族群认同就应该和首先看作私人事务。也就是说，所有社会成员的身份首先并主要是"公民身份"。

建设公民国家不是一蹴而就的，它是一个先后相继的历程，即从民族政治的民主化到民族政策的文化化，再到民族成员的公民化。这是"构建民主和谐的公民国家的不可或缺的顺次的步骤"。② 在这一前后相继的进程中，既要同时关注民族这一颇大群体的集体权益和所有公民的个体利益，还要关注更高层面的"公民共同体"的利益；同时，还特别需要注意到：公民国家的构建并非建立在民族解构的基础之上，而是通过把社会成员的民族身份逐渐转化为公民身份、把民族国家过渡为公民国家实现的。

在构建公民国家的第一步，也就是民族政治民主化（即民族政治权的获取）阶段，主要是承认、保护多元利益。作为多民族国家，首先要做的是承认、尊重国内民族的平等权益。实现民族平等是构建公民国家的前提和基本出发点。如，我国实行的民族区域自治制度，即是巧妙地把民族自治与区域自治进行结合，以分权的方式在国家意志和民族诉求之间作出合理的制度安排。也就是说，在少数民族的"民族自决"愿望和"国家主权"必须尊重之间找到了一个契合点。

构建公民国家的"民族政策文化化"阶段，则适用于那些社会已经实现较高程度的整合、公民社会也已经基本发育成型的国家。其主要表现是多元文化主义民族政策的颁行。这一政策通过给予所有民族平等的政治社会地位并尊重各民族的族裔文化来整合国家和社会。加

---

① 赵春丽、李捷：《从民族国家到公民国家——构建和谐民主的民族关系的新思路》，《中共长春市委党校学报》2007 年第 6 期，第 49—50 页。

② 同上书，第 50—51 页。

拿大可以算作这一类型的国家。从根本上来说，加拿大这一政策的深层目的就是民族问题"文化化"或者"碎片化"，力图将国家的民族问题淡化为文化整合问题，从而为政治上公民权对民族政治权的替代创造条件。这样的做法无疑为以公民个体权利为基础的公民国家的构建与稳固奠定了基础。

多民族国家构建公民国家的第三步是"民族成员公民化"。这一阶段，所有成员（当然包括各民族成员）的最重要身份是"公民"。公民身份和公民认同在所有"身份"和"认同"中最为凸显也得到最广泛的认可。公民认同不仅超越族属认同和宗教信仰，而且超越其他一切认同；并且，公民身份权的出现引起了民族认同与国家认同的分离，使得前者更多缩向私人领域。

无须回避的是，公民认同与民族认同是当代多民族国家必须面对的一个棘手问题。从国家存在和发展的层面看，国家需要的是所有国民都将自己的公民身份放在一切身份和认同之上，任何时候都要承认公民身份的至高无上。尤其是对于发展中国家而言，建设现代化国家的核心是在全社会建立起一种超越民族的国家认同。正如西方学者史密斯（Anthony D. Smith）指出的：现代世界上，所有成功的社会都需要在民族身份和公民身份之间取得平衡。

"新加坡人"的打造在很大程度上就是凸显公民身份的有益尝试和实践。正如常士闇先生所言，新加坡在多元文化环境中，一方面承认和尊重民族文化多样性，另一方面把国家利益至上作为所有民族弘扬自己个性的前提。这实际上也是在塑造公民身份意识。显然，新加坡在承认和包容多元中致力于发展公民认同，为公民身份的巩固奠定了基础。这一实践无疑是向公民化国家迈进的重要步伐。

严格来说，新加坡的这些实践是公民国家建立过程中从第二步到第三步的过渡。它通过多元一体化的道路把所有民族成员的注意力和归属引导到国家层面上来。努力造就这样的局面：所有居民，不管其归属于哪一民族或种族，都首先和主要是新加坡国家的一员。在其间，所有群体和所有个人的族属、文化、宗教统统归到私人事务之列，而私人事务和私人身份是居于国家事务和公民身份之下的。

在今天的国际社会中，大多数国家都是多民族的，它们都要处理或大或小的民族事务。在所有民族事务中，民族关系的处理一直是各国需要认真对待的。处于不同发展阶段的多民族国家可以参考加拿大和新加坡等国家的经验，结合本国具体的民族状况，制定和调整适合自己的民族策略，在培育和增强国家认同的同时，致力于公民身份的建设。只有这样，才能建设一个民主和谐的现代化国家。

蒲安臣对华租界政策考析(摘要)

田肖红[*]

蒲安臣(Anson Burlingame),是美国第一位进驻北京的驻华公使。他在任职期间(1861—1867)曾大力倡导和推行所谓列强对华"合作政策",该政策的重要内容之——"维护中国领土的完整",主要是针对中国通商口岸内的租界问题而提出的。

中国的租界问题一直受到学界的关注。国外的研究尽管角度和结论各不相同,但都强调美国政策的特殊性(与英法俄德等列强相比)。国内学者主要集中在美国租界政策的性质,特别是美国政策是否有"反租界主义"倾向问题展开讨论。近年来有学者认为,蒲安臣提出了"反租界主义"政策原则。该观点大多是借用美国学者论著中的结论。长期以来,对外国学术文本的翻译较为模糊,严重影响到对租界的性质和定义做出明确的界定,因此有必要做出辨析和廓清。

中国近代历史上还存在着另外两种与"租界"密切相关但性质又大不相同的事物,那就是"居留地"和"租借地"。这三者有何区别?应如何以英文词汇对它们进行界定?这一问题在20世纪二三十年代曾引起国际学术界的热烈讨论,但当时的讨论状况复杂而混乱。历经半个多世纪的沉淀,20世纪八九十年代我国学术界对上述问题逐渐有了较为清晰的认识。现今,学术界的基本认识为:租界最本质的属性,是外人侵夺了当地的行政管理权,

---

* 田肖红,聊城大学历史文化与旅游学院讲师,历史学博士。

特别是警察权。① 居留地与租界"最本质的区别在于外人仍未能完全取得这些地区的行政管理权,特别是警察权"。② 租借地是一国根据条约在一定期限内为条约所规定的目的租借给另一国的领土。租借只在约定的期限内有效,租借土地的主权不转移,在租借期内租方取得对领土的使用权。③ 租借地一般是出租国的战略要地、海港等,租用国基本对其实行直接统治。根据租界、居留地的确切含义及相应英文词汇的基本内涵,租界的对应英文词汇确定为 concession,居留地则确定为 settlement。但是,对于传统名称长久沿用的租界,如上海公共租界、鼓浪屿公共租界,仍以 settlement 称之。与二者差异重大的租借地的英文名称基本定为 Leased Territory。对蒲安臣的租界政策的分析,必须建立在上述厘清概念的基础上。国内学者有关蒲安臣主张美国"既不要求,也不占用租界"之论,基本都出自 H. B. 马士所著《中华帝国对外关系史》中译本的第二卷附录——北京美国公使(蒲安臣)至上海总领事函。④ 该书第 470 页将 concessions of territory 译为"租界",而第 468 页又将其译作"租借领土"。很显然,译者对该术语的翻译前后不一致。对于该词,也有其它著作和译者给出了不同的翻译,《美国人在东亚》中译本即将词组译为"领土(的)割让"。⑤尽管对该词组的翻译不尽一致,可以确定的一点是:如果依据现行有关租界的定义,将 concession 译作"租界"的话,那么将 concession of territory 也译为"租界",显然是不合适的。要对该词组作出合理的翻译,还必须结合具体的历史情形。

---

① 费成康:《中国租界史》,上海社会科学出版社 1991 年版,第 379—385 页;熊月之、李天纲等:《中国租界史研究综述》,《上海社会科学院学术季刊》1989 年第 1 期;刘敬坤、邓春阳:《关于我国近代租界的几个问题》,《南京大学学报》(哲学·人文科学·社会科学版)2000 年第 2 期,第 22—31 页。

② 费成康:《中国租界史》,上海社会科学出版社 1991 年版,第 326—333 页。

③ 中国大百科全书总编辑委员会《教育》编辑委员会、中国大百科全书出版社编辑部:《中国大百科全书·法学》,中国大百科全书出版社 1984 年版,第 836 页;王铁崖总主编:《中华法学大辞典·国际法学卷》,中国检察出版社 1996 年版,第 701 页。

④ [美] H. B. 马士:《中华帝国对外关系史》第 2 卷,张汇文等译,上海书店 2000 年版,第 470 页。

⑤ [美] 泰勒·丹涅特:《美国人在东亚》,姚曾廙译,商务印书馆 1959 年版,第 319 页。

蒲安臣以美国驻华公使身份入驻中国时，正值第二次鸦片战争后英法在华大规模开辟租界。与早前开辟上海租界时情形不同，各地新辟租界都被称为"concession"。蒲安臣深知，部分驻华领事和侨商自认获得了"concession"的领土权，并进而获得所有各项相关权利。在他们眼中，concession 已不再是外侨享有众多特权的"租界"，更是"独立于中国政府"的地域了。蒲安臣笔下的 concession of territory 所针对的，正是上述情形。因此，concession of territory 指的应是"领土的让与"或"让与地"。而蒲安臣所反对的，也正是租界的"独立"或租界领土的"让与"主张，他将这种主张称为 concession doctrine，即让与地主义。

此外，将 concession of territory 译为"领土割让"亦不合适。首先，国际法上领土"割让"的专用词汇为"cession"，而不是"concession"；其次，"实行（领土）割让的唯一形式是由让与国和取得国以条约成立协议，或者是在包括让与国与受让国在内的几个国家之间达成协议"，"割让是以条约为基础的"，割让的"主体是国家"。[1]清政府根据《南京条约》割让香港岛给英国，根据《马关条约》割让台湾及其附属岛屿给日本，都是领土割让的明确表现。而中国通商口岸广泛存在的 concession，均不具备"领土割让"的各项要义。因此，从规范的法律用语角度出发，concession of territory 应该译为"领土的让与"或"让与地"，而不是"领土割让"或"割让地"。

所以，蒲安臣所反对的，只是当时在华外侨中普遍存在的将租界视作"让与地"、视作本国政府的"准领土"的倾向，即"让与地主义"，是列强利用"租界之特殊情势以损害中国领土完整"，而不是"租界"。蒲安臣的对华租界政策，服从于美国对外政策的最终目标，即建立一个由美国操纵的、以自由贸易为基础的开放式的商业帝国。

（本文原载《世界历史》2013 年第 5 期）

---

[1] ［英］R. 詹宁斯（Robert Jennings）、A. 瓦茨（Arthur Watts）修订：《奥本海国际法》第 1 卷第 2 分册，王铁崖等译，中国大百科全书出版社 1998 年版，第 70—72 页；黄瑶：《国际法关键词》，法律出版社 2004 年版，第 67 页；王伯恭主编：《中国百科大辞典3》附录，中国大百科全书出版社 1999 年版，第 1679 页。

附　　录

山东省世界史专业委员会第九届
研讨会在聊城大学举行

许　静　宋文明　刘　丽

　　4月23—24日，"一带一路"视阈下的国别和区域史研究——山东省世界史专业委员会第九届研讨会暨新版列国志新书发布会在聊城大学隆重召开。国务院学位委员会世界史学科评议组专家、南开大学拜占庭研究中心主任陈志强教授，中国人民大学庞中英教授，山东大学顾銮斋教授，聊城大学太平洋岛国研究中心首席专家王玮教授等来自省内外22所高校的专家学者80余人参加会议，提交论文56篇。聊城大学党委常委、副校长胡海泉出席开幕式并致辞。会议由山东省世界史专业委员会主办，聊城大学历史文化与旅游学院承办。

　　胡海泉在致辞中向会议的召开表示祝贺，对与会专家学者表示欢迎。他介绍了学校的发展情况和在科学研究、人才培养、服务国家方面的办学特色。他说，近年来聊城大学的世界史学科积极探索、奋力拼搏，取得了可喜的建设成效；太平洋岛国研究在国内引起了广泛关注，受到国家相关部门的肯定。他期望各位领导、专家对学校的学科建设多提宝贵意见，希望学校今后能为山东省世界史学科建设做出更为突出的贡献。

　　开幕式结束后，陈志强、庞中英、王玮以及西南大学教授、博士生导师李海峰分别作"丝绸之路西端——君士坦丁堡""（一种）世界（国际）秩序简史——'一带一路'与国际秩序之争""国别区域智库建设中的对策研究与基础研究""从民间契约看古巴比伦时期的借贷利率"主题报告。与会代表还围绕"国别区域史研究""古代中世纪史研究""世界历史专题和教学问题研究"主题开展了分组讨论。

聊城大学历史文化与旅游学院院长、山东省世界史专业委员会主任委员陈德正教授在闭幕词中对会议作了总结,高度评价本次会议成果。他指出,本次会议是共谋山东省世界史学科发展的学术盛会,大会主题报告立足学术前沿和现实关怀,具有国际水准,分组报告探讨内容广泛而细致,覆盖了世界史学科下的主要二级学科;本次会议又是增进友谊的盛会,来自省内外的著名专家、学者齐聚一堂共商发展大计,使这个学术共同体联系更为紧密,充满了活力。

会议经过研究决定,山东省世界史专业委员会第十届研讨会将由滨州学院承办。会议期间,举行了新版列国志《图瓦卢》《所罗门群岛》新书发布会。

(原载聊城大学网,2016 年 4 月 25 日)

山东省世界史专业委员会第九届研讨会在聊城大学召开

张亚伟　　刘晓临*

2016 年 4 月 23—24 日，由山东省世界史专业委员会主办，聊城大学历史文化与旅游学院承办的"一带一路"视阈下的国别和区域史研究——山东省世界史专业委员会第九届研讨会暨新版列国志新书发布会在聊城大学召开。来自南开大学、中国人民大学、山东大学、西南大学、山东师范大学、曲阜师范大学、社会科学文献出版社等高校及出版机构的 80 余位专家学者和研究生出席了此次研讨会。与会者围绕"'一带一路'视阈下的国别区域史研究""古代中世纪史研究"和"世界历史专题和教学问题研究"三个主题展开了热烈研讨。

一 "一带一路"视阈下的国别区域史研究

"一带一路"建设对当前中国的世界史学者是一个极大的激励，同时对世界史尤其国别与区域史在学术研究、学科建设方面均提出了新的要求。围绕"一带一路"视阈下的国别和区域史研究，与会专家学者从不同维度展开了深入研讨。

聊城大学太平洋岛国研究中心首席专家王玮教授在主题报告中指出，高校国别区域智库的研究工作具有两种既相互有别又并存兼容的分支：应用对策研究和基础学术研究。智库工作如要顺利运转，就必

＊ 张亚伟，聊城大学历史文化与旅游学院 2015 级世界史专业硕士研究生；刘晓临，聊城大学历史文化与旅游学院 2015 级世界史专业硕士研究生。

须正确认识和处理好二者之间的关系。21 世纪海上丝绸之路是习近平总书记访问东盟时提出的构想，而地处"海丝"南线的太平洋岛国的抉择显得尤为重要。中国人民大学庞中英教授在主题报告《世界秩序简史——"一带一路"与国际秩序之争》中阐释了世界秩序的形成、增长和持续的过程，对过去 30 多年形成的中国与世界秩序之间的关系做了分析，并结合国际上有关"一带一路"与国际秩序之间的争议，对"一带一路"战略将对国际秩序产生的影响进行了预测。聊城大学吕桂霞教授指出，"21 世纪海上丝绸之路"不仅能够改善太平洋岛国的基础设施，推进我国与太平洋岛国的海洋产业合作，提升双方旅游合作空间，而且可以加强双方在非传统安全领域的全面合作，促进人文交流与技术合作，进而推动太平洋岛国区域一体化的进程。但是，南太平洋地区的 14 个国家对中国的"一带一路"认知、认同程度不同，态度表现各异。为加强与太平洋岛国的对接，聊城大学赵少峰博士认为，要借鉴交互式金融传播的方式，发挥"人际传播"的作用，打破某些国家出现的"沉默舆论"，让太平洋岛国民众对"一带一路"、亚投行、"丝路基金"等概念有正确的理解，消除对中国政策的误解。要切实结合当地发展实际，开展迎合当地民众需求和社会需要的双赢绿色项目。对各太平洋岛国的研究，学者们也提出了新观点。聊城大学倪学德教授指出，萨摩亚政府立足本国实际，秉持独立自主，拓展外交视野，践行睦邻友好。这种小国大舞台的思维方式和谋求利益最大化的生存之道，颠覆了"弱国无外交"的传统认知。聊城大学韩玉平老师研究了瓦努阿图的"国父"沃尔特·利尼在瓦努阿图建国初至 1991 年间，塑造了瓦努阿图的外交政策，以及其外交思想在太平洋地区和世界范围内产生的影响。另外，除了太平洋岛国外，学者们对其他地区和国家的研究成果也令人欣喜。聊城大学官士刚老师指出，冷战时期加拿大对印度尼西亚的援助经历了东西方援助竞争时期和政府开发援助时期两个阶段，加拿大对印度尼西亚的援助揭示出当时加拿大外交政策由"国际主义"向"实用主义"的转变、印度尼西亚国策从激进民主主义到"发展至上"的转变。菏泽学院曹瑞臣博士指出，光荣革命后，英国进入一个公众阅读消费的时代，对于推动英国走向现代公民社会、世俗化社会和迈向消费社会产生重大影响。山东财经大学滕淑娜博士分四个方面为我们分析了"建设性税制"改革。泰山学院郭华教授对国内外学者关于中世纪晚期英国民众生活的研究进行了详尽的梳理，并指出国内外研究中存在的缺陷与不足，为相关学者对这一领域的研究提供了宝贵的参考与借鉴。聊城大学孙学美博士分析了英格兰"遗产税"产生、发展乃至实施，无不体现着浓厚的先进性特征，实为一种现代性的事物。潍坊学院于民教授的论文对中世纪和近代早期英国关税性质的演变进行了论述。聊城大学胡其柱博士基于黑人民权保护的视角考察了19世纪至20世纪中叶美国的联邦政权建设。渤海大学曲升教授的论文主要研究了美国海洋自由政策的利益逻辑、历史传统和发展趋势。

二 世界古代中世纪史研究

世界古代中世纪史作为世界史学科不可或缺的组成部分，向来以时间跨度大、研究难度大而著称。令人欣喜的是本届研讨会收到多篇这一方面的文章，且不乏精品之作。古代希腊罗马一直是世界古代史的研究重点。鲁东大学魏凤莲教授独辟蹊径，从瓶画入手研究古希腊历史，因为瓶画提供了丰富而直观的图像资料，它的史学价值表现为印证文字记载的内容、补充不甚明确的文字记载、描述难以用文字表述的事物。国内学者对瓶画的关注仅限于艺术价值的评价，在史料价值的挖掘上还有待于进一步提高。德州学院梁洁博士的论文研究了古罗马政治家、历史学家撒路斯特的写作风格与史学思想。泰山学院张日元教授的论文论述了罗马帝国晚期基督教会社会救助制度的发展。曲阜师范大学王振霞老师的论文从四个方面探讨了古罗马人口存在状况和人口政策。

在亚述学研究方面，西南大学李海峰教授在主题报告中从古巴比伦大量民间借贷契约看出古巴比伦时期存在多种多样、复杂多变的借贷利率。而这些借贷利率大多与《汉谟拉比法典》中规定的借贷利率并不一致，在研究古巴比伦时期借贷活动时，不能盲从《汉谟拉比法典》的条文规定，而要结合更多的民间借贷契约进行综合研究，这样才能够更加准确地、更加深入地还原历史、认识历史。滨州学院亓佩成博士和王凤翔博士对以往腓尼基人起源的理论进行了整理，并断定腓尼基人起源于黎凡特的迦南。

此外，聊城大学陈德正教授探讨了鲁迅引介西方古典文化的背景、内容和影响，并透过这一个案，从接受史学的角度分析了 20 世纪初期西方古典文化输入中国的途径及产生的回响，拓宽了西方古典学研究的视野。

三　世界历史专题和教学问题研究

"一带一路"建设在推动国别和区域史研究发展的同时，对人才培养也提出了新的要求，需要与之相应的具有开阔国际视野的世界史人才。与会专家学者对高校世界史教学与人才培养问题表现出浓厚兴趣。南开大学陈志强教授在主题报告中分析了拜占庭学发展的困境和难点，提出我们应该在理论上摆脱引进为主的现状，并且提高语言能力让拜占庭学更加专业化。聊城大学李增洪教授论述了中华人民共和国世界通史编纂工作所经历的三个阶段。他指出，进入 21 世纪后，大部分学者所关注的是西方史学理论和思想对编纂世界通史的意义，鲜有从中国传统史学宝库中寻求借鉴者，我们应该从"通史家风"传统寻找对世界通史编纂的意义。

学者们还就高校世界历史教学的问题与出路展开了热烈讨论。济南大学王云博士和高臻博士提交的论文指出，高校世界历史教学自身存在的诸多问题长期以来没有得到应有重视和彻底解决，是"史学危机"局面持续存在的重要原因之一。新时期高校世界历史教学究竟怎样才能真正走出困境？从高校世界历史教学实际来看，首先，教师必须与时俱进，不断提高自身素养；其次，教师要"以学生为主体"，大胆尝试教学新法；再次，应把科研优势和本科教学结合起来，开展"研究性教学"；最后，改革培养方案、教学内容和课程体系，切实加强实践教学。

在专题研究讨论阶段，曲阜师范大学王昌沛教授从五个方面分析了一体化的欧洲，并探讨了其实现共产主义的现实可能性。聊城大学的张礼恒教授深入浅出地分析了"俄国威胁论"与日本明治初期的国家战略和 19 世纪末中、日两国间的修约交涉。山东大学孙一萍博士就法兰西第三共和国时期的公民投票理论的重新提出、主要内容和反对公民投票制度的理论进行了探究。德州学院刘淑青教授的《17世纪英国革命研究的几点认识》一文对国内外有关英国革命的研究成果进行了分析、质疑和反思，深化了人们对英国革命的史学发展的整体认识。聊城大学田肖红剖析了时任美国驻华公使蒲安臣对列强在华租界问题的政策，指出蒲安臣并不是"反租界主义者"，他的政策体现了美国对外政策的内在矛盾，即美国的商业扩张利益与伦理价值体系中的"民主"理念这两种互相背反元素的悖论关系。曲阜师范大学刘合波博士以波兰为例讨论了第一次石油危机与东欧剧变。曲阜师范大学邹翔博士则从疾病医疗史的角度，对近代英国科学家牛顿的形象进行了重新解读。枣庄学院王云翠博士分析了大正末昭和初日本陆军"宇垣派"与"上原派"的矛盾冲突。

本届研讨会论题涵盖面广，基本覆盖了世界史学科下的主要二级学科；立足学术前沿和现实关怀，对在新形势下世界史学科如何应对国家重大需求，进行了深入探讨。另外，本次会议气氛热烈，与会专家学者畅所欲言而又相互尊重，促进了省内世界史学者之间的交流与友谊。